燕園遠去的笛聲

中石題

燕园远去的笛声

——林焘先生纪念文集

《林焘先生纪念文集》编委会 编

商 务 印 书 馆

2007年·北京

图书在版编目(CIP)数据

燕园远去的笛声:林焘先生纪念文集/《林焘先生纪念文集》编委会编 .—北京:商务印书馆,2007

ISBN 978-7-100-05528-4

Ⅰ.燕… Ⅱ.林… Ⅲ.林焘(1921~2006)—纪念文集 Ⅳ.K825.5-53

中国版本图书馆 CIP 数据核字(2007)第095329号

YĀNYUÁN YUǍNQÙ DE DÍSHĒNG

燕园远去的笛声

——林焘先生纪念文集

《林焘先生纪念文集》编委会 编

商 务 印 书 馆 出 版

(北京王府井大街36号 邮政编码 100710)

商 务 印 书 馆 发 行

北 京 瑞 古 冠 中 印 刷 厂 印 刷

ISBN 978-7-100-05528-4

2007年10月第1版 开本 787×960 1/16

2007年10月北京第1次印刷 印张 32¾ 插 7

定价:55.00 元

林焘先生（2003年）

崇德中学时代的林焘先生（1936 年）

林焘先生和夫人杜荣先生订婚照（1942 年北平）

林焘先生与北京大学中文系第一届语言研究生毕业师生合影（1958年）

林焘先生(左一)与岑麒祥先生、王力先生、王士元先生、袁家骅先生、周祖谟先生、朱德熙先生在一起（左起）（1980年北京大学临湖轩）

林焘先生（左三）与王理嘉、陆俭明、马真在一起（左起）（1962 年）

林焘先生（左四）与卢甲文、侯学超、王理嘉、马真、朱德熙先生在一起（左起）（1963 年）

林焘先生与《古汉语常用字字典》编写组成员在一起（1975年商务印书馆）。前排左起：戴澧、王力、岑麒祥、林焘先生；后排左起：蒋绍愚、张万起、唐作藩、徐敏霞

林焘先生带领八〇级本科生及青年教师做北京话调查（1983年北京石景山）

林焘先生和语音实验室师生在家中聚会（1990年）。前排左起：王晶、金茂兵、赵杰、沈炯；后排左起：王韫佳、高明明、林焘先生、王理嘉、王海丹

林焘先生参加博士论文答辩（1999年）。前排左起：王福堂、王理嘉、林焘先生、林茂灿、曹剑芬；后排左起：赵杰、宋眩宣、王洪君、沈炯

林焘先生访问香港中文大学（1992 年）。左起：林茂灿、简慕善、林焘先生、杜荣先生、田小琳、王嘉龄

林焘先生在刘复先生纪念会上（2005 年）。左起：吴阿华、王洪君、王理嘉、沈炯、林焘先生、齐语红、周燕、王韫佳、陈肖霞

林焘先生和夫人杜荣先生与王士元先生在北大燕南园家中（2005年）

林焘先生参加声调语调国际研讨会（2004年）。左起：郑秋豫、Arthur Abramson、林焘先生、Ilse Lehiste

林焘先生和崇德中学老同学在杨振宁先生住所中（2002 年）。左起：饶钦和先生、林焘先生、杨振宁先生、关肇湘先生

林焘先生和夫人杜荣先生与侯仁之先生在北大燕南园散步（2004 年）

林焘先生与对外汉语教学（2002年）。左起：张秀环、李晓琪、吴志攀、林焘先生、郭振华

林焘先生、王士元先生和孔江平在北大燕南园家中（2005年）

林焘先生和几位中文系老教师在燕南园52号（2001年）。前排左起：杜荣先生、冯钟芸先生、姚殿芳先生、王文襄先生；后排左起：蔡罧(王文襄爱人)、林焘先生

林焘先生和家人在一起（2000年）。前排：林焘先生、杜荣先生；后排左起：林还（女）、王小琳（外孙女）、林聪（孙）、林明（子）、王庚（婿）、王晓路（媳）

林焘先生和夫人杜荣先生在香港（1992 年）

林焘先生在第七届中国语音学国际学术会议上致开幕辞（2006 年 10 月 20 日）

目　录

林焘先生生平 …………………………………………………………………1

林焘先生对汉语语音学的学术贡献……………北京大学中文系 5

林焘先生与对外汉语教学 ………北京大学对外汉语教育学院 15

继往开来 哲人其萎 ……………………………………………吴宗济 20

追忆林焘教授 …………………………………………………王士元 22

追忆与林焘先生的过从 ………………………………………丁邦新 25

燕南园先路 ……………………………………………………郑锦全 28

林焘先生在教书育人方面的业绩——五十年的追思和

缅怀兼及燕大和燕园的回忆 ……………………王理嘉 33

我认识的林焘先生——中国实验语音学的开拓者之一

……………………………………………………………张家騄 47

悼念林焘先生——兼说汉语轻声和英语重音……………王嘉龄 50

林焘先生对语音学的重大贡献 ………………………………林茂灿 54

纪念林焘先生——发展生理语音学 …………………………鲍怀翘 58

林焘先生和北大中文系语音实验室的重建……………………王福堂 60

追忆林焘先生 …………………………………………………吕士楠 65

加强汉语轻音的研究——缅怀林焘教授……………………曹剑芬 68

透过语音学符号，研究社会语言——缅怀导师林焘先生 ……………………………………沈　炯 77
一片冰心在玉壶——深切缅怀林焘先生 …………………石　锋 84
严谨治学 务实为本 …………………………李宇明 汲传波 91
不尽的思念：悼念恩师林焘先生 …………………孔江平 100
语音变化探源——水仙花开时的追忆 ………………陈肖霞 105
纪念中国语音学会创始人林焘先生 ………………李爱军 110

回来呀，语言学家！…………………………………王义遒 113
良师益友林焘先生 …………………………………唐作藩 117
缅怀林焘先生 ………………………………………赵世开 122
怀念林焘先生 ………………………………………吉常宏 124
初冬时节的追思 ……………………………………侯精一 130
深切的怀念 …………………………………………袁行霈 134
儒雅的学者 谦和的师长——悼念林焘先生 ………向光忠 138
先生之文炉火纯青 先生之德玉洁兰馨——怀念林焘先生 …………………………………………曹先擢 143
先生虽已去，教诲实难忘 ……………………………李行健 149
依稀远去的笛声——怀林焘先生 ……………………孙玉石 154
怀念我崇敬的老师林焘先生 …………………………陆俭明 159
师恩五十载，冬日怀林师 ……………………………鲁国尧 165
怀念林先生 …………………………………………孟　琮 169
师情难忘，师言永念 …………………………………史有为 174
两代人的怀念 ………………………………施光亨 王绍新 177
记林焘先生的两件小事 ………………………………苏培成 181

痛悼恩师林焘先生 ……………………………………………金 毅 183
林焘先生二三事 ………………………………………………蒋绍愚 187
一生都是北大人——思念林焘先生 …………………………田小琳 191
怀念林焘先生 …………………………………………………晁继周 196
善教者使人继其志——缅怀林焘老师 ………………………韩敬体 200
林焘先生追忆 …………………………………………………邵敬敏 206
林焘先生为我打开语言学的一扇窗 …………………………孙文冬 212

怀念林焘先生 …………………………………………………吕必松 222
林焘先生与中文教学现代化
………中文教学现代化学会 潘兆明 张普 施旭东 徐娟 225
永志不忘的恩情 ………………………………………………熊 毅 227
缅怀林焘先生 …………………………………………………李德津 231
深切悼念林焘师 ………………………………………………刘月华 233
痛悼林焘恩师 …………………………………………………刘兰英 236
半个世纪的师生情缘 …………………………………………赵燕皎 242
林先生,我们怀念您 …………………………………………李晓琪 247
悼念林焘先生 …………………………………………………王若江 251
我认识的林焘先生 ……………………………………………金 兰 255
深切的怀念,永远的记忆 ……………………………………刘颂浩 257
林先生,我来迟了………………………………………………林 欢 264
仙班长生,遗韵永存——怀念林焘先生 ……………………李海燕 268

怀念林焘先生…………………………………………………耿振生 271
怀林焘先生 ……………………………………………………崔希亮 274

怀念林先生 ……………………………………………………王洪君 278
林焘先生印象 …………………………………………………李小凡 286
怀念林焘先生 …………………………………………………刘一之 291
求新无止境 儒雅亦吾师 ……………………………………孙景涛 295
追忆林先生 ……………………………………………………张伯江 299
怀念林焘先生 …………………………………………………何宛屏 305
怀念林先生 ……………………………………………………朱洪军 309
怀念林焘先生 …………………………………………………胡士云 312
怀念敬爱的林焘先生 …………………………………………项梦冰 315
林焘先生教我为人治学 ………………………………………赵 杰 319
做林先生的学生 ………………………………………………王 晶 323
忆恩师林焘先生 ………………………………………………金茂兵 328
悼念林先生 ……………………………………………………高明明 333
云山遥望 似聆足音 …………………………………………王韫佳 335
怀念林焘先生 …………………………………………………沈小喜 348
先生去矣，无尽思念 …………………………………………曹 文 351
德高望重、平易近人的长者——怀念林焘先生……………周 燕 359

送别崇德林焘老同学 …………………………………………杨振宁 365
纪念林焘先生 …………………………………………………刘曾复 366
年兄年弟——寄情林焘 ………………………………………黄宗江 367
哭林左田兄 ……………………………………………………吴小如 369
告别小林先生 …………………………………………………宗 璞 375
其淡若水，其深如渊 …………………………………………欧阳中石 378
一生与昆曲相伴——追忆林焘先生的昆曲渊源 ……………欧阳启名 381

融融泄泄师生情——林焘先生二三事 …………………周绍昌 393
回忆林焘先生日常生活的片段 …………………………陈淑华 397
怀念林焘 …………………………………………………虞 权 403
在林先生家唱昆曲 ………………………………………陈为蓬 406

挽联 ………………………………………………………杜 荣 409
思念,思念,永远不会淡化的思念!——追忆家兄林焘
二三事……………………………………………………林 宁 410
爸爸影响了我的一生 ……………………………………林 明 415
和父亲相处的最后日子 …………………………………林 还 422
功德圆满 一生无憾——父亲病情忆事 ………林 明 林 还 427
纪念公公林焘先生 ………………………………………王晓路 433
回忆岳父林焘先生 ………………………………………王 庚 435
怀念林伯伯 ………………………………………………李宗伦 443
两代人的友谊——林伯伯家和我家 ……………………李 建 446
我心目中的爷爷 …………………………………………林 聪 454

唁电、挽联、挽诗选 ……………………………教育部语信司等 458

浮生散忆 …………………………………………………林 焘 466
跋林焘先生《浮生散忆》…………………………………鲁国尧 504
林焘先生学术著述一览 …………………………………王韫佳 510

编后记 ……………………………………………………编委会 512

林焘先生生平

林焘先生，字左田，1921年生于北京，福建省长乐县人，中国民主同盟盟员。1939年毕业于北平崇德中学，同年考入燕京大学国文系，1944年毕业后入燕大研究院学习，先后师从李方桂先生、陆志韦先生。1946年起在燕京大学任助教、讲师。1952年燕京大学并入北京大学，林焘先生开始在北京大学中文系任教，1955年起任副教授，1981年起任教授，1988年起任博士生导师。1984年至1995年任北京大学对外汉语教学中心（今对外汉语教育学院）主任。

林焘先生曾任中国语言学会理事、世界汉语教学学会理事会顾问，自中国语言学会语音学分会成立起一直担任该分会主任；自1979年起担任北京大学中文系《语言学论丛》主编，1989年至1993年任《世界汉语教学》代理主编；曾任北京语言大学和华侨大学兼职教授。

林焘先生早年从事汉语史的研究工作。燕京大学与北京大学合并之后，他转而从事现代汉语的教学和研究，语音学是他的主要研究方向。二十世纪五六十年代，他致力于现代汉语规范和传统语音学的研究，并开始注意到北京语音的社会变体问题。出版于

1958年的北大汉语教研室集体编写的《现代汉语》是全国高校中文系设立现代汉语课程以后的第一部教材，林焘先生负责撰写这部教材的绪论和语音部分，他在语音部分的编写思路对后来的各种现代汉语教材产生了深远的影响。在这一时期的研究中，林焘先生注意到了语音与语义和句法之间的密切关系，分别撰写于五十年代和六十年代的《现代汉语补语轻音现象反映的语法和语义问题》、《现代汉语轻音和句法结构的关系》在语音学界产生了很大的影响，林焘先生在其中所提出的语音结构与句法结构的不完全对应问题，迄今仍然是语音学研究的重要课题。

“文革”期间，林焘先生曾经进行过短暂的古代汉语的教学工作，参与编写了《古代汉语》教材和《古汉语常用字字典》。改革开放之后，林焘先生的主要研究方向从传统语音学转向实验语音学。1979年，他在北大中文系恢复建立了语音实验室，使北京大学中文系成为全国最早培养实验语音学方向研究生的单位之一。在他的努力之下，北大中文系很快建立起一支以研究韵律特征见长的实验语音学的学术梯队。他本人所撰写的《探讨北京话轻音性质的初步实验》一文是汉语轻音问题研究中最为重要的文献之一，这篇文章采用心理—声学的实验方法，考察了音长、音强和音高三种物理要素在北京话轻音音节听辨中的作用。根据实验结果，林焘先生否定了长期以来存在的音强与北京话轻音相关的看法，提出了音长是听辨北京话轻音最重要的声学参数、音高与轻音的听辨有一定关系的重要学术观点。

在二十世纪八十年代，林焘先生还致力于北京话语音的社会语言学研究和北京官话形成过程的研究。八十年代初期，他带领北大中文系汉语专业的部分师生进行过较大规模的北京话调查，其间所获得的大量口语资料今天已经成为十分珍贵的北京话的历史材料。他根据这些材料撰写了《北京话儿化韵个人读音差异问题》、《北京话去声连读变调新探》、《北京东郊阴阳平调值的转化》等一系列方法科学、材料翔实、观点独到的学术论文。在《北京官话溯源》和《北京官话区的划分》两篇文章中，他以大量的历史材料分析了北京话与东北方言自唐代以来的历史渊源，并根据语音系统上的共同特点，把北京官话区的范围扩大到从东北地区经过河北省东北部的围场、承德一带直到北京市区的这一片广大的区域。

林焘先生也是改革开放以来中国对外汉语教学事业的奠基人和开拓者之一，他任北京大学对外汉语教学中心(今对外汉语教育学院)主任达十一年之久，其间，他大力扶持该领域的新生力量，亲自撰写语音教学方面的学术论文，为这门新兴学科的发展作出了杰出贡献。

退休之后，林焘先生仍然孜孜不倦地继续他的学术研究，撰写了《"入派三声"补释》和《日母音值考》等学术论文，并与其他学者合作编写了《声韵学》一书。《日母音值考》在历史比较的研究方法中掺入了现代语音学的元素，文章根据大量的音韵史料、日汉对音资料、方言资料、中国传统戏曲语言的资料，对日母音值的历史演变、日母在历史上的方言分歧进行了大胆的假设和严谨的论证；同时，这篇文章还利用实验语音学的数据，对赵元任、王力先生等人提出的日母在现代北京话中属于无擦通音的看法给予了现代语音学角度的证明。这篇文章充分反映了林焘先生深厚的汉语语言学的功底,也充分体现了他严谨求实和勇于探索的治学风格。

2006 年 10 月 20 日,第七届中国现代语音学学术会议在北京大学召开,林焘先生作为主席主持了大会的开幕式。当晚,他因过度劳累而病倒,10 月 22 日进入北京大学第三附属医院治疗。10 月 28 日 22 时 12 分,林焘先生因器官全面衰竭而与世长辞,享年 85 岁。

林焘先生将自己的毕生精力贡献给了中国的语言学事业,我们永远怀念他。

林焘先生对汉语语音学的学术贡献

北京大学中文系

林焘先生的学术研究始于他进入燕京大学研究院的1944年，终于他逝世的2006年。在半个多世纪的学术生涯中，他的研究工作涉及汉语史、现代汉语、汉语方言学、对外汉语教学等领域。在这些领域中，他的主要研究方向都在语音方面，本文简要介绍他在这几个领域所关涉的语音学问题中所取得的学术成就。

现代汉语语音是林焘先生用力最多、成就最丰的研究领域。自二十世纪五十年代初期燕京大学并入北京大学之后，林焘先生一直从事现代汉语的教学和研究工作。二十世纪五十年代，国家大力开展普通话推广和汉语规范化的工作，林焘先生积极参与其中，撰写了《关于汉语规范问题》等(林焘，1955，1959)论文，与高名凯先生合作编写了普通话教材《福州人怎样学习普通话》(高名凯、林焘，1956)。他在北京大学汉语教研室集体编写的《现代汉语》(北大汉语教研室，1958)中负责撰写绪论和语音部分。该书是全国高校中文系设立现代汉语课程以后的第一部教材，编写时恰逢《汉语拼音方案》诞生，教材的语音部分是围绕着《汉语拼音方案》与普通话的关系这个中心来写的，这个写作框架对后来各种现代汉语教材语音部分的编写产生了很大的影响。

五十至六十年代期间，林焘先生的两篇有关轻音与语法和语义关系的论文引起了学术界的高度重视。《现代汉语补语轻音现象反映的语法和语义问题》(林焘,1957)全面考察了趋向、可能、程度和结果补语中的轻音现象，指出补语中某些成分的轻读与否与这些成分的词性和意义相关，强调不能把语音与语法和语义割裂开来进行研究。《现代汉语轻音和句法结构的关系》(林焘,1962)研究了不同层次的语音结构与句法结构之间对应或不对应的相互关系，提出了语流中有两种不同性质的轻音：其一为语调轻音，可以出现在语句的任何位置，属于语调范围，一般有语调重音与之对立，与语音结构的层次没有关系；其二为结构轻音，只能出现在非轻音之后，大部分没有与之对立的重音，少数结构轻音如果变为重，则会对句子的句法结构或词义有主要影响。将语音现象与句法和语义现象结合起来进行研究，并注意到语音研究与句法和语义研究之间的密切关系，这在四十多年前是相当具有前瞻性的；而林焘先生所提出的语音结构与句法结构的不完全对应问题，直到今天仍然是语音学研究的重要课题。

二十世纪二十年代，刘复(半农)先生创建了北京大学语音乐律实验室，由于种种原因，北大的实验语音学研究一度中断。1979年，林焘先生在北大中文系恢复建立了语音实验室，并开始培养实验语音学方向的研究生。此时正是中国科学界告别严冬、走进春天的转折性时期。林焘先生邀请了国内外相关专业的著名学者，如伯克利加州大学的王士元先生、中国社会科学院语言研究所的吴宗济先生、中国科学院声学研究所的张家騄先生等，到中文系讲学，前来听讲的除了北大中文系的师生，还有其他高校和科研单位的语言学工作者，这不仅使中国的现代语音学在北大和北京地区得到了复苏和发展，而且使得现代语音学的知识传播到了其他地区和高校，并在这些地方生根发芽，开花结果。应该说，林焘先生在北大所主持的这些学术活动对中国现代语音学所产生的影响是巨大而深远的。

林焘先生不仅是新时期中国现代语音学学术活动的重要组织者和倡导者，更是这一时期现代语音学领域最重要的研究家之一。1981－1983年，林焘先生曾经两度赴美，在美国伯克利加州大学与王士元教授进行现代汉语语音的合作研究。这次合作研究的成果体现在两篇重要的学术论文中。其一是林焘先生独立撰写的《探讨北京话轻音性质的初步实验》(林焘，1983)，这也是林焘先生的第一篇实验语音学方向的学术论文。北京话轻音音节有着区别于正常重音音节的若干语音特征，其中的哪一种是音位性的特征，是一个长期以来悬而未决的问题。林焘先生采用心理—声学的实验方法，考察了音长、音强和音高三种物理要素在北京话轻音音节听辨中的作用，实验结果否定了长期以来存在的音强与北京话轻音相关的看法。林焘先生提出，音长是听辨北京话轻音最重要的参数，在音长的制约下，音高与轻音的听辨有一定的关系。这篇文章甫一发表，就在语音学界引起了广泛的关注；今天，它已成为汉语轻音问题研究中的经典文献。《声调感知问题》(林焘、王士元，1984)是林先生与王士元教授合作研究所产生的第二篇论文。在这项研究中，他们同样采用了声学—心理的实验范式，研究了双音节词中的声调感知问题。实验结果证明，双音节词中音节的声调感知是以彼此之间的音高对比关系为条件的，一个音节音高的改变，会导致另一个音节的声调在感知当中的变化，这是声调感知中的一种"听错觉"现象。根据这个结果，他们提出，声调的历史演变可能就是由于多音节词中声调的听错觉造成的。

刘复先生在上个世纪二十至三十年代所领导的北大语音乐律实验室是以研究汉语的声调见长的，林焘先生从轻音和声调的研究入手恢复了北大的实验语音学研究，并把超音段特征的研究确立为北大中文系语音实验室的主攻方向。在林先生的领导下，该实验室在轻重音、语调和时长等问题上都取得了重要研究成果，因之成为国内语言学界颇有特色和最为重要的语音实验室之一，该实验室在二十世纪八十年代初期的研究论文集《北京语音实验录》(林焘、王理嘉，1985)迄今为止仍然是汉语实验语音学领域的重要参考文献。

在相当长的一段时期内，国内高校中文系的语音学教学一直是语言学课程中一个薄弱环节，能够在本科生中开设专门的语音学课程的高校为数极少，北大中文系在改革开放初期为本科生开设了"语音学"，林焘先生是这门课程最早的任课教师。为了将现代语音学的最新研究成果介绍给学生，他与王理嘉教授在二十世纪八十年代开始合作编写适合本科生学习的教材《语音学教程》(林焘、王理嘉，1992)。这部教材将传统语音学与现代语音学、普通语音学与汉语的语音材料很好地融合起来，因此，自二十世纪九十年代初期出版以来，它一直是中文系高年级学生和研究生语音学课程最重要的教材之一，同时也是理工科和其他文科专业相关领域学生的重要参考书。《语音学教程》先后在大陆和台湾出版，后来又被译为韩文在韩国出版。

林焘先生生长在北京，说一口地道的北京话，他在青年时代就对北京口语产生了浓厚的学术兴趣。尽管他的专业方向不是方言学，但是，他对现代北京话的形成历史和北京语音社会变体的研究，在方言学界产生了很深的影响。发表于1963年的《北京话的连读音变》(林焘，1963)一文，把连读音变分为不自由和自由的两大类，并对这两大类分别列举了六个和十二个小类进行详细的分析。这项研究可以看做他在近二十年后带领学生对北京话进行全面系统的社会语言学调查的一个预备性的工作。二十世纪八十年代初期，林焘先生带领北大中文系汉语专业的部分师生进行了较大规模的北京话调查。在调查过程中，他们采用社会语言学的研究方法，精心设计了调查用的语言量表，对北京城区和近郊以及少数远郊区县的口语进行了系统的文本记录和录音。林焘先生就这些录音资料中的一些语音现象进行了社会语言学角度的研究，发表了《北京话儿化韵个人读音差异问题》、《北京话去声连读变调新探》、《北京东郊阴阳平调值的转化》和《北京话儿化韵的语音分歧》(与沈炯合作)(林焘，1982，1985，1991；林焘、沈炯，1995)等文章，这些文章在材料、方法和理论阐释上都很有新意。与此同时，林焘先生在中文系开设了"北京话研究"的选修课，这门课程受到语言学专业学生的普遍欢迎。80年代中后期以来，由于城市建设的发展，北京城区和郊县的人口发生了急剧的流动，北京话原来的地区变体格局被打破，因此，林焘先生与中文系师生们的这些调查资料在今天已经成为弥足珍贵的北京话的历史材料。

在对北京语音进行共时的实验研究和社会变体研究的同时，林焘先生对北京话的历史来源和北京官话区的划分等问题也进行了深入的思考，发表了《北京官话溯源》(林焘，1987a)和《北京官话区的划分》(林焘，1987b)两篇重要的学术论文。他在这两篇文章中所提出的“北京官话区”是指从东北地区经过河北省东北部的围场、承德一带直到北京市区的这一片相当广大的区域，因为在这片区域内，各方言的声韵系统十分接近，调类完全相同，调值极其相似。此前，其他学者所提出的“北京官话区”并不包括东北方言。《北京官话溯源》以大量翔实的史料，从民族的长期杂居和人口的不断流动两个方面分析了北京话与东北方言自唐代以来的历史渊源以及现代北京官话区的形成过程。《北京官话区的划分》则从共时的角度论证了北京官话区内各方言点音韵系统上的一致性，并提出了北京官话和北京城区话的具体分布范围。

林焘先生一生主要致力于语言学基础理论的教学与研究，但他也为对外汉语教学这个应用语言学学科的发展作出了突出贡献。二十世纪八十年代，北京大学在全国高校中率先成立了专门的对外汉语教学机构——对外汉语教学中心（即今对外汉语教育学院），林焘先生是汉语中心的首任主任，并且在这个岗位上工作了十一年之久。在繁忙的教学和行政工作之余，林焘先生亲自撰写对外汉语教学，尤其是语音教学方面的论文（林焘，1979，1989a，1989b，1996），以促进这门新兴的学科向着科学的道路发展。林焘先生一直强调要将汉语语音学的理论应用到语音教学的实践中去，他（1979）曾经一针见血地指出对外汉语教学领域长期以来在语音教学中存在的毛病：用眼多，用耳少，即教师只看到单字音和《汉语拼音方案》这个符号系统，不注意对有声语言进行深入的观察，因此教给学生的只是课本上的知识教条，而不是活的口语。例如，普通话上声单字调的调值是[214]，但普通话上声的音系特征是低，在实际的言语交际中，[214]的出现机会也是比较少的。而对于外国学生来说，上声是最难学习的一个声调，他们最容易犯的错误是忽略了上声的低音特征而过于强调其升尾。因此，林焘先生主张在上声的教学中不要先教单字调[214]，而要先教[21]或者[211]。这个主张无疑是很有创见的，遗憾的是，近三十年来它并没有在对外汉语的语音教学中得到普遍的重视和接受。二十世纪九十年代初期，林焘先生还带领自己的学生进行过“洋腔洋调”课题的研究，这个课题使用实验语音学的手段对美国学生的汉语声调和语调问题进行了分析，这种研究方法在当时国内的对外汉语教学领域是居领先地位的。

林焘先生从事学术研究的起步学科是汉语史，但在相当长的时间内，为了服从教学工作的需要，他不得不“改行”；有意思的是，退休之后，他又回归到了他的“本行”。在燕京大学研究院学习期间，林焘先生跟随李方桂先生、陆志韦先生学习音韵学。林先生正式发表的第一篇学术论文是与陆志韦先生合作的《经典释文异文之分析》（林焘、陆志韦，1950）。这篇文章分析了异文产生的原因及其研究价值，将异文分为普通异文和特殊异文两类，并按照性质将7950条异文分为七类进行分析，这些结果为经书注疏源流的研究以及六朝音韵与方言的研究提供了丰富的资料和例证。燕京大学合并到北京大学之后，由于教学岗位的变迁，林焘先生中断了他的汉语史的研究工作，只是在二十世纪七十年代参与编写过《古代汉语》教材和《古汉语常用字字典》，但他对汉语音韵学始终未能忘怀。二十世纪九十年代，年逾古稀的林焘先生撰写了《“入派三声”补释》(林焘，1992)和《日母音值考》(林焘，1995)两篇音韵学方面的文章，并与耿振生合作编写了《声韵学》一书（林焘、耿振生，1998)。《日母音值考》是一篇将传统音韵学与现代语音学有机结合的精彩华章。关于现代北京话中日母的音值，学术界一直有不同的看法。林焘先生从实验语音学的数据中发现，现代北京话中日母的声学特征与通音相近而与擦音相去较远，这一发现为确定日母在音系上属于通音一类而不属于擦音一类提供了有力的证明。文章根据现存的音韵史料、日汉对音资料、方言资料和传统戏曲语言等材料推测，日母自先秦时代就存在方言分歧，从中古至今，日母在北方通语地区一直以浊擦音或通音为主，在以吴语为中心的东南地区则一直以鼻音为主。文章还根据谐声字的情况推测，至少在《诗经》时代日母的音值就存在方言上的分歧，当时鼻音是雅言的读法，擦音则只是少数方言的读法。可以说，这篇文章为林焘先生的汉语音韵学和现代语音学的研究同时画上了一个圆满的句号。

林焘先生一生治学严谨，学术著述数量不算很多，但由于他有着既博且专的语言学学术修养，在研究中能够贯通古今，融合中西，因此，他的学术成果以高质而闻名，他所撰写的语音学方向的学术论文，大部分都成为相关领域的研究者必读的参考文献。他严谨求实、勇于探索、继承与创新兼顾、理论与实践并重的治学风格，永远是我们学习的榜样。

参 考 文 献

林焘、陆志韦(1950) 经典释文异文之分析,《燕京学报》第38期。

林焘(1955) 关于汉语规范化问题,《中国语文》第8期。

高名凯、林焘(1956) 福州人怎样学习普通话,北京:文化教育出版社。

林焘(1957) 现代汉语补语轻音现象反映的语法和语义问题,《北京大学学报》第3期。

北京大学汉语教研室(编)(1958) 《现代汉语》,北京:高等教育出版社。

林焘(1959) 现代汉语词汇规范问题,《语言学论丛》第三辑,上海:上海教育出版社。

林焘(1962) 现代汉语轻音和句法结构的关系,《中国语文》第7期。

林焘(1963) 北京话的连读音变,《北京大学学报》第6期。

林焘(1979) 语音教学和字音教学,《语言教学与研究》第4集。

林焘(1982) 北京话儿化韵个人读音差异问题,《语文研究》第2期。

林焘(1983) 探讨北京话轻音性质的初步实验,《语言学论丛》第十辑,北京:商务印书馆。

林焘、王士元(1984) 声调感知问题,《中国语言学报》第2期,北京:商务印书馆。

林焘(1985) 北京话去声连读变调新探,《中国语文》第2期。

林焘、王理嘉(主编)(1985) 《北京语音实验录》,北京:北京大学出版社。

林焘(1987a) 北京官话溯源,《中国语文》第3期。

林焘(1987b) 北京官话区的划分,《方言》第3期。

林焘(1989a) 汉语韵律特征和语音教学,世界华文教学研讨会(新加坡)会议论文。

林焘(1989b) 语音在语文教学中的地位,香港语文学会第五届国际研讨会会议论文。

林焘(1991) 北京东郊阴阳平调值的转化,《中国语文》第1期。

林焘(1992) "入派三声"补释,《语言学论丛》第十七辑,北京:商务印书馆。

林焘、王理嘉(1992) 《语音学教程》,北京:北京大学出版社;(1995)台北:五南图书出版公司。

林焘、沈炯(1995) 北京话儿化韵的语音分歧,《中国语文》第3期。

林焘(1995) 日母音值考,《燕京学报》新1期。
林焘(1996) 语音研究和对外汉语教学,《世界汉语教学》第3期。
林焘、耿振生(1998) 《声韵学》,台北:三民书局。
林焘、耿振生(2004) 《音韵学概要》,北京:商务印书馆。

(王韫佳执笔)

林焘先生与对外汉语教学

北京大学对外汉语教育学院

林焘先生是我国著名语言学家，北京大学中文系教授，博士生导师，北京大学对外汉语教学中心第一任主任，曾任教育部"中国语言文化友谊奖"评委，中国对外汉语教学学会顾问、世界汉语教学学会顾问等职。

林焘先生一生致力于汉语言学研究与教学，在语音学研究方面取得了突出的成就，同时林先生也是我国对外汉语教学事业的开创者和推动者，他不畏劳苦、身体力行，推动北京大学的对外汉语教学与研究持续向前发展，为我国的对外汉语教学事业作出了非常重要的贡献。

1984年10月，北京大学以外事处汉语教研组为基础，并从中文系和外语系抽调老师，在全国率先成立了"北京大学对外汉语教学中心"，林焘先生任主任，领导广大教师开展对外汉语教学工作。

作为刚刚诞生的对外汉语教学中心的负责人，林焘先生高瞻远瞩，十分清醒地认识到科研和基础建设对对外汉语教学发展的重要性。在担任主任的十一年间，林先生经常召集骨干教师，在燕南园52号他自己家中召开会议，讨论中心发展规划，组织人力物力，编写新的汉语教材；他自己也不辞辛苦，亲自参与其中，与几位老师一起，同美国教授和香港教授合作编写教材《功夫》，历时十年，可谓十年磨一剑。为锻炼广大教师，林先生两次率领中心老师，参加世界汉语教学大会，发表论文，宣读自己的科研成果，推动北大对外汉语教学走向全国、走向世界。林焘先生晚年仍不顾年事已高，参加汉语中心的五四科研讨论会，悉心指导那些刚刚踏入对外汉语教学领域的青年教师。此外，林焘先生还借助自己的学术影响力，多次邀请国内外知名学者来中心做学术报告和学术讲座，为中心营造浓厚的科研氛围，不遗余力地促进中心的科学研究。林焘先生做的这些工作，为北大对外汉语教学事业的发展奠定了坚实的基础。

林焘先生极其重视对外汉语教学方面的人才培养，对中青年教师的成长关爱备至。林先生为北大对外汉语教学中心培养了第一位语音学博士，为许多老师编写的教材、词典和著作撰写序言，勉励、扶持他们在对外汉语教育事业上不断进步。

当青年教师在工作中遇到困难、事业上受到挫折甚至对前途失去信心时，都会情不自禁地拨通林先生的电话，不由自主地奔向林先生的住所——燕南园52号。林先生从来没有让他们失望过，不管有多忙，他都会放下手中的工作，热情、亲切地开门迎客，把年轻的来访者请进客厅，让到沙发上，给他们倒茶，然后耐心地倾听他们的心声，给他们出主意、想办法，为他们指出一条条切实可行的道路。差不多每次林先生会客时，林先生的夫人，我国对外汉语教学的老前辈、资深教师杜荣先生，也总是和蔼可亲地陪坐在一旁，不时温和地插上几句话，关切地询问来访者的情况；当谈到高兴的地方时，杜先生还会与林先生对视一下，同时脸上露出会心的微笑。这种温馨宁静的气氛使得那些忐忑不安的来访教师如沐春风，紧张的心情一下子放松起来，从而对自己的生活、工作、事业和前途充满了信心，鼓足了勇气。林焘先生就是这样循循善诱，诲人不倦，鼓励青年教师甘于寂寞，脚踏实地，努力致学的。

春风风人，夏雨雨人，在林焘先生的关心、爱护、支持和帮助下，不少中青年教师现在都已成长为对外汉语教学事业的骨干力量，在许多重要岗位上担任领导工作。林焘先生在培养对外汉语教学人才方面功不可没。

林焘先生十分关注对外汉语教学学科的健康发展，常常通过会议发言、撰写文章等，指出对外汉语教学中存在的问题和发展方向，不少观点对对外汉语教学事业的发展有着重要的指导意义。

他在2000年《总结过去，推动未来》一文中说道："近二十年来，在我国语言学领域中最令人瞩目的变化大约就要属对外汉语教学的'异军突起'了。""对外汉语教学的中心是'教学'，科学研究也必然要围绕这个中心展开，二十年来正因为能紧紧环绕这个中心进行科研工作，才能如此迅速地发展成为一门独立的学科。"林先生的远见卓识，已为事实所证明。今天，汉语国际推广事业正以坚实的步伐向前迈进。

林焘先生在对外汉语教学研究的大方向上也有明确的思考和

见解。他指出:“汉字教学和语音教学是对外汉语教学的基础”,“汉字是和汉语单音语素的特性密切结合在一起的, 过去汉语教学一直以词为单位,并没有能充分反映出汉语这方面的特性,如果能够从汉字音义的角度考虑一下, 不但对汉字教学本身的改进可能有帮助,而且能够拓宽对外汉语教学的视野,把汉语以单音语素为主的特性体现出来。”“对外汉语教学是一门综合性很强的新学科,必须从各个不同的角度进行多方位的科学研究, 才能使这门新学科得到更全面的发展,才能更快地把教学和科研提高到一个新的高度。”

林焘先生的这些真知灼见对我国对外汉语教学的发展, 对北京大学对外汉语教学与研究工作的推进具有极其重要的参考价值。

林焘先生还十分关心《汉语教学学刊》的创办与编辑工作。从刊物的名称到办刊宗旨,都凝聚着林先生的心血。在学刊第一辑编辑过程中,林先生亲自字斟句酌地修订学刊卷首语,并对刊物栏目设计、稿件遴选、体例编排等方面提出许多指导性意见。在刊物出版之后的编委会上, 林先生热情洋溢地赞扬了学刊所秉持的学术理念与良好开端,同时也语重心长地告诫,办刊不易,创办高品位的学术刊物更不易,而要把这种高品位坚持和发扬下去更加艰难,希望学刊同仁勤勉工作,知难勇进,为推动对外汉语教学研究的发展贡献心力。然而不幸的是, 在学刊第二辑出版前夕, 2006 年 10 月 28 日林焘先生却遽然永远离我们而去。对外汉语教育学院的全体师生为失去这样一位敬爱的良师感到无比悲痛,而我们深知,唯有把对外汉语教学与研究工作如先生所期待的一样推向前进, 才能告慰先生的英灵。

我们深切缅怀敬爱的林焘先生！林焘先生千古！

(李红印执笔)

2006年11月

继往开来 哲人其萎

吴宗济

“第七届中国语音学学术会议暨语音学前沿问题国际论坛”于去年10月20日在北京大学召开，林焘先生主持会议。他本来就已带病，仍想坚持到第三日闭幕时，但在晚餐中就已感不支而提前回寓。我本拟过几天去问候，谁知一周后就传来噩耗，令我万分痛悼!

回忆我获交林先生，事非偶然。论年齿虽可称忘年，于情谊则幸同讲席（先后师从过李方桂先生）。而且还有一段富有历史意义的因缘。在半个多世纪前，当时国内的语音学研究情况是这样：上世纪三十年代刘复（半农）先生自法国得博士回国，在北大建立了中国第一间语音实验室，分析了许多方言的声调，出版了《四声实验录》。但不久就不幸病逝，由罗常培先生继承了刘先生的事业，并开展了方言调查，发表了极有价值的语音学论著和方言调查报告。

1933年罗先生到清华兼课，讲授《中国音韵沿革》，我有幸听讲。他指出：“辨章声韵，审音为先。前人操术弗精，工具不备。或蔽于成见，或囿于方音；每致考古功多，审音功浅。”并提倡：“分析音素、可用音标以济汉字之穷；解决积疑、可咨实验以补听官之缺。”这样的功效是：“举凡声韵现象，皆可据生理、物理讲明。”我在清华本来读工程，后转中文，受到先生的启蒙，毕业后就进了南京中研院史语所，师从赵元任先生，在很先进的实验室，应用实验仪器调查研究方言。当时两实验室南北争辉，从此开展了我国语音研究的新路。但七七事变后，设备和人员星散，此项研究停顿了好些年。解放后罗先生任中国科学院语言研究所所长，才召我归了队，扩大了科研队伍，充实了实验设施。北大中文系有了林先生主持，他为了继承刘先生未竟之志，先成立了“语音实验训练班”，不弃下愚，邀我主讲一年。同时还请了美国的王士元教授讲课，从此在北大开设了正规的语音实验课程。最近几年更征聘英才，更新设备，使北大中文系的此项研究，在今日的国内院校中是领先。林先生这番的继往开来的功业，是永远令后人敬佩和纪念的。至于林先生在其他方面的博学卓识，自有高明论证，只此一段史实，因为我是从头到尾亲与其事，特述始末于上，俾广知闻，而致永念。

吴宗济谨志于中国社会科学院语言研究所

2007 年 1 月

追忆林焘教授

王士元

那是1973年，我第一次在北大讲学时，朱德熙教授跟我提到林焘教授有意在中国发展实验语音学研究。当时我才在伯克利设立语音实验室不久，也才刚刚思考过实验室对语言学可以有些什么贡献(Wang,1974)。我告诉朱教授，我当然希望能跟林教授共事，于是我们之间的友谊就此播下了种子，并维系了三十多个年头。

要能推动这样的实验室，计算机设备绝对是必要的。今天，处理器芯片的强大功效，及手提电脑的无所不在，让人已很难想象二三十年前的计算机是什么模样。当时很受欢迎的一种机型是Tandy－80，由德州Radio Shack公司出产，8位，4k记忆体容量，并且得通过穿孔的纸带和计算机沟通。不过，这是许多大学里的语言学家所使用的第一批计算机，北大也不例外。

几年后，林焘教授偕同夫人杜荣教授首次到伯克利访问。他们的参访给我留下了既深刻又美好的印象，这一方面是因为我们志同道合，另一方面也是因我们的个性一拍即合。我认识的人中，很少有像林教授这样，集众多优点于一身：他对广博知识充满好奇、对人生乐观进取、对人真挚诚恳。

有一次林教授与杜教授搭火车去旧金山，离伯克利只有短短车程。不料却被火车上的不良少年打劫，身上的现金都被抢了。我获悉这件事后，深感抱歉，便立刻建议他们到银行开个户头。那时他们压根儿没听说过个人银行账户这回事，但后来也欣然接受了这种新颖的理财方式。

他们造访伯克利的时候，刚好也碰到台湾中研院史语所所长丁邦新教授来访。我趁机邀他们一起去狗不理吃锅贴。那个年代台湾海峡两边仍充满敌意，两岸学术交流更是闻所未闻。不过在当时那个颇富历史意义的场合，他们谈得甚为投机，这可说是个好兆头，预示了后来两岸类似互动的增长。政治的纷扰，本来就不应凌驾在学术之上。

在我们多次的交谈中，我告诉林教授感知其实是相对的。同一个元音，因为出现的环境不同，会被听成是不同的音素。透过语音合成，这些环境都可以精确控制。我那时在语音实验室已架设好新型的 PDP－8 计算机，可以执行麻省理工学院 Dennis Klatt 所写的语音合成程序。我们刚用这套设备证明了声调的感知是依范畴分类的，与音段音素相同(Wang，1976)。

林教授马上想到了一个研究计划：把一个字后面紧接的轻声字的基频大幅变更，会决定这个字听起来属于哪一个声调。同样是[bai]这个音节，后面接了经过合成基频值不同的轻声字[de]，听起来就好像是不同的声调，有时是“掰”，有时是“白”。他立刻就设计好了实验，把实验中的语音资料都建立齐全，并无时无刻不坐在 PDP－8 计算机前，彻底掌握了 Klatt 的合成软件。当他的研究报告发表时，还很客气地把我的名字也列进去了（Lin and Wang，1984）。就我所知，林教授那个精巧的实验，是后来许多研究藉以奠基的沃土。

林教授的学术贡献远超过实验语音学。他早期所接受的是中国文字学的训练，更是《经典释文》一书的专家。他指挥过几个杰出的田野调查工作，研究北京市及北京周遭的言语变化，也时常跟我分享令人鼓舞的新发现。他学术上的著作，可参考孔教授刚发表的“悼念恩师林焘先生”一文。

林教授非常关心他的学生，他很早就把学生沈炯送到伯克利深造，由我们两个人共同指导他的论文。我来了香港以后，他又推荐了孔江平来跟我修读博士，进行先驱的发声研究。每次我到北京，都一定尽量去燕南园拜访林教授与杜教授。在孔教授于2006年10月在北大筹办的语音学会议上，我还很高兴有机会聆听林教授优雅的开幕演说，他回顾了几十年来语音学在中国的发展。

想不到那次的会议，竟是我跟这位知己最后一次见面——他是这么一位学养兼备的人！虽然林教授已离开了我们，但他在学术上树立的典范，将持续影响无数学子，继续为中国的语言研究作出重要的贡献。

参考文献

孔江平(2007) 悼念恩师林焘先生. Journal of Chinese Linguistics 35. 176－179.

Lin, Tao and W. S-Y. Wang(1984) 声调感知问题，《中国语言学报》2. 59－69.

Wang, W. S-Y. 1974. How and why do we study the sounds of speech. *Computers in the Humanities* 39－53. J. L. Mitchell ed. Edinburgh University Press.

Wang, W. S-Y. 1976. Language change. *Annals of the N. Y. Academy of Science* 280. 61－72.

2007年2月17日

追忆与林焘先生的过从

丁邦新

10月29日蒋绍愚先生告诉我林焘先生逝世的消息，令我非常难过。这几天老是想到他儒雅的风度，亲切的谈吐。蒋先生说，如有悼念文字，可以发到中文系的网站。我想写一写跟他相识的经过与过从，藉以表示我深切的悼念。

到现在我还清楚地记得第一次跟林先生见面的镜头，好像电影片停在某一个定格一样。大概是1981年的秋天，我到巴黎去参加第十四届汉藏语言学会的大会，台湾的代表有三位，除我以外还有周法高先生和龚煌城先生。大陆派了一个庞大的代表团，领队的是朱德熙先生，就记忆所及，团员包括李荣、马学良、林焘、王瑶、胡坦等好些位先生。那是隔绝多年之后大陆第一次有语言学家出国开会，法国主办的单位特别办了一个欢迎会。在那个会上我认识了林焘先生，他的开场白好像是："我是林焘，李先生的学生，陈淑平的舅舅。"就这两句话立刻拉近了我们两人的距离，"李先生"指的是李方桂先生，也是我的恩师；陈淑平是我大学时代的同届同学，同班上英文课，又是余英时先生的夫人。由于李先生跟陈淑平这一道桥梁，立刻超越了时空，一种淡如水的情谊就浓浓地把我们两人连在一起。我跟林先生热烈握手，从此展开了二十五年的忘年之交。

李方桂先生对我恩深义重，如果说林先生是李先生早年的大弟子，我大概可以算是李先生晚年的关门徒弟。林先生的年纪长我十几岁，又是陈淑平的舅舅。余英时先生是我敬重的朋友，林先生既是他们的长辈，当然也是我的长辈。中国人这种间接的牵连可以编织成人情网络，坚韧牢固。

那一次会面还有一个插曲，李方桂先生是大会的贵宾，他请两边的代表一起吃饭。那是两岸的学者第一次同时参加一个学术会议，双方毫无了解，也没有沟通。我因为有行政工作，算是台湾代表团的团长；而朱德熙先生则是大陆代表团的团长。我坐在朱先生的对面，近两个小时的晚宴时间我们两个人一句话也没有说。朱先生寒着脸，凛然不可侵犯，大概朱先生怕我是“国特”，我也只有沉默以对。双方都跟李先生李太太讲话，还有周法高跟马学良聊天，他们是历史语言研究所的老同事。林先生的亲切在那个场合对朱先生跟我也没有能发生作用！

第二次见面是1986年在伯克利的加州大学，王士元先生召开“中国的语言与方言国际会议”。我又见到朱、林两位先生，王先生也特别请双方吃午饭。那一次相见非常高兴，相谈甚欢。林先生固然亲切得像一家人，朱先生风趣幽默，也跟第一次完全不同。我问他为什么第一次见面时不跟我讲话？朱先生说：“你也不跟我讲话啊！”大家相对大笑，毫无隔阂！

那时候李方桂先生还在，就是在李先生的家里第一次了解林先生在昆曲上的造诣，我只学了《游园惊梦》开头的一段，简直连启蒙的程度都没有。在语音学跟昆曲两方面都得到李先生衣钵的大概只有林先生了！最近林先生给《李方桂全集》中重印《中国音韵学研究》写了一篇序言，他提到跟李先生读书的往事，又大又重的书就是指《中国音韵学研究》：

> 1942年燕大在四川成都复校，次年春我准备去成都燕大复学，要冒险通过敌人封锁线，走很长的旱路，因此只能带轻便的行李，除随身衣物外，我决定带上这部又大又重的书，还有一套昆曲曲谱和一支笛子。明知到成都复学后不一定还有机会再学习音韵学，但这部得来不易的心爱的书实在舍不得丢下来。到成都复学后，令我意外惊喜的是李方桂先生这时也刚到燕大执教，从此就在先生指导下从本科读到研究生。我带去的这部书自然也就派上了大用场，先生把这部书作为指导我学习的启蒙读物，主要是逐章学习第三卷，每隔一两个星期到先生家讨论一次。先生有时兴致好，学习完了就请出师母徐樱，三人一起吹起笛子唱两段昆曲。跟从先生学习的三年，那种温馨和谐的学习气氛一直深深感染着我，使我终生受益无穷。

后来我从台湾转到伯克利的加州大学任教，见面的机会就多了。林先生曾到王士元先生的POLA作短暂的访问，我也曾请林先生和杜先生到过家里小坐。近年来我常到北京去，每次都跟内人去看他们两位。从学问说到世事，从朋友说到家人，也听到杜先生教养孩子的坚苦卓绝。臧否人物，几乎无所不谈，谈必尽欢。二老总是留我们吃饭，也是在他们家第一次尝到北京的“艾窝窝”。

这些温馨亲切的往事从此长存在我的记忆里。人生百年，终归寂灭。学问能得到传承，做人能得到家人的爱戴，学生的尊敬，活在朋友的记忆里，林焘先生的一生已经圆满了。

燕南园先路

郑锦全

八十年代初林焘先生访问美国，我在伊利诺大学接待他和其他同行的学者，有机会在安静的大学城香摈深入交换各种观点，建立了友谊。后来我到北京大学访问，都一定去看林先生和杜荣老师，每次都有幸到他住处燕南园拜访。

有一次在北大，林先生和我清早起床，骑自行车到圆明园去聊天，那时圆明园没有围墙，随时可以进出。在清晨淡淡的雾气中，我们聊到台湾的国语音韵。连词“和”台湾国语推行委员会审音为“汉”，我问他北京有人这么说吗？他说北京东郊通县有人那么发音，台湾国语推行委员会委员齐铁恨先生在北京时，家里就说“汉”，因此在台湾强力主张这样的发音。此后，我多次向林先生请教北京语音问题，更加努力阅读他的论文，例如《北京官话区的划分》(林焘 1987a)及《北京话溯源》(林焘 1987b)。我从“和”的发音开始，跟随林先生的思路和理据，认识北京、承德、海拉尔、佳木斯等地的语言，得到许多北京官话的知识。

林先生的《北京话溯源》是我精读多次的好文章，他对北京话的语言发展历史，是从移民迁徙的数据来讨论方言的形成与变异。葛剑雄等(1997)对中国移民史有详细论述,但是很少讨论方言。林先生从唐代契丹,经金元两代女真,到明清两朝满族对北京及东北语言的混合、互动与发展的事迹都详细征引。受到林先生的启发,几年来我都在想,如果每个城市或地区都有详细的移民、建制与语言历史,我们对整个汉语方言的流变不就会更加清楚吗?从那时开始,我就一直想进入这个课题,历史我可以阅读二十五史及前人的研究,但是地理空间我却是生疏的。于是从2000年开始,努力学习现代科技地理信息系统 ArcView(ESRI,2000),精读谭其骧(1982)《中国历史地图集》,翻阅葛剑雄等(1997)《中国移民史》,最后提出要从空间与时序来研究汉语方言的愿望(Cheng,2005)。语言在时空中流转,林先生的论文引导我走进语言的时空课题。

《北京话溯源》也讨论金世宗为了防止女真族语言汉化,下令不得习汉语。但是,林先生认为女真人早已学汉语,不是从开国才开始,他这样说(114页):

> 一个民族主动放弃自己的语言,一般要经过漫长的过程。前面已经提到,女真贵族在迁都燕京时就已经习惯于使用汉语,当时距金开国只有三十八年,在这短短的时间内,语言的使用不可能突然发生如此大的变化。

林先生论证满族形成时汉语在东北已经居于优势地位,他这样写着(116页):

> 从努尔哈赤统一女真各部到顺治元年(1644)入主中原,

只有二十多年的时间,语言本身不可能发生很大的变化……

这里的重点是语言不可能在短时间里发生很大的变化。林先生没有提出论证,但是说出了重要的观点,这是专业的直觉。为了这个问题,我几年前开始提问:语言世代多少年?人一二十年就有新一代,学术领域几年就有新人,语言世代呢?新词新语随时出现,人人终身学习,没有不可逾越的词语代沟。语音和语法也有相当长的稳定性。我考察方言里老中青三代之间的语音变化都不超过七八条规则,这是沟通的需要对音变的制约。再从生理世代来看,现在一个人六七十岁,上有八九十岁的父母,下有三四十岁的儿女和少年孙辈,家族内并没有不可逾越的语言代沟,我因此提出"语音世代一百年"的看法(Cheng,2002;郑锦全,2006)。这个结论是否正确还有讨论的余地,但是,林先生的论文让我们开始思考语言代沟、语音世代、语音微观变化、历史构拟的信度等等问题。

我出生于台湾,1963 年台湾大学中文研究所毕业后到美国念博士学位,后来留在美国教书,2000 年到香港城市大学任教,2003 年到台湾中央研究院语言学研究所工作,多年来到北京大学访问时,林先生是我北京少数最亲近的人之一。1985 年很幸运和林夫人杜荣老师合写一篇教育百科全书的文章(Cheng, Du and Wang, 1985),每次到北大来,都到燕南园林先生家做客。2006 年 9 月我在北大汉语语言学研究中心讲学一个月,一来就打电话给林先生。我说去看他,他坚持要到我住宿的勺园五号楼来看我和内人梁慕琴。那天风很大,我在楼下等他,看他在风中健步走来,知道他还健康,非常欣慰。我们约定 9 月 26 日到燕南园他家用晚餐。26 日在他家聚会，还有周燕和孔江平两位老师。大家都很高兴，谈农村、“文革”、教育、文化、燕南园的变化等等，林先生和杜老师都非常健谈。林先生还写了昆曲和简谱的对应表，让我们回家学唱昆曲。我9月底离开北大回台湾，不久，在忙乱中收到蒋绍愚先生的电邮，说林先生突然于10月28日病逝，我揉了许多次眼睛，仔细把蒋先生的信看了再看，都还觉得难以相信。

林先生大我十几岁，我以师长尊敬他，他以朋友对待我。从他那里我得到许多启发，《楚辞·离骚》说“乘骐骥以驰骋兮，来吾道夫先路”。林先生在燕南园给我指出学术研究的方向。

参 考 文 献

谭其骧主编(1982) 《中国历史地图集》，上海：地图出版社。

葛剑雄、吴松弟、曹树基(1997) 《中国移民史》，福州：福建人民出版社。

林焘(1987a) 北京官话区的划分(原载《方言》第3期)，《语音探索集稿》，北京：北京语言学院出版社。

林焘(1987b) 北京官话溯源(原载《中国语文》第3期)，《语音探索集稿》，北京：北京语言学院出版社。

郑锦全(2006) 关于语言运用中的代沟问题，《中国语言学报》第12期，北京：商务印书馆。

Cheng, Chin-Chuan. 2002. “Language intelligibility as a constraint on phonological change”. In Dah-an Ho ed. Dialect Variations in Chinese: Papers from the Third International Conference on Sinology, Linguistics Section 81 – 95, Institute of Linguistics Preparatory Office, Academia Sinica, Taipei.

Cheng, Chin-Chuan. 2005. “Chinese Dialects in Time and Space”. In Dah-an Ho and Ovid J. L. Tzeng eds. POLA Forever: Festschrift in Honor of Professor William S-Y. Wang on His 70th Birthday 149 – 161.

Cheng, Chin-Chuan, Du Rong and Wang Huan. 1985. “Chinese Teaching as a

foreign language". International Encyclopedia of Education: Research and Studies 708 – 710. Pergamon Press.
ESRI (Environmental Systems Research Institute, Inc). 2000. ArcView 3. 2. Software.

林焘先生在教书育人方面的业绩

——五十年的追思和缅怀兼及燕大和燕园的回忆

王理嘉

林焘先生安详地走了。

10 月 28 日整个下午我都在北医三院十楼病房的楼道里待着。第一次护士长允许我和刘月华、刘兰英一起进入病房探视时，林先生无力说话，只是微微颔首，回答我们的问候。五点左右林宁先生又出来招呼我说，林先生让我进去。看见林先生精神似乎好一点，我俯身下去轻轻地说：林先生您几次大病，都逢凶化吉，安然无恙，这次也一定能闯过去的，您放心养病。先生凝视着我，轻轻说了两个字：谢谢。这是他留在我耳边的最后一句话。林宁先生后来告诉我：你是他陷入深度昏迷状态前见到的最后一个人。

我一生与林焘先生有缘，从燕大到北大，从学生到教师，从教学到科研，从建国初期最早的思想改造运动到十年"文革"磨难，我和林先生都是厮守在一起的。我们在燕园，在同一个系同一个教研室相处了整整半个世纪又六年。回想这五十多年林焘先生和我以及燕园的变化和发展，实在太大了。有些事不写出来，以后也许就无人知晓了，因此我愿意把我的缅怀和追思写得散漫一些，拉杂一些。

林焘先生祖籍福建长乐，但他家世居北京，他出生于北京，从未在福建居住过，是地道的北京人。他说一口字正腔圆的北京话，但又不带一点北京土话的味儿，因为他出身书香门第。从 1939 年到 1946 年他在燕京大学读完本科、研究生就留校任教，一直到 1952 年，全国院系调整，燕京大学建制取消，皇城根沙滩北京大学迁入燕大的校园。燕大的校名将永远遗留在历史上，燕大的校园却永远保存下来了。林焘先生则随院系调整转入北京大学中文系任教。

但是，我认识林焘先生是在三校合并前的燕京大学。因为我 1950 年在上海报考的是燕京大学。虽说合并后的北大就在过去燕大的校园内，但院系调整前的燕园与调整后的燕园可是太不一样了。那时候燕大全校师生员工加在一起才一千几百人，所以燕园十分幽静。记得我从家乡上海经过三昼夜的颠簸，在京郊西山的落日余晖中走进了燕园，住进了贝公楼（现为办公楼）北、宗教楼（现为民主楼）东的男生宿舍——红一楼，次日清晨在小鸟啾啾声中一觉醒来时，睁眼看到的竟是床边绿色纱窗外的一只肥硕的野兔，在窗台上探头伸脑好奇地向屋里窥视张望。这时我忽然觉得自己是动物园内关在笼子里的某种动物，而那只活泼可爱的野兔倒像是一个在观赏我的游客。

那时候，未名湖边总是静悄悄的，只有钟亭上用航海报时法当当敲响的钟声，缓慢悠远地在校园内回荡。未名湖北边六幢男生宿舍后，清代六王爷恭亲王奕䜣的赐园——朗润园，庄静公主的赐园——镜春园，以及现在赛克勒博物馆西边的鸣鹤园，遍布河池湖塘，满山坡尽是酸枣树，一片野外风光，是燕大学生“野游”之处。一路之隔的圆明园更是荒凉。一片废墟，断垣残壁，满目凄楚。偶见几家农舍，墙外都用白石灰散乱地画着大白圈，为的是防狼。狼性多疑，怕圈套、陷阱，见了大白圈就不敢往里钻了。正因为如此，毗邻的燕园也就难免会有一些野生动物。蔚秀园内常可见到黄鼠狼和刺猬，偶尔也有从圆明园跑来的野狐，镜春园校景亭下的小山坡里曾逮住过一只獾。而我们1950级的几个初入学的新生，曾经碰到过一件以后再也不会有人碰到的事。入学后不多几天，我们按当时的老习惯去东大地(燕东园)拜见国文系主任高名凯先生。走到博雅塔边东校门时，只见大门紧闭。走近一看，贴着一张显然是临时慌乱写成的布告：因东校门外发现有狼，凡去东大地者必须三五成群，手持棍棒……，等等。我们几个不禁面面相觑，犹豫不决。校卫队见我们几个是初来乍到人生地不熟的新生，也极力劝阻，让我们改日再去。我们合计以后就去南大地(燕南园)拜访了林庚先生。之后又去了当时指定日常照应指导我们的林焘先生的家里。

那时林焘先生住在与西校门一路之隔曾被称为清代八大古园之一的蔚秀园。这所园子曾是光绪皇帝之父、七王爷醇亲王的赐园，就林焘先生的家世来说，这里也许是最适合他的住所，因为林先生的曾祖父曾是同治皇帝的老师。燕京大学时期蔚秀园基本上仍然保持了古园旧貌。我们在傍依荷花池的一座小巧幽静的四合院里，见到了林焘先生和师母杜荣先生。林先生才二十九岁，风华正茂。杜先生要长一岁，也显得十分年经。一子一女，林明和林还，也就四五岁光景。一家四口，伉俪情深，舐犊情深。

初入燕大的那一年，林焘先生因肺结核正在养病，没有开课，所以在学业上几乎没有什么接触，但课外接触反而比其他教师要多。那时候燕京大学的国文系在文学院虽是一个小系，名教授却不少。年岁最大的是研究小说戏曲古今杂剧的孙楷弟先生(《也是元古今杂剧考》的作者)。名气最大，在燕大文学院尽人皆知的是林庚先生，他既开古典文学方面，也开现代文学方面的课，包括小说写作、新诗选读等。还有给我们讲“国学概论”、院系调整后去了北师大的俞敏先生，给我们讲《汉语语法论》的高名凯先生。连燕大校长陆志韦先生、陈梦家先生都在国文系挂了名的，因为他们研究的是汉语音韵、古汉语和古文字。但这些“老先生”是极难见到的。所以，跟没有给我们开课的林焘先生接触相对地说反倒比较多。但是也毕竟隔了五十多年，只留下了两个也许永远忘不了的印象。一件是周日在蔚秀园的溜达和在林先生家的小憩。之所以不会忘记这一印象，因为同游者有时是国文系研究生学长，后来成为遐迩闻名的红学专家周汝昌。平时，他穿着蓝布大褂，手拿着毛笔一管，老去贝公楼南边的燕大图书馆，翻阅清史稿，查找与《红楼梦》和曹雪芹家世有关的材料。在林先生家小坐的时候，我就爱听他们闲聊天时的京片子，听得十分专心。因为其时我还不会说北京话，在模仿学习北京话，虽然后来始终也没学好，说的仍然是带着南方口音的普通话。

另一件印象更深的事是1951年燕大国文系为抗美援朝捐款，义演京剧。当时，林先生因养病，不能登台，但他仍亲临现场，在贝公楼礼堂帮忙排戏。那次义演国文系动员参加的教师(虽然后来实际上并没有全部登台演出)范围很广。林焘先生、杜荣先生和吴小如先生自然不必说了，他们是有专业演出水平的名票友，兼擅京昆。连不唱京戏的林庚先生、俞敏先生，乃至说一口福建腔普通话的高名凯先生也都被动员参加。每当提起这一段事，杜先生的记忆尤为清晰，思维也顿时活跃起来，说她演的是《宇宙锋》里的《骂金殿》，甚至还记得一些说起来十分有趣的小事：排练时，林庚先生也有两三句唱词，他让京胡配合他唱歌时的C调(？)，琴师大概不懂西洋乐理，听得莫名其妙，不知所措。至于我，杜先生好笑地说：让你在《探皇灵》里跑龙套，你不肯摘眼镜儿，还不肯换鞋，想穿着皮鞋上台。得亏在一边帮忙排戏的林焘先生几番耐心劝导，你才听从。现在想起来，如果我一意孤行，那真是上台出洋相，破坏义演了。

1952年全国院系大调整，学生、教师都大大增加，原燕大的教学设备、学生宿舍和教师住房都不敷所需。当时北京市政府调集力量，以最快速度，在燕农园现电教以东盖了一大片简易二层楼房，解决学生的住房问题；在中关园盖了二百多套红砖平房，解决教职工的住房问题。林焘先生就在这时由蔚秀园迁入中关园。我因当时是燕大国文系的，熟悉燕园，所以被派去协助中关园的接待安置工作。周祖谟、王瑶、冯钟芸、章廷谦（川岛）、吴小如等各位老师也都是在这时迁入中关园的。林焘先生迁入燕南园52号，那是六十年代以后的事了。

院系调整后，林先生身体康复，恢复授课。此后，他的教学和科研，几乎都是跟当时的社会形势紧密结合的。1955年前后，他主要的教学任务是给本系新闻专业、语文专业，还有外系语言各系讲授语法修辞、写作实习方面的课。结合全国性的文字改革会议和现代汉语规范问题学术会议，他又撰写了《关于汉语规范化问题》、《现代汉语词汇规范问题》、《福州人怎样学习普通话》（与高名凯先生合著）等论著。在这期间原属清华中文系的朱德熙先生也已经在东欧保加利亚执教三年后回国（1955），当时系里古代汉语和现代汉语都在一个汉语教研室里，教研室主任是王力先生。魏建功、周祖谟、杨伯峻、周达甫等几位教授也在同一教研室。语言学教研室主任是高名凯先生，此外还有岑麒祥、袁家骅两位教授。当时（1954），我刚从中文系本科毕业，开始攻读现代汉语研究生，跟随林焘先生一起从事教学和科研活动，就是从这时开始的。经常一起开会见面的，还有不少由地方兄弟院校来的进修教师。因为相对其他老教授来说，林焘先生和朱德熙先生年龄跟我们要接近一些，所以大家跟他们的接触也比较多，较为自由放松。林焘先生《现代汉语补语轻音现象反映的语法和语义问题》在《北大学报》上一发表，在我们中间引起热烈反响，因为当时读不到这类的文章。可以说结合语法、语义来探讨语音现象，林先生从一开始就是走在最前列的。

1958 年是热火朝天的大跃进年代，在双反运动中批判了旧的教育思想和学术思想之后，破旧立新接着就掀起了教学改革的高潮。我清楚地记得编写一本当时急需的《现代汉语》教材的倡议，是王力先生在教研室会议上提出来的。当时，倡导发扬集体主义精神，发挥新生力量的作用。但我们——建国后北大首届语言学研究生（当时学位制度尚未建立，但曾说过是副博士研究生，四年制），虽然是刚毕业的新生，却还没有形成力量，所以在集体编写《现代汉语》教科书的任务中，主要任务就落在林焘和朱德熙两位先生的肩膀上了。在一切都要求大干快上的大跃进年代，从教研室集体拟定教学大纲，征求学生意见，由林、朱两位先生夜以继日赶写初稿，到逐章逐节共同讨论，修改定稿，全书仅用了四十天时间。之后立即交付高等教育出版社付梓，1958 年 12 月就跟读者见面了。当时，这是国内最早出版发行的现代汉语教材。

高校文科开设现代汉语课程，北大是从 1954 年秋开始的。第一任授课教师是与魏建功、冯钟芸等几位先生一起刚完成《新华字典》编纂任务的周祖谟先生。当时语音部分还是用国语注音符号讲的。但 1958 年的形势是《汉语拼音方案》已经正式公布，正在推广实施，大力推广普通话的群众运动也已经在全国轰轰烈烈地展开，高校尤其如此。因此，新编的现代汉语教材，语音部分的编写就面临着许多新的课题。而林焘先生执笔编写的语音部分的教材正是紧密结合当时社会发展需要的。他把《汉语拼音方案》跟国际音标对照结合在一起，深入细致地讲清了字母拼写形式与实际语音的关系；从最小的发音单元音入手，讲授了发音原理和实际语音；进入音节层面，再从音节和字音分析的角度，通过基本的语音单位声韵调的讲解，讲授了普通话的语音系统以及种种语流音变的现象；结合古今调类关系的演变和方言之间的调类对应关系讲授了普通话的调类系统；通过利用汉字谐声偏旁分辨字音的方法，帮助方言区学生解决学习普通话中遇到的困难，了解汉字和语音系统的关系。凡此种种，可以看到林焘先生把西方语音学和中国传统音韵学巧妙地结合在一起了。跟语法部分相比，后者因涉及语法体系上的难以兼容，所以语音部分对此后各高校现代汉语教材的编写影响更大，被借鉴、吸收乃至采用的地方更多。

当时，教育战线上的形势是大力推行教育与生产劳动相结合，理论与实践相结合，要求师生走出校园，一起下乡下厂，与工农结合。于是，我们青年教师随同学生一起去了京郊门头沟的两个煤矿，因为有"现代汉语"课，所以林焘先生也跟着下去了，同去的还有王福堂、袁行霈等几位年轻教师。林先生大班讲课，我们小班辅导。同睡一个炕，林先生也跟我们一样，头戴矿灯，脚蹬雨靴，下矿挖煤。因为平时他远比我们要白净斯文，所以当他脸上也弄得黑白相间时也就比我们要格外醒目。常常师生相对，打趣逗乐，哈哈大笑。新编的《现代汉语》教材就是在门头沟城子煤矿，边劳动边讲授的，同时还要配合普通话朗诵、演出等等，课程讲授、教学活动十分有趣生动。这些都是林焘先生亲自领导安排组织的。

六十年代初在三年经济困难开始时，全校各系师生纷纷撤回学校，教学正常次序随之恢复。教室听课，图书馆学习，食堂吃饭，操场打球，宿舍休息，一切都在校园内开展。当时，虽然粮油短缺，副食品供应困难，但教学和科研反而比以前大哄大起、大搞群众运动时要稳定，效果要好。事物的发展毕竟是不能违反客观规律的，也就在这个时期，汉语教研室分为现代汉语、古代汉语和汉语写作三个教学小组，林焘先生就是现代汉语教学小组组长。这时，现代汉语、古代汉语、语言学概论、写作实习等基础课程，已经完全放在青年教师身上了。林先生和朱先生两位，一方面为高年级本科生开设基础课的提高课，如“现代汉语(二)”、“现代汉语语音研究”、“语法研究”等课程；另一方面，他们又指导教研室青年教师的进修和科研。许多科研讨论、教学活动都是在林焘先生家里举行的。一是朱先生也住在中关园，他们方便。二是环境轻松，气氛融洽，抽烟喝茶，十分自在。偶尔，我们还要求林先生请客，这时少不得要杜先生出来帮着张罗。在林焘、朱德熙两位先生带领下，这一时期的教学和科研活动的内容十分丰富。有音位学原理和普通话音位分析的讨论，动词形容词名物化问题，以及层次分析和中心词分析的讨论，乃至生成—转换语法的介绍，其中有些内容在当时的期刊和专著中是极少见到的。教研室的成员，加上他们俩一共才七个人(陆俭明、马真、侯学超、卢甲文和我)，可是在教学和科研方面却搞得十分活跃。我对音位学和普通话语音系统音位分析的兴趣，就是在这时期培养起来的。

也就在这一时期，林焘先生和朱德熙先生，开始分别指导和培养语音和语法两方面的研究生，以及来北大进修的教师。后来在第二外国语学院任教的刘兰英，在中央民族学院任教的但国干，去复旦大学任教的孙锡信等，都是这一时期的毕业生。他们后来也都在各自的岗位上成为骨干教师，中坚力量。在教书育人的同时，朱先生具有开创性的论文《说“的”》和《论句法结构》；林先生的《北京话的连读音变》和《现代汉语轻音和句法结构的关系》这几篇论文，也都是在这一时期发表的。当时在语言研究领域语法方面的论文远多于语音方面，而把语音研究与语法、语义结合起来的则尤其少，可谓凤毛麟角。所以，林焘先生的论文在《中国语文》上以首篇的位置一经刊登，学界一片称道，反响极佳。林焘先生和朱德熙先生在三年经济困难时期的学术成就说明，扼杀学术发展和创新的，不是物质上的困难和贫乏，而是思想上的桎梏和禁锢。这是永远值得反思的。

十年“文革”，大“革”文化的“命”，全国陷入大混乱、大动荡，学界顿时万马齐喑。其中有两年多，北大、清华的大部分师生都奉令去了江西。我们也在军宣队、工宣队的率领下来到鄱阳湖大堤边的鲤鱼洲劳动锻炼。南昌酷热，夏季烈日照射下的地面温度达到五十多度。林焘先生、杜荣先生跟我们一样下大田，修水渠，插秧施肥，抢种、抢收。此外，他还干过一样我没有干过的活——放牛，那种有一对新月形大弯角，灰不溜秋的大水牛。林先生跟两三条水牛在一起，倒也别有风光。可惜当时没有闲情逸趣，也没有相机，否则留下一张“林焘先生牧牛图”倒也值得留念，弥足珍贵的。

1971年“九一三”事件后，劳动大军撤回北京。之后的那一段时期，林先生和王力先生，还有古汉语教研室的好几位教师如唐作藩、蒋绍愚等，时时往返于商务印书馆和北大之间，编了一本后来不断再版至今还被广泛使用的《古汉语常用字字典》。至于我，则又在学校后勤、基建等处干了一年多活儿，冬天还烧过锅炉，供暖。好在本人下过矿井，挖过煤，在密云大炼过钢铁，在十三陵水库还参加过修水库、铁路，在京西山区斋堂劳动锻炼时除农业劳动外，居然还多次帮助老乡干过出丧殡葬之事，和袁行霈、王福堂等在不容双人并行的山间小路上多次抬过棺材（王福堂抬得最多，大概有四五回之多），此外还在江西鲤鱼洲伙房当过火头军。所以，在校园里烧个锅炉，给全校师生供暖，每天有热水澡可洗，当然是胜任愉快地完成了任务。再说，五十年代出来的学生、教师哪个不是如此？六十年代上山下乡的知识青年又哪个不是如此？只怕是有过之而无不及。

“文革”随“四人帮”垮台而结束，神州春回，万物复苏，全国高校重又欣欣向荣。这时，林焘先生已近花甲之年，但是他在教书育人、科研学术方面却随社会国家的大好形势进入了一个鼎盛时期，取得了多方面的成就：

一、开设了“实验语音学与传统语音学”、“北京话调查”、“北京话研究”等新课程，特别是后两门课，那是全国独一无二的。记得有一次我和王福堂因有事去燕南园他家，在楼上他卧室里谈完要告辞。他却兴致勃勃地让我们坐下来再谈一会儿。这就说起他想开北京话调查的课，并拿出已拟好的提纲跟我们讨论。我们也很高兴，三言两语地提了一些建议、作了一些补充。当时，社会语言学也刚传播过来，林先生在田野调查的方法上，吸收、借鉴了不少东西，并有所创新，为的是能收集到最自然、最真实的语料。当时国外很普通的录音机，在国内也还是稀罕珍贵之物，为此王福堂奔波跑腿，费了不少功夫。两次大规模的田野调查，由于在调查地点、调查目的以及调查内容、调查方法上都经过林先生缜密思考，而且他多次亲自带队，随同王洪君那一班学生一起参加调查。所以，收集和积累了丰富的北京话口语资料。凡是上过这两门课，参加过这两期社会调查的学生，无不认为，这是他们大学生涯中最精彩最值得怀念的生活片段。其后，林焘先生的许多文章，如《北京官话溯源》、《北京官话区的划分》、《北京话去声连读变调新探》和《北京话儿化韵的语音分歧》(与沈炯合作)等，都是在这些调查材料的基础上撰写的。这两门课程的实地调查材料，为研究现代汉语民族共同语的基础方言——北京话留下了宝贵的资料。至今为止，这方面的学术论文屈指可数。

二、实验语音学领域中的探索和成就。受国际上实验语音学发展潮流的激励，林焘先生在七十年代末，通过系行政取得了学校社会科学处的支持后，率领王福堂等两三位老师（我是稍后才参加的)一起把原来只用于语音课教学示范，设备简单的实验室重建为一个可以从事教学和语音分析研究的语音实验室。回想起来，当时虽说是重建，其实是筚路蓝缕，白手起家。而林先生不辞辛苦，投入了全部心血。他多头并进，一方面和我们一起商议选购仪器，添置设备；另一方面更是着眼于学科的发展，人才的培养，取得了社科院语言研究所和科学院声学所的帮助，并请了吴宗济、张家騄两位先生连续两年多来开课授业。校内外许多学生闻讯而至赶来听课，培养了许多年轻学生，其中不少现在都成为语音实验研究方面的专门人才，有的还成为学科建设的带头人。特别值得一提的是他从美国请来声誉卓著的王士元教授系统讲授了实验语音方面的专门课程。为了普及、推广国内语音学，林先生让我们不仅对北京各高校，而且对外地多所高校发出了邀请通知。所以听课者有远至来自福建等地的高校教师，每堂课都是一百几十个人的大课。这些举措，对推动促进国内高校实验语音学的发展，无疑是起了十分积极的作用。这在当时是高校比研究所更能发挥作用的地方，林焘先生的睿智令人钦佩。

在这一时期，林焘先生也同时开始招收和培养了不少语音学方面的硕士生和博士生，他在高校文科中文系中首先招收了计算机系等理科方面的研究生，为言语工程培养了文理结合的研究人才。沈炯、贺宁基、冯隆、金茂兵、王晶、高明明、王韫佳、赵杰等以及韩国的沈小喜、宋昡宣、林汎钟等，都是林焘先生这一时期培养出来的硕士生和博士生。同时，他自己又几次赴美去王士元先生在伯克利加州大学的 POLA 语音实验室做研究工作，并多次参加了国际上召开的各类语音学学术会议，宣读论文，进行了学术交流。

那一段时期林焘先生在实验语音学研究领域取得了丰硕的成果。他的《探讨北京话轻音性质的初步实验》、《声调感知问题》(与王士元教授合作)等论文，都采用了实验语音学上最新的手段和方法，因而也就能有新的发现和收获。他的专著《语音学教程》把实验语音学的基础知识和传统发音生理学，以及现代汉语语音系统的讲授，巧妙地结合在一起，讲解精辟，深入浅出。目前，业已成为文科高年级学生和从事言语工程的理工科学生的必读参考书。

林焘先生在教书育人方面的辛勤劳动，没有白费心血，他的学生在实验语音学的超音段方面，如声调、语调以及韵律特征的多方面，都取得了很好的研究成果，向恩师做了回报。林焘先生带领的北大语音实验室所培养的人才目前是国内语音学方面重要的学术梯队之一。直到晚年，他在退休多年之后，仍然事事处处关心系里语音研究及其人才的培养，几年前多方设法把在北京语言大学工作多年的副教授王韫佳博士调回母校，让她在现代汉语语音实验研究方面锲而不舍继续深入研究，同时，又从中国社会科学院民族研究所将王士元先生的博士生孔江平教授调来北大，请他在实验语音学的发音生理方面着力研究。从言语工程的发展趋向看，这是极具前瞻性的。

三、对外汉语教学和研究中的贡献。八十年代中期以后，语言学领域中最令人瞩目的变化是对外汉语教学和研究的飞速发展。汉语热传遍世界，各国来华学习汉语的留学生数量在连年飙升，作为新中国最早接受外国留学生的北京大学尤其如此。正是在这一时期，林焘先生被任命为北京大学对外汉语教学中心(现为对外汉语教育学院)的首任主任。我则受中心聘请连续多年担任学术委员会委员，与林先生又多了一段共事的经历。那时，汉语中心大部分都是青年教师，林先生关心他们的成长发展，指导他们编写教材、词典，进行科研，报考研究生继续深造。并亲自两次带队率领中心的教师参加在新加坡召开的世界华文教学研讨会，在德国召开的世界汉语教学学术会议。他从大处着眼，通过国内外的会议发言，撰写论文等学术活动，为对外汉语教学的发展提出了指导性的意见。由于他学贯中西，博古通今，因之往往高瞻远瞩，抓住关键，总结过去，推动创新。他的一系列论文，如《语音研究和对外汉语教学》、《汉语韵律特征和语音教学》、《语音教学和字音教学》、《总结过去，推动未来》等等，都能发人深省，给人启迪。因而，在对外汉语教学和研究领域中得到了强烈的反响。

林焘先生的教学生涯和学术研究，不仅贯通于语音学、音位学、实验语音学、现代汉语和汉语方言，以及对外汉语教学等方面，而且也涉及古汉语和汉语音韵学等方面。他除了参加过古汉语教材和《古汉语常用字字典》的编写工作，早期还发表过《经典释文异文之分析》等论文。晚年从语音实验研究的数据中得到启发,将传统音韵学与现代语音学的研究联系在一起，写了《日母音值考》、《“入派三声”补释》等论文,并与耿振生教授合作,为台湾学界撰写了专著《声韵学》。这些都是林焘先生留在古汉语领域中的学术成果。

林焘先生是在第七届中国语音学学术会议开幕式上做了发言并参加了当天学术会议后的第三天入院的，六天后就永远离开了我们。他的确是把自己毕生的精力奉献给了中国的语言学事业。他在现代汉语学科建设和教书育人方面的业绩，是永远值得我们缅怀和尊敬的,也是鞭策和鼓励大家继续奋勇前进的动力。

林焘先生,请安息。

2007年元旦节日期间写于西二旗北京大学智学苑寓所

我认识的林焘先生

——中国实验语音学的开拓者之一

张家騄

林焘先生的大名在语音学界早就是广为人知的，但我真正和林先生交往却是从1979年开始的。那正是教育和科学在“文化大革命”中受到严重摧残（中国科学院语言研究所连老家都丢了，刚恢复工作的时候只能在文改会的走廊里办公）以后刚刚苏醒的时候。林先生筹建现代语音实验室，开始招收实验语音学的研究生，同时邀请伯克利加州大学的王士元教授来北京大学讲学，为积极发展中国的实验语音学事业大展宏图。随后，他亲自来到了声学研究所找到了我，说要请我给研究生开一门语言声学的课，同时商议建立语音学实验室之事。他说另一门语音学的课由语言研究所的吴宗济先生来讲。我一时有些为难，因为国内在长期封闭落后的学术环境中，找不到合适的教材。可是，我为林先生这种积极发展中国实验语音学事业的精神所感动，盛情之下也就答应了。好在手头上还有著名声学语音学家 Fant 和 Flanagan 所著的两本经典著作，以及 Berenak 的《声学》。可是，那都是为在电工学和数学方面有相当基础的对象写的书，所以我必须要做加工转化的工作，在课堂上深入浅出，因为这些研究生都是中文系的背景。这使我受益良多，真是教学相长啊。其后，北大无线电系主任杜连耀先生又要我为大四的学生开语言声学课，就方便多了，接着还在无线电系带了两名语言声学的研究生。这都是与林先生的影响分不开的。

通过林先生，结识了王士元教授，他对我们力图在现代语音学和传统音韵学之间建立紧密联系的研究方法很有兴趣。在王先生的支持下，我们的关于汉语声母和韵母知觉特征的群集分析一文，得以在《中国语言学报》(1982)上发表。在此基础上，又进一步发展提出了汉语普通话的区别特征系统。

林先生的学术胸怀是宽广的，既无门户之见也没有经济考虑。我记得当时在这个研究生班上的，并不都是北大中文系的学生，还有来自中国人民大学和北京师范学院的研究生，以及一些临时来听课的学生，他们学习都很努力。在培养研究生的同时，林先生与王理嘉和王福堂两位老师还积极筹建语音实验室，购置了当时实验语音学研究的利器——语图仪。这在全国高等学校当中可是一个创举。在林先生的领导下，很快就做出了研究成果。林先生率先垂范，完成了《探讨北京话轻音性质的初步实验》。王理嘉老师和贺宁基合作的《北京话儿化韵的听辨实验和声学分析》，被派往伯克利加州大学学习的沈炯的《北京话声调的音域和语调》，以及冯隆的《北京话语流中声韵调的时长》，这些都是具有开拓性的研究课题，所取得的结果也是对揭示汉语基本特征很有价值的重要资料，因而被后来的研究人员广为引用。这些结果对我们，在八十年代初，最早建立汉语文—语转换系统（与瑞典皇家理工学院合作）编写语音规则系统也是很有帮助的。

林先生对他的学生们的关怀可以说是无微不至的。他不单是指导他们的学习和研究工作，而且还关心他们的生活情况和为人处事。到了毕业还为他们的工作安排来操心。贺宁基和冯隆都同我讲述过林先生对他们的谆谆教导和热情关怀。林先生真是一位难得的好老师。

如果说1925年刘复(半农)在北京大学建立语音乐律实验室，是为中国实验语音学奠基的话，那林焘先生在1979年开始筹建现代语音实验室和培养研究生就是对中国实验语音学的开拓与发展了。

悼念林焘先生

——兼说汉语轻声和英语重音

王嘉龄

林焘先生于2006年10月28日因病逝世。初闻噩耗，我简直不敢相信自己的耳朵。就在几天前，我还和林先生在第七届中国语音学学术会议上合影留念。开幕式当天吃晚饭时，我还坐在林先生旁边和他交谈甚欢。席间，我两次举杯祝酒，祝他健康长寿。饭后，我们一起走出餐厅，在分手告别时，我还请他多加保重。岂料这次分别竟成永诀。噩耗来得如此突然，现实又是如此残酷，使我陷入巨大的悲痛，久久不能自拔。

林先生是语言学界德高望重的前辈，为我国语言学，特别是语音学的发展作出了卓越的贡献。就拿极具影响的全国语音学术会议来讲，从第一次会议于1992年在北京大学召开，到第七次会议于2006年又回到北京大学，每一次都是在他的亲切关怀和指导下进行的。2003年第六次会议是由天津师范大学承办的。在会议的筹备期间，深切地感受到他对会议的关心和对参加会议的人员的关怀。有一件事，很能说明问题。对于会议要将入选的论文由出版社正式出版，出现两种意见。一种意见认为，这样一来，就无法将论文送到更高层次的期刊发表，因此主张出没有国际书号的会议论文集。而另一种意见，仍希望能编成正式出版物，以便将来评定职称有用。对于这两种意见,我们当时很为难,不知该如何处理。后来,在林先生主持的会议上几经讨论,并经林先生最后决定,照顾双方的意见,出两个不同的版本:一个是收录全部入选论文的会议论文集,在报到时发给大家,另一个是正式出版物,根据作者的需要,在会后编辑出版。为参加会议开幕式,林先生虽已届耄耋之年,仍从北京赶到天津,并发表了热情洋溢的开幕词,会下还不顾旅途劳顿,和许多与会学者交谈。由此可以看出,林先生对会议的成功召开是何等重视,对与会学者,特别是青年学者,是何等关怀。

2000 年英国语言学家 Trask 编写的《语音学和音系学辞典》的中译本出版了。这个译本的问世为国内学者提供了一部内容丰富的语音学工具书，也为语音学名词术语的统一规范打下了坚实的基础。全书的翻译工作都是在林先生的主持下进行并完成的。翻译期间,林先生曾召集并亲自主持了十几次翻译小组会议。会上对翻译中碰到的一些问题和内涵复杂的条目译名的确定，进行了认真的讨论。有时会议要连续进行几个小时。但林先生每次都不顾疲劳,直到会议达到预期目标才宣布散会。林先生为词典的编译做了大量工作,但却执意不让把他所做的工作写进“编译者的话”,而只在序中轻描淡写地说“我曾有幸被邀参加过几次小组会”。由此可见林先生是何等可敬可佩和虚怀若谷。

林焘先生对于语言学的贡献是多方面的。由于我近年来一直在做轻声方面的研究,因此,对林先生涉及这方面的论述,曾反复学习,获益良多。林先生这方面的论述字数不多,但言简意赅,认识深刻,澄清了我的一些模糊认识和学术界一直争论的一些问题。

由于我是学英语出身,过去有一段时间,曾认为英语重音主要是由音强决定的。但林先生在《语音学教程》一书中谈到轻重音的声学特点时说:"近些年国内外的一些实验研究已经证明,在分辨轻重音时,音强往往并不是决定性的因素","总之,完全依靠声音的强弱来区分重音的语言是很少的,轻重音可以认为是音强、音色、音高和音长的综合表现,听觉所感知到的响度是这四个方面的复杂综合体,只是各语言都有自己的侧重面而已。"他在《探讨北京话轻音性质的初步实验》一文中也说:"近年来对轻重音的研究已经证明,所谓轻重音,并不单纯是音的强弱问题,实际上音长、音高、音强甚至音色都在起作用。至于哪一方面起主导作用,哪一方面的作用是次要的,各个语言并不相同。"在谈到英语重音时,林先生说,"实验证明,英语、法语、俄语和其他一些语言也都不是以音强作为重音的主要征兆。例如英语,总的说来音高和音长所起的作用都比音强大。"这些论述使我顿开茅塞,对这个问题有了正确的认识。后来读了一些有关实验的文章,更加深了这方面的理解。最近国外出版的一本被普遍采用的英语语音学教材,在这个问题上也表达出和林先生相同的看法。这就是 Roach (2000)的《英语语音学与音系学实用教程》。书中说:"从感知角度看,所有带重音的音节,都有一个共同的特点,那就是凸显性。""凸显性产生于四个主要因素:(1)音强,(2)音长,(3)音高和(4)音质。一般来说,这四个因素互相配合工作,虽然有时候只要有一两个因素也能使一个音节凸显出来。实验显示,这些因素并不同等重要:最重要的效应是由音高产生的,音长也是一个有力的因素。音强和音质的效应要小得多。"但近来仍有人在文章里说,英语的词重音主要表现为能量的大小。这说明林先生的这一正确看法,仍未被所有人接受,在今天重温一下,仍有其现实意义。

另外,英语是非声调语言,汉语是声调语言。但它们都有轻重音的范畴,都有词重音。林先生论断,英汉两种语言的轻重音都是音高、音长、音强和音色等四个要素的综合表现。这就体现了语言的普遍性的一个方面。

在林先生的论述中,从没有使用过“轻声”这一提法。那么,他是不是认为轻音和轻声是一码事呢?不是。从他的论述中看,他始终认为轻音是属于轻重音范畴的,例如,《语音学教程》一书,就将论述轻音的部分列入“轻重音”一节中,而没有列入“声调”一章中。在论述轻音时,他说“轻音可以有不同的音高,也可以有调型上的升降变化”,他把轻音的音高看做是轻音的一个声学特点,而不是视为一个调类。他没有使用“轻声”这个术语,但他所说的“轻音的音高”,可以说就体现了“轻声”的内涵。我们也可以说,“轻声”是“轻音的音高”的简缩式。

林先生的论述还纠正了我过去的一种看法。曾经有一度,我认为,轻声有四个声学相关物,即音高、音长、音强和音质。经过学习和思考,我认识到林先生的看法是对的。只有轻音有四个声学相关物,轻声(轻音的音高)只不过是轻音在音高方面的表现而已。例如音强方面的能量减弱和音质方面的元音央化,都是重音层面的轻音所引致的,与音高和声调没有直接关系。

学习林先生的以上观点,为我的轻声研究奠定了牢固的语音学基础,使我得以在此基础上,进行音系学方面的进一步分析。由我主持编写的关于汉语轻声的优选论分析的一部著作,初稿已接近完成。原曾想在完成之后,呈请先生批评指正,以期作进一步修改,但这一愿望已无法实现,永成遗憾。每念及此,不禁怆然泪下。

林先生已经永远地离我们而去了,但他的音容笑貌、博学多识和道德风范将永存于我们心中。

林焘先生对语音学的重大贡献

林茂灿

林焘先生在第七届全国语音学会议之后,因病突然离世。林先生西去,是中国语音学和语言学界的巨大损失。我没有机会直接接受林先生在语音学上的教育,但他的语音学论著和观点,一直启发和影响着我的研究。我怀着悲痛心情,写这篇短文来悼念他。林先生对语音学的贡献是多方面的,我着重论述林先生在汉语语音韵律方面的成就,用他的语音学成就和治学精神,激励和鼓舞我们后辈努力工作,使中国语音学在新世纪有更大发展。

一 轻声是轻音

林先生在1957年发表的《现代汉语补语轻音现象反映的语法和语义问题》中,揭示了许多鲜为人知的轻音与语法和语义关系的现象。林先生在这篇文章提出的语音与语法等关系问题,是语音研究的重大方向性问题,我们必须深入研究下去。

林先生在五十年代就把“轻声”看做“轻音”了,而那时的主流是把轻声看做第五调,以及什么特殊变调。林先生在《现代汉语轻音和句法结构的关系》中说:“所谓轻音音节,实际上是一个短而弱的音节。”林先生接着指出,“后一个特点非常重要,由于短,就容易丧失其音节独立性，少数轻音音节因为读得太短甚至可以丢掉它的韵母，在快读时(也就是轻音音节特别短时)，这种倾向尤其明显。”

林先生说“轻音音节短而弱，音高读成中度最自然”。林先生把轻音中的音高变化，看做是因为读音自然的结果。

林先生在《探讨北京话轻音性质的初步实验》中指出，“在北京话里，音强对分辨轻重音所起的作用非常小”，“音长在听辨北京话轻重音时起了非常重要的作用”，“音高在听辨北京话轻音音节时所起的作用远没有音长重要”。林先生说，“汉语是有声调语言，音高的变化在重音音节中已经起了非常重要的辨义作用，在分辨轻重音时以时长的变化为主。”

有学者从实验看到，“音高和时长对于普通话轻声的知觉都有显著作用，音高对于轻声的作用明显大于音长”。不过，我认为音高对轻声的作用跟音高在声调中的作用，不仅两者模式不同，而且性质也不一样。正如林先生指出的，轻音音节的音高是读音自然而形成的。

林先生很有见地地指出：“从语音结构的层次来看普通话的轻音现象，就会发现普通话里有许多轻音音节的独立性非常之差，它们不能和有声调的音节处在同一个语音层次。”我认为林先生在这儿指明的“轻音音节不能和有声调音节处在同一个语音层次”，是强调轻声或者轻音不是什么第五个声调，轻声是轻音，它是与重音相对立的。

二　轻音有结构轻音和语调轻音两种

林先生在 1962 年发表的《现代汉语轻音和句法结构的关系》

一文提出:"普通话的轻音应该分成两类:一类属于语调范围的,在同样的上下文里,一般有语调重音和它对立,表示不同的语气。这类轻音可以称为'语调轻音',……另一类是和语言结构有关的。在同样的上下文里,一般没有重音同它对立,也就是不能重读。"

林先生在四十年前提出轻音有两类,以及语调轻音问题,无论从语音教学还是从言语工程上说,都是非常重要,都具有前瞻性,都要深入研究才是。我以为,语调轻音就是自然口语中的轻读音节,它跟轻声(轻音)不太一样;自然语句中,除了一些重读音节外,轻读音节是大量的。深入开展自然语句的轻重音性质,以及它跟口语韵律和句法之间的关系等问题的研究,必将使汉语语音研究大大繁荣。

三 语音结构与语法结构

林先生在《现代汉语轻音和句法结构的关系》一文指出:"语音结构的层次和语法结构的层次完全是两回事。同一句话,它的语音层次和语法层次可以完全不同。但是,这两个层次也并不是毫无关系。"

现在大家研究的语句韵律结构,以及韵律结构与句法关系问题,四十多年前林先生就看到了,这是林先生的学术眼力的表现。

四 语音教学

林先生在《汉语韵律特征和语音教学》(1989)中强调指出:"在一般语音教学中,除非是有明显的辨义作用(如汉语声调),对韵律特征一般是重视不够的。”林先生说,“韵律特征在语音的各层次表现并不相同,可以从四个层次来描述:1. 音位层,2. 音节层,3. 音节组合层,4. 语句层。”

“在音节层,韵律特征往往能起提高音质音位的听辨剩余度的作用,使得音质音位的感知更加准确。”“韵律特征在音节层最突出的表现是声调语言中的声调。”“汉语韵律特征在音节组合层起很重要的作用, 变化也很复杂, 主要表现在轻重音和连读变调。”“语句层是由音节和音节组合组成的。”“各音节组合本身都有自己的韵律特征,和语句的韵律特征汇合在一起,才能完整地表现出语句的语调。汉语韵律特征在音节层和音节组合层都已经起了很重要的作用,在组合成语调时,又需要适应语调韵律特征的需要,这就使得汉语语调研究头绪纷繁,分外困难,直到目前,可以说是还处于初步探索阶段。”

林先生主张的轻声是轻音,不仅林先生用实验证实它,而且也被其他学者所证明; 林先生提出的轻音有结构轻音和语调轻音两种,和语音结构与语法结构往往不是一样的观点,大家正在深入研究它;林先生强调韵律在教学中的作用,已引起重视。

林先生离开了我们,我们要化悲痛为力量,深入开展自然语句的韵律及其特征,韵律特征和句法关系,语句的轻重音,语句语气等问题的研究,以适应当前语音教学以及言语工程发展的需求。

纪念林焘先生

——发展生理语音学

鲍怀翘

中国语言学会语音学分会（简称“中国语音学会”）于2006年12月经上级主管部门批准正式成立，此前在林焘先生的筹划下成立了中国语音学会筹备委员会，林焘先生任主任委员。遗憾的是林先生在筹办及主持召开第七届中国语音学会及语音学国际前沿问题讨论会期间，因操劳过度而不幸逝世。现谨以中国语音学会成立的喜讯告慰先生在天之灵。

林焘先生是中国当代语音学（实验语音学）承前启后的学者。在“文化大革命”结束后百废待兴的日子里，北京大学中文系在林焘先生的积极倡导及推动下成立了语音实验室，较早地开展了国际交流，培养了大批语音学研究生和博士生，并矢志将北大语音实验室办成国际一流的语音实验基地。

林焘先生以他深厚的语音学功底，敏锐地洞察到我国语音学领域内生理语音研究基础薄弱、人员稀缺的局面必将影响我国语音学乃至言语工程的发展，为此他和他的同事们曾打算招收具有医学背景的研究生。但虽然经过多年的努力，由于生源的原因这一愿望终究没能实现。

后来林焘先生发现民族所语音研究室孔江平同志在生理研究

方面有较好的基础，在声带高速摄影及处理、嗓音发声类型研究方面做出了可喜的成绩，通过种种努力，终于将孔江平调到北大语音实验室主持工作。我们可以相信北大语音实验室必定会办成国际一流的语音研究及教学基地，特别在语音生理研究方面有较大的发展，为繁荣我国语音学作出积极贡献。

生理语音学是一门研究言语产生生理过程及其特性的科学，它涉及大脑语言中枢命令的形成及下达、神经脉冲的传递、发音器官的肌肉运动，从而产生了气流气压的变化、喉头（包括声带）的动作和喉上器官（咽腔、口腔、鼻腔）的共鸣调节，最终输出清晰可懂的有声语言。这个发音系统完全存在于人体之中，在研究上有很大的难度。目前虽有人利用功能性核磁共振成像技术（fMRI）来研究大脑，但取得的成绩距离真正解析大脑语言功能相距甚远；声带发声的机理及实验已得到较大的进展，黏膜弹性空气动力学说已被医学生理及语音学界认可，由此建立的声带振动双质量模型及其等效电路证实是有效的，但声带振动是否会受到共鸣器官的反作用的问题，还没有得到很好解决；口腔（主要指下颚及舌）的共鸣作用在语音研究中占十分重要的地位，语音学界正在努力利用一切已有的手段（MRI、CT、EPG、EMA）来研究发音动作，但仍没有能力看到真实的、清晰的、可量化的发音活动图像，因此也不能形成有效的发音模型。所以我国的语音学研究要在这个领域内积极创造条件，培养人才，争取在不太长的时间内，有所突破，有所创新，以实现林焘先生多年为之奋斗的愿望。

林焘先生和北大中文系语音实验室的重建

王福堂

一

林焘先生走了，他在参加完第七届中国语音学学术会议后匆匆地走了，会议结束后不过六天。在我的回忆中，林先生的去世跟这个学术会议联系在了一起。

林先生一生致力于汉语语言学研究，在六十以后的老年转向了实验语音学。他把自己的晚年完全贡献给了实验语音学。提起中国的实验语音学，我们会想起很多人，林先生是其中之一。而他近三十年的实验语音学方面的工作，又似乎是从重建北大中文系的语音实验室开始的。那是在“文革”结束后的七十年代末，我曾经因为实验室的重建和林先生一起工作过一段时间。虽然不过一年多一点的时间，有的事情却是印象很深的。

北大中文系原来有一个语音实验室——语音乐律实验室，1952年院系调整时，连同表示名称的那块匾牌，都归到中国科学院语言研究所去了。后来中文系因为教学科研上的需要，又建了一个很小的实验室，购置了少许比较简单的仪器设备，比如喉头模型，口腔平面图，国际音标和方言的唱片，钢丝录音机，浪纹计，乙二声调推断尺等。这个没有正式名称的实验室由讲授语音学的教师甘世福先生负责，由我（我是搞方言的，但当时也参加语音学课程的工作)管理。到学校申购设备,进城采购,做语音实验,都是我们两个人。实验室的设备太简陋了,而且缺这少那的。记得有一次为了用浪纹计记录方言发音时鼻腔的共鸣作用，还特地到语言所的那个实验室去借过两个鼻珠。有的仪器又不实用。一台捷克进口的浪纹计,医疗用的,硕大无朋,一次也没能用上,最后只好调整给了哲学系心理专业。到“文革”时,当时的中文系领导要走了实验室的钥匙，说是革命的需要。这造成后来实验室仪器设备的大部毁损,一台录音机还甚至都被拆空。“文革”结束后恢复上课时,实验室再也无法为教学科研服务了。

这样,1979年,中文系决定重建语音实验室,林先生担起了这一重任。他把自己在“文革”中受到的打击和损害放在一边,全力投入重建工作。他还让我和另一位教师(这位教师不久因故退出了工作,由王理嘉先生接替)也参加进来,几个人一起忙这忙那。

不过,实验室显然不能只是恢复到“文革”前的那种状态,而应当像早先的语音乐律实验室那样,追赶世界先进水平,开展汉语语音复杂要素分析的科学实验，并且和培养研究生的教学工作结合起来。为此,林先生带着我们走访社科院语言所和科学院声学所,向他们了解目前国外实验语音学的发展情况，他们所里目前有关的科研状况以及实验室的装备，甚至都请教他们该买些什么样的仪器设备。我们得到语言所的吴宗济、林茂灿、鲍怀翘,声学所的张家騄、齐士钤、吕士楠等诸位先生的热情帮助,他们全力支持我们建立高校第一个比较现代化的语音实验室。

实验室的重建有两个方面。一个是硬件方面的,也就是仪器设备和场地的建设。要了解国外厂家不同仪器的功能,同类仪器的性价比,写申购报告。要房子,要考虑设备和家具怎么安排,房间怎么装修。仪器到货后还要安装调试。所有这些事情林先生都参与了研究、商量、决定的整个过程,然后由我们年轻一点的人去跑。还记得当初写了申购报告送到校社会科学处那里,一开始他们怎么也不能理解研究《红楼》、《三国》、《水浒》的中文系为什么要建那样的语音实验室,为什么要买那么昂贵的声谱仪、语图仪什么的。费了好大的劲,才说服了他们,同意购买。所以林先生后来看着刚运到的那台精致的凯式语图仪,特别地高兴。然后就是学习操作。请来语言所的颜景助先生,上了几周的课教我们怎样使用这台语图仪和别的仪器。另外,林先生还曾经委托王士元先生在美国代买一台当时算是先进的 PDP11 型计算机,二手的,为的是替国家省一点钱。

另一方面是软件的建设,即是有关专业知识的学习。这是更重要、也更费时的方面。林先生除自己埋头学习外,又把声学所和语言所的张家騄、吴宗济先生请到实验室来讲课,每次都跟我们和研究生一起听课。1979 年夏,林先生还把王士元先生从美国请来讲学。王先生在两个月中一共做了实验语音学课程讲座 12 次,学术报告 4 次。这么多的活动,林先生也是每次必到,像学生一样听课。后来王先生的讲课记录作为《语言学论丛》的第十一辑出版了。记录稿整理时,林先生也和我们一起忙碌。林先生曾经觉得我整理的部分有一些段落的文字简了些,根据记录稿补了回去。在当时情况下,王先生讲稿的出版,对国内实验语音学的发展起了重要的作用。

林先生跟王士元先生一直有较多的联系,但他们的相识却是很偶然的。据说是中文系的袁家骅先生一次散步时见到一位老先生,这位老先生要求说,他有一个孩子叫王士元的早年去美国念书，后来研究实验语音学，多年来跟家里一直无法联系，希望中文系有机会时能把他请来讲讲课，他们一家也能见上一面。袁先生后来跟林先生说起这事，正巧碰上实验室重建中业务学习的迫切需要，林先生就设法跟王士元先生联系上了。王先生来北大讲学期间，林先生和我们还陪着去寻访过他亲属的新居。

短短一年多时间里，语音实验室开动起来了。实验室除了林先生、王理嘉和我以外，增加了一位管理员齐语红，招收了研究生沈炯。实验室有了一些具有一定专业水平的工作人员，有了一些比较先进的仪器设备，能做有一定难度的语音实验了。研究生培养工作也开始正规地进行。可以说，实验室的重建任务已经完成，开始了发展的进程。而这中间则是凝聚着林先生的心血。林先生当时已届花甲之年，心力和体力的支出是巨大的。

1980年，实验室原本准备让我去美国到王士元先生在伯克利加州大学的Pola语音实验室学习，我因为健康原因未能成行，就由沈炯先生去了。不久，《汉语方音字汇》和《汉语方言词汇》两书的修订工作开始，我从此回到汉语方言学的教学和研究方面，不再参与语音实验室的工作。但我仍然关心我工作过的这个实验室。实验室后来的进展日新月异。林先生一直积极参加国内外实验语音学方面的学术活动，还曾与王士元先生多次合作，共同发表论文。王理嘉先生和毕业后留校的沈炯先生也很快成为实验室工作的重要力量。每年都招实验语音学的研究生，有的研究生还是理科出身的。说起来北大中文系还是高校文科中最早招收理科研究生的，在文理结合的趋势中走在了前头。以林先生为首，实验室人员还发表了不少有水平的科研成果，在学术界有相当的影响。不过这些都是后来的事情了。我感受最深的还是早先的情况。有时有什么事情到实验室去，常常会想起当初实验室重建时大家忙碌中的愉快和焦急,想起林先生和我们在一起忙碌的情景来。

我一直清楚地记着林先生站在语图仪旁边，愉快地看着我们的样子。实验室重建了,学术活动恢复了,他有多高兴啊!

林先生,您安息吧!

2006年12月17日

追忆林焘先生

吕士楠

林先生长我十六岁,我步入语音学界的时候,先生已是著名的语言学家、语音学家。加上我生性木讷,不善交际,认识先生很晚。多半是通过读先生的书,聆听先生的讲演认识的。林先生丰富的学识,平易近人的态度,一开始就给我留下深刻的印象。林先生对发展我国语音学的贡献是开拓性的。上世纪八十年代初,他不仅在北京大学创立了语音实验室,而且举办了全国性的语音学讲习班,请著名语音学家王士元教授来授课。当时,国内对“实验语音学”知之甚少,相关学科的高校教师和科学院的研究人员,对这个讲习班的热情很高,我记得当时北大心理系容纳二三百人的阶梯教室坐得满满的。对我来说,这个讲习班是我科研生涯的一个转折点。有先生的教诲和引领,从此进入了语音学研究的行列,无怨无悔地在这片土地上耕耘了几十年。讲习班的讲稿由北京大学的《语言学论丛》编辑在第十一辑出版。我每每向有志从事语音学研究的年轻人推荐这本书,可惜现在已经买不到了。去年年底,有幸在北大校园内发现了王士元教授的新作《语言、语音与技术》,北大的讲稿也原原本本地录在其中,非常高兴。在上世纪末活跃在我国语音学界的同仁,有不少是和我一样从这个讲习班起步的,现在这个年龄段的人都已步入晚年,也有已逝世的。但继而涌现了一批青年语音学家，青出于蓝胜于蓝，使得当今我国语音学的研究队伍，蔚为壮观。其中,林先生功不可没。

林先生于1992年发起召开全国现代语音学学术会议,并主持在北大召开语音学界的第一次学术会议。这次会议开得生气勃勃,我感到欢欣鼓舞。记得那次会议结束,即将离别的晚餐后,大家还聚在北大食堂门口,依依不忍离去。这一景象,至今仍历历在目。此后,全国现代语音学学术会议由相关单位轮流举办,每两年一次,成为中国语音学界的盛会。我和林先生的实际接触也和语音学会议有关。1999年,声学所荣幸地得到语音学界同仁的信任,获得第四届会议的举办权。我半路出家,对语音学的认识多有偏颇,因此多次请示林先生,商讨会议的各项细节。就在一切安排就绪,在会议开幕的前一天,接到上级通知,向我严肃提出防范境外学者利用学术会议作政治宣传的问题，我一时乱了方寸。但林先生指挥若定,明确这是学术会议,排除一切政治因素的干扰,使会议按计划进行,并达到了圆满的结果。也算是一次“有惊无险”吧。今年是第二轮,现代语音学又回到北大举办,并且升格为国际会议,可惜林先生在出席了开幕式后,意外地病重入院,仙逝而去。我们深深地怀念他,感谢他为我国语音事业作出的这一重大贡献。

我和林先生的另一重要接触是翻译《语音学和音系学词典》。这件事是由鲍怀翘先生提议的,得到林先生的大力支持。这部词典内容非常丰富,涉及语音学和音系学的方方面面,翻译起来自然有许多困难，不是一两个人能译好的。所以组织了一个八人翻译小组,按分支学科分条目指定专人译出初稿,反复讨论，一次次修改而成。林先生多次参加讨论,提出重要的原则性的意见,为词典译本的质量把关。林先生治学严谨,以扶植年轻人担当重要工作,培养人才为己任。他一视同仁,丝毫没有门户之见,让我这个非北大学子,在林先生手下工作同样感到关怀和温暖,受益匪浅。这部词典的译本出版后,对普及语音学和音系学知识,规范这两个学科的"术语"起到了一定的作用,这也是林先生留给我们的宝贵财富之一。

林先生从来不以权威自居,是一位敦厚的长者。埋头工作,说话不多,但对别人的意见听得非常仔细。他凡事以大局为重,冲和大度,赢得国内外同仁的广泛敬重。

林先生永远活在我们心中。

2007年1月24日

加强汉语轻音的研究

——缅怀林焘教授

曹剑芬

自然话语里语音轻重的对比是个客观存在。如今，大家对于汉语里的重音问题日渐重视，研究成果颇多。然而，重音和轻音是一个问题的两个方面，重音是跟轻音对比而存在的。正因为有了轻音，才使得重音更加凸显。这说明轻音的作用不可忽视。所以，在汉语里，轻重音常常并提。可是，相对说来，人们对轻音却关注甚少。在中国语音学界，林焘先生是最早重视轻音的作用并从事系统研究的学者之一，在汉语轻音的研究方面作出了重要贡献。今天缅怀先生，我想特别呼吁，提高对轻音作用的认识，加强对轻音特性的研究。

一　轻重音在汉语中的地位

跟其他语言相比，汉语轻重音问题的研究远远不够，尤其是语句层面上的轻音，人们较少关注。事实上，在汉语里，轻音和重音同样是不可忽视的韵律特征。早在上个世纪二十年代，赵元任先生在论述汉语中性语调的时候，首先提到的就是轻音字的问题。并且强调："所以讲轻音字而不讲重音的缘故是因为字念重的时候不过把声调的范围加大跟时间拉长,并不改变它的性质,而轻音字可就完全失去它的固有的阴阳上去的声调，它的音高性质就完全跟着它的环境而定了。”可见轻音对于语调的影响是不可忽视的。一些教科书（例如《现代汉语》，北京大学中文系现代汉语教研室，1993年)也明确指出:“汉语里轻重音的概念跟西方语言很不相同。西方语言着重在重音的概念,而汉语恰恰相反,着重在轻音的概念。”

1. 从语音教学的角度看

如果说对汉语轻重音认识上的不足，对于一般人的语言交际还没有什么大碍的话,那么,对于外国人学习汉语或者对于方言区的人学习普通话来说,它就不是一件小事了。

在语言教学方面,由于汉语音节声、韵、调的结构特点,人们往往主要着力于字音的教学和矫正。而对于字音在实际话语中的韵律变化注意不够。林焘先生在《汉语韵律特征和语音教学》(1989)一文中指出,“对一个音节进入语句后韵律特征的变化如果注意不够,即使每个音节都读得很准,听起来必然仍旧是不够流利顺畅。可以说只做到了‘字正’,并没有达到‘腔圆’”。这正是对对外汉语教学中常见的“洋腔洋调”现象的最精辟的概括,也是对方言区普通话教学中出现的种种方言口音问题的科学诊断。

汉语音节在语流中的韵律变化错综复杂，其中轻重音的变化尤其突出，它涉及相关音节声、韵、调各个方面系统的增强或减缩。因此,无论是外国人学汉语时的“洋腔洋调”,还是方言区的人学习普通话时的“土腔土调”,重要原因之一就是轻重音掌握不好,特别是轻音最难掌握。仅以普通话主要语音特点之一的轻声为例,它就不是轻易能够掌握的。更不用说一般的语流轻音了。

2. 从计算机合成语音的角度看

对于人的学习而言，如果说还可以仅仅通过反复听辨获得语感、进而模仿掌握轻重音的话,那么对于计算机的语音合成或自动识别来说,授以相关的知识和规则就是必不可少的了。

以语音合成为例，它是自然言语处理方面发展最为迅速的领域。如今,大家对于韵律短语切分和音高下倾等都比较重视,无论是理论探索还是实际应用,都取得了较大的进展。但是,合成语音的自然度和表现力仍然不尽如人意。究其原因,主要是尚未处理好整体的韵律结构关系,其中最主要的就是轻重音的调节问题。

我们最新的实验分析表明(曹剑芬,2006),自然话语中发音的增强(strengthening)和减缩(reduction)是个普遍现象,它们的规律性分布跟话语的韵律层次结构密切相关。而重音和轻音的对比,说到底就是来源于发音力度的对比,重音本质上源于发音的增强,轻音本质上源于发音的减缩。相关的声学分析发现(曹剑芬,2004),目前的合成语音跟自然语音还具有明显的差距。在自然话语里,各个音节发音力度的变化很大,有的十分饱满,有的则明显减缩,因而轻重的层次非常丰富。而且,在一般情况下,除了重读的音节以外,大量存在的是非重读的音节,它们有时读得很轻,近似于轻声,但却对重音起着不可忽视的烘托作用。这些轻音的存在,不但使得重音更加凸显,而且使得话语的结构层次更加分明。

相比之下,目前的合成语音的发音力度相对单调,各个音段的发音都比较到位,缺乏应有的相对饱满和相对减缩的必要差异。其重要原因之一就是忽略了语流轻音的适当处理。也就是说,合成语音的轻重音层次不够明显。在大多数合成系统中,往往只注意局部的词重音和语句主要重音的设置，而忽略了大量存在的非重读词或音节的轻音处理。由于语流轻音不仅涉及相关音节声、韵、调的全面弱化，而且通过它与重读音节或边界音节发音增强的反差，直接对话语的韵律结构作出贡献。所以，如果只注意一般的重音设置，而缺乏对语流轻音的适当处理，就必然导致合成韵律结构上的某种失调。这就是为什么目前的合成语音听起来总是显得单调、缺乏层次感和表现力的缘故。

上述情况表明，重音的层级结构对整体的韵律结构的构建至关重要。而重音的层级结构又绝对离不开轻音的对比和烘托。可是，对于汉语的轻重音分布规律，特别是轻音出现的规律，目前我们还缺乏较为成熟的认识。因此，加强对轻重音分布规律，尤其是对语流轻音现象的探索，已经成为语音学和言语工程领域迫在眉睫的研究任务了。这篇短文只是简单谈点不成熟的看法，主要是提出一些问题，以便求教于大方。

二　轻音是什么？

1. 音节的轻读现象

轻音跟重音相对，顾名思义，重音是重读的音，那么，轻音就是轻读的音，或者非重读的音。可是，这么一说，问题就来了：轻音跟轻读有什么区别？轻音和轻声又是什么关系？此外，语流中音节非重读的程度也不一样，究竟轻到什么程度才算轻音？总之，这方面需要进一步探索的问题还不少。林焘先生的研究已经给我们打下了良好的基础，我们应该从语音的基础理论研究和语言教学、自然言语处理等方面的实际需要出发，循着林先生的足迹，把对这个问题的探索继续向前推进。力求不断提高理论认识，争取为有关应用方面提供一套比较一致的、便于操作的轻重音规则来。

2. 轻读、轻音和轻声

在自然语言里，由于各个音节在语义表达上的地位不同，或者在语言结构中的作用不同，有的会读得重一些，有的会读得轻一些，所以，轻读跟重读的对比是自然语言里存在的客观现象。关于普通话里音节轻读的现象，叫法不一，有的叫轻音，有的叫轻声；或者有时叫轻音，有时叫轻声（例如，赵元任，1929，1968）。事实上，它们都是音节轻读的现象，只是由于着眼点不同，或出现的层次不同，其内涵也不完全一样。

（1）轻读（unstressed），是从发音或说话的角度看。一般所谓轻读，是相对于重读（stressed/accented）而言。轻读就是词或句子里的某个（些）音节（或语音成分）发得不太清晰和不太到位的现象。这样的发音方式，在声学上通常会导致语音四要素的减缩，包括音高音阶的降低和音域的压缩、音长的缩短、音强的减小以及音色的弱化。

（2）轻音（weak stress），是从听音或听话的角度看，本质上是指词或句子中被轻读的音节或语音成分的听觉印象。由于发音的减缩，被轻读的成分听起来就不太响亮。所以，语音学上就把轻读的现象叫做轻音。由此可见，重音是发音强化的结果，而轻音是发音弱化的结果，本质上属于同一个范畴。

（3）轻声（neutral tone/neutralized syllable），轻声是普通话里一种特殊的轻音，跟词法结构有关系，也叫词汇轻音。轻声最显著的特点就是失去原有的声调，或者说它的声调对立中和化(neutralization)了。所以，也有人把轻声音节称为无调(atonic/toneless)音节。实际上，实验研究早已证明(扎多延柯，1958；林茂灿、颜景助，1990)，轻声音节是弱读音节，轻声是一种弱重音。进一步的语音实验结果(曹剑芬，1986，1995)表明，轻声的最大特点就是整个音节发音的减缩，因而能量低。这是整个音节的音高、音长、音强和音色四要素综合变化的总体效应，而不仅仅是个声调问题。除了音高的变化以外，音长一般较短，音强一般较弱，音色趋央，但不一定变成央元音。具体特性可参阅相关文献，此处不再赘述。

三　轻音的层次

重音有不同的层次，有词层面的，也有语句层面的。同样，轻音也有不同的层次。关于这一点，林焘先生(1962)早就把轻音明确地划分为结构轻音和语调轻音，指出这两类轻音的特点和功能都不一样。林先生从语音和语法关系的角度划分轻音的层次，不但为我们进一步认识轻音的性质及其作用奠定了良好的基础，而且对我们今天研究韵律结构跟语法结构的关系具有重要的启发作用。

1. 结构轻音和语调轻音

(1)结构轻音

结构轻音是跟语言的结构层次有关的音节轻读，例如"的、了、吗、呢、啊、得、着、过"等在语流中必须轻读，它不能独立存在，只能跟它前面的音节构成一个语音单位。这种语音单位可以是词，也可以是短语甚至句子。所以，结构轻音的出现总是指示着一定层次的结构边界。从当今人们特别关注的韵律切分的角度看，结构轻音是一种重要的韵律边界标志。

结构轻音的另一个特点就是不能恢复为正常重音。在连续话语中，结构轻音即使在相关词语成为语义焦点的情况下也保持轻音状态。例如，在“这是谁的书？是他的书。”中，尽管语义焦点落在“谁的”和“他的”上，但其中的两个“的”仍然只能轻读。

结构轻音又可以大致分为广义和狭义的两种。广义的结构轻音是那些习惯上必须轻读的音，但不一定具有区别意义的功能。例如像“的、得、了、着”之类，以及一些叠音词像“哥哥”、“奶奶”、“试试”等的第二音节。狭义的结构轻音跟词法结构有关，具有构词作用，所以也叫词汇轻音，普通话的轻声就属于这一类。例如，“孙子”跟“孙·子”、“莲子”跟“帘·子”在语义上就是通过音节“子”是否读轻音来区别的。

(2)语调轻音

语调轻音是语句层面上跟语气表达相关的、临时的轻读现象。这类轻音属于语调范畴，在语句中跟语调重音相对而存在，必要时，它们又都可能读成重音。例如，“他是学生”中的“是”通常读轻音；可是，在一定的语境下，例如在强调他的确是学生时，这个“是”就会读成重音，成为“他是学生”。

此外，语调轻音跟结构轻音不同，结构轻音一般出现在结构单元末尾而不出现在单元的开头，而语调轻音可以出现在任何位置包括句首。譬如，“他是学生”这个句子中的“他”，如果是一般叙述，其中的“他”是轻读的；只有在强调所说的学生是“他”而不是别人时，“他”才会变成重音。

由上可见，语调轻音是由语境决定的非重音，它的重轻地位随着语境的改变而改变，所以也叫语句轻音或者语流轻音。

2. 轻音和非重音

语句层面的重轻对比是一种韵律特性，如果用音系学的二分观点看，那么除了重音，就是非重音（unstressed）。可是，在语音学上，非重音还存在许多不同的等级，而这种等级差别并非绝对的二分区别，而是相对的梯度式的差异。而且，在知觉上往往因人而异，有的人能够把非重音区分出多个等级，而大多数人恐怕只能区分出“中”和“轻”两级。由此可见，非重音在理论上可以有许许多多等级，而实际知觉上不可能有一个统一的标准把这些差别都精确地细分出来。因此，广义地说，语流中除了重音以外，其余的都是不同程度的非重音。可是，非重音又不一定都是轻音。那么，轻音跟非重音是什么关系？非重音轻到什么程度才算轻音？这种程度上的差异究竟怎样衡量？在实际应用中如何把握？它们在语流中的分布又有什么规律？对于这些问题，至今尚无十分明确的认识，有待于进一步的研究和探索。

参 考 文 献

曹剑芬（1986）　普通话轻声音节特性分析，《应用声学》第4期。

曹剑芬（1995）　连读变调与轻重对立，《中国语文》第4期。

曹剑芬（2004）　从语音合成看汉语的重音结构，在纪念吕叔湘先生百年诞辰国际学术研讨会上的报告，北京，2004年6月22－23日。又见2005年语言研究所语音研究报告。

曹剑芬（2006）　发音增强与减缩——语言学动因及语音学机理，第七届全国语音学学术会议暨语音学前沿问题国际论坛，北京，2006年10月20－22日。

林茂灿、颜景助(1990)　普通话轻声与轻重音,《语言教学与研究》第 3 期。
林焘(1957)　现代汉语轻音现象反映的语法和语义问题,《北京大学学报》第 3 期。
林焘(1962)　现代汉语轻音和句法结构的关系,《中国语文》7 月号。
林焘(1989)　汉语韵律特征和语音教学,在世界华文教学研讨会上的发言。
殷作炎(1982)　关于普通话双音常用词轻重音的初步考察,《中国语文》第 3 期。
扎多延柯(1958)　汉语弱读音节和轻声的实验研究,《中国语文》12 月号。
赵元任(1929)　北平语调的研究,《赵元任语言学论文集》,北京:商务印书馆,2002 年。
赵元任(1968)　*A grammar of Spoken Chinese*,中译本《汉语口语语法》,北京:商务印书馆,1979 年。

透过语音学符号，研究社会语言

——缅怀导师林焘先生

沈 炯

二十世纪七十年代末中国人民告别了“文革”。我是一个中学教师，“四个现代化”给我带来了新的意识。1978年研究生招生，我考上了北大中文系，走上了人生新的旅途。林焘先生是我的研究生导师，也是我新的人生导师。正是他决定了我今后数十年的命运。

我学习的专业是实验语音学，是用仪器和实验的方法研究语音。我一入学就遇到了教育部批准我们购买语图仪的幸运。语图仪又称声图仪，是第二次世界大战末了时候发明的，专门用来研究战场前沿的录音，用图像显示和分析敌方各种不同战车的声音轨迹。大战没有结束，语言学家已经开始用它去研究人类语言了。它显示的是“可见语言”，是语音的真实照片，是真实的“声纹”，有别于语音的书面符号。大约“文革”前中国已经引进了语图仪。这是一种专用仪器，属于贵重仪器。“文革”一结束，北大就买了一台语图仪。这是国内高校的第一台语图仪。大学入学前我已经从书本上学会一些声学语音学知识，现在有了那么好的仪器，我就如鱼得水了。我在语图仪、各种仪器和计算机语图上投入了数十年的精力，从七十年代末我读过两本详细提到实验语音学知识的图书算起，大约三十年来那些图谱成了我追求梦想的美妙的一叶扁舟。

就在1979年暑期,美国伯克利加州大学语言学家王士元来国内讲学。王先生的重头戏是在北大办实验语音学讲座。当时听课的人来自全国各地,坐满了一个大型阶梯教室。这是现代语音学的一次大普及。此后国内掀起了语音实验研究的高潮。它的影响一直延续到了今天。

一开始只有我一个研究生。第二年我有了学友贺宁基和冯隆。社科院语言研究所的语言学专家吴宗济和仪器专家严景助以及中科院声学研究所的声学专家张家騄专门给我们开课。当时来听课的还有人民大学的同学石锋和廖荣蓉。吴先生和张先生都是世界知名、国内顶尖的学者,他们来开课,可见同行老前辈对北大办实验语音学专业有多么重视。他们的重视饱含当年追求"四个现代化"的时代特征。

一　感悟人生

语音的实验研究并非只是为了验证方言记音是不是正确。它有别于一般的资料研究和在语言学符号系统基础上的研究,那里需要特殊的创新精神。1980年我去伯克利进修,林焘先生已经先到那里了。他的使命是执行中美两国政府的科技合作协定,跟美方王士元先生等研究语言的历史演变。林焘先生坐在地下室的计算机房里做语音合成的研究。对于中国学者来说,技术上这是一种破天荒的创造性劳动。从学术研究看,这也是破天荒的创新。不要忘了,这是在1980年,那个时候还没有现在普遍都有的PC机和合成软件。单说对汉语声调开刀,去做那里的感知实验,那也是前无古人的,甚至属于异想天开。

人是如何学会语言的，人是如何分辨声调的——这是语音学研究的全新世界。对于语音的声音和发音我们本来只有直觉，那里没有成熟的知识影子。现在要研究的是任何一个普通人生活经历中都特有的现象。所谓“感悟人生”，就是要感悟我们和他们同样的人生。语言是人生特有的，那里有它的全部生命力。这就是我们要面向人生研究语言的理由。我们没有前期经验，这就是最困难的地方。

林焘先生等教会我的，就是去开辟那里的新世界。

应该提到，我曾经在中学教外语，是教得很认真的。此外，“文革”使我有机会去接触普通群众，知道了人们学习和使用语言的许多艰辛。这使我有了投入那种语音研究的原动力。

在那个全新世界里出现了语言学和语音学忽略的或者轻描淡写的方方面面。当我们说语音具有物理属性、生理属性和社会属性的时候，我们注意的是一些个别概念，但是我们没有仔细推敲过那里的许多东西。语言的最小社会模型是两个人之间的交际活动，在两个人之间你教我、我教你说话和听话。借助生理机制、心理机制和对话机制，两个人之间成功的交际是社会交际能够盛行的基础。它们是社会语言（包括文字）以及它们的语音和语义具有凝聚力的基本依据。那里有许多基本原理，但是我们很不了解那些原理。当然，两个人不是固定的组合，因此人们有了广泛的社会联系。在那种联系中语音和语义能够成为社会的共同财富。它们的一致性依赖现实的基础模型。语言文字本身并没有推动自己生长的生命力，是人们现实的交际需要推动了语言文字的吸收和发展。

站在这个角度看，语言文字的历史传统是间接的东西。然而语言文字的知识理论最容易在这里把历史和传统颠倒过来。我们见过四世同堂,但是不知道前人是如何说话和使用文字的。我们的同代人勉强记住了前人宝贵的语言文字财富,但是要通过同代人的交际来延续和完成那个记忆过程,靠的就是个人使用语言文字的能力,靠的就是两个人的交际模型,靠的就是社会的语言文字传播过程。离开了那些现实的因素,前人的语言文字早就被我们忘记了。每一代人的生命活力让人有机会学会语言文字,否则语言文字是会死亡的。并不是前人迫使我们使用语言文字,而是我们的交际需要利用了前人的成果。交际活动激活了语言文字,这是语言文字能够生存的基本原理。这里就有了实验语音学要跟踪的真实的人生轨迹。

二 语言的社会调查

1982年起林焘先生开设"北京话社会调查"课程。这是一门实践课,需要学生走进社会去做真实的社会调查工作。参加课程的多是北京籍中文系高才生,还有几位青年教师。社会调查带来了震撼,人人都觉得自己的语言观有所改变。师生从本来是凝固的语音学符号背后看到了社会的活力。王士元创建了词汇学扩散理论,它主要反映了代际过程,是相当宏观的。在王士元直接参与和指导之下,师生们从社会调查中看到了词汇扩散的人间过程,这是语言演变的一种微观过程。举例来说同样一个"晚"字,有人只说[uan],有人只说[van](不是[uan]),有人既说[uan],也说 [van]。说 [van]的年轻人和文化程度高的、家住北京外城的比例最高。那种微小而显著的语音差异并不是每个人都能够自觉意识到的,主要是习惯的不同。它提示出,语言演变就在人们眼前发生。语言演变不再是一种抽象的知识，而是我们可以有效观察的现实变化。语言的社会调查是对方言调查的补充和深入。林先生一直告诉学生，北京话没有调查完，事实证明他的观察是完全正确的。所以这种研究是一种开拓，它使我们走入了研究工作的前沿。

这次调查涉及北京市和承德市五百多位对象。调查分析中作了统计分析。它突破了以往以简单的百分数表示统计结果的传统，而是强调了统计结论的置信度问题。从今天看，那种统计工作还很粗浅，但是从当时看它是一种明显的进步。我作为助手与林先生合作写了研究报告。我感到自豪的是，那是真正的合作。我不断根据林先生思维的进展提供新的统计分析数据，写了脚本，这就使林先生的结论更加有实际依据，而且避免了细节的误差或错误。林先生发表了一系列论述北京音系语音演变的研究报告，获得国内外好评。

三　研究北京话和汉语韵律

大约1990年前后，林焘和王理嘉两位导师带的博士生和硕士生已经有十来人。我提出了北大语音实验室研究北京话、汉语韵律和汉语语调的任务。这一提议得到了林先生等的有力支持。作为共同认识，我们回避了流行一时的跟着“国际潮流”走的思路，开辟了自己的研究历程。我们人手少，必须走自己的路。与此同时，我们的思路更加突出了汉语的特点，少走了许多弯路。

汉语的韵律特征是丰富的，它们都有各种语言学功能，这里不能展开讨论。应该指出，语音学家普遍都重视韵律语音，但是都苦于表述的困难。韵律语音似乎已经有了神秘感，当我们定义语调的时候，为了“保险”起见，会把所有的韵律特征都附加到语调观念中去，使得语调的研究变得困难起来了。但是另一方面，整个社会并不重视广义的韵律概念（声调属于韵律，是得到公认的，不在话下）。语音合成和语音识别的技术处理刻意回避韵律问题，认为它们对于声韵调的处理是多余的，而声韵调的处理就是汉字文本的前期处理——我们整个社会太重视文本了。全部语言学几乎就是文本的语言学。有的语言学教科书说，语言的声音是“乱七八糟”的，主张研究语音不要涉及声音，只研究符号系统。其实语音的“乱”就是我们对韵律的陌生。这些都是韵律研究最大的困难所在。

四　汉语语调研究的进展

感谢林焘先生等对我的支持，给我的研究提供了自主创新的全部条件。很遗憾，我至今没有写出一个全面的总结报告。今天，“论断”已经是一个不那么科学的概念了，但是我不得不止步于“论断”的阶段。我现在身体很不好，已经完全停止了研究工作。我拿不出足够的实验研究报告、数据和精细分析去支持我的“论断”。所谓“论断”就是提出一种“歌德巴赫猜想”。一些年轻的学者采用了我的“论断”，做出了一些重要的研究报告。他们的报告是站得住脚的，所以我能够有宽慰的感觉。

我在赵元任的基础上有所前进。赵先生提出了音域的概念，指出它有两个自变量：音域的宽度和高度，它们合起来区分了重音。我也指出有两个自变量，但它们是音域的高音线和低音线，它们分别负载不同的语言学功能：高音线与重音相关，低音线与音节的节奏组合(或者说语素和词的组合)相关。1985年以后,我的观点已经在国内外被广泛接受了。

历来汉语语调研究的重点是句末语调。我提出了语调构造的概念,指出语句的焦点(调核)可以出现在句首、句中和句末任意一个需要出现的地方,它们是语调特征(以音高为主)所在的关键位置,有别于句末语调观。语调特征是从前后音节的组合观察的,而不是一个音节简单的高低问题。接受这种观点的学者已经越来越多。

我竭力描述了汉语语调的功能分类，严格依据它们的语调特征(音高为主)。

关于语调构造和语调类型,我没有提供足够的统计分析依据,最终甚至没有提供一个合成系统来展现它。这是致命伤所在。汉语语调研究的历程将是漫长的,从赵元任算起一个世纪太短。我们期待新的进步。我不遗憾,因为我依据的是自己的听感,而且那种听感是经过仪器分析验证的,是我极有把握的。我积累了数十年的听感研究经历(包括大量零散的图像和数据研究),研究的对象是普通人和播音员的语言。我的结论多半已经被别人的数据分析验证过了,而且大都提出了正面的看法。这是我要向林焘先生报告的最重要的一点。

一片冰心在玉壶

——深切缅怀林焘先生

石　锋

林先生离去了。我的心里一直空荡荡的。只有在失去的时候，才倍感珍贵，我现在深深地体会到这一点。在燕南园52号的客厅里，林先生和师母在沙发上跟我亲切谈话的情景总是在眼前浮现。在我近三十年学习和探索的旅途中，林先生对我的教导、关怀和支持的一幕幕往事，始终萦绕在我的心中。

一　播撒学术的种子

上个世纪七十年代末期，我考到北京中国人民大学当研究生。当时教育界和学术界浩劫过后、百废待兴，科学的口号激动人心。胡明扬先生和谢自立先生支持我选择攻读实验语音学方向。正好那时北京大学在林焘先生的主持下，请了美国的王士元先生、莱西斯特教授等学者来作语音学报告，使我们打开眼界，看到了国门之外的语言学和语音学的大千世界。

林焘先生在北京大学招收了最早的实验语音学研究生，为此专门聘请了社科院语言所的吴宗济先生讲实验语音学基础，请中科院声学所的张家騄先生讲声学语音学原理，林焘先生亲自讲汉语语音研究专题课。这是为北京大学研究生安排的课程。我们人民大学和其他大学的同学知道了消息,也都赶去听课,而且每节课都不放过。林先生把我们外校的研究生当做他自己的学生一样认真耐心,答疑解难。实际上的讲课成了一个跨院校的专门研究生班,我们都是一个团结合作、平等和谐、互帮互学的特殊班集体的成员。那种师生融洽互相交流的讲学,培养和训练了我们以后在语音学的学习和探索中的基本功,同时也影响了我们在后来的教学和研究中的严谨认真、和谐开放的学风。

后来的事实充分证明,林焘先生是播撒了学术的种子,日后定会发芽、开花,为中国语言学做了一件大好事。这给改革开放以后中国语言学、语音学的复兴和发展打下了最初的基础。当年我们听课的一些同学现在都活跃在国内外的学术舞台上,做出了不同的成果。我常常给现在的学生们讲,我个人在学问上是吃百家饭长大的。一直到如今,见到吴宗济先生和张家騄先生还常常回忆起当年在北大听他们讲课的情景,忘不了林焘先生当年为中国语音学作出的重大贡献。

二　莅临南开讲学

林焘先生跟天津是有缘的,我觉得他对南开也是情有独钟。我遵邢公畹先生之命,于 1985 年奉调到南开大学工作,创建南开大学语音实验室,开办全国语音学讲习班。在这期间多次得到林先生全力的支持。

林先生曾多次亲临南开,在全国语音学讲习班上讲学。每次都是跟师母杜荣先生一起来,谢绝我们的额外照顾。林先生的讲学举一反三，深入浅出，把复杂的语音实验的方法和原理讲解得通俗易懂，并且联系语言教学的实际，深受学员们的欢迎。这给我们的讲习班增加了光彩和声誉。

记得有一次的全国语音学讲习班是在1989年暑期。当时南开校园里到处是游行和集会，窗户外面不时走过学生的游行队伍。教室里，林先生照常在专心认真地讲学，来自全国各高校的老师们也在聚精会神地听讲。

在那次讲习班进行中局势突然变化，我为了林先生的安全，劝他和师母在天津多住一段时间，但二位老人不放心北京家里的情况，坚持要立即返回北京。于是我就陪同他们坐火车到北京站。当时北京公交全部瘫痪，我在车站附近找到一辆出租车，让司机把林先生和师母直接送到北大校园，安全回到家中。

林先生事后对我们讲，那真是一种特别的经历和体验。记得王士元先生曾经讲过类似的情形：当他跟同事们在美国伯克利加州大学探索创建词汇扩散理论的时候，校园外的电报街上学生们的言论自由运动正是如火如荼，大街小巷充溢着最诱人的声音、景象和气味。“然而这一切都无法侵入我们这个词汇扩散的小天地。”林先生和王先生有深厚的友谊，又有这种相同的体验，学术史上常常有这样的事情。当时那种惊险的情形现在想起来还是历历在目，共同的经历大大加深了我跟林先生的师生情谊。

三　像父亲一样的夸奖

林先生和师母跟我父亲早年都同在当时的燕京大学学习，虽然是在不同的系，但彼此都是相识的。我父亲知道林先生来到天津讲学,总是要我陪他去看望当年燕京大学的老校友。

记得有一次林先生到南开后，我陪父亲到宾馆里看望林先生和师母。他们三位老同学相见,好像年轻人一样的兴奋,我坐在一旁也有极大的感慨。这五六十年前的老同学欢聚在一起,互相询问其他老友的近况,彼此关切家庭亲属的生活,共同讲述“文革”时各自相似的遭遇，并且愉快地回想起当年在燕京大学京剧社同台唱戏的情景。看着他们三位古稀老人在一起高谈细语,畅怀说笑,好像忘掉了旁边还有我一个后辈。那时,我像个旁观者,发现了三位慈祥和善的老人的另一面:像孩子一样纯真的童心。我深受感动。

在谈到子女的教育培养时，林先生指着我对父亲说道:“你养了一个好孩子。”看着林先生深情亲切的神态，听着林先生发自内心的夸奖,我就像儿时考得100分受到父母称赞一样快乐幸福。这是对我莫大的奖赏,比任何奖励的分量都重得多,任何奖励都比不上这来自父辈的夸奖。后来林先生在对我的学术评语中也有类似的话语,只是用词都是学术性的,形式是书面的。我知道,这就是那句夸奖背后的意义。那天的情景我牢牢记在心里,直到如今。

林先生的一句像父亲一样的夸奖，温暖着我，鼓舞着我，激励着我,令我至今不敢懈怠,不敢停止,不敢有负于先生。

四　我为林先生写书评

林先生的文集《语音探索集稿》1990年出版之后就送给我一本。我非常高兴,爱不释手。有次跟王理嘉老师谈到林先生的文集,他热情地鼓励我写一篇书评。一开始我还有点儿担心胆怯,就请王理嘉老师先征求林先生的意见。王老师不久就告诉我,林先生听到我要给他的文集写书评,很高兴,希望我放开去写。这样,我就先仔细研读了三遍,然后开始写了。

林焘先生的《语音探索集稿》是国内第一部现代语音研究的个人论文集,把语音研究作为语言研究的重要内容,把语音研究贯穿于语言研究的各个方面。先生五十年前就从补语轻音现象开始进行汉语语音跟语法、语义关系的探讨。近年来他的研究涵盖了汉语语音的听觉测试分析、语音学跟音系学的紧密结合、语言在社会中的变异和发展、北京话的历史变迁,林先生几乎在各个方面都有理论和方法的建树,都有重要的创新成就。

我在结尾写出了自己的亲身体会:有的人爱把简单的道理弄得复杂难解,林焘先生却是把复杂的问题讲得浅显易懂,使人不知不觉之中渐入佳境。听好的学术报告是一种享受,看好的学术著作也是一种享受,《语音探索集稿》就是这样一种学术著作。这篇书评后来发表在 1991 年的《语言教学与研究》上。

现在看来,那时我对于现代语音学学术理念和研究方法的认识还很粗浅,对于林先生的论著在中国语言学史中的重要意义的论说也不够充分。我认为,现在的学生们应该认真研读林先生的这本书。尤其在今天的语音学界,这是极有必要大力提倡的。

五 关爱后辈学人

我毕业后回到天津工作,每次到北京只要有可能都要抽时间去看望林焘先生。在北京大学燕南园的客厅里,向林先生报告自己工作学习的情况,教学和研究中的进步。听着先生谆谆的教导,师母温馨的鼓励,就像在旅途上的休整。每次告别先生和师母的时候，我都感到振作了精神，增添了力量，明确了方向。

林先生非常关注我的工作情况和学术的进步，曾经跟我谈到希望我到北大工作。他细心地帮助我分析北大的学术力量和我个人的条件，指出我到北大工作的有利的方面和该注意的事情。我自然很愿意在先生身边，时时得到指导和教诲，能有更快的进步。最让我感动的是，林先生当时以古稀之年，亲自带我到中文系去见系里的领导，讨论我的工作调动问题。

后来，我因出国讲学，事情没有继续进行，至今还感到愧对先生的厚望。虽然时过境迁，但是我永远不会忘记林先生对于后辈学人的拳拳关爱之心，殷殷期待之情。

这使我回想起多年前，林先生自己的一位研究生毕业时，为了能够把他留在北大，先生四处奔走，百般努力，最后终于将他一家数口的户口调进北京。现在想起来这都是一件比登天还难的事情，而当时林先生竟然得以成功，此中真不知耗费多少心血！

六　以推动语音研究为己任

为推动中国语音学发展，林先生首倡在北大召开全国语音学学术研讨会，后来各家轮流主办。每次开幕式都有林先生作总结过去、规划未来的主题发言。每一次听到林先生高屋建瓴、纵览全局的讲话我都倍感亲切。

2006年10月第七届语音学研讨会又回到北大召开，我和我的十余位学生都来参加。在开幕式上，又一次高兴地听到林先生的讲话。没想到这一次讲话竟成为绝响！

记得在开幕式结束的时候，我和林先生边走边谈，愉快地回忆第一次开会的情形。先生感慨地说,第一次开会只有几十个人,这次约有二百人了。他还问我:那时候是三十人还是四十人?我看到先生对中国语音学的发展非常高兴,非常欣慰。我当时告诉先生我要去他家看望先生和师母。

第二天下午我来到燕南园 52 号门前。我好久没有来看望林先生了，这次一定好好向先生汇报我和我的学生们努力工作的收获和将来的研究思路,期待再次得到先生的指导和教诲。可是保姆告诉我,先生昨天开会有点累,还没有起来。我连忙要保姆别打扰先生。我留下了给先生带来的茶叶,写了一个字条:林先生请多保重身体。当天晚上,我就匆匆赶回了南开。

万万没想到一周之后惊悉噩耗，犹如晴天霹雳：林先生于 2006 年 10 月 28 日故去。我感到无比悲痛,同时也万分懊悔和遗憾:那天我应该留下来。

肃立在林焘先生遗像前,眼前是记载先生一生历程的影集,耳边萦绕着悠悠的哀乐,我陷入了深深的哀思中……

我心中默默跟先生诉说:先生是怀着欣慰和从容离去的。我们一定要继承和发扬先生的精神,做好学问,做好人,努力实现先生的遗愿,把中国语音研究推向前进。

玉洁冰清哲人已逝,高山仰止风范长存。

石锋谨记于 2007 年 1 月 17 日 3 时

严谨治学　务实为本

李宇明　汲传波

纪念学者最好的方式，是阅读其存文，学习其治学。近日抱着对林焘先生的深深怀念之情，新读或重读了先生的一些论文，受益良多，感慨良多。林焘先生治学，给人印象最深的是一"实"字：学基扎实，重视事实，文风朴实，关心现实。

一　学基扎实

林焘先生学识渊博，学术研究覆盖音韵学、语音学、方言学、语音教育等诸多领域，这些领域的研究，都建基于先生深厚扎实的语音学和传统音韵学的根底。林先生早年师从李方桂先生治语音学，受到严格的语言调查训练，学过泰语，做过广州话记音；修听李先生的藏语课，研读高本汉的《中国音韵学研究》①和德国拉盖尔的《广韵》重纽研究。学士论文做的是《合肥方言调查》。之后，又师从陆志韦先生学音韵、文字、训诂之学。②从名师，读经典，学习和调查现实语言，形成了先生深厚扎实、终生受用的学术根基。读《语音探索集稿》、《林焘语言学论文集》，谁都能感受到先生学术根基的

① 见丁邦新(2006)。
② 见焦立为(2001)。

深厚扎实！

深厚扎实的学术根基，加上广阔的学术视野，就能触类旁通。林先生研究现代汉语常常联系古代汉语，研究语音常常观照语法、词汇和语义。①例如《现代汉语补语轻音现象反映的语法和语义问题》(1957)考察过下列语言事实：

动词	非轻音补语	轻音补语
他死了	看死了	乐·死了
开门了	想开了	走·开了
到北京	想到了	提·到你
火着了	买着了	打·着了

林先生敏锐指出："动词和非轻音补语在意义上的不同决定于语法作用的不同，非轻音补语和轻音补语在意义上的不同决定于声音的不同。这种现象足以说明语音和语法以及语义之间密切的关系。"②

林先生的学生回忆说："由于我没做过实地语音调查，林先生坚持要我补上这一课。林先生家老阿姨的儿子就成了我的语音实地调查的对象。后来在论文中分析语音的时候，我深感到补这一课的重要性。"③林先生对学生的要求，足见先生对学术基础的重视。

二　重视事实

林焘先生十分重视对语言事实的研究。他的论文，大都有丰富

---

① 见林钧敬主编(1998)。
② 见林焘(2001,P. 21–22)。
③ 见高明明(2006)。

的田野调查材料或实验室数据的基础，在对语言事实深入描写的基础上，提出论点，升华理论。比如《北京话儿化韵个人读音差异问题》(1982a)、《北京话去声连读变调新探》(1985)、《北京东郊阴阳平调值的转化》(1991a)等，都是先生组织并亲自参加的北京话田野调查的成果。《探讨北京话轻音性质的初步实验》(1983)，既有实地语言调查资料，又有实验室仪器分析数据，论文用事实否定了长期存在的音强与北京话轻音相关的看法，至今仍是轻声问题研究中最为重要的文献之一。《北京官话溯源》(1987a)以翔实的调查资料为基础探讨北京话的来源。《北京官话区的划分》(1987b)在对事实分析的基础上富有远见地指出："如果一个方言点和北京城区话的声韵系统没有重要的差异，同时调类相同，调值相似，就应该承认这个方言点和北京城区话同属于北京官话区。以这个标准来衡量，北京官话不只包括北京市附近河北省的一些方言，还应该包括大部分东北方言。"①语言事实是创新的基础，是学术生命力之所在。林先生建立在语言事实基础上的关于北京话的许多结论，至今仍闪烁着学术光芒。

重视语言事实，就要尊重语言事实；尊重语言事实就要实事求是。在《普通话里的 v》(1982b)一文中，林先生认为 v 是声母 w 和韵母 u 的变读，承认了普通话中存在 v 这一事实。林先生指出，在用《汉语拼音方案》拼写时，自然必须写成 w 和 u，但不能因为《汉语拼音方案》用的是 w 和 u，就反对 v 变读。在《普通话的语音标准和语音教学》(2000)一文中，林先生认为："普通话无疑应该有比较强的规范性，但规范并不等于把语言限死不许变化，变化就有可能产生分歧，也可以说，分歧是变化过程中不可避免的现象。允许模

---

① 见林焘(1987a,P. 166)。

糊区域和内部分歧在普通话里存在，将能对普通话的语音发展起到促进作用。在语音教学中，一方面要掌握较严格的语音标准，另一方面也必须对存在分歧的语音现象采取较宽松的态度。”①

关于《汉字简化方案》，海内外至今有各种议论。林先生的评价非常实事求是：“文字作为一种文化载体，它的作用是十分重要的。过去的工作过左、过快，导致外界有一定的抗拒心理，这确实是我们工作上的疏漏。不过，汉字的简化确实是一个大的趋势。相信，以后我们对这个方案再进行规范的修改之后，港台地区对简体字也会越来越肯定。联合国对简体汉字的重视也说明了我们的大方向是对的，简体汉字的影响力无疑是巨大的。”②

实事求是是一种科学态度，林先生对自己的学术过错也不文过饰非。比如当年在编一部词典时，没时间仔细论证字的多音问题，抱着“有问题以后再说”的想法，制定了尽可能一字一音的原则。对于“一会儿”的定音，林先生一直很内疚。他是定音人之一，把“一会儿”的“会”定为去声。当时也没想到，词典上的音就变成了现在的标准音，大家都照着念。后来，林先生不止一次在会上说过此事，还写过文章，但是“会”的读音已难纠正。③林先生一直对此耿耿于怀，正显现出大家的风范。

三　文风朴实

林焘先生文风朴实，不论是普及性文章，还是学术性很强的论

① 见林焘(2001,P.239)。
② 见荆玉静、李峥(2006)。
③ 见刘一之(2006)。

文，林先生总能深入浅出，把问题讲清楚。石锋(1991)在评述林先生的论文集《语音探索集稿》时说："有的学者爱把简单的道理弄得复杂难解，林焘先生却是把复杂的问题讲得浅显易懂，使人不知不觉之中渐入佳境。"

林先生在《普通话的语音标准和语音教学》(2000)中是用这样的语言谈"普通话和北京话的关系"的：

> 每个人的经历和语言背景不同，对一些语言现象是否算是已经约定俗成，已经规范，会有不同的看法。例如："好冷，好漂亮"是大家公认的普通话说法，可是"好高兴，我好进来吗"里"好"的用法是否也可以算是普通话？目前新闻媒体常出现"按揭""收入不菲"之类的词语，商店餐馆常贴出的"本店有售""生猛海鲜"之类的招贴，这些词语是否应该仍旧算是方言词语？"打的、面的"现在已经是北京市民最常用的词语，"的"字还由此增加了一个过去没有的阴平读法 dī，这种用法和读法算不算是已经进入了普通话？类似的问题还可以举出很多，不同方言区的人或是不同社会阶层的人，回答肯定不会相同。
>
> 普通话的语音并不等同于北京话，但区别究竟在哪里？乍看起来似乎很容易解释：把北京语音中的方言土语成分取消就是普通话，例如"东西儿""逮 dēi 小偷"是北京方言土语，"东西""逮 dǎi 小偷"就是普通话；再进一步，还可以根据《普通话异读词审音表》来确定，例如"骨 gú 头""学 xiáo 太极拳"是北京方言土语，"骨 gǔ 头""学 xué 太极拳"就是普通话。但是，在语音教学中遇到实际问题，这样的解释并不一定那么管

用。①

文风即人品。这样的文风,就如同先生的翩翩儒雅,虽饱学多识,博大精深,却又质朴无华,淡泊名利。②当下文风问题已成流弊痼疾,读读先生上面的文字,不一定能医治时弊,但总能给人以启迪,沐人以春风。

四　关心现实

学者具有学术与社会的双重责任,这也是传统的“国学”精神。林焘先生为学术事业的发展躬耕不辍,而且也十分关注社会语言生活,关心社会学术活动,典型地体现了那一代语言学家的学术精神和社会使命感。

1958年,北京大学汉语教研室编写了《现代汉语》教材,这是全国高校中文系设立现代汉语课程后的首部教材。林先生负责撰写绪论和语音部分,那时恰逢《汉语拼音方案》问世,语音部分就围绕《汉语拼音方案》与普通话的关系这个中心来写。这一编写思路对后来现代汉语教材语音部分的编写,产生了很大影响,对国家推广普通话和汉语规范化工作也发挥了作用。③

林先生关心语言的规范化,1955年就同王力、魏建功、周祖谟等先生在北京大学中文系为语言学专业开设“现代汉语规范问题”课程,④此后在这一领域写下了不少论著,如:《关于汉语规范化问

① 见林焘(2001,P.235)。
② 见高明明(2006)。
③ 见《林焘先生对汉语语音学的学术贡献》,本书第5页。
④ 见苏培成(1993)。

题》(1955)、《福州人怎样学习普通话》(与高名凯合作,1956)、《现代汉语词汇规范问题》(1959)、《新技术革命促进文字改革》(1984)、《也谈消灭用字不规范的现象》(1986)、《认真总结经验 巩固简化成果》(1991b)、《从雅言到普通话——中华民族共同语溯源》(1998a)、《从官话、国语到普通话》(1998b)等。

林先生关心汉语作为第二语言的教学①事业,为北京大学乃至中国的对外汉语教学事业作出了奠基性和开拓性的贡献②,为对外汉语教学事业培养了大批人才。他担任北京大学对外汉语研究中心主任长达十一年之久,还担任过世界汉语教学学会顾问、《世界汉语教学》代理主编等职。林先生早在1984年就说,"研究对外汉语教学是门学问,是具有理论性的一门学问"③,这两句话,表现出了作为语言科学家的远见卓识。林先生在《语音研究和对外汉语教学》(1996)中,根据实验语音学的研究成果颇有见地地指出,"洋腔洋调形成的关键并不在声母和韵母,而在声调和比声调更高的语音层次。"因此,"在学习汉语语音基本结构阶段,声调教学比声母和韵母教学更为重要一些";他还提出,"从声调教学的角度看,重要的是区分调类,对调值的要求并不很高,似乎就不一定要拘泥于五度制,学习汉语普通话的四个调类,改为高、中、低三度,也完全可以把四个调类分别清楚。"④林先生对外汉语教学的论文并不多,但是他的意见却受到学界的普遍重视。

林先生是中国语音学会的创始人。1990年,他在北京大学成功组织了第一届中国语音学学术会议,之后又成立中国语音学会,

① "汉语作为第二语言的教学",亦即传统所说的"对外汉语教学"。

② 见《林焘先生与对外汉语教学》,本书第15页。

③ 见崔永华(2005,P.64-65)。

④ 见林焘(1996,P.19),吴勇毅(1998,P.58)。

被推举为会长。对于中国语音学的发展，林先生强调要文理结合，认为语音学的发展需要理科来推动，不能固步自封。年轻人只要肯于朝理科方向靠拢，语音学一定能够辉煌的，有大发展的。[1] 2006年，第七届中国语音学学术会议又在北京大学举行，林先生因劳累而病重入院。这位德高望重的学者为会议倾注了最后的精力，与世长辞了……

成名之大家，必有独到之处。林焘先生虽无等身之著，但厚积薄发，篇篇珠玑。先生可歌可颂之德多矣，但皆因"实"所生。林焘先生走了，但他的学术成就未走，他的治学精神不走。

参考文献

崔永华(2005)　二十年来对外汉语研究热点回顾，《语言文字应用》第1期。

丁邦新(2006)　追忆与林焘先生的过从，本书第25页。

高名凯、林焘(1956)　《福州人怎样学习普通话》，文化教育出版社。

高明明(2006)　悼念林先生，本书第333页。

焦立为(2001)　现代语音学的方向——访林焘教授，《语言教学与研究》第2期。

荆玉静、李峥(2006)　见证中国文字历史重大变革：专访著名语言学家林焘教授，北京大学新闻网，3月31日。

林焘(1955)　关于汉语规范化问题，《中国语文》第8期。

林焘(1957)　现代汉语补语轻音现象反映的语法和语义问题，《北京大学学报》第3期；转引自《林焘语言学论文集》，北京：商务印书馆。

林焘(1959)　现代汉语词汇规范问题，《语言学论丛》第三辑，上海：上海教育出版社。

林焘(1962a)　陆德明的《经典释文》，《中国语文》3月号。

---

① 见焦立为(2001)。

林焘(1962b) 现代汉语轻音和句法结构的关系,《中国语文》7月号。
林焘(1982a) 北京话儿化韵个人读音差异问题,《语文研究》第2辑。
林焘(1982b) 普通话里的V,《汉语学习》第6期。
林焘(1983) 探讨北京话轻音性质的初步实验,《语言学论丛》第十辑,北京:商务印书馆。
林焘(1984) 新技术革命促进文字改革,《语文建设》第5期。
林焘(1985) 北京话去声连读变调新探,《中国语文》第2期。
林焘(1986) 也谈消灭用字不规范的现象,《语文建设》第5期。
林焘(1987a) 北京官话溯源,《中国语文》第3期。
林焘(1987b) 北京官话区的划分,《方言》第3期。
林焘(1990) 《语音探索集稿》,北京:北京语言学院出版社。
林焘(1991a) 北京东郊阴阳平调值的转化,《中国语文》第1期。
林焘(1991b) 认真总结经验 巩固简化成果,《语文建设》第2期。
林焘(1996) 语音研究和对外汉语教学,《世界汉语教学》第3期。
林焘(1998a) 从雅言到普通话——中华民族共同语溯源,《人民日报》10月22日第11版。
林焘(1998b) 从官话、国语到普通话,《语文建设》第10期。
林焘(2001) 《林焘语言学论文集》,北京:商务印书馆。
林钧敬主编(1998) 《北大名教授访谈记》,北京:机械工业出版社。
刘一之(2006) 怀念林焘先生,本书第291页。
陆志韦、林焘(1950) 经典释文异文之分析,《燕京学报》第38期。
石锋(1991) 北京话韵律特征的多角度研究——读《语音探索集稿》,《语言教学与研究》第2期。
苏培成(1993) 讲授"汉语规范化"课的点滴体会,《语文建设》第7期。
吴勇毅(1998) 关于研究成果的借鉴和吸收,《世界汉语教学》第2期。

不尽的思念:悼念恩师林焘先生

孔江平

林先生离开了我们,作为在他身边的学生,昨天还在听他谆谆的教诲,听他对学术的构想,今天他却离我们而去,走得那么突然,以至于我一直无法接受这个事实。先生的音容笑貌时时浮现在我的眼前,也浮现在我的梦中。虽然林先生走了,但先生的道德风范将永存在我们心中。

第一次看到先生的名字是在中国社会科学院研究生的招生简章上,那时还以为先生是社科院的学者,考试前我来北京见先生才知道先生是北大中文系的著名教授,代社科院培养语音学的研究生。初次在燕南园见到先生,即给我留下了深刻的印象,他是那么慈祥和蔼,言语中体现出学者的风范和智慧,使我永久不能忘怀。

我1985年考入中国社会科学院研究生院,入学后第一次见先生他就给我讲了北大语音乐律实验室的由来和发展过程,他告诉我:语音乐律包含了两个方面的内容,“语音”是用语音学的方法研究汉语、汉语方言及少数民族语言的语音问题;“乐律”是用声学的方法研究中国的乐理和声乐。他的话一下开阔了我的学术眼界,将我带入了一个未知的学术殿堂。

先生指导我看的第一篇学术论文是赵元任先生的《反切语八种》,后来又指导我看了赵元任先生的《音位标音法的多能性》一文，这两篇文章对我后来藏语复辅音的研究起了重要的作用。先生指导我看的第一本书是《宋本广韵》，后来又要求我看《尔雅》，当时这两本书对我这个非中文专业的学生来说比较困难，现在看来先生是在加强我中国传统语言学的基础。

毕业后我一直在社科院民族所研究汉藏语的语音，其间经常到林先生家里谈论汉藏语语音研究的进展情况。林先生特别赞许语音学的田野调查工作，他常常提到刘复先生所做的语音田野调查工作，认为这是研究语音学的基础，并鼓励我要培养田野调查的能力。自从我进入社科院工作，林先生都一直关注着我在汉藏语语音学研究方面的发展和取得的成绩。

1996 年夏我在香港大学计算机系做学术研究，林先生告诉我王士元教授到了香港城市大学，在电子工程系任教，让我去见他。回到北京我告诉林先生王士元教授已决定让我去香港城市大学读他的博士，林先生听了非常高兴，鼓励我跟王先生好好学习语言学理论和信号处理技术，真正将语言学、语音学和言语声学结合起来，开创更广阔的语音学研究领域。我也很高兴，因为在多年的语音学研究中，我感到自己理科知识的不足，到电子工程系读博士可能会很难，但正好能加强我在语音信号处理和计算机编程方面的能力。后来我才知道是林先生向王士元教授推荐了我。每当想起林先生对我的关心和学术上的培养，我都非常感动和感激，虽然我当时还不在北大工作，但他一直都在关心着我，关注着我的进步，并创造条件推动我学术上的发展。

2003 年我进入北大中文系，主持语音实验室的工作，并得到了学校 985 工程“建设世界一流大学工程”的支持，在实验室的定位上，林先生和我进行了多次深入的讨论。是定位于语音学研究还是定位于语音和乐律研究？是定位于面向语言学的语音学还是定位于现代语音学更广泛的研究领域?是面向国内还是面向国际?实际上这些问题林先生和中文系的老教授们在实验室恢复初期就一直在考虑了,那就是坚持刘复先生在建立实验室初期的主导思想，“以中国语音和乐律研究为基础，采用现代科学技术，弘扬中国传统文化。”在这种主导思想下，实验室应该扩展研究领域，面向社会,面向世界。

来到北大中文系执教后,我开设了几门语音学的专业课程,每一门课程我都和林先生进行了讨论，先生都认真地看我写的课程设计,提出了许多宝贵的意见,并嘱咐我在授课过程中要认真听取学生的反馈意见，察看学生的接受能力，不断调整教学内容和方案,将来在这些基础上写出符合教学实际的语音学教材。另外,在教书育人方面，令我感受最深的是先生身上体现出来的北大人文传统，林先生经常教导我,应该继承北大的人文传统,毫无保留地向社会传播文化知识,因此,无论是北大的学生还是其他学校的学生,或者是社会上有志于语音乐律研究的青年;无论是中国学生还是外国学生，我们作为一个北大的老师都应该毫无保留地帮助他们进入这个研究领域。作为学生我会铭记先生的教诲,作为北大的老师我会将传播知识作为我的已任,让先生放心。

林先生不仅有高尚的师德，而且有渊博的学识。在学术研究上，林先生首先对汉语普通话进行了深入的研究，先后发表了《探讨北京话轻音性质的初步实验》、《北京话去声连读变调新探》、《北京东郊阴阳平调值的转化》和《北京话儿化韵的语音分歧》(合作)等一系列学术论文。在研究汉语普通话语音的基础上,先生带领学生对北京话作了全面调查,保留下了一批珍贵的语言资料。同时还研究了北京话的来源，发表了《北京官话溯源》和《北京官话区的划分》两篇重要的学术论文，提出了“北京官话区”的概念。另外，在实验语音学的研究方面出版了《北京语音实验录》。回顾林先生的学术研究，我们可以看到林先生的研究成果极大地推动了汉语普通话的语音学研究，并将其提高到一个新的水平。

众所周知，北大语音乐律实验室由刘复先生建立于 1925 年，至今有八十多年的历史，是中国最早的语音学实验室，而今它已不仅仅是一个实验室，而是融入了北京大学的人文历史，成为北大人文历史的一个重要组成部分。“文革”后中国的文化事业开始恢复和发展，林先生和北大中文系的教授们立刻抓住了这个机遇，开始了北大语音乐律实验室的重建工作。在美国伯克利加州大学著名语言学家王士元教授的帮助下，北大语音实验室无论是从硬件方面还是研究方面都得到恢复。我们可以看到在实验室的重建和发展过程中，林先生倾注了他所有的精力和心血，无论是学科建设还是学术研究，无论是培养学生还是培养教师，他都作出了巨大的贡献。

林先生离开了我们，离开了他一手重新建立起来的实验室和他培养起来的学生，他走得很欣慰，因为他重新建立起的语音乐律实验室正在向前发展。但作为他身边的学生，我深知林先生心中在学术上的那一份牵挂，就是昆曲和京剧唱腔的语音学研究，即使在他辞世的前一个星期，先生也还在与我们讨论相关问题。当他得知我们正在研制用于声乐研究的仪器设备和我们对民族唱法头共鸣及胸共鸣的初步研究时，他非常高兴，并计划邀请一些昆曲方面的专家到他家里来讨论怎样进行昆曲唱腔的语音学研究。

林先生是在北大举办“第七届中国语音学学术会议暨语音学

前沿问题国际论坛”期间住院的，虽然他已住院，但先生还时刻挂念着大会和论坛的情况。我到医院去探望，他第一句话就问我“论坛开得怎么样?迟校长讲完话了吗?”，当我告诉他论坛和大会都很顺利和成功时，林先生露出了欣慰的笑容，并对我说：“第一届全国语音学会议是在北大召开的，这次能回到北大召开，我感到很圆满。”听了林先生的话我心中有无限的感慨，想到前两天先生还神采奕奕地在语音学国际论坛上向各位国内外来宾和学者致欢迎辞，想到先生在欢迎晚宴上和吴宗济先生商量联合建立“语音乐律实验室博物馆”的事宜，我的心情难以用语言来表达，先生在他生命的最后时刻，还在考虑着学科的发展。

林先生走了，走得那样平静和安详，他没有遗憾，因为他将一生无私地奉献给了语音乐律实验室、奉献给了北大、奉献给了中国的语言文化事业。他激励着我们继承老一辈学者开创的事业，去拓展更广阔的学术领域。林先生虽然离开了我们，但我们一定会去实现先生的愿望，采用现代科学技术，弘扬中国传统文化，用我们的努力来表达对先生不尽的思念。

2007年1月于北大五院

语音变化探源

——水仙花开时的追忆

陈肖霞

一 引子

2001年到林先生家，他把新出的书送我一本。书中收录了他近五十年研究中的一些重要文章。翻阅之后，从中看到他的研究之细微，涉猎之广泛，特别是对问题的思考与思辨之清晰。

近几年由于对自然话语语料有所涉及，所以对林先生关于语音变化等问题的分析非常感兴趣，阅读他的文章，结合当今研究的语料和利用语音声学分析手段对语音进行分析，越发感到他能够在听辨基础上对语音变化进行规则的归纳和总结非常不容易，而他对问题的分析与归纳又非常精辟。这是非常值得后人学习的地方。下面就语音变化的问题以及与轻音的关系谈一些感受。

二 语音变化的规则归纳

在《北京话的连读音变》一文中，林先生对北京话的语音变化进行了系统的分析和归纳。他首先区分了自由音变和不自由音变，不自由音变主要是在声调上的变化，自由音变则是在音段方面的变化。这方面的总结已经收在《现代汉语》课本中，这是对北京话最系统的归纳，也是得到普遍认可的对北京话语流音变的总结。

语音变化的研究，在不同语言和汉语不同方言中都有总结，一般多是从同化、异化、脱落等方面进行分析。林先生对北京话的分析具体到同化在发音部位上的体现和在发音方法上的体现，并且系统给出了分类。比如：后面双唇辅音对前面鼻尾的部位逆向同化影响，可以使前音节舌尖鼻音变为双唇鼻音，而如果前音节为后鼻音，则可以出现后音节清辅音声母变为浊音的发音方法的影响。这种影响在连续话语中，出现得非常多，从现在的研究语料看，不送气塞音和塞擦音出现浊化最多，而擦音也可能出现浊化，例如，比方、好像，但一般在连续话语中快读时出现，如果速度更快，则可能出现声母完全丢失的情况，这与下面的问题分析直接关联。在音段自身的变化上，由于发音方法的不同，声母比较长的音如擦音与送气塞音或塞擦音后的韵母很容易失去，如"东·西"、"粮·食"、"清·楚"等，而在快读的情况下又很容易失去声母。在快读后，shi音存留的可能是声母也可能是韵母，因为这是一个同部位声母和韵母发音方式相同的音，因此，音节中一部分的内容失去并不影响听辨。从现在对语速影响的分析看，速度慢时，韵母失去得比较多；速度加快后，声母失去得比较多，这时这个音节的卷舌动作就会依附到前音节的韵母上，听起来是不太清晰的发音。

林先生在六十年代对北京语音系统进行这种分析与归纳，特别是在没有实验仪器的情况下，是非常不容易的。特别是他归纳出的这十二条规则，把北京话中语流音变的规律总结得比较全面，在北京话的研究中也是比较早和全面的总结。

三　语音变化原因探究

轻重的影响：从文章中可以看出，语流音变的产生，虽然是在语流中产生的，但主要是由于轻音的出现，产生了语流音变。因此，轻重的影响是语流音变产生的直接原因。但是林先生还是区分连读及快读影响有别于轻重，因为一般轻重也是出现在连读之中，所以不加区别，但两者不是一回事。轻重是语音变化的主要原因。其他因素是在其次的。如同在音乐中快节奏并不等于都是强音或都是弱音一样。

语音环境的影响：在轻重确定之后，语音的变化究竟会怎么变，语境的影响会起到作用。轻音音节结构配搭和这个音节前后的不同发音部位和不同发音方法的音段会直接影响到轻音音节的变化。比较多的是语音同化问题。在北京话中，比较明显的是发音部位的逆向同化作用。具体说来，舌尖鼻音为前音节韵尾、后音节为不同部位的声母时，常常对这个鼻音产生影响。这是一种逆向的影响。同化的影响则是前后音节连接密切时，声带振动不停止，特别是当前音节以鼻韵尾结束、后音节为不送气的塞音和塞擦音时，产生一种顺向的同化影响。

语速的影响：在速度加快时，有些轻音会出现丢失韵母的情况。如在文章中举到的例子：不是，自行车，四个等。文章中还谈到，在三音节中快读时，中间音节出现的轻音现象，就是由于速度加快而产生的。从现在看到的连续话语中的例子，好像，星期，时候，比方说等，也经常存在声母丢失的现象。在什么速度时，音段会出现丢失，根据现在对四音节不同语速进行的研究，在每秒 6 音节时，音段丢失出现得比较多。

Lindblom 在六十年代研究元音减缩时也认为，轻重、语音环境和语速是导致元音减缩的原因。中外的研究不谋而合。

位置影响：在文章中林先生还谈到有一些变化是在三音节中的第二音节中出现，因为第二音节为轻音，因此出现了语音变化。在语词中的位置不同也会影响到是否出现轻音，他举例谈到在三音节中的第二音节经常出现轻音，这时也出现语音变化。位置的这种影响很明显在语音中存在。现在的一些研究表明这种三音节中第二音节存在轻音的情况确实是大量存在的。特别是在一些习惯用语和常用语中。现在的研究中也发现在四音节词中的第二音节也是常常出现轻音的位置。

从轻音出现语音变化，寻找出现轻音的环境，不难看出，这种分析语流音变的思路，对分清语音变化的产生是非常有帮助的。

从对连续话语出现的语音变化的现象看，这几个方面的因素可以说是语音变化出现的最主要原因。

四 语法特点在语音上的反映

语言的语法结构，是语言的骨架，反映不同语言的特点。其载体是语音，因此，语言的传情达意的功能，不仅通过词汇和语法，而且通过语音表现出来。语流音变的产生主要在轻音中实现，在连续话语中，轻音可以在不同的词类和句子中不同的语法成分中体现出来。结构轻音表现出助词的非独立性。语调轻音则反映出不同语气。轻音的区分为划分在连续话语中的语音结构增加了标记性，语音结构与语法结构的不同区分，为在实际语流中消除歧义发挥了作用，而能够将语音结构与语法结构区分开，则是语言研究的一大进步。林先生在这方面所进行的探索，为语音结构研究开了先河，同时也将语音研究与语法研究结合起来，特别是轻音与补语关系的研究，为语音与语法结合的研究进行了早期的有益探索，是值得后人继续进行研究的。

五　结语

又是水仙花开时，记得最初见到林先生，正是水仙花开时，林先生的客厅里摆着盛开的水仙花，清香的气息弥漫在房间，显得格外温馨。那应该是语音学的一次沙龙，大家热烈讨论着语音学的发展，特别是语音合成的出现，使得语音研究有了可以验证的依据。大家憧憬着语音发展的未来，品尝着美味的蛋糕，林先生显得格外和蔼亲切，同大家畅谈甚欢。时隔多年，那温馨的时刻，始终在心中萦绕。

想不到，后来我有机会去北大学习，师从沈炯老师。学习期间，关于语音结构问题也曾向林先生请教，他非常耐心地听我的叙述，给我讲解，鼓励我在语音研究领域努力拓展。亲切的话语至今仍令人难忘。

纪念中国语音学会创始人林焘先生

李爱军

2006年11月，由民政部签署的中国语言学会语音学分会成立批文终于正式下发了。看到学会证件上面赫然印着：中国语言学会语音学分会负责人——林焘，我们无不感慨万千：作为语音学会创始人之一，林焘先生没有能够等到这一天。此时此刻，我们多么希望林先生能看到他一直关心和盼望的语音学学会正式成立啊！

中国语音学会的成立凝聚了林焘先生的心血，是他与像他一样关心中国语音学的专家学者们的多年心愿。1996年，在由中国社会科学院语言所承办的第三届全国语音学会上，决定成立语音学会筹委会。发起单位有北京大学中文系、北京师范大学中文系、清华大学计算机系、中国社会科学院语言研究所、中国社会科学院民族研究所、中国科学院声学研究所、中国科学院心理研究所等。委员有林焘、林茂灿、鲍怀翘、周同春、曹剑芬、沈炯、王理嘉、孙国华、石锋等老师。当时决定向民政部申报成立学会，但是由于民政部的政策不允许增加一级学会，只好申请二级学会。而以后的筹备工作，一拖就是五年。

2001年，在林焘先生提议和组织下召开了学会筹委会会议，讨论通过了申请加入中国语言学会，成为中国语言学会下属二级学会的决定，同时起草了中国语言学会语音学分会章程草案。

由于林焘先生德高望重,以及他为学会成立长期付出的努力,大家一致推举他为中国语言学会语音学分会筹委会主任。我则被推举为秘书,也正因为学会工作的需要,我经常向林焘先生请示工作,联系较多。

2001年9月,语音学会的成立申请报告正式上交。10月份筹委会得到了中国社会科学院学会管理处的同意批复，也就是说学会可以用语言学会语音学分会(筹)的名义开展学术活动了,下一步就是等待民政部的最后批复。林焘先生高兴地说,历经五年,终于实现梦想了。

林先生身体一直不好，可是几乎每一次的学会委员会会议他都参加,发表重要意见。在学会章程起草的时候,林先生就强调,中国语音学会的宗旨是团结全国语音工作者，为推动我国的语音学事业,为提高语音学科水平贡献力量。会员应包括从事语音学、音系学、言语工程技术研究和开发的各级研究员、教师、工程师和技术员,以及与语音学有关的各专业研究生。他还特别强调我们中国应该有一个语音学的刊物。

在林先生的关心和带领下，近几年语音学会和其他两个兄弟学会联合开展了大量的学术活动，组织召开了两次全国语音学学术会议、国际声调语调研讨会、语音学前沿问题研讨会、语音学和言语工程系列讲座、2004年和2005年全国语音学暑期讲习班等。

记得2006年春节前夕，离10月份的第七届全国语音学会议只有八个月的时间,突然得知湖南大学不能承办这次会议,我马上到林焘先生家汇报,林先生得知情况后非常着急,他分析了几种可能方案,最后决定支持北大来承办这次会议,由他跟北大的孔江平老师联系。于是,春节后在北大召开了第七届全国语音学学术会议的筹备会议，9月份第二次的筹备会议又在北大召开，林先生听取了孔江平老师关于筹备工作的报告，特别又强调了《语音学报》的出版工作，会上决定成立了《语音学报》工作小组。

谁知道这次的全国语音学会议竟成了林先生参加的最后一个会议，在开幕式上的讲话竟成了他的最后一次讲演。作为学会的主任，在开幕式上林先生回顾了中国语音学的成长历程，也表达了他对中国语音学发展的信心和希望。讲话中一点也听不出那是一个病重的老人，他的声音是那样洪亮，思维依然清晰活跃。

是的，林先生一直都在关心和关注着语音学的发展。他曾经期盼有生之年在中国召开一次国际语音科学大会（International Congress on Phonetic Sciences），很可惜他的这个心愿没有实现。还记得2004年全国语音学暑期班之后，林先生对我说，这个班办得很好，有条件应该继续办下去。2005年全国语音学暑期班之后，林先生又对我说："这个班把工程的东西加进来，反映不错，有人还打电话问我，下一届在什么地方，还办不办？"我跟他说现在办班对中国的语音学发展是很有利的，但很辛苦，都是做公益事业，希望以后能够形成一个体制，也像美国暑期语音讲习班和中国语言学暑期讲习班一样，每年搞一次。记得林先生说学会可以讨论一下，北大以前就搞过，培养了一批人……

林先生像这样关心语音学发展的事情还有很多。尽管现在林焘先生已经仙去，但他的音容笑貌仍宛若眼前。

他的严谨治学的精神会永远为后人师表，而他一生为中国语音学事业所付出的心血将鼓舞着中国语音学会的全体同仁继续前进。

林焘先生千古。

回来呀，语言学家！

王义遒

林焘先生走了。

我跟林焘先生其实并不熟，回想起来，和他单独交谈的时间，总共大概不超过一小时，多数是在校园里偶然相遇，寒暄几句。在我的印象里，林先生是个温文尔雅，仪表堂堂的人，八十多岁了，不显老，身子还算硬朗，甚至还有点英俊。

他走的时候，我在京外。1999 年我从学校行政岗位上退下来后，多在校外工作，学校里的事知道得不多。2006 年 12 月 1 日，我偶然在一张布告上看到中文系另一位语言学家徐通锵教授去世的消息，就匆匆赶到五院，向临时布置、即将撤除的一个追悼室里的徐先生遗像深深地鞠了三个躬，算是告别。我和徐先生是浙江宁波中学校友，他读高中，我读初中，当时未曾谋面。在北京的几次校友聚会中，我们碰到过，才算认识。在这个追悼室里张剑福教授告诉我，中文系今年真晦气，已经折了五员大将，先后有汪景寿、孟二冬、林庚、林焘和褚斌杰，现在又添了一个徐通锵。我这才知道林焘教授已经走了。

从上面印象，我觉得林焘先生是不该走的。听到这个信息，我有点愕然，也有点惘然，怎么一下子走了那么多语言学家？

我和林焘先生打交道，就缘于语言学。上世纪八十年代，我当北大教务长，手头上可用于支持各系所补助科研、采购设备的经费，一年大概就一二百万。中文系有个"语音实验室"，是林先生主持的，是文科少有的几个实验室之一，弥足珍贵。这个实验室其实很小，只有五院二楼顶头一间屋子，里面有些语音学电子设备。我对这个实验室却有点偏爱。因为它体现了北大文理交融，多学科联合攻关的优势。而且，我对实验室"北京话儿化"研究成果，对大量的方言实地调查非常佩服，认为这才是做基础研究的典范。所以我多次去过实验室，参加过一些活动，设法给了点支持。当然，我接触更多的还是具体管实验室的他的学生和同事沈炯教授。但林先生的形象已经深深地铭刻在我的脑子中——他是北大顶梁的名师。

对语言学我的确还有点"情结"。读北大校史，知道语言学曾是北大的一门显学，出了多少语言学大师和一流专家呀! 黄侃、马裕藻、钱玄同、刘复(半农)、黎锦熙、袁家骅、罗常培、魏建功、高名凯、岑麒祥、周祖谟、王力、朱德熙、李赋宁、季羡林等，名字举不完。我还直觉地认为，语言学应该是二十一世纪的领头学科，不仅因为它有巨大的实用价值：如对机器翻译、同声传译等，而且它还能推动人类思维的进步。我是这样想的：人类最大的进步应当来自思维的进步，而语言是思维的工具和载体。季羡林先生曾对我说过："词不达意"和"言不尽义"是绝对的，没有人能够把自己的思想百分之百地完整准确的用语言表达出来。所以，语言和思维又永远有矛盾。在我看来，思维是"里"，语言是"表"；思维属于"自己"，语言要达"他人"。因此语言与思维的矛盾，就使表里不能如一，人己不能和谐通达。我觉得语言学的进步应该缓解这对矛盾。这只是我的一点揣测，并无严密的科学论证。但事实上，作为基础学科的语言学在中国，特别是改革开放以后，并没有受到重视，没有取得应有地位；

语言学的研究工作步履维艰,连像样的学术刊物都没有几种,出书也很困难。记得中文系石安石教授去世前后,为出版他的语言学专著费尽了周折。正像林焘先生说的:“近二十年来,在我国语言学领域中最令人瞩目的变化大约就要属于对外汉语教学的‘异军突起’了。”这句话,固然是林先生对他亲自领导发展起来的这门语言学分支繁荣的嘉许,但也是对这并非属于语言学主干的“一枝独秀”的尴尬局面的感慨。原北大主管文科的副校长朱德熙先生,更是为在北大复兴语言学科,心急如焚。他试图通过引进当代高新科技来激活语言学,他首先抓了计算语言学这门交叉学科,1986年成立了专门的研究所,并亲任所长。但他仍关心语言学科在北大的整体发展。记得他最后一次去美国前特意找我做了一次意味深长的谈话,谆谆嘱咐我要关注语言学在北大的发展,希望北大语言学研究对全国语言学发展能有所作为。我似乎觉得,他还希望创造条件,在适当时候北大能成立一个独立的语言学系。我把这次谈话看成是他的遗嘱,总觉得在北大发展语言学是我的职责,我不能辜负朱先生对我的殷切期望。

我确实也为此灌注了一些心血:曾经开过几次有各院系语言学家参与的座谈会,交流我校语言学研究的现状,商讨解决困境的办法,试图适当整合力量,成立一个跨院系的研究机构,有组织地开展研究工作。这里,每次几乎都有林先生的身影和主意。但由于种种原因,也由于我的工作不力,结果可说是乏善可陈,我真觉得有点对不起朱先生。对后来由陆俭明和俞士汶两教授主持的计算语言所的建设,我也多少做了点支持和帮助,包括无功而返地在美国专程拜访了马希文教授。但应该说,在语言学的各个不同领域,北大学者还是做出了不少可观成绩的。

后来，在林焘先生的学生赵杰教授等人的努力下，2000年4月，我校成立了一个挂靠在外国语学院的命名为“语言学”的研究所，并出版学术刊物《语言学研究》，延续至今。为了这件事，林先生也是花了不少心血的。他为此很高兴，欣喜地参加了成立大会，并担任了研究所首席顾问的职务。我当时已退离了行政岗位，但还是觉得如偿还了一点欠债似的，以喜悦的心情应邀到会表示祝贺。稍早些时候，该年1月，北大还成立了一个“汉语语言学研究中心”，是教育部人文社会科学的重点科研基地。看来，新世纪中兴和推进我国语言学事业是有希望的。

不过，在当前普遍急功近利的社会环境下，北大要发展语言学还是任重道远。可是，淡泊名利、潜心学术的语言学家林焘和徐通锵，却一个个地走了。我多么盼望他们回来啊！

回来呀，语言学家！

良师益友林焘先生

唐作藩

2006年10月25日我们离开北京去长沙参加首届湘语国际研讨会，第二天下午一同来长沙出席会议的福堂兄来到我们的房间，他见告："林焘先生因参加在北大举行的全国语音学研讨会，劳累过度，住院了！"这令我大吃一惊。因为不久前，我们还曾约定10月20日相聚一次。本来这次也像往常一样打算在外面餐馆里，由于吕德申先生行动不便，李懿华建议这次就在他们蓝旗营5号楼家中。姚殿芳先生、吴小如先生和林先生、杜先生都相约好了，我老伴还准备自己做一道菜去的。不料陆颖华身体不适，是日要去医院检查，只好推迟入冬以后再相聚。我想林先生这次住院经过一段时间的治疗、调养，也会很快康复的。但是，28日晚上，福堂兄又来相告：王洪君来电话说，林先生这次病情严重，家人问他想见什么人，其中也提到了我。而我们早已订好29日由长沙飞重庆的机票，心想到重庆参加远帆出版社为我主编的《中国语言文字学大辞典》而举行的审定会之后再赶回北京去探视林先生。没想到30日在重庆就传来了林先生于28日晚逝世的噩耗。我没来得及见上林先生的最后一面，真是遗憾、后悔至极。回想半个多世纪以来林焘先生一直是我的良师益友。

1954年国家为了集中师资力量、加强培养语言学专门人才，将以王力先生任系主任的中山大学语言学系并入北大中文系。经过1952年的院系调整，北大中文系已和清华、燕京两校的中文系合并。1954年四个学校的语言学教师根据各自有关的专业与需要分配在刚设置的语言学教研室和汉语教研室。林先生和我都在汉语教研室。当时不分古代与现代，王力先生是教研室主任，成员还有魏建功先生、周祖谟先生、周达甫先生、杨伯峻先生、姚殿芳先生、梁东汉先生、黄伯荣先生等。朱德熙先生1955年从保加利亚完成教学任务后回来任汉语教研室副主任。林焘先生和我兼任教研室秘书。1955年以后教研室还不断增添新的年轻成员，如吉常宏、潘兆明、杨贺松、左言东、梁惠陵、郭锡良、王理嘉、曹先擢、李懿华、张雪森、裘锡圭、赵克勤、陈绍鹏、陆俭明、马真、何九盈、蒋绍愚等。教研室开设的主要基础课程有"现代汉语"、"古代汉语"、"汉语史"和"文字学"、"音韵学"等。我的本职工作是做王力先生的助教，一边随班学习汉语史、音韵学，一边做辅导。1954－1955年全系十八位中、青年教师(人称"十八罗汉")分别兼任文学、语言和新闻三个专业的"写作课"。林先生和姚殿芳先生、冯钟芸先生、叶竞耕先生等负责大班讲授"写作知识"，我们年轻的助教则分担小班的作文批改与讲评。我们如遇到问题就向林先生他们请教。1955年林先生为新闻专业同学开设现代汉语课，教研室分配我协助林先生辅导了一个学期的语音课。林先生是福建长乐人，但出生在北京，讲一口很标准的普通话。我一边听课一边辅导，林先生的言传身教，以及与同学们的教学相长，让我这个湖南人的普通话水平也得到了提高。1956年暑期我在王力先生的指导下，也是一边学习，一边完成《汉语音韵学常识》的初稿。我知道林先生早年是研究古代语音的，所以我也将初稿送请他审阅。他欣然接受，为我提了不少宝贵意见,使我深受教益。

1958 年初夏我家从朗润园搬到中关园沟东平房 162 号,林先生家原住沟西 66 号。我不仅因工作常去林先生家,而且他还经常邀我晚上带着内人与孩子去看电视。有时我们也上燕南园王力先生家去看电视。直到 1980 年我们自己买了一台黑白电视机之后才不再去打扰他们。

林先生和杜先生都是京剧爱好者,而且都有很高的修养,吹、拉、弹、唱样样都会。抗日时期在从北平撤退至成都途中,他们伉俪就曾参加战地文工团,沿途进行演出,宣传抗日。解放后他们还经常上台表演,五十年代中我曾在办公楼礼堂观看过他们合作演出的《奇双会》。他和朱德熙先生都爱好昆曲,常常在一起一吹一唱。他们在全校还组织了一个业余昆曲社,定期活动,同时也带动了中文系师生的文娱生活。记得五六十年代直到"文革"中,林先生和朱先生领头在系里组织一个京剧合唱队,在大饭厅(百年纪念堂前身)舞台上曾演唱好几次,成员中有吴小如、甘世福、石安石、吉常宏、金申熊、潘兆明、裘锡圭等先生,我也滥竽充数。后来到了江西鲤鱼洲干校农场还继续活动,成员有所调整与扩大,如增加了校医院的孙宗鲁夫妇等。记得还代表七连(所属有中文系、图书馆系的教师、图书馆的职员与后勤的干部、医生等)到农场总部演出过。林先生既是演员,又是教练。林先生在干校农场七连负责放牛,我在连里参加试验田的劳动,要用他的牛耕地,所以也常和他打交道。

七十年代初全国掀起"批林批孔"运动,我们汉语专业的师生正下放在朝阳区双井北京齿轮厂和北京内燃机厂搞开门办学。我们为了躲过那种无谓的批判活动,就提出为帮助工农兵读懂古书、以便搞大批判,编写一部《古汉语常用字字典》。我们师生和两厂的一些工人在工厂里完成了初稿。1975年春、夏，王力先生、岑麒祥先生、林焘先生、戴澧先生及蒋绍愚、张万起、徐敏霞同志和我集中在王府井大街商务印书馆进行定稿。我们就住在商务大楼集体宿舍里，日夜工作。周一早上从西郊北大乘公交车赶往城里去上班，周六下午回家，经历了半年多的时间。记得我们在商务印书馆每天早上起床后，就到四楼阳台上活动活动。林焘先生就教我们打太极拳，一招一式教得很认真仔细，我就在那个时候学会了二十四式简易太极拳。虽然学得不够标准，但我一直坚持到现在，有益于我的身体健康，忘不了林先生的帮助。

"文革"中招收工农兵学员之后，汉语教研室分为古代和现代两个教研室，我留在古代汉语教研室，林焘先生则在现代汉语教研室。不久他创建并主持语音实验室；后来又兼任对外汉语教学中心主任。我们之间在业务上接触不多了，但交往仍不断。这时林先生家也迁入燕南园52号，紧挨在王力先生的住宅60号北边。我常常在看望了王力先生和王师母之后，也顺路去看望林先生和杜先生。1980年5月我加入中国民主同盟，林先生和冯钟芸先生是我的两位介绍人。上世纪八九十年代《语言学论丛》编委会也常在林先生家开会。有事他就打电话找我。记得九十年代中，台湾一家出版社约他写本《声韵学》，他约我合作。当时我还没完全退下来，除了教学，杂事不少，就推荐耿振生给他。结果他们合作下来，很快就出版了《声韵学》一书（后来又加以修订改名为《音韵学概要》，由商务印书馆出版），林先生对振生还是比较满意的。本世纪初，语文出版社约林先生主编《中国语音学史》，他又找到我。他说，现代部分，已约好现代汉语教研室的同志，要我负责古代部分。我向他推荐了古代汉语教研室三位年轻教师分工撰写上古、中古与近代。他们中有两位不到一年内就完稿了，而另一个却迟迟不交稿，一再拖延。为此事我一直深感内疚，感到很对不起林先生。我想一定要设法补救，完成林先生的嘱托，以告慰先生在天之灵。

2007年1月15日

缅怀林焘先生

赵世开

上个世纪五十年代北京大学中文系的名师近年来很多已离我们而去。令我震惊的是林焘先生也于2006年10月28日突然病逝。消息传来，我简直不敢相信，因为此前不久我还听说他参加了一个语音学的会议。与会者告诉我，他看上去很好。怎么一下子远离我们而去了呢？人的生死实在是无法想象，只能听天由命吧！

1956年，我考入北大中文系，作为普通语言学的副博士研究生。导师高名凯先生因为我是从外语系转来的，要求我补五门中文系本科生的基础课，其中有一门就是现代汉语。当时的现代汉语课由三位名师讲授。语音是林焘先生，语法是朱德熙先生，词汇是周祖谟先生。至今恐怕也找不到一所大学对基础课如此重视了。当年北大的学生基础打得好，跟这种教学恐怕分不开。我希望教育部门能重视和总结一下这方面的经验。

林先生讲课和他为人一样，总是面带微笑，语气十分平和，让人感到很亲切。他教语音，发音十分清晰，学生得益很大。林先生喜欢戏曲中的京、昆，我曾在电视上看到过他介绍昔日燕京大学京昆社的活动，据说他唱得也很好。如今我国传统艺术如京、昆，在青年人中已经不太为人熟知了，希望我们能多多学习林先生。

在我印象中，林先生对名利十分淡泊，我从来没有听说过林先生为名利跟别人争吵过。一般说来，越是文化素养高的人，越是不计较名利。名是社会对某个人的承认，承认多少就是多少，不是去争来的。越要欺世盗名，最后只能是身败名裂。利是个无底洞，究竟多少才能满足？能够生活也就行了。人不是一般动物，不能只图物质生活。人固然应该有物质生活，在精神生活方面更应该有所追求。这方面尤其值得我们向林先生学习。

林先生虽然离我们而去，但是他的很多优秀的品质，特别是他为人处世的平淡，将会留存在我们心里。我们怀念他，更应该认真地向他学习。

怀念林焘先生

吉常宏

林先生是一位儒雅谦虚，富有亲和力的人。我同他相处有年，从未见他有过疾言厉色，总是那么从容和乐，终日满面微笑，所以谁都乐意同他接近。

我同林先生相识，是1953年夏。那时我读大三。我们五一级正从周燕孙（祖谟）师受“现代汉语”课。我们是一个三校合并成的七十多人的大班。暑期考试首次采用苏联的口试办法。如果一位先生口试七十多个学生，得费时五天。这种车轮战法，哪位先生也吃不消。于是，燕孙先生便请林先生来帮忙，七十多人分为两组，周、林两先生一人口试三十多人，两天时间就结束了。

分组时我分在林先生的名下。记得那天我抽的试题是关于现代汉语的儿化韵的问题。我走进考场，林先生微笑着向我点头，伸手示意，让我坐在桌子一边的椅子上。他说道：“不用紧张，你能考好的。”我把考题递过去，他看了一下，随手放在桌子上，说道：“可以回答了。”我见他和蔼可亲，心里一下子放松了，便依照燕孙师课堂讲授内容，有条不紊地回答完毕，又将我家乡方言中儿化现象中的变异问题作了阐发。林先生听罢没再提问，满意地说道：“你学习很扎实。课堂内容掌握全面，补充说明也很精彩。成绩是优。”我站起来朝林先生深深地鞠了一躬，心里美滋滋地退了出来。我就是这样认识林先生的。

不承想，1955年毕业后我留校了，而且分配到汉语教研室为周燕孙师做助教，和林先生成了同事。同班留在中文系汉语教研室的还有潘兆明兄。他为朱德熙先生做助教。次年杨贺松、万新春两位学长也分到了汉语教研室工作。我们原都是同班同学。他两人因生病，休学一年，遂与五二级一同毕业。这时汉语教研室已有五六个青年教师。了一先生是教研室主任，林先生是教研室秘书。林先生不以师长自居，把我们这群人当同辈人看待。偶尔有人说出“林先生是我们的老师”这类话，他必然摇着双手，避让不及地说：“不不不！我没教过你们的课。”有时风趣地补上一句：“我只能是吉老的房师。”科举时代，考中的举人、进士称主考官为座师，分考官为房师。我的“现代汉语”是林先生考的，所以他这样说。至如“吉老”这个名称，则是因为我在班上是属于年龄比较大的几个中的一个，又是班长，所以诸学长便送我这样一个绰号。毕业后这个绰号也带到教研室来了。除魏天行(建功)师而外，了一、燕孙诸师有时也都这样叫我。如今这些先生都先后谢世了，想起这些往事，不禁令人感叹唏嘘！

林先生担任教研室秘书期间，我们这群青年教师，有事都乐意先同他商量。他起着一种承上启下的“黏合剂”的作用。所以杨贺松学长半开玩笑地说：“林先生最会‘和稀泥’了。”林先生也不以为忤。杨贺松学长当时是党支部的宣委，大约是想促使青年助教和老师们的关系进一步融洽，便对林先生说：“我们想去看望师母，杜先生什么时候在家？”林先生说：“过两天请你们去。”几天后林先生发出了邀请，我们数人都是空着双手到林先生在中关园的寓所。那年代学生到老师家都是如此，从无带礼品一说。杜先生在留学生处教历史文化课，她热情地接待了我们。他们家有个老保姆，厨艺相当不错。肴品花色虽不多，但绝对是丰盛精美。那天我们都饱饫馋吻了。

五十年代汉语教研室的诸多师长都爱请客。杨伯峻先生是位老党员，出于对青年教师的关爱，也曾约我们到他府上吃饭。我当时正在闹专业情绪，不愿搞语言学。他主动接近我，多方加以鼓励。他希望我们青年教师都能迅速成长起来，担当教学任务。他拿到稿费之后，还邀集我们进城，到东四的大同酒家吃粤菜。了一先生也曾多次把北京无家的青年教师邀到他府上去过中秋节。那时汉语教研室充满温馨和谐的人文气氛。五七年一场政治运动，教研室不少人纷纷落马，都掉进"右派"网中，其中有杨伯峻师，更多的是青年人。温煦和美的人际关系，变成冷冰冰的阶级斗争了！林先生自然也得和这些平素十分友好的人"划清界线"了。他尽管很同情这些人，但在那个年代谁还敢同"右派分子"亲热？

"十年浩劫"号曰"文化大革命"。这把孽火是先从北京大学烧起来的。最初是"抓走资派"、"斗黑帮分子"、"打倒反动权威"，继之是"横扫一切牛鬼蛇神"。到了"清理阶级队伍"，那就更深入、更细致了。所谓"前梳后篦，良有以也"！林先生出身高门，交游广，社会关系多，保不齐结交的朋友当中有这样那样的问题，到了这时候，可就遭挂累了。但终算事出有因，查无实据，林先生没大受折磨就过来了。以林先生的年龄、身份、资历来说，在那年代就算够幸运的了。区区若我者，还当"漏网大右派"被清理了一番呢！

1969 年 10 月底，那位副统帅的"一号战备命令"一发布，北京大学数千教职工浩浩荡荡，坐上一趟保密列车开赴到江西南昌；然后乘船到了鄱阳湖畔一个叫鲤鱼洲的地方——北大江西分校住了下来。从此过起了农耕生活。汉语教研室的教员,除年老体弱,或因其他原因不能离开者外,全都去了江西。林先生和我当然也在其中。

初到鲤鱼洲,我被阴差阳错地弄到校部的“毛泽东思想文艺宣传队”做宣传活动,还曾到湖对面的瑞洪为本校打石头的员工和当地老表做慰问演出。数月后回到了由中文、俄语、图书馆学系和校医院混合编成的七连,干起了放牛工作。

1970年冬春之交,林先生做了我的“接班人”,接任了放牛工作。他穿着一身浅蓝色再生布的劳动服,当起了牛倌。他还是那么儒雅蕴藉,天天满面笑容,放着四头水牛。我被调到郭锡良兄领导的大田试验组,种起水稻。当时鲤鱼洲上暗中流传着一个“歌谣”:“知识分子来种田,一斤稻谷合三元。”有一版本是“五元”。可见成本之高!

有一天中午收工回来,林先生见了我说:“老牛倌!我的手表丢了。”“怎么丢的?”我诧异地问。他说:“我去抱稻草喂牛,喂完牛,发现手腕上的表不见了。”我沉吟了一下说道:“我给你测个字看看吧。”林先生笑了笑:“好。”我说:“牛吃草是站在地上。牛立在地上是个‘生’字。生者,活也。您的表还在,没丢。您去清理一下牛吃草的现场,八成能找到。”林先生笑着说:“找不着我可砸你的招牌!”晚上收工回来,林先生看四下无人,走近我说道:“老牛倌!真找到了。”我开玩笑地说:“卦金怎么算?”林先生回头看了看:“这事别张扬。传到军宣队耳朵里,扣我们一个搞迷信活动的帽子,够批半个月的!”我做了一个京剧程式动作,右手一摸额头,顺手一甩,表示吓了一头汗:“呀,险哪!”两人一笑走开。

1971年8月,我们撤离了鲤鱼洲这个血吸虫病疫区,回到了北京。不久我被调去协助恢复古典文献专业。1972年8月，我获准调回老家——济南，在山东省博物馆供职。这一阶段除了和了一师还有联系外，和林先生等师长，都没了来往。那时大家都信奉一个道理：人际关系越少越好。直到1980年我回北京的机会多了，情况也改变了，每回北京，便去看望老师们。林先生和了一师比邻而居，我如到王先生家去，必顺路探望林先生。

有一次，我去北京，看望了王师母之后，便去看望林先生。杜先生去儿子家了，只林先生一人在。晤谈良久，我起身告辞。林先生说什么也不让走，坚欲留饭。我说杜先生不在家，不方便。他说："咱们到燕农园餐厅吃涮羊肉。"突然又补了一句："鲤鱼洲测字，我还没付卦金呢！"我一愣，这才想起鲤鱼洲的事来。我不禁笑得两眼流泪，林先生也捧腹大笑不已。两人刚走下燕园北边东侧的坡道，杨贺松学长自东向西迎面走来。她看见我便问长问短，寒暄不已，问道："你们这是往哪里去？"我说："到燕农园去吃饭。"杨贺说："今天我请客。"林先生说："早说好了，我请客。"杨贺还争。我说："今天吃老师，改日你请。"双方这才罢休，这顿饭有了杨贺就热闹了，吃得香甜，谈得痛快，而且不像五十年代在汉语教研室时有那么多的禁忌和避讳。那日确实是一次老同学、老同事、师生和朋友般的欢聚。

1998年北大百年校庆时我又去看望林先生。他府上双门紧锁，我只好悄然离去。事后才听说杜先生摔着腿了，那时大约林先生正在医院守护。2000年我去参加北大举办的"庆祝王力先生百年诞辰语言学国际学术研讨会"，会后我同老伴去探望林、杜两先生。一见面我就说起前年来访未遇的事。林先生一指旁边坐着的杜先生："让杜荣说吧！"杜先生道："那是一场无妄之灾。不是百年校庆吗?中央电视台要求我们俩演一场昆曲,一方面为百年校庆添些喜庆气氛,另一方面也为了展示大学老教授的多样风采。我们坚辞,直说年纪大了,腿脚不灵了,繁难身段没法做。他们不依不饶,我和林焘只好答应了。可心里一直是个病。我对林焘说:如果摔一跤,咱们就有借口推辞掉了。不想这话成了语谶。那天试装的时候,裙子扎得长了一点儿,一不小心,脚踩着裙子绊倒了,把脚踝摔断了!”杜先生风趣地说:“亏了这一摔,要不然在台上就出丑了。”我们老两口当时深为杜先生伤踝惋惜。今天想来又为他贤伉俪没将演出录像留下来深为遗憾!林先生和杜先生都是兼擅京昆的。据说解放之初他夫妇常合作义演《惊梦》、《贩马记》、《凤还巢》和《玉堂春》等传统名剧。这次相见是我和林先生的最后一面。2000 年以后,我没再去过北京。

以上所记,无非是五十三年来我同林先生交往的一鳞半爪,然却是一个八十岁的老门生对老师的真挚回忆。

2007 年春节前夕记于山东大学南新校区寓庐

初冬时节的追思

侯精一

一位谦和、儒雅、渊博的学者，我们敬仰的林焘先生在2006年初冬匆匆地走了。在告别的时候，我很自然地想起和林焘先生在一起的时候，印象较深的是，1996年5月我们从北京同机飞深圳，出席香港普通话水平考试（PSK）第一次咨议会，同行的还有佟乐泉先生，其间还一起参加了深圳大学中文系的一个座谈会。同年，我们提出的《现代汉语方言音库》作为国家社科“九五”重点项目获准。林焘先生热情应允参与《北京话音档》的编写工作，并作为第一作者，负责撰写北京话的形成部分（周一民先生负责撰写北京话概述部分，蔡文兰先生撰写音档的正文部分），林焘先生还通读了全稿，提出了许多重要修改意见。应该承认编写并录制北京话音档是一件难度不小的工作，幸亏有林焘先生参加，作为现代汉语方言音库40种汉语方言音档之一的《北京话音档》于1998年由上海教育出版社出版了。林焘先生在事繁、体弱、年高的情况下，参与这项工作，给了我们很大的支持，感激之心，至今犹存。之后，在1999年8月我们同到德国汉诺威市出席第六届国际汉语教学讨论会。在汉诺威下榻处附近的皇家公园，我们有机会在一起散步、闲谈。林焘先生是福州人，但北京话说得挺好，还有些京味儿，人又很随和，谈话轻松、愉快、有趣。三年前我们在深圳大学校园里晚饭后边散步边聊天时也有这种感觉。林焘先生对北京话的深度研究，对北京话口语极有见地的认识分析，再次给我留下很深的印象。

林焘先生在语言学园地半个多世纪辛苦耕耘，教书育人，取得多方面的成就，深受学界的重视。林焘先生在上个世纪五六十年代就指出的现代汉语轻音与语义的关系以及现代汉语轻音与句法结构的关系，至今都有重要的参考价值。

林焘先生在实验语音学的研究领域也很有成就。他对北京话轻音的实验研究取得的结果令人信服。他从感知的角度提出音长是听辨北京话轻音的最重要的参数，否定了音强与北京话轻音相关的看法可以说是上个世纪八十年代以来汉语语音研究的重要成果之一。

林焘先生在北京话的现状和历史的研究方面也都取得很重要的成果。他的研究极具开拓性。上个世纪八十年代前后，林焘先生带领学生对北京话口语进行了较大规模的调查，还录制了大量的北京话口语资料，这是一项非常有意义的工作。利用这些录音资料，林焘先生撰写了关于北京话去声连读变调等多篇论文，之后我们陆续看到研究者利用这些资料撰写的关于北京话语音研究的文章。事实证明，北京话口语的录音资料为我们保存的二十多年前的北京口语的有声资料，具有珍贵的学术价值。随着时间的推移，这批口语录音资料作为非物质文化遗产在北京话以至北京地方文化的研究中都将发挥很好的作用。林焘先生主持的这项工作惠及当代，泽及后人。

上个世纪八十年代林焘先生根据调类相同，调值相似，声韵系统相近提出把东北官话区与北京官话区合为“北京官话区”的新观点，主张把东北地区至河北省东北部的围场、承德一带直到北京市区、郊县合为“北京官话区”。在《中国语言地图集》中北京官话区所辖仅限于北京市及郊区、河北承德地区以及相邻地带，现在拓展到我国的东北地区。扩大了的北京官话区，更好地反映了北京、东北两地的语言的一致性以及历史上两个地区之间大量存在的人口相向流动的事实。

北京语音与东北语音的一致性可以举出多条，从儿化韵母归类的一致性上也可以看出。北京话的儿化韵 ar 是来自 a 韵母（那儿），ai 韵母（盖儿），an 韵母（伴儿）。东北话多数地区的情况与此完全一样。北京的近邻天津，稍远的保定，情况就与此不同。天津话 a/ai/an/ang 等 4 个韵母儿化合流。保定（新派）a 韵母儿化自成一类，ai/an 韵儿化合流为一个儿化韵。

从北京、东北两地的历史人口结构的资料来看，丰富的文献记载也支持林焘先生的大北京官话区的观点。

辽、金、元、明、清五个朝代的历史人口迁徙资料证实，北京地区与东北地区历史人口的相向流动非常频繁。在清朝建国之初，由于历年战乱，“北京饥疫频仍，死者相枕”，人口锐减。为了大量补充人口，充实京师，从东北地区迁来大批移民，随同清军入关，东北的满人几乎倾城出动，旗下奴仆及编户亦随之入迁。清初仅安置于京畿大兴、宛平、通州、房山、良乡、昌平、顺义、密云、平谷、延庆等州县的即达 34 万余人。此外根据《八旗通志》《大清会典事例》，入关的八旗兵丁约有 17.2 万，连同前说的 34 万，这个时期迁入京师的，就有约 50 余万人。（参看韩光辉《北京历史人口地理》）

粗略统计，辽、金、清三朝从东北地区迁入北京的累计约有 120 余万人。从北京地区迁入东北地区累计约有百余万人。（据《清史稿·太宗本纪》仅明崇祯九年（1636），后金崇德元年就从畿辅掳

走 18 万人。转引自石方《中国人口迁移史》)

北京话研究是一个重要课题,亟待加强。用现代语音学的方法进行研究,林焘先生为我们做出了表率。期待有更多的研究者加入北京话的研究行列,这是林焘先生的一个念想儿。

永别了! 林焘先生!

2007 年 1 月 29 日

深切的怀念

袁行霈

林焘先生是我在北大最早接触的老师之一。那时候一年级有一门写作课,林先生就是这门课的老师。又因为我的妻子杨贺松长期跟他在同一个教研室工作，所以五十三年来我们一直保持着密切的联系,无论是快乐还是忧愁都可以向他倾诉。听到他逝世的消息,我们的悲痛难以言说。

一年级的写作课上,林先生总共布置了九篇作文。因为我们都是抱着当作家的愿望报考中文系的，所以把每一次作文都当成施展文采的机会,写得比较长。交上去以后便眼巴巴地等待着发还,并期待着好的评语。林先生的批改是用毛笔蘸了红墨水,改得很认真,有时改得整篇文章一片红,大到主题、段落,小到语法、标点和错别字,各种问题都逃不过他的眼睛。还有那总评,言简意赅,十分中肯,即使是批评也让人觉得温暖。我估计每改一篇作文要花费他一个多小时的时间吧。就这样,一年下来改掉了我写作中的许多毛病,今天我之所以能写出通顺的文章,真应当感谢林焘先生!

1958年秋天开学不久，学校决定中文系一、二年级的学生到京西煤矿半工半读。我和林先生是二年级的授课老师,便跟随同学来到城子煤矿。我们住在矿上职工业余学校的校舍里,每周三天下井劳动三天上课。下井前和工人师傅一起先饱餐一顿,便到矿井入口处领取工作服、防水靴、安全帽，腰里挂一个七斤半重的蓄电池，一根电线连到安全帽上，帽子前方是一盏灯，井下的照明，就靠各自头上的这盏灯了。有一天，班上需要两个人去主巷道推煤车，这是一件需要很大力气的活儿，派年纪轻的学生比较合适，但是在井下每个人都是满脸煤灰，师傅分不出谁是老师谁是学生，随手一指，就指到林先生和我两人。而且没有交代应当注意的安全事项，便带我们来到主巷道。当我们两人推着那十几辆装满了煤炭的车，在铁轨上走了一小段以后，便是一路斜坡，沿着斜坡向下走的时候，其实并不是我们推车，而是煤车带着我们在黑暗中飞驰。我们不知道这时应当跳到车上（即使知道也不会跳），只能扶着车身在铁轨上奔跑，耳边风声呼呼的，心里很害怕。但真正需要力气的是将煤卸完以后，再把空车推上来。我们用肩膀顶在最后一节车厢上，一步一步地往上推，觉得有千钧之重。稍一不慎，煤车便会滑下来将我们压在车下。我们一起推呀推呀，不知过了多久总算到达了目的地。当我们停下来时，在各自头顶的灯光之下，一边擦汗一边相视而笑，庆幸完成了这项繁重的任务。我和林先生在这段时间里共同体验了煤矿工人劳动的艰辛，更加觉得那灯光下闪闪发亮的煤块有多么美，也更拉近了我们之间的距离。后来我们回忆起这段经历，林先生没有任何抱怨，只说了一句话："像是在推一座山。"说完以后我们都笑了。

林先生是一位十分乐观而随和的人，他的脸色白皙而红润，衬托着一头银发，很有书卷气。他总是带着笑容，从未显露过愠色，也从不严厉地反驳别人。当我还是学生的时候，元旦上午总要跟班上的一些同学到各位老师家拜年，老师们摆出糖果招待，还会装一些在我们的兜里。林先生家是我们必到之处，在那里不仅可以吃到糖果，还可以请林先生和他的夫人杜荣教授一起唱昆曲。他们有求必应，往往是林先生吹笛子，杜先生唱，那清脆的笛声和婉转的唱腔，使我们如醉如痴，领略到一个有传统文化教养的家庭特有的氛围。等我做了老师以后，特别是我和杨贺松结婚以后，便成了林先生家的常客。有一年他邀请我们到他家一起过年。那正是三年困难时期，粮食和副食都很短缺，过年请客的难处可想而知。北大食堂过年有加餐，多两道荤菜，凭着加餐券可以打包带出来。我们便从食堂打了菜带到林先生家，算是礼物。那个除夕，林先生家除了我们只有他的堂妹和妹夫，没有别的客人。林先生这样亲切地接待我们，让我们感到和他好像是一家人一样。

“文革”以后，中文系的老师们总是在大年初一给老先生拜年，燕南园、朗润园、中关园都是必到之地，往往要跑一整天。燕南园是我们最先去的，王力先生一改平时的严肃，笑得很灿烂；林庚先生在平时的和蔼之外多了几多喜气，会有些带着诗意的话语迸发出来；林焘先生家则是我们最可以放肆的地方，我们的话比他的话还多。遇到林先生兴致特别高的时候，还可以不顾他们年事已高，请他和杜先生再来一段昆曲呢。

如今，住在燕南园的王力先生和王师母去世了，林庚先生和林师母去世了，相比起来最年轻的林焘先生竟然也溘然长逝！我们再也看不到他脸上泛出来的笑容，听不到他的笛声。西晋向秀撰《思旧赋》，抒发由好友邻居的笛声引起的悲恸，结尾说：“听鸣笛之慷慨兮，妙声绝而复寻；停驾言其将迈兮，遂援翰而写心。”燕南园里林焘先生的情况跟向秀所写的环境背景都很不同，本不应当相提并论，但引发思旧之情的都是笛声，所以我还是不免想起这篇名赋。我们再也听不到林先生的笛声了,且让这笛声留在我们的记忆中,作为永久的怀念吧。

儒雅的学者　谦和的师长

——悼念林焘先生

向光忠

2006年10月12日上午9时许，我随同母校的师友们，从图书馆南侧的哲学楼前乘校车，前往八宝山革命公墓，向林庚先生遗体告别。林焘先生年迈，也跟大家一起，同我们坐在一辆车上。我向林焘先生问安，先生微笑着答道："我还好！"我接着问候师母杜荣先生，林先生忧悒地说道："她行动不方便，来不了啦！"祭奠林庚先生之后，我返回天津，向林焘先生告辞时说："您多保重！"先生慈祥地同我道别。当时，先生的神态、举动、音容、笑貌，曾给我留下好的印象：先生身体尚健朗，一定会延年益寿的。可是，时移仅半月有余，我应远帆出版社之邀，赴重庆参加唐作藩先生主编的《中国语言文字学大辞典》的审定会时，听说林焘先生住医院了。于是，我忆起十多年前，有一次我进京与会，得知林焘先生住在北三医院治病，曾特意在会余到医院去探望。这时，林先生已转危为安，精神尚好，让我在病榻旁的凳子上坐下，探起身说："哎呀，你还看我来了！我快要好了，就要出院了……这些年，我是隔几年进一次医院，在医院里待一些日子，也就好了……"想到这里，我就以为，林先生不久就会痊愈的。然而，出乎意想，翌日传来讣闻，林焘先生溘然谢世了。惊闻噩耗，不禁愕然，殊为哀戚！而由于远行在外，未能赶回母校悼祭,瞻仰先生遗容,只是同唐作藩先生、詹伯慧先生、齐冲天先生、曹先擢先生、耿振生先生等几位师友遥致吊唁。

回想二十世纪五十年代中期,我们在母校求学时,林焘先生而立之年初逾,是一位英俊的年轻老师。记得是在我们毕业之前,我从《北京大学》校刊看到,林先生由讲师晋升为副教授,而全校晋升为副教授者寥寥,只有几位。

1955学年,我们班升入三年级时,适值全国文字改革会议与现代汉语规范问题学术会议召开,汉语教研室在王力先生主持下,曾相应在我们班开设"汉语规范化"课程,由王力先生、魏建功先生、周祖谟先生、林焘先生共同执教,分别讲授"绪论"、"语音的规范"、"文字的规范"、"语法的规范"、"词汇的规范"诸专题。本来,按照原来的教学计划,我们班将自始至终地开完这门课程,但是,升入四年级,却未能继续下去。这样,我们听完了王先生讲授"绪论"与"语音的规范"、魏先生讲授"文字的规范",就中辍了。轮到周先生、林先生接着讲授"语法的规范"、"词汇的规范",便是以后的年级再开设这门课了。1958年,北京大学中国语言文学系汉语教研室集体编写的《现代汉语》由高等教育出版社刊行了,那时,我已离开母校到了天津,在新华书店看到这本书就立刻买了。1963年,北京大学中国语言文学系汉语教研室另行编写的《现代汉语》由商务印书馆出版了,我也立即买了。这两本《现代汉语》便是由林焘先生与朱德熙先生主持并执笔编写,带领青年教师们一起完成的。在当时,这是我国唯一最早的系统成书、正式出版、公开发行的高等学校《现代汉语》教材,流传时间甚久,影响范围颇广。我将这两本书一直放在手头,经常反复阅读,就像是在课堂中面聆林先生与朱先生讲授一样,亲炙教益。在历时久长的学术道路上,我从中领会要义，运用于教学，援用于研究。我在七十年代中期，就是采用此教材，为中学语文教师授课的。调职南开大学之初，担任“现代汉语”教学时，也是如此。而后虽主要从事“古代汉语”与“文字学”的教学与研究，此书却依旧是自己进行教学与科研的必备参考书。

记得修业于母校时，在校园里，在集会中，尤其是学术场合，我们时常见到林焘先生，从接触之中便留下了鲜明的印象：行为正派，举止端庄，平易近人，和蔼可亲，林先生表现出质朴的形象；与人相处，尊敬长辈，善待同侪，爱护后生，林先生秉持着良好的美德。

上世纪五十年代，学术界大批判之风盛行，一些知名学者相继受到严厉批判。此风猛吹，则造成一种风气：年轻的后生批判年长的先生，初出茅庐者批判资深博学者，誉为进步的新生力量冲击反动的学术权威，给以鼓励、赞赏、支持。就连一般学术论难，有的论辩者，特别是有的青年学子，于相左之见解，不是实事求是地评析，而是断章取义地否定，动辄扣以“资产阶级思想”、“唯心主义观点”、“反马克思主义”、“反毛泽东思想”之类帽子。北京大学举行首届科学讨论会适逢其时，斯风亦不无影响。有一次，在办公楼礼堂举行全校科学讨论会，一位前辈专家宣读论文，然后进行全体讨论，一位青年教师准备登台发言，提出个人看法。中间休息时，那位青年教师先征求林先生的意见。我们听会的学生也在场，便从旁了解到，林先生就曾示意，言辞不宜偏激，应该谦虚恭顺。这正体现了林先生对前辈的尊重和对同辈的善意。

1957 年 10 月下旬，我刚从北大到天津不久，所在的新环境难得专业书，便返回母校，同原来同班的一位同学进图书馆借取《湖北方言调查报告》与《钟祥方言记》。在柜台前，我们只顾自己办理借阅手续，没有觉察到，也相继有人前来借书，站在那位同学旁边。当听到有人呼叫那位同学的名字时，我们才抬起头扭过去，原来是林焘先生。这时，林先生微笑着向我们点头说："你们借书啊……"当时，经过"反右斗争"，我怀着自惭形秽的心理，觉得林先生并不嫌弃，我是有感于怀，而久未忘怀的。1980年8月，王力先生八秩华诞，在和平门烤鸭店举行寿宴，我久违林先生已长达二十三载，历经磨难，昔日少年容貌，如今面目全非，有的师友面对我已难以辨认，而林先生却向朱德熙先生指识我。这使我感觉到，经过这么多年，林先生还没有忘掉我，这便更加增强了我的感念之情。2000年8月，回母校参加纪念王力先生诞辰一百周年语言学国际学术研讨会时，我和几位与会的老同学曾到燕南园52号拜望林先生。在客厅里，先生接待我们，刚一落座，先生就对我说："我读过你的论文，写得……"拙作谫陋，先生过誉，既感到愧怍，也受到策励。交谈间，话题涉及为学之事，当有人言及学界时见精力不在钻研学问而热衷参与学术活动的现象时，大家多有訾议，先生作为尊长，未便多言，而间有插话，亦隐含鄙夷之意，这也让人体会到先生看重实学而不慕虚名的态度。

从上世纪八十年代起，林先生常应邀到天津，或莅临南开大学，或造访天津师大。有时与会，有时讲学。在学术活动中，林先生一如往常，保持严肃认真而谦虚谨慎的学风，给人以良好印象，垂范于青年学者，深受大家敬重。师母杜荣先生是天津人，也常随同林先生，顺便回老家探亲。有一次，我宴请林先生与师母，并邀约老同学作陪。师友相聚，筵席上闲谈中，便时而忆及往昔燕园情景，这也触发师母杜先生忆旧的思绪。杜先生说："年轻的时候，在燕京(大学)，陆志韦先生很严格，他(林先生)都是按照要求做。有时有急事，陆先生半夜还打电话来，他总是马上就赶去。那时，孩子还小，我就只好一个人照看着……"可见，林先生勤谨治学的习惯，早在青年时代就养成了。

尊敬的林焘先生，在学术界，是一位儒雅的学者；在学生中，是一位谦和的师长。笃志学术，别无旁骛，为人持重，执事恭谨，足为后学之楷模，诚为弟子之师表。我们将永远缅怀林先生，效法林先生。

先生之文炉火纯青
先生之德玉洁兰馨

——怀念林焘先生

曹先擢

林焘先生因病医治无效，于2006年10月28日不幸辞世，闻此噩耗，万分悲痛。回忆2006年6月7日，暮春初夏，阳光和煦，我专诚到北大燕南园拜望先生和师母杜先生。看到先生和师母气色好、精神好，非常高兴。室外绿草碧树，室内窗明几净，顿生如坐春风之感。谈到在健身，我说报纸上报道，臧克家先生身体较虚弱，但是坚持散步等活动，创造了九十九岁的高寿纪录。先生颔首。万万没有想到，四个多月后，先生驾鹤西归，这次愉快的拜谒，竟成了永诀。后来我听说，先生在逝世前太劳累了。新年伊始，我给吴小如先生拜年，电话中吴先生谈到林先生的几件大的活动。吴先生说这些活动，有的是他与林先生一道参加的，如五六级同学入学五十周年座谈会。有的是他后来听林先生自己说起的。10月12日林庚先生遗体告别仪式在八宝山举行，林焘先生也去了，见到许多熟人和同学，他的辈分、年龄是最高的，大家向前问安致候。坐车没有累着，这一下可累得够戗。10月20日在北大召开语音学学术讨论会，林先生是语音学会前会长，他除参加开幕式做主旨发言外，坚持一天听发言讨论，很疲倦。22日感到身体不支住院，从此没有能再返回燕园。吴先生电话中大声说，林焘先生是一位只有半边肺和一个肾的八旬老人，实在是太累了。吴先生电话中讲了二十多分钟，我很感激吴先生的介绍，给我的教育太深了。我是 10 月 29 日乘飞机去重庆开会并参加旅游，参加这次活动的北大有唐作藩先生和其他一些教师。30 日唐先生沉痛告诉大家，林焘先生不幸于 10 月 28 日辞世。大家浸沉在深深的悲痛之中。晚上，我在日记里写了这两句话："先生之文炉火纯青，先生之德玉洁兰馨"，以表达我对林焘先生由衷的敬仰与怀念之情。

林先生在语音学等方面的杰出的贡献，享誉学林，我没有能力和水平作评述，但是，我读先生的著作，给我一个极强烈的印象：千锤百炼，言简意赅。这里想谈谈林先生为我们语文出版社百种语文小丛书写的《普通话和北京话》。我读了好几遍，每读一次都有新的收获。普通话是我们民族共同语，自然要追溯一下民族共同语的来源和发展。例如要提到先秦的雅言和汉代的通语。林先生说："'雅言'和'通语'这些名称的出现，说明中国至少从春秋战国起，在正式交际场合就已经形成了一种大家都要遵循的共同语，写在书面上就是大家都能看懂的书面语言"；"在古代，只有能成为全国政治中心的都城方言才有可能具备这样的权威性。中国从商周直到北宋的两千年时间里，都城一直在中原地区，而且主要是在长安（西安）和洛阳两地。因此，这种全国都能通行的共同语的基础方言应该是长安和洛阳为中心的中原地区方言。"十世纪后，特别是元代以后，政治中心北移，北京成了首都，北京地区的方言就升格了，林先生说："元周德清的《中原音韵》是根据元杂剧的用韵编写的，书中所归纳出的声韵调系统已经相当接近现代的北京话。这部书的书名虽然仍旧沿用'中原'这个名称，实际上已经不是只指长安、洛阳一带，而是包括了以元大都为中心的广大北方地区。"这个说明很有意义，"中原"二字为其表，其实乃大都为中心的北方话。而从另一个层次看，中原音在一定的时间里，实为共同的代名词，正像有的文章说"古代的'普通话'"，普通话则为民族共同语的代称。林先生文章中紧扣"政治中心"来讨论共同语是非常重要的。学话是为了需要，需要包括政治的经济的文化的，通常是乡下人讲话向城市看齐。苏轼讽刺王安石新政的诗："杖藜裹饭去匆匆，过眼青钱转手空。赢得儿童语音好，一年强半在城中。"全国人都学习的共同语，自然是政治中心之地的经过加工的语言了。在这本书里，林先生特别讲到"北京话——最开放的汉语方言"，这句话是对北京话作了全面深刻研究后概括出来的，非常重要，使我们更好地了解北京话的形成和其特点，林先生说："现代的北京话保留的古音成分少，语音结构简单，也可以说是发展变化最迅速的汉语方言。"这个问题牵涉到许多方面，可以开展研究的地方很多。

二十世纪五六十年代，林先生先后发表了《现代汉语补语轻音现象反映的语法和语义问题》和《现代汉语轻音和句法结构的关系》两篇文章，指出语音问题和语法、语义关系至为密切，强调不能把语音与语法和语义割裂开来。这是至理名言。我从事辞书编纂多年，从中获益太多了。例如钥匙、骨殖，其中第二个字都读轻音·shi。三个词都是复音词，轻音的特点使语素义弱化：匙、殖其语素义是什么？不大好回答。殖，指动物体腐烂，这个意思由《说文》所注"脂膏久殖"辗转引申而来。骨殖指尸骨，《欧阳修集》一一一卷："尸首骨殖布在新河两岸"。匙、殖这三个字都读·shi，其本音"匙"读 chí，"殖"读 zhí，它们皆为古禅母字，浊声母，平声读吐气的 ch，为阳平，"殖"为入声字，读不吐气音 zhí，阳平。浊入读阳平、去声的居多。读轻音,使它们由塞擦音变成了摩擦音,很有规律。语音问题和语义、语法问题是裹在一起的。如“薄”有三个读音:bó/báo/bò,前两个为文读与白读的不同,后一个是黏着音项,只用于“薄荷”一词。文读音用于构词和译音,白读音可单说,很少用于构词(薄饼、薄脆带口语色彩)。“薄伽丘”,读文读音,如读白读音便不是味儿。现在讨论北京话的文白读问题,只限于语音的比较多,面窄了点,如果结合词汇、语义、语用可能会从更大的视野上,对文白读的存在、变化作出更好的解释。其实由上古到中古,有的入声字分化出开音节字,如“宿”字,上古息逐切,入声,suk,中古除有入声外,增加了息救切,读 xiù 去声,指星宿。音的变化与词、词义发展互为表里。今日“宿”有文白两读:sù 去声和 xiǔ 上声,后者口语指一夜。情况相似的“塞”,上古苏则切,入声,set,中古除入声外,增加了去声,先代切,读 sài,指边塞等义。上古的入声发展出读去声的舒音,与北京话由于入声消失而分化的文白读不同,前者为四声别义。但是今日的白读音一般有一个元音韵尾,则与古代舒音的韵母结构一样,这能给我们一些启示:文白的发生与语义、语法、语用的需要有关,如果光从语言的外部,如方言接触,读书人的习惯等,不可能找出问题的内在因素。林先生指出的语音、语法、语义相结合分析的方法,是一种科学的方法,轻音问题、文白读问题、多音字问题都可以从中开启出众多的法门。我学习得并不好,但是体会还是不少的,这里就不多谈了。

林焘先生道德高尚,为人师表,大家对他一向非常敬重。上面讲到林先生 10 月 22 日住院前的三次大的活动,分析起来,都是为了他人,没有一件是为自己的:一件是为了学生,一件是为了前辈师长,一件是为了工作。这绝非偶然,他一生都是这么做的。他对学生循循善诱,爱护备至,可以说有口皆碑。我与林先生接触比起其他同志来要少,但是受他的惠泽教导却很多。遇到一些自己感到困惑的问题,在电话中他就给予指点。二十世纪六十年代,我研究《诗经》的叠字,是林先生手把手帮我修改,后来发表在《语言学论丛》。我研究通假字,先生把他研究《经典释文》异文的文章抽印本赐我。我患病,他为我介绍北京著名中医王易门大夫。我一直心存感激。尊师重道是北大的好传统,在教研室里,林先生对王力先生、魏建功先生等执礼有加。王力先生去世后,每当给王师母祝寿时林先生会参加,2005 年在纪念王师母逝世两周年的会上,林先生发言感人至深,给我留下难忘的印象。当我得知林先生以八五高龄参加林庚先生的遗体告别仪式时,我既受教育,又感到惭愧,在尊师方面我以前觉得自己做得还可以,而与林先生比,差距就大了。在北大语言学学科的建设上,林先生作出了杰出的贡献。二十世纪五十年代,北大中文系的语言专业,教师队伍之强可以说是一道风景线,但是也有比较薄弱的地方,如语音学,现代汉语语音学。当然要建设和加强这个重要学科。林焘先生正是在这样一个背景下,从原来搞古汉语的,转搞语音学,特别是现代汉语语音学。不辱使命,任务完成得很好,使这个学科在全国高校处于领先地位。我们永远不应忘记林焘先生的历史性贡献。“文化大革命”中他受到冲击,被关进了“牛棚”,而“文革”结束后,他以极大的热情,迎接祖国科学春天的到来。他到美国考察回来后,在他的领导和主持下,恢复、重建语音实验室,开拓新的实验语音学的研究。回想 1954 年我们学习语音学时,甘世福先生用的口腔模具,好像与我们镶牙时用的差不多。当我看到语音实验室新的设备,感慨万千。我们要感谢林先生和他领导下的诸位从事语音学学科建设的同志。语音学我学得不好，但是语音学的重要，我是知道的，从语音学中得益也不少。我相信今天北大中文系同学语音学学得比我好多了，这里有林焘先生的巨大贡献。

在北大中文系语言学这个范围内，作为我们的老师，林先生是最后的一位，也是一位杰出的代表。我曾经这样形容北大的学习环境："绛帐名师星灿烂，书城典籍阁琳琅"。林先生就是众多名师中的一位，文章道德皆为楷模。林先生是一位责任感极强的人，他以带病之身，主持了对他来说是最后的一次科学讨论会，在履行了他神圣的职责之后，离开他生活了六十年的心爱的燕园而西归道山了。写到这里，我难以控制自己的泪水。林先生虽然离开了我们，而他的著作在，他的高尚的风范与日月同辉。敬爱的林先生，我们永远怀念你。

先生虽已去，教诲实难忘

李行健

林焘先生是我心中非常尊敬的老师，他不仅给我们上过课，我毕业后也经常受到他的关怀和教诲。在他去世前不久，几位老同学还议论着我们的语言学老师中，他是硕果仅存的一位了，没有想到他也突然离我们而去了，悲痛的心情难以言表。

我第一次见到林焘先生是在1954年系里一次会议上，但他并不认识我们这些学生。直到1955年系里给语言专门化的同学开设"现代汉语规范问题"课，由林先生给我们讲课时，才真正认识了林焘先生，领略了他渊博的学识，讲课清晰的条理，文质彬彬、和蔼可亲、诲人不倦的风采。我们的"现代汉语"课是周祖谟先生上的，第一学年就已经学完。因为1955年中央发布了《汉字简化方案》和召开了"现代汉语规范问题学术会议"，而这之前中央已决定要大力推广普通话，这些都是语文规范工作方面的大事。当时全国都积极贯彻中央的精神。北京大学向来有开风气之先的传统，对中央关于语言文字工作的新精神一贯积极带头贯彻执行。由于这些新精神涉及现代汉语中的重大问题，怎么贯彻呢？当时以王力、魏建功、周祖谟等先生为首的老师们讨论研究后，决定尽快开一门新课——"现代汉语(二)"。这恐怕在全国也是独一无二的。老师们都临时备课，所讲也都是结合中央新精神的重要内容，当时既无教材，也缺少现成的参考资料,其困难是可想而知的。王力先生带头讲“现代汉语规范问题总论”和“现代汉语语音规范问题”,魏建功先生讲“汉字规范问题”,周祖谟先生讲“现代汉语语法规范问题”,林焘先生讲“现代汉语词汇规范问题”。这些举措无疑反映出北大富于开创性的传统和教授们学术上的理论同实践结合的精神,同时也说明老师们积极响应党的号召的热情、深厚的学养和广博的学识。

词汇是一门涉及面宽,内容非常丰富的学科。它的规范问题是语言规范中最复杂、最难处理的问题。但林先生经过短时间备课,就开始了讲授。他讲的内容生动有趣,举例十分丰富。他讲授的方言词、外来词、文言词和词义、同义词等的规范问题,都是词汇规范中的重要问题,他提出的那些基本原则仍然是今天我们进行词汇规范时的重要参考资料。比如方言词的规范问题,他指出普通话(民族共同语)必须从方言中吸收有用的成分来丰富自己,但又不能什么都吸收造成方言词语的泛滥,破坏普通话的规范。什么样的方言词可以吸收,什么样的不能吸收,通过许多实例很有说服力地让我们明白了规范方言词的原则,指导语文工作者更好地做好现代汉语词汇的规范工作。正是通过他对方言词、外来词、文言词和词义等如何规范处理的分析,不仅让我们知道了词汇规范问题的大原则和具体的操作方法,更让我们清楚了普通话词汇的具体内涵和发展途径。我们大多来自方言区,对普通话的词汇体系和特色知之不多,所以学习林先生的课后,普遍感到收获很大。林先生的词汇规范问题的讲义应大家要求不久也发表在《语言学论丛》上,让更多的人有了获取这些新知的机会。我后来写过较多的有关词汇规范的文章,同先生的教诲有直接的关系。

大学毕业后我去外地工作,同先生虽有联系,但接触不多了,有一件事却很难忘怀。“文革”结束后，我们在天津的几位同学邀请王力先生去讲学，主要讲古代汉语的学习和教学问题。这次报告以及王力先生答当时天津师专同志的专文中，谈到“江、河”的词义发展变化问题。王先生指出一些著名辞书释义中把“江、河”的词义先注“泛指一切河流”，再注专指“长江”或“黄河”，这就把词义的发展弄颠倒了。辞书的释义应按词汇的引申发展关系先后注释，才便于人们认清词义之间的内在发展关系，帮助人们准确地理解词义。我读后很受教益，启发我此后进行一些新的探索，便对“江、河”词义发展的脉络和变化的时间有一些新的体会，于是写了一篇向王力先生请教这个问题的文章寄给他。王力先生让助手张双棣同志给我回了一封信，转达了他的教导和鼓励有加的雅意。后来我把文章修改后寄给了北大中文系的《语言学论丛》。当时《论丛》由林焘先生任主编，他亲自审读了我的稿子，认真细致地提出了修改的意见，希望修改好后在《论丛》发表。先生知道曹先擢同志(《论丛》编委)是我同学，于是请先擢一一转达了他的意见。文章修改后很快在《语言学论丛》上发表了。当时对先生那样认真负责地指导学生修改论文的态度，我是很受感动的。我在主持编写《现代汉语规范词典》时，坚持多义词必须按引申脉络排列，就是源于王力先生的教导和林先生的支持。真是师恩似海，师恩难忘啊！

1983年我调到北京国家语委工作后，见到林先生的机会就多一些，除了不少会议上见到他之外，返校时还多次专门去看望过他。我在语文出版社工作时，有同志提出请林焘先生主编一套语文基础知识的丛书。这个意见很好，但我担心林先生工作忙，身体又不十分好，不愿给他增加负担，把此创意压了下来。后来经有关同志催促，我专门交代经办同志先征求林先生意见，千万不要勉强，如果先生同意就尽快从社内外给他配备得力的帮手。这些同志回来兴奋地告诉我，林先生欣然同意了。我意识到林先生这不仅是对我和语文出版社的支持，更是出于对语文工作和培养语文人才的社会责任感。后来由于先生健康欠佳，工作负担又重，所以我让有关编辑同志不要催先生，听其自由安排。此事由于我们工作不力，未能完全如愿，成为一件憾事。

1998年，北大百年校庆时，我们班同学在系里会议室聚会。会前大家希望把林焘和林庚先生请来。于是由我和另外两位同学去燕南园请林焘先生，先生很高兴，因为他不仅同我们年级的语言班同学熟悉，文学班的同学不少他也记得。会议地点距先生家较近，于是我们陪同先生走到会议室。先生当时很兴奋，我们语言班的同学差不多他都叫得出名来，对一些同学干什么工作也都记得清楚。会上先生发表了以"回忆、勉励和期望"为内容的热情洋溢的讲话，至今想来，还历历在目。

1992年后，在吕叔湘先生指导下，我们承担了国家语委"八五"规划的重点项目——编写《现代汉语规范词典》的任务。林先生对这件事很关心、很支持。有一次他同我谈话中说到规范问题时，还嘱咐一定要严格把好词典的规范关，因为词典是规范工作的有力工具，它有很强的示范、解惑作用。他的意见也使我们更加明确坚定了编规范词典的指导思想。后来他在《现代汉语规范词典》出版时写的一篇评论文章中，就谈到他在某一次看到我时，首先就问《规范词典》编得怎么样了，可见他关切之情。先生在这篇评论《规范词典》的文章中充分肯定了我们的工作和这本词典出版后对语文规范的促进作用，同时也提出了在处理个别词的注音上的问题，殷切希望我们今后进一步修改，精益求精，把词典编得更好。先生的这些嘱咐和教导，必将成为我们今后修订工作的动力和指导思想，我们绝不会辜负先生对我们的期望。

先生因病住院时，我原以为不久可以出院，未能及时去探望。不料事起突然，先生竟遽尔辞世，未能见他最后一面。先生生前要求丧事从简，不举行遗体告别。这自然是先生高尚情操的最后一次体现。我们也只能在中文系设的先生吊唁室送上一个花篮，表达我们深深的哀思。愿先生好好地安息吧！

依稀远去的笛声

——怀林焘先生

孙玉石

林焘先生不幸病逝的消息，我是过了几天之后，在远隔两千公里之外的厦门闻说的。

去年 11 月 2 日晚，讲演下课后，厦门大学文学院友人在校园餐厅为我与菊玲送行，小聚话别，同席的，有北大中文系 1955 级的同窗吴秋滨教授。闲谈间，我讲起林庚先生于 10 月初以 97 岁高龄宁静安详去世的情景，大家都感叹道：那是林庚先生一生修行得来的“正果”。怎么也没有想到，这时候，吴秋滨告诉我说：“据网上说，林焘先生于 10 月 28 日也去世了！”听后我非常愕然和震惊。我几乎不相信这是事实。当晚回宾馆，立即与剑福通话，剑福的回答，证实了令我更为沉重的消息：不仅林焘先生走了，褚斌杰先生也离去了！

悲痛无言的静默中，想起林庚先生离世后第二天，我与新诗研究所诸人，一起到燕南园 62 号，向家属表示慰问。林先生的女儿，给我们讲了让我久久萦绕于心的这样一段故事：大约林庚先生去世之前的几天，中秋佳节到来的前夕，年逾八旬的吴同宝先生，特意从中关园徒步走到燕南园，来看望林庚先生，等走到那里，忽然找不到林庚先生家了，于是他找到林焘先生家，结伴而行，一起到了林庚先生家里。年龄加起来有二百七十余岁的燕园三老，相聚一室，倾心交谈。这时，林庚先生望着窗外，深情地发问："月亮怎么还不圆呢？"

我怎么也没有想到，就在这样月圆月缺不到一个月的时间里，两位林先生却先后离我们而去了。时光留给我的，竟是一份无法言说的哀思和沉重。

林焘先生给我上过课，内容是什么，已记不清了。我与先生交谈的机会，也不多。但在我的心目中，他却是一位素为我非常尊敬和仰慕的老师。

我非常尊敬林先生的精进学业，淡泊权力，不务虚名，踏踏实实做学术的精神，非常尊敬林先生的苛于律己，宽以待人，低调处事，坦诚平易，倾注心血栽培后进的高尚人格。林焘先生，和林庚先生一样，都不黏着于世俗，洁身自好，是二十世纪知识分子中硕果仅存的一些"士人"。他们精神上存留有一份"高风亮节"、"玉树临风"的人格美。

上个世纪四十年代中期，自燕大研究院毕业后，林先生始于专治古汉语，后来根据需要，转为现代汉语语音研究，在实验语音学研究、北京话形成演变的历史探源，以及北京方言的谱系考察和分支描述等方面，造诣至深，做出了很多富有开拓性的学术成果。令我感动的是，八十年代初，先生已年近六旬前后，还与年青学生们一起，到条件颇为艰苦的京郊山区，去做方言调查。即使身边系内老师的"资源"，他也从不忘记充分"开发利用"。原来系办公室教务员冯世澄老先生，是位地道的"老北京"，他给我讲过，林焘先生怎样不间断地，一有空闲就找他，一字一句地问询，非常仔细地记录下他一口标准北京话的读音。先生关于北京话溯源及其形成历史的著名系列论文,其探索的开创性与永久的学术分量,是远在那些靠着新异理论和挥霍才情制造出的泡沫式鸿篇巨著之上的。

在学生面前,林焘先生没有一点教授架子。他从不扬才露己,不以名家自居,也不藏着掖着什么。为人透明,清澈,和蔼可亲,和他面对面交谈,聊天,哪怕仅是三言两语,也可以感到一种没有年龄差距的轻松和朋友似的直率。

大约改革开放初时,林焘先生一天找我,说自己的儿媳在四通公司工作,因为停工修整,职工培训,要我去给他们讲一次现代诗,我没任何犹豫就答应了。汽车自北大往西,转来转去,把我拉到玉泉山脚下一个与村野相邻的车间里, 我给那些几乎与文学没有任何关系的年轻工人们,讲了五四以来自象征派到朦胧诗的历程,和一些有名的作品,算是完成了任务。后来先生见到我,还特别客气地说:“真是谢谢你了,谢谢你了!”先生提供的这次给工人讲诗的难得经历,我一直未曾忘记。我为系里服务的那几年里,曾与先生有更多来往,或闲谈,或正式,很多都是谈语音实验室的建设,谈语音学科接班人的设想, 谈对年轻人学风浮躁的忧虑, 有时在五院,有时在路上,有时就在先生的家里边。遇到这样的时候,先生总是很客气,一边说事儿,一边从沙发上起来,给我泡茶,倒水,待我像自己的孩子一样。

记得在神户大学任教时,林先生到神户北的垂水做学术报告,晚上住大阪市,仅停留三天,日程很满,直至将往东京之前的晚上,先生才打电话给我,告诉他来日本的消息。先生一面很关切地问起我与菊玲阪神大地震时的经历, 也给我简单讲了一些系里的情况。我说要去大阪看望先生,他怎么也不肯让我去,说时间太晚了,明天就去东京,不必老远的来回跑一趟。我知道,先生是不愿给我添麻烦，才最后给我打电话的。林焘先生一生，于公于私，就是这样一个“万事不求人”，不到万不得已，绝不给别人添麻烦的人。

林焘先生与朱德熙先生，可谓莫逆之交。他们出自传统文化熏染的世家，属于最后一代富有文化氤氲的“士人”，又都喜欢昆曲和京戏。“文革”前，我做学生时，他们中关园的家里，差不多每个周末，都有一些昆曲京戏之友，前往聚会。我们班里喜欢艺术表演的几位才子才女，如吕薇芬、温小钰、李广才，也常前去参加。林先生吹得一手漂亮的笛子，也能唱一口字正腔圆的昆曲和京戏，属于深谙人生雅趣和富于艺术品位的“名士”教授之列，为学生所喜欢。两位先生的笃情厚谊，也在我们青年教师中传为佳话。当时我住的十九楼中文系青年教师里颇富盛名的“金宝斋”，学京戏，听名角，刻印章，就是以朱、林两位先生为楷模的。前两年，他与师母杜荣一起，在大讲堂看青春版《牡丹亭》的演出，我们见面打了招呼，后来我问先生，对演出有什么看法，他摇摇头说：“原来唱腔的韵味，已经不那么足了！”

1992年春天，我去美国洛杉矶开会。临走前，我往燕南园家里，看望先生，先生让我转达对朱德熙先生的问候。他还特别告诉我：“朱先生走的时候，还随身带了一支他最喜欢的笛子。”到旧金山后，我两次往斯坦福大学附近长满白色马蹄莲花的家里，看望于病痛折磨中的朱德熙先生，转达了林焘先生的盛情和全系师生的慰问，朱先生也跟我很愉快地谈起五六十年代那段难忘时光里的一些如烟的往事。

记得去年春节时，从林庚先生家里拜年出来，我沿着那条熟悉而笔直的林间小路，往北一直走，到燕南园52号，给林焘先生和师母拜年。还没等我敲门，先生就开了门，出来迎我。他说：“陆俭明他们几位刚走。”林先生和杜荣师母，用名茶和糖果，热情招待我。先生还第一次给我讲了燕京大学的一些陈年旧事，讲当年燕大人流行的“奋斗二十年，住进燕南园”的校园谣谚，讲如今校园西北角的民主楼，就是当年燕京大学的神学院旧址，研究佛学的著名作家许地山，西语系教授翻译家赵萝蕤的父亲、举世知名的基督教神学家赵紫宸先生，当时的神学院院长，都曾在那里任教上课，任职等等……

饶有兴味的闲谈中，特别映入我眼帘的，是先生客厅北面墙上，并列新挂的四个镶有镜框的条幅。正楷大字，墨笔酣畅，字迹苍劲，漂亮潇洒，且带着岁月抹上的微薄风霜。我好奇地问起来，先生淡淡告诉我：这是曾祖父写的字，他是前清翰林，做过宫中的师傅，这几个条幅，后来不知怎么流传到外面来了，是家父将它们买回来的。先生还跟我说：“我过去很少挂过。”睹物思人，我更理解林焘先生那么喜欢吹笛子，嗜好昆曲和京戏的渊源了。

坐在条幅下面的沙发上，我看见正对面进门左侧深咖啡色的书柜里，横陈着一支修长的笛子。我猜想那一定是先生用过的。我问林先生：“现在还吹吗？”先生告诉我：“自从 1989 年朱先生走后，就不吹了。”听了之后，我默然很久。

如今，那支修长的笛子一定依然静静躺在那里吧。可是，随朱德熙先生仙逝多年之后，另一位吹笛人林焘先生，也遽然离我们而去了。

渐行渐远的灵魂，在我心边流过的，如一湾溪水似的怅惘：我再也听不见那依稀远去的笛声，那一代富有文化氤氲的“士人”用自己的心和精魂吹奏出来的笛声了。

2007 年 1 月 28 日凌晨写毕，是为林焘先生离世三月祭日

怀念我崇敬的老师林焘先生

陆俭明

我敬重的老师林焘先生于2006年10月28日永远离我们而去了，我深深地怀念他。

人有没有灵魂我不知道；人与人之间是否存在心灵感应，过去我不敢而现在我敢作肯定的回答，因为我亲身感受了。

我睡眠一向很好，晚11点准时上床，头落枕上没有几秒钟我就睡着了，中间不醒，第二天清晨6点准时醒来。而且，即使出差在外，也是这样，因为我好像没有时差，异地生活，即使去欧美，吃喝拉撒睡都不受影响，一切“按常规办事”。2006年10月26至29日我和马真正应邀在河南南阳理工学院和南阳师范学院访问。27日夜里，我突然做梦，梦见林焘先生跟我们好几个人一起谈笑风生，28日清晨醒来，梦中情景依稀记得，我觉得奇怪，因为林焘先生从来没有进入过我的梦乡。当时我就对马真说，这个梦很奇怪，不知道林先生身体可好。马真说，林先生身体不会有问题，10月12日林庚先生遗体告别时，林先生还去了，身体好好儿的。她这一说，也就过去了。没想到，28日夜里，又梦见了林先生，29日醒来我再也按捺不住了，随即给我们的好朋友李一华打了个电话，先不敢直说，只是问她最近系里有无情况，她说没听说什么；我就直接问她：“你知道林先生身体怎么样？”她回答说，“听说林先生住北医三院了，住院后情况有好转，现在情况怎么样，不清楚”。按说我可以放心了，但不知是什么原因，我放心不下。随即又拨通了蒋绍愚的电话，直接问小蒋“林先生情况怎么样”。小蒋在电话里用低沉的语气告诉我，林先生昨天夜里去世了。我的眼泪禁不住夺眶而出。我随即拨通了林先生家的电话，是林先生的女儿林还接的电话，在电话里我并且代表马真对林先生的去世表示深切的哀悼，接着我叙述了我的梦，我禁不住失声哭了。在电话里，我询问了杜先生（林焘先生的终生伴侣杜荣教授，我们一直以“杜先生”称呼她老人家）的情况，林还告诉我说，“我妈妈情绪还稳定，身体还好”。这我就放心了。我请林还转达我们俩对杜先生的慰问，请她老人家节哀。我和马真是 11 月 5 日下午 4 点左右回到北京的。一回来我们放下行李就去花店买了一束纯白色的鲜花，前往林先生家吊唁，并看望杜先生，向她老人家表示慰问。回来后，好几位同仁告诉我，林先生弥留之前，就提出“想见见老唐和老六”，可惜你们俩都不在北京。“老唐”是指唐作藩教授；“老六”就是指我，在大三时同学们就这样叫我，毕业留校当了老师后，大家也跟着都叫我“老六”，包括朱德熙先生和林先生等。林先生生前在病榻上想见我，就应了我在 27 日夜里、28 日夜里连续梦到林先生的梦了。我想这决不是偶然的巧合，这清楚地说明人与人之间确实存在某种心灵感应。

我是 1955 年考入北大中文系的。在大学读书期间，我们没有直接上过林先生的课。当年“现代汉语”课的语音、词汇部分都是周祖谟先生给我们讲授的。认识林先生是在 1959 年，当时我们 1955 级语言班与 1957 级语言班一起编写《现代汉语虚词例释》，高名凯先生、朱德熙先生、林焘先生、姚殿芳先生和徐通锵先生是我们聘请的审稿老师，他们五位分工审阅了《现代汉语虚词例释》全稿。不过当时只是认识，跟林先生有交往，那是我们1960年毕业留校后的事了。

我们毕业留校任教时，北京大学汉语专业只设立两个教研室，一个是语言学教研室，高名凯先生任教研室主任，石安石先生是教研室秘书；一个是汉语教研室，王力先生任教研室主任，张雪森先生是教研室秘书。汉语教研室下分“古代汉语”和“现代汉语”两个教学组，林先生是现代汉语教学组组长。我们当时在大学的必修外语是俄语，而我们1960年毕业工作时，中苏关系破裂，俄语用不上了。但外语对于从事现代汉语教学、研究的教员来说，是非常需要的。于是，从1961年开始，就由林焘先生和朱德熙先生领着我们几个年轻教员(除了我，当初还有王理嘉、卢甲文、马真、侯学超等)学英语。学英语的这个动议是谁提出来的，是林先生呢还是朱先生？我们不得而知，也从未问过。我想这是他们二位一致的意见。怎么学呢？林先生和朱先生要我们去外文书店每个人买一本格里森(Gleason, Henry A. Jr.)的《描写语言学导论》(*An Introduction to Descriptive Linguistics*, 1955)，再每人想办法搞一本英汉词典，由林先生和朱先生领着我们硬看硬翻。英语学习的“课堂”就设在林先生家里，当时林先生住在中关园矮小的平房里，这是五十年代初院系调整时临时建造的简易住房。一进屋门是一个很小的厅，收拾得很干净，那就是林先生、朱先生教我们学习英语的地方。记得第一次“上课”时，林先生和朱先生都向我们简要地说明了组织大家学英语的原因和目的，说明了学外语的重要性，并勉励我们好好学习。“学外语就是给自己装上一副翅膀”的说法就是在那次学习会上听说的，不过记不起那话是林先生说的还是朱先生说的了。那一次，林先生、朱先生叫我们回去都先看序文PREFACE，并把它翻译出来,一周后每人一小段将自己的译文说出来,大家看翻译得是不是合适,最后由林先生、朱先生修改。整个学习基本就按这种方式进行,学习很有规律,每周两个下午,都在林先生家,每次各人先将自己翻译的一段说一遍,然后由林先生、朱先生来纠正、修改。虽然这不是正规的学习方法,但大家都很认真;开头大家当然都会觉得有点难,不过两个月后就顺多了,学完格里森的《描写语言学导论》,觉得自己在英语学习上有成效,有提高,而且养成了自学英语的习惯。不过好景不长,1964－1965年我们北大中文系教员和学生被派往江陵农村搞社会主义教育运动;一年后回到学校就跟着社会上搞"批判'三家村'",那是"文化大革命"的前奏;1966年"文化大革命"就全面开展了,而且一搞就是十年,哪还能学英语啊!不过林先生、朱先生领着我们所学的近一年的英语,为我在"文革"后跟着广播英语自学英语打下了基础。从这个意义上说,我现在能看一点英语,应该说那是林先生、朱先生教的。从学英语这件事,足见林先生的事业心和对后学的提携。林先生一周两次在自己家里带我们学习英语,每次还得茶水招待,要花费他许多精力和宝贵的时间,而这也不是学校或系的领导交给他的任务,完全是为了让我们年轻教员快快成长而自找的义务。要是林先生没有对教育事业的责任心,没有提携后学的精神和热情,是不会这样做的。义务组织并教授年轻教师学外语的情况,当今社会不说"再也没有"恐怕起码可以说"很难见到"了。

林先生热心提携后学不只表现在上面所说的带我们年轻教员学英语这一件事上,更表现在日常对年轻教师的关爱上。我毕业留校任教后,从事现代汉语教学,主要从事现代汉语语法研究,在业务上主要接受朱德熙先生的指导,平时跟朱先生的联系比较多,

1986年之前我所发表的文章大都是送给朱先生审阅的。有时朱先生出差在外，我就请教林先生，林先生总是热情接待，不吝指教，不因"你平时不找我，朱先生出差了你来找我了"而拒我于门外。我"文革"结束后不久发表的两篇文章就是由林先生帮助修改定稿的。一篇是《谈谈跟"的"字有关的几种语病》(《中国语文》1979年第3期)，那是我"文革"后发表的第一篇文章，是《中国语文》的约稿。文章完成初稿正好朱先生出差去了，我就送给林先生请他指正。林先生改得非常细，不仅给我压缩了五分之一的篇幅，而且从内容到文字到标点都细致修改，让我深受感动，也很受教育。另一篇是《关于汉语虚词教学》，那是为1980年在北京语言学院（北京语言大学的前身）举行的"首次中美汉语教学学术交流会"所提交的论文(后发表在《语言教学与研究》1980年第4期上)。那次会议教育部很重视，当时北大的对外汉语教学归外事处留学生办公室(简称"留办")管，北大外事处就派我一人出席这次教学交流会，留办柯高主任来找我谈时，强调一定要提交高质量的论文。我接受任务后，先跟朱先生和叶蜚声、马真他们商议，并征得留办同意，决定谈虚词教学问题。我完成初稿后，也正巧朱先生又恰好出差在外，而时间很紧，于是我就请林先生审阅。林先生照例看得很仔细，改得很认真，他充分肯定了我文章的基本框架和观点，并称赞写得有新意，还给我提供了一些好的例子，同时指出了我文字表达上啰唆的毛病，反复强调"文字一定要简练"。朱先生也一直这样教育我。我后来在文字表达上能有些进步都是朱先生、林先生谆谆教导的结果。

跟林先生在生活上接触比较多的日子，是在江西鄱阳湖畔的鲤鱼洲"五七"干校。林先生年轻时体弱多病，让他去干校真是难为了他，但林先生毫无畏惧之心，很乐观。干校按部队连队编制，我们中文系跟图书馆和校医院编为七连。开始，我们连队除种稻子外，还负责打水泥瓦，供整个干校盖房用。我是打瓦班班长，林先生也分在打瓦班，我就分配林先生负责给新打出来的水泥瓦浇水，林先生成了一名浇水工。林先生干得很认真。后来，干校的房子盖得差不多了，打瓦班就撤了。我开始任七连一排排长，我就分配林先生跟石新春等一起去放牛，林先生就又成了牛倌。他同样干得很认真。林先生亦工亦农，干什么都认真，林先生就是一个认真的人。而正是这种认真负责的精神，在“文革”结束后，年近花甲的林先生就积极投身到教育改革事业中，他带领部分教员和语言班的学生开展北京话调查，这在新中国还是第一次。林先生还接连开设了“实验语音学与传统语音学”、“北京话调查”、“北京话研究”等新课程，并白手起家，建立了语音实验室，这是在高校首创的语音实验室。在我国，在现代语音教学与研究上，可以说林焘先生是一位开拓者，他对推进我国汉语语音研究和实验语音学的发展作出了重要的贡献，这是汉语学界所公认的。

我们从 1955 年入北大当学生起，每年春节年初一、年初二就给我们的老师拜年，如今虽然我自己已年过七十，也还未间断。林先生与世无争，平易近人，也很健谈。春节拜年，到林先生家，跟林先生、杜先生总有那么多话好说，国内外、校内外、系内外大事、小事、趣事、愁事，无话不说，无拘无束，说个没有完。我们多么希望年复一年继续给林先生拜年，可是现在林先生安详地走了，给林先生拜年这只能成为美好的回忆了。

愿林先生安息！

师恩五十载,冬日怀林师

鲁国尧

师恩五十载 我在中学的时候,虽然知道“名词”“动词”“形容词”和“主语”“谓语”“宾语”,但是并不了解“语言学”,直到1955年考入北京大学中国语言文学系,才知道“语言学”是什么。我们的现代汉语课是周祖谟先生教语音,朱德熙先生教语法,林焘先生教词汇。我从林焘先生学习,当是始于1956年,此后一直得到林师的教导、关怀,所以我用“师恩五十载”为题,“五十”是确数,非举其成数也。

回顾五十年来,林师对我教诲恩深。如今悼念林师,哀痛中的回忆犹如电影,在大脑的屏幕上不断闪过,势必难以一一写出,那就将我的回忆“选粹”吧。

雪日拜年 在冬日,过了阳历年,马上又要过阴历年。每逢过年,都兴拜年。年年拜年,于我,颇值得回忆的,是读大学和研究生的时期给老师拜年的情景。

在本科时,每逢阳历年,班干部陆俭明、马真、侯学超带着全班同学挨个儿地到老师家拜年,也得到老师和师母的热情接待。过阴历年就没有这盛况了,好多同学回家乡过年去了,留在学校过年的不多。我因为没有盘缠,连续四个阴历年都在北京过的。因此我给老师们连续拜了四个阴历年。

今年的阴历年马上就要到了,“触景生情”,我回忆起某年的阴历年到林焘先生家拜年的情景。林师住在中关园的平房里,门口矮篱笆围了个约三四十平米的长方院子，北国的院子春秋有绿而冬无。我们几个留校的学生进了篱笆门,穿过院子,听得我们的说话声,林先生和杜先生拉开门,请我们入室,吃糖、喝茶,欢声笑语,好喜庆的时刻。我们告辞的时候,林师要送出门,而室外寒气逼人(绝不像今年这个空前的暖冬),我们请林师“止步”,但是林师不肯。如此相持了足有分把钟，林师还是出了家门，下了台阶，直送到篱笆门，我们请林先生赶快回家，可是我们离开五六米回头时，林师还站在篱笆门口,笑着看着我们,向我们招招手。

而此时,院子内外是白皑皑的积雪,天空中正飘舞着鹅毛般的雪。

这平房、这院子、这篱笆门,还有这雪，而今都不见了，而今都不见了!

雪日谈　2004 年 12 月 23 日，我应邀到母校北大，是为了评估古代汉语教学成果。是日虽然雪止,但是积雪很深,我回南方日久,在冻结的雪上行走委实比较艰难,张联荣老师关心,特地派他的研究生陈祝琴带我去拜谒林师，在祝琴的扶助下，跋涉兼滑雪，终于走到了燕南园。在暖暖的室内,林师跟我谈了好几十分钟。

击一猛掌　2000 年王力先生百年诞辰纪念会，中午，大家都到吃饭的地方取盒饭,我忽然感到右肩上被重重地拍了一下,赶紧回头,一看,是林师对着我笑眯眯的。我说:“学生没有长进,所以老师击一猛掌。"林师乐得开怀大笑。

嘉许=鞭策 大概是上世纪末的某一年吧，我回母校，自然也要去看望林师。一见面，林师就说："你下死工夫的文章我都看了，……你的文章有文采。"我连忙回答："文采，比许多同学，尤其是文学的同学差远了。至于下苦功，那是老师们言传身教的，怎能跟师辈比？感谢林先生的鞭策。"

不以为忤 对于明清官话的基础方言，林师主张北京话说，我在1985年提出南京话说。2005年8月，北大汉语语言学研究中心由耿振生教授主办了个"明清官话音系国际研讨会"，林师出席了，坐了整整一个上午，而且还跟大家一起吃了中饭，精神很好。林师首先作主题发言，主张北京话说，但是林师容许学生的不同观点。感谢林师。

评《南大语言学》 近几年，学术辑刊如雨后春笋，方兴未艾，大概已经有二十种左右了。我们南大的汉语言文字学科也办了一个辑刊，取名为《南大语言学》。《南大语言学》跟其他刊物、辑刊一样，当然发学术论文。但是宋贤的"决破罗网"，很给我们启发：除了论文之外，我们还发回忆录、史料、目录，谓之"史林"，我们还发散文、杂文、札记，谓之"文荟"。如果说标新立异，这就是！对此我们并不讳言。我们在形式上也煞费苦心，刊名五个字是集颜字，因为颜字的特点是"正"、"大"，"正"和"大"，这正是我们的目标。封底我们也利用了，印上了第一批国家重点保护文物，李方桂先生和朱德熙先生所赞不绝口的南朝辟邪。发刊辞是散文诗，这在语言学刊物里破天荒，至少在中国，不知西洋有此乎？

2004 年 7 月，作为执学术辑刊牛耳的《语言学论丛》主编的林焘先生，一见《南大语言学》，就表扬："内容丰富，风格突出。"

迎风长江大桥　抄袭旧文于下："处在中国史上这样一个空前动荡、剧变的时期，虽是平头百姓，也有好多见闻，然而能写出的毕竟是极少数。我喜欢读史，我仰慕陶宗仪、顾炎武、钱大昕、赵翼，准备退休后写笔记、札记，连书名都想好了，叫《愚鲁庐主絮语》。……还有些'所闻'留待退休后写笔记吧。比如陆志韦先生任燕京大学校长时，逢到研究音韵学，就将一个年轻职员召来坐在书桌旁，问《广韵》某字的反切什么的，那位职员脱口而出。他是高中毕业生，并不怎么懂音韵学，他的职责就是背熟《广韵》，回答陆先生的问题，后来陆先生也离不开他(我想，姑名曰'人脑广韵')。解放后，想把这位职员仍留在中文系，但他入党了。这是林焘先生告诉我的，那时他是陆先生的研究生。'文革'后林先生在金华讲学，回北京途中，应邀拢南京，我还记得，他谈这事时，我们师生二人迎风站在长江大桥上，'指点六朝形胜地，惟有青山如壁。'"(《落英》，载《中国文学报》第四十五册，1992 年 10 月)

2007 年 2 月 5 日

怀念林先生

孟 琮

林焘先生去世了。我是一个多月之后从一位老同学那儿知道的。我去年回国在北京就待了四天,没来得及去看林先生。难道从此就再也不能看见老师了吗?我知道是真的不能了。就觉得十分地失落和惆怅。特别是林宁兄上个月来电话告诉我,林先生是因为请我在勺园的药膳吃饭,才引发了吐血,住院。生了这场大病之后,再也吹不动笛子了。推算起来,林先生那次请我吃饭是在 1999 年以前。在那之后我每次回国都去看林先生。林先生提到身体不行了,不唱昆曲了,不吹笛子了。可是没提是从什么时候开始的。现在我知道了原因,想到这就是林先生的为人,让我更加敬仰。想到从此天人永隔,更后悔之前没有多找机会趋前问候。

我是 1955 年进北大的。那时候我不到十八岁。林先生刚三十多岁,他和朱德熙先生两位是系里最年轻的老师。他们虽然年轻,可都是解放前毕业的,我们管他们叫先生,像尊称魏建功等各位老先生一样。可是因为他们年轻,还没做正教授,所以并不让人感到那种有距离的敬畏,而是多几分亲切。在我五年的大学生活中,魏建功、周祖谟、林焘、朱德熙四位恩师给我的教诲最多。1960 年毕业以后我继续常常请益的老师则只有林、朱二位。

我和林先生的特殊缘分是从学昆曲开始的，这使我得以亲聆先生的教诲。①有几个同学其中包括我，阅读田汉的剧本《关汉卿》，见书后附有两段金紫光做的插曲，是昆曲的唱法。觉得很好听，就决定学昆曲。知道林先生会唱昆曲，就商请林先生教我们。林先生很痛快地答应了，说你们来参加我们的曲会吧。我们当然很乐于参加。曲会有个名字，叫中关曲集。每月两次在中关园一位英语系教授的家里聚会拍曲。后来也在林先生家拍曲。参加者主要是北大的老师林先生，林师母，朱先生，还有个别清华的老师。曲会聘请了一位笛师，姓徐，苏州人，是传字辈的老师。由他来吹笛子，指导大家学曲子。会唱昆曲的人大多也会吹笛子。林先生、朱先生都会吹笛子。徐师傅不来的时候，就由其他老师吹笛子。传统的昆曲曲谱是用工尺谱来标曲调。林先生就先教我们什么是上尺工合六五一，什么是板眼的符号，什么是装饰音符号等等。但是工尺谱只能告诉你一个大概的调子。重要的是如何用嗓，如何咬字，这就要靠模仿，靠自己的领悟，靠老师具体的指点。有时是由老师一句一句或是一个腔一个腔地教。林先生教我们教得最多。林先生为人谦虚，常常用介绍引导的口气给我们耐心地指点。从来不吓唬人，不装腔作势。林先生给学生上课，跟学生个别讨论问题，也是这种态度。林先生唱小生，林师母杜荣先生唱旦。林先生嗓音清亮高亢，行腔讲究，特别是咬字非常清楚。这跟林先生平时说话的习惯有关。林先生的祖籍是福建，生在北京，所以说北京话。但是林先生的北京话不油不土，吐字清楚，非常悦耳。不是其他地方的人说的标准

① 2000年北大五五级同学举行毕业四十周年庆祝会。会后出了一本回忆录，叫《开花或不开花的年代》，由北京大学出版社2001年出版。我写了一篇《一生儿爱好是天然——学昆曲》，对这段时间有比较详细的回忆。

的普通话，而是北京人说的很标准的普通话。当年会说北京话的语言学家有几位。以林先生的北京话最好听。可以说我后来再也没有听过那么好听的北京话。听林先生唱昆曲是很好的享受。据说林先生的扮相很漂亮，虽然我没有机会看到，但是可以想象。我大学毕业以后，还常常回北大去林先生家唱昆曲。八十年代初，林先生家已搬到燕南园。在燕南园林先生家，我记得那时我已经会唱"哭像"等几折《长生殿》的曲子。林先生、朱先生都夸我嗓音很宽，唱得不错。林先生跟我说，我们(指跟林师母)都老了，唱唱昆曲是我们唯一的消遣。朱先生托人在南方买到了质量很好的曲笛，林先生托人在新疆买到了《遏云阁曲谱》，我都有幸获得了一份，珍藏至今。我出国后林先生替我录的蔡正仁的带子，现在成了永久的念想。昆曲是中国戏曲里味道最浓的顶级佳酿。我学会了品尝，享受一生。我要感谢老师林先生。

对我一生影响更大的是我跟林先生还有一段学术上的因缘。毕业以后，我到社科院语言研究所做吕叔湘先生的研究生。吕先生是语法大家，总想找出新办法来解决汉语语法里的麻烦问题。问我你喜欢音乐吗？回说喜欢。吕先生说那你就研究语音跟语法的关系吧。从此我就跟吕先生学语法。吕先生让我跟吴宗济、周殿福两位先生学语音，看国内外研究语法和语音关系的书和文章。六十年代初国内外这方面的文章还真不多，美国有一本书作为我的必读文献，国内就只有林先生写的专门研究轻声和语法的关系的两篇文章。另外还有徐世荣的一篇讲轻声的文章，也简单地提到跟语法的关系。林先生的文章是我参考的主要文献。林先生主攻语音学，对音韵学、语法学也有深厚的功底，北京话又说得好，研究轻声自然具备充分的条件。林先生敏锐地感觉到了轻声除了对语义有影响外，对语法也有影响，很早地对这方面进行了研究，是我以后继续进行研究的基础。我的毕业论文题目是《北京话轻重音和语法的关系》。在我写论文的过程中得到林先生很多启发和指导，论文写成以后，请林先生审阅，先生给我很多鼓励。我出国以后，不能再专心做研究工作，林先生一再跟我的一些师友说可惜。我知道自己辜负了老师的期望，十分惭愧。

在国外，才知道林师母跟美国同行合作编过汉语教材，叫《话说中国》，是大陆学者跟国外合作的第一本汉语教材。这本教材我用过不少时候。课文的语言，语法的解释和内容的编排都十分大气，挑不出什么毛病来。显见是出自语言大家之手，非今天的一些教材可比。每用这本书，看见林师母的名字，就想起林先生。林先生去加拿大看女儿时，我曾给林先生打过电话，请林先生跟师母到我这边来看看。林先生先说来，后来担心太累，就直接回国了。我一直觉得遗憾。

巧的是，林先生的弟弟林宁与我同一年毕业于北京三十一中，以前的崇德中学。林先生也是那个中学出来的。近年来，林宁兄致力于对外汉语教学，做了很多工作。他还多次主持我们三十一中同班老同学的聚会。这也属于我和林氏兄弟的缘分。

“文化大革命”后期，夏末秋初的一天，我去北大。校园里很清静。在校西门外文楼的西边，看见林先生和师母并肩站在荷塘前观看湖里的残荷。我叫林先生，他们二位回过身来跟我打招呼。我听说林先生也受到冲击，不知应说些什么，也不知他们心里想什么。只觉得这样平和正派与人无争的老师也受到逼迫，真是让人心疼。后来这个景象多年来一直留在我心里。现在林先生得到语言学界极高的评价和尊重，特别是林先生的为人，已公认是我们学术界的楷模。我们就要做林先生这样的人。我们会永远记着林先生。

师情难忘，师言永念

史有为

在北大的第一堂专业课大概就是林焘先生的现代汉语语音吧。从现代汉语的定义到普通话语音的标准，再到语音的一一分析，对于初入学府的我来说，都是一种享受。我们是第一届五年制的学生，许多人都怀着做文学家的梦想来的，没有几个是自愿学语言的，我大概就是这几个自讨苦吃中的一个。在别人听来枯燥乏味的语音，可我觉得有滋有味。我来自江南，不会说普通话，更发不了翘舌音。每天晚上都说梦话，说的不是常州话就是上海话。先生的这门课，我真的感到了一种引入大门的愉悦。经过自己的苦练，终于有一天，十三斋有位同屋惊奇地告诉我：昨天晚上你用普通话说梦话了！

在北大，我们慢慢地知道，林先生和朱德熙先生不但是好朋友，而且还是昆曲的好搭档。只可惜，在北大的几年，一直到朱先生赴美讲学，我没有得到聆听二位师长拍曲的幸运。这件事我一直引以为憾。而同学里，孟琮是个昆曲爱好者，好像也只有他真正享受到听曲甚至一起拍曲的幸运。这也的确有点让人嫉妒。不过，也没有关系，林先生的真功夫我还是听到了一些。尤其是二十世纪末，他应邀来日本讲学，我又有机会再次聆听先生的学术报告。那时我在大阪外国语大学任教，我和杉村博文先生一起去听。才相隔五六年，先生当时已是苍苍白发，不见一点青黑，两道原本乌黑的剑眉，也已成银雪寿眉。我不禁感叹：先生老了！可是先生的声音依然那么洪亮，那么有磁性。

那次讲的内容是轻声的性质。先生从传统的说法以及很多人的不同读解说起，然后以实验语音学的研究与数据来证明轻声的性质。林先生指出，研究证明轻声实际上不是轻音，而是短音。过去的定论应该推翻重新再认识！这对我们来说，真有石破天惊之感，对于在日汉语教学非常有指导意义。以往我们也知道，轻声有两个特点，一是轻，二是短。我们总把这二者平列起来，至多就说其中的“短”是个羡余特征。如今实验证明，短才是核心特征，那么轻声教法也要作相应的变化。在此之后，我按照先生所说的“短”这个核心去教日本学生，取得了非常理想的效果。不但如此，我还以为，北京音系的某些方面也要改写。联系到汉语和日语的对比，日语有长短音，而汉语过去的说法是没有，现在汉语有了短音，那么汉语和日语的对比就可以列出一个音长对比的系列。即：

日语长音 =（读为“相当于”）汉语单音节

日语短音 =（读为“相当于”）汉语轻声音节

虽然日本的长音一般要比汉语的略长些，轻声比日语的短音又略短些，但由于汉字到了日语一般的音读都是两个莫拉（mora），相当于长音，因此即使是这样粗略的对比，也让日本学生觉得很容易理解，很容易掌握。这就是林先生留给我的财富，我会永远珍藏。

想到这前后六十年求学而再学的光景，我感谢母校北大与她的校风，怀念并感激我的那些已故的师长。现凑成下面这首律外八句，谨献给先生的在天之灵，以表学生感念之心：

语学始自音韵起,受业初闻铿锵声;
笙箫合奏双拍曲,朱林并称在未名;
中关燕南扣师门,欢言隽语忆师情;
东瀛迎师见白发,又听音学分浊清。

2007年1月31日

于日本明海大学外国语学部/大学院

两代人的怀念

施光亨　王绍新

林焘先生去世了，北大中文系送来了讣告。我们不愿相信，也不能相信，无法相信。

2006年是我们五六级同学入学五十周年。10月15日，近四十位同学相聚在燕园五院会议室。北大校方和中文系领导给了我们热情的支持和帮助，校友会的郝副会长还发表了热情洋溢的讲话，使我们又一次感到了母校的温馨。尤其令人难忘的是，年近九旬的师长林焘先生和吴小如先生参加了我们的聚会。大家让王绍新和牟国相同学到燕南园恭迎林先生，并让她代表大家向他敬献了鲜花。这时，会场上响起了一片掌声。这掌声表达了久别重逢的喜悦，也包含了学生对老师的深深的谢意。林先生也非常高兴，他深情地对这群已是须发斑白的弟子们说，我跟你们年级特别有感情，再过五年当你们庆祝毕业五十年时，如果受到邀请，我一定还会来的。有人在下面说，不需要五年，〇八年是北大建校一百一十周年，两年以后我们就会再见的。没想到才过了十三天，林先生就离去了。五年后的期许，两年后的机遇，突然成了泡影。谁能想得到呢？

1956年秋，我们考进了北大中文系，第二年开设了现代汉语课，林焘先生讲授其中的序论和语音、文字部分。他当时只有三十五岁，风华正茂，形象酷似在电影《家》中扮演高觉新的孙道临。先生讲一口标准的普通话，嗓音、吐字可跟电台的播音员媲美。讲课条理清晰，丝丝入扣：他的课给予学生的不仅是知识的启迪，同时也是艺术的享受。他关于普通话历史源流的论述至今记忆犹新，他教授的语音学理论、知识和技能使从事语言教学的我们受益终生。林先生无论上课，还是日常待人，从来都很温和、宽厚。可是，有一件事却给我们留下了深刻的印象。五十年代中后期，革命形势如火如荼。无论开会发言还是大字报上，人们都在统一的指挥棒下，唱着革命的高调，不断检讨自己的错误思想，可是林先生却语出惊人。有次课上，他举出了“又红又专、兴无灭资”等一串以缩略语形式流行的革命口号，批评起来，他说，“词语的缩略要抓住要点，什么叫‘兴无灭资’？‘无’是什么？就是‘没有’嘛！怎么能‘兴无’呢？”北大的老师教学生念书，更教学生怎么念书；北大的老师向学生传承理论、知识，但常有独特的视角，更敢于发表自己的观点。一个小小的例子也许说明不了全貌，但能够在这种学术空气中得到熏陶，是做学生的最大的幸福。

“文革”以后，对外汉语教学发展很快，林先生也开始涉足这一领域，还兼任过北大对外汉语教学中心主任、学院院长。我们跟他见面的机会也相对多了。他以辛勤的劳动和深厚的学养浇灌了对外汉语教学这个新生的学科。记得 1983 年对外汉语教学学会（当时叫“研究会”）成立前的一次筹备会上讨论学会的名称时，有人说叫“外国留学生汉语教学”，有人说叫“汉语作为第二语言教学”，有人说叫“汉语作为外语教学”，但都觉得不太合适。忽然有人提议叫“对外汉语教学”，林先生立即响应说“这个名字好”，因为它既像一个学科的专名，又没有翻译的洋味儿。大家觉得林先生说得很有道理。这样，“对外汉语教学”的名称就定了下来，后来又载入了《中国教育发展纲要》。可以说,在有林先生参加的会上,与会者莫不期待着他发言,而他的发言总给人以启迪。他还发表了一些有关对外汉语教学的文章。印象最深的一篇是他2000年发表的《总结过去,推动未来》。文章中,他无比兴奋地写道:"近二十年来,在我国语言学领域中最令人瞩目的变化大约就要属于对外汉语教学的'异军突起'了。"关于未来的发展,文章说:"对外汉语教学的中心是'教学',科学研究也必然要环绕这个中心展开,二十年来正因为能紧紧环绕这个中心进行科研工作,才能如此迅速地发展成为一门独立的学科。"进入新世纪以来,汉语教学无论在国内还是国外,都出现了空前繁荣的景象。面临这一大好形势,他语重心长地嘱咐我们要坚持以教学为中心,把握方向,办出特色,体现了他高瞻远瞩的学术视野和高尚的学者风范。

怀念林先生,我们也忘不了他对我们女儿的关爱和鼓励。1994年我们的女儿施正宇开始在北京大学对外汉语教学中心工作,有幸受教于林先生。1998年她结合自己的教学实践与研究心得,编写了一本对外汉字教材《汉字津梁》。她不揣冒昧,把书稿呈送给林先生,请他指正,并请他作序。想不到后生晚辈的习作竟受到林先生的热情支持,他在序言里说:"全书内容相当充实生动,练习也丰富多样,最值得称道的是能突破过去汉字教学的窠臼(指一些教材中的随文识字),思路新颖,给人一种活泼新鲜的感觉","希望这部《汉字津梁》的出版能有助于推进汉字教学,能引起关心汉字教学的朋友的兴趣,加强这方面的研究,共同把汉字教学的水平大大提高一步。"字里行间充满了对青年人的关心、爱护和支持,以及对这一新兴学科的殷切期望。

林先生离去了。我们又一次来到五院会议室。半个月前充满欢声笑语的地方哀乐低回，先生慈祥的笑容已被黑纱环绕。我们和同窗李延祐、彭庆生又一次代表五六级同学敬献了花篮，只是不久前笑靥般的红玫瑰化作了愁容惨淡的白菊。触景生情，情何以堪！为了表达我们两代人的怀念，我们还另外敬献了一个花篮，飘带上郑重地写着施光亨、王绍新、施正宇三人的名字。

师恩难忘，山高水长！

记林焘先生的两件小事

苏培成

1990年的2、3月间，云南有一家出版社约请林焘先生主编一本面向社会公众的汉语语言学著作。3月9日上午，林先生找了系里的几位教师到他家商量这件事，其中有我。最后商定我做副主编协助林先生组织编写这本书，会后我就着手拟定编写计划。3月24日，我带着草拟的编写计划去看林先生，商量聘请编写人员。这本书中有些条目涉及汉语修辞，林先生提出请姚殿芳先生来编写。姚先生本来也是现代汉语教研室的教授，和林先生是同辈，后来调到汉语中心去任教。我说："很好，您给姚先生打个电话吧。"林先生非常严肃地说："那不行，我要亲自到姚先生家里去请！"这看似平常的一句话却大出我的意料，给了我很大的震动。就在这次我见过林先生后的两三天，林先生吐了血，急忙住院治疗。林师母杜荣先生告诉我："林先生需要休息，书编不成了。"编书的事也就这样结束了，但是林先生对其他专家的尊敬却深深地刻在我的心里。

2004年1月上旬我收到了国家语委语言文字应用研究所的通知，要我在1月14日上午去礼士宾馆参加一个座谈会，讨论《香港小学中国语文教学参考词语表》。座谈会邀请了林焘先生，会议的组织者要我负责陪同林焘先生一起到会。那天一早我从燕北园出发，叫了辆出租车到了燕南园林先生的住所。林先生已经做好了准备，出租车一到他就出来上了车。礼士宾馆在朝阳门内南小街，在路上走了不到一个小时，林先生和我就到了会场。那天主持会议的是佟乐泉、陈章太两位先生，出席会议的还有胡明扬、曹先擢、傅永和、李行健、晁继周、孙茂松等熟朋友。在会上我认真听取了各位的发言，而且特别注意听取了林先生的发言。中午去隆福寺的娃哈哈大酒店用餐，陈章太先生为林先生搛菜斟酒，照料十分周到。吃完饭已经是下午的两点多钟，叫了辆出租车我送林先生回北大。从早晨出门到那时，已经过了六七个小时，我感到疲劳了。林先生告诉我要顺路去双安商场对面的利客隆超市买点吃的东西。这时离春节还只有一个星期，林先生家的保姆已经请假回家，所以日用的食品要由林先生自己去采买。到了利客隆，林先生选了几样常用的食品，交了款，另叫了一辆出租车。这时已经是下午三点多，我确实有点累了。没用多少时间，出租车顺利地到了燕南园林先生的家门口，我扶林先生下了车，请先生赶紧休息。我重新上了车，车发动了，我一回头才发现这时林先生并没有进屋，而是回过身来站在房门口目送我乘坐的出租车离开燕南园。我真的惊呆了，这完全出乎我的意料。一天的忙碌，我已经感到疲劳了，八十多岁的林先生一定比我更感疲劳，而林先生已经到了房门口，还不立刻进房休息，还要送我这个学生离去，我怎么担得起！

上面说的是两件很小的事情，我想林先生恐怕早已忘记，因为他并不是刻意要这样做，而是完全出于自然。而这看似平常的小事，却显出林先生高尚的品格，给了我深深的教育。我在1957年考入北大中文系，1958年暑期后听林先生讲授现代汉语的语音和文字，有幸成为林先生的学生。林先生是我十分尊敬的恩师，他的道德文章使我终身受益。

痛悼恩师林焘先生

金 毅

我能考进北大中文系,而且得到林焘先生的关爱,是我一生中的莫大幸福。我出身贫苦农民家庭,三岁母亲投水自杀,六岁父亲病故,祖母饿死。讨饭、放牛、卖米粑,度过最艰难的童年。1939 年入中国战时儿童保育会领导的川康第六院,半工半读,1943 年高小毕业。做工一年。1944 年考入国立东北中山中学,中经两所湖北省立中学、省立武昌师范,成长为知识青年。1949 年 3 月我经武汉地下党来大别山投奔革命,4 月加入洪学智领导的四十三军,渡江南下,任连队文化干事,速成小学、中学语文教员。1957 年,部队要大批裁员转业,我们海军武昌预备学校有五位教员包括我趁此机会,经申请批准,报考大学,北大中文系是我的第一志愿。除了应考,当时我写了一篇论杜甫诗的文章寄到湖北省高校招生办公室,而立之年,果然如我所愿,为北大中文系所录取。

1959 年分专门化,要我学语言,我抵触情绪很大。想不到的是,林焘先生一天突然来到我们 32 楼,在班会上就我不愿学语言事,狠狠地批评了我一顿,让我震惊。当然从来没有一个人像林先生这样真心待我。我相信,必是林先生赏识我这个傻学生,关爱我这个傻学生,这让我感动。我安下心来学语言。但真正体会领导与林先生的良苦用心,是在我经过四清、"文革",受冲击,挨整十几年，几乎丧命之后。我档案里装着那么多乱七八糟的东西，哪一个领导，敢让我学文学？文学与政治紧密相关。学文学，必涉及政治，涉及政治必挨整；而语言接近自然科学，学语言反而可以相对超脱政治，较为容易安身立命。

三年困难时期，我到琉璃厂用六十多元买了一套颜氏刻本《音韵学丛书》，这么一件小事，不知怎么传到林先生耳中，林先生还夸我一番。

然而，由于大家都知道的政治原因，在校期间与后来工作，我都没有与母校老师来往，我不想连累师长。“文革”中的1972年我被复员处理回到北京，我无颜见林先生。直至“文革”结束，我得以平反、调二外，重上讲台，我才开始朝圣回北大，拜谒林先生。凡我拜谒，林先生不管工作多忙，都放下手中工作，热情接待我，我们师生俩谈得很开心，无拘无束。

林先生不止一次夸奖我们五七级，说，历届中文系学生，就数你们五七级入学水平高，人才济济。一再说自己落后了，原来自己写的文章，自己都看不懂了。林先生虚怀若谷，令我敬重。

“屈原放逐，乃赋《离骚》。”劫后余生，始着文章。我们二外汉语教研室同仁编写《古代文赋名句选》，指定《韩非子》归我负责。其副产品，是我在恩师唐作藩先生指导下写成的《韩非子韵读与校刊》，同窗蒋绍愚代我呈送林先生审阅，林先生当即写信给《语言学论丛》全体编委，建议采用我这篇稿子，王力恩师为首的全体编委，都同意了林先生的建议，最终登在1984年《语言学论丛》第十四辑上。这是我有生以来发表的第一篇稿子，时年五十六岁。这篇稿子获得我院论文三等奖。北大还转来一封读者来信，是台湾阳明山台湾文化大学一位名叫宋寅清的学者写来的，与我探讨相关问题，我如实回信说了发表原委，是林焘先生、唐作藩先生对我的提携与奖掖，是各位编委包括蒋绍愚同学对我的支持。

1986年评职称，我请林先生与吴小如先生做评审。林、吴两位先生根据我的《韩非子韵读与校刊》《安娜悲剧门外谈》以及我的其他著作，写出了中肯的鉴定，同意评我为汉语言文学副教授。两位先生是我恩重如山的坐师。1988年10月我以副教授离休。

2001年10月林先生曾赠我大作《林焘语言学论文集》。林先生作为李方桂先生的高足，结合现代汉语语音发展的实际，写出了多篇具有独到见解的论文，继承、发展了李方桂先生的音韵学、语言学，成为李方桂先生一派在大陆的主要代表。我读林先生的《日母音值考》，深感林先生审音精微，当代一人而已，如今林先生一走，就成了绝响。林先生二十九岁时即用文言写出《经典释文异文之分析》一文，我二十九岁时尚未进北大闻道。我曾对林先生说，您能写古文，这是我们晚辈不能比的。我能读懂古文，却不能写古文，用文言写论文就更不用提了。

林先生对年轻学者的培养，可谓呕心沥血。已八十岁开外，还在带博士生。每次我去拜访，都看见林先生埋头伏案在给年轻学者审阅文稿。我曾劝林先生，您老人家年纪大了，要保重身体，不能再为年轻人作嫁衣裳了。当年谭鑫培为了培养年轻演员，七十多岁还在舞台上演出，结果累死了。林先生笑笑，不以为然，培养博士生，仍尽心竭力。

10月27日晚，陈熙中电话告我，林先生病重住院，我打听到去北医三院乘车线路，嘱我老伴购买保健品，准备前往医院探望恩师。28日晨，我打电话给蒋绍愚，蒋告我，最近在学术会议上，林先生同与会者畅谈学术，整整一天，无比激动，回到家中，腿已上不了台阶，因此发病住院。医生说他得了肺炎、肾衰、心衰、胃出血等多种重症，已进入昏迷状态，不让探视。29日晚上蒋来电话，说林先生已于28日晚上10点20分走了。当时我简直不能相信我的耳朵，林先生怎么会这么急匆匆走了？林先生于学术，生死以之，最后竟付出了昂贵的生命代价！

在追悼林庚先生那天，我在休息室曾拜见林先生。我问他身体怎样，他说："能来就好。"我看他老人家眼袋很重，老态龙钟，我说："老人家，您多多保重！"没想到这次会面，竟是我与恩师的永诀！

林先生一向"卑以自牧"，低调自处，从不张扬。在追悼会这个问题上，又一次体现了他这一点。29日蒋绍愚来电话，说林先生生前发话，不举行遗体告别仪式。几年前，钱锺书先生这样做了，现在林先生又这样做了。当年陶渊明能"托体同山阿"，后人可以拜谒其墓；我们的学者钱锺书、林焘先生没有这个条件，我们只有追思了。

林先生最赏识我，器重我，奖掖我，提携我，林先生对我恩重如山。我这个不成器的弟子对不起林先生。

林先生，您安息吧！我眼看也是快满八十岁的人了。有朝一日，我会到天国与您相会，我再拜您为师，做您的学生，听聆您的教诲，完成我在世上未曾完成的学业！

2006年11月3日写于北京寓所

2007年4月10日修改补充

林焘先生二三事

蒋绍愚

林焘先生走了。但我总还觉得他还依然在世，还带着和蔼的笑容，用温和的语调在对我进行教诲。

多年来，我遇到一些问题，总是要到林焘先生家去向他请教。他的客厅就是他的书房。我轻轻地扣几下他家的玻璃门，他就放下手头的工作，让我进去坐下，随后杜荣先生就会给我倒上一杯茶。我向他汇报和请教的时候，他总是带着和蔼的笑容听着，然后用温和的语调对我进行教诲。杜先生常常也坐在客厅里，有时插上几句话，有时电话铃响，她就进去接电话。听着先生的教诲，我觉得如沐春风，时间不知不觉地过去，我真想再多坐一会儿，但看着先生书桌上堆着的书稿，只好站起来告辞。先生总是把我送到门口，站在台阶上看我离开。这种情景真是太难忘了，在林先生走了以后，还常常在我脑海里浮现出来。

我 1957 年进北大的时候，林先生已经在学术上很有成就了，但论年龄，还是中文系的年轻教师。1958 年我们去京西城子煤矿“半工半读”，林先生也跟着我们去。我们白天下矿井挖煤，晚上听老师讲课。煤矿的活儿是重体力劳动，而且常有危险发生。当时我们还是一群孩子,不大感觉有多累,更没有意识到井下的危险。林先生是三十多岁的人了,而且身体很瘦弱,但他还是和我们一样,头带矿灯,下到几百米深的矿井里去挖煤,晚上还要给我们讲课,其辛苦是可想而知的。这一段经历,有时我给现在的学生说起,他们都觉得不可思议。

但更加不可思议的还在后头。“文革”后期,北大很多教师被“下放”到江西南昌鲤鱼洲农场劳动。林先生在农场当“牛倌”。他把一头小牛喂得肥肥的,还给它起了一个名字叫“小面包”。有一次“小面包”病了,林先生还急得掉眼泪。一个人心地的善良,在任何处境下都会表现出来。

“文革”结束后,我们回到北大。但不久,又拉出去“开门办学”。“开门办学”这个词儿现在很多人不懂了,那是让大学的师生离开校园,到工厂、农村去,一面接受“再教育”,一面上课。当时中文系汉语专业的师生到了北京东郊的齿轮厂等工厂,王力、岑麒祥、林焘等先生也都去了,在那里和学生、工人一起编古汉语字典。王力先生和林焘先生一起住在齿轮厂的工人宿舍里,那个房间不到十平方米,里面只能放下一张双层床,王先生睡下铺,林先生睡上铺。当时林先生已经五十开外,每天还要爬上爬下。吃饭是在工厂的食堂里,和宿舍隔着一条马路。王先生当时已是七十高龄,在去食堂的路上,林先生常常搀扶着他。在工厂里住了一年后,大部分师生回学校了,一部分师生住进商务印书馆,继续编纂古汉语字典。教师有六个人:王力先生、岑麒祥先生、林焘先生、戴澧先生、唐作藩先生和我,都住在商务印书馆的办公室里,两个人一间,仍然是上下铺。参加编写的学生和工人也住在商务。全体编写人员分成六个组,每个教师参加一组,和学生、工人一起编写。当然,字典条目的质量主要靠教师把关。林焘先生的专业领域是现代汉语,但他在古代汉语方面造诣也很深,撰写古汉语字典的条目,本应是游刃有余。但在当时的形势下,教师所能发挥的作用是有限的。尽管如此,教师的把关还是使字典的质量有了基本的保证。到1975年暑假,集体的字典编写结束,北大的师生回到学校。后来,字典的初稿又几经修改,在1979年出版,定名为《古汉语常用字字典》。字典出版后很受欢迎,这主要是由于王力先生的指导,林焘先生也作了很大贡献。

“文革”结束以后,林焘先生才恢复了自己正常的教学和研究工作。他的教学业绩和学术成就早有定论,这里就不必多说了。

林焘先生为人温良谦和,我从来没有见过他对人疾言厉色。但是,对于腐败现象和不正之风,他却是深恶痛绝,加以严厉的斥责。他爱北大,爱语言学事业,正因为如此,他有一种深切的忧患意识,担心北大会走下坡路,担心中文系语言专业的发展前景。汉语语言学研究中心成立后,他多次嘱咐老陆和我,要把中心搞好,要努力保持中文系语言学研究的领先地位。每当林先生谈及这些,我总是感觉担子很重,也为自己能力不够而感到惭愧。去年10月26日,我突然接到周燕的电话,说林先生住院了,很想见见他的学生。我放下电话,立即赶到北医三院,林先生已经不能说话了。但我想,林先生要和学生说的,还会是北大的前途,中文系语言专业的前途。站在林先生的病床前,我无言以对。

林焘先生是北大中文系老一辈语言学家的最后一位。他们曾创造了北大中文系语言学的历史性的辉煌。林先生走后，北大中文系的语言学研究是否能保持以往的优良传统，是否能创造新的辉煌？这个问题要由中文系汉语专业的全体教师一起来回答。

愿林先生安息。

2007年1月27日

一生都是北大人

——思念林焘先生

田小琳

林焘先生走得匆匆，并未听到他老人家卧床不起，传来的已是噩耗。脑海里浮现的仍是精神的微笑的林先生，耳畔响起的还是林先生那一口标准的北京话。记得去年和林先生通电话，林先生说，你要来北大啊。是啊，林先生，我一定再去北大，但是到了燕南园，看不到王力先生和王师母，也见不到您了。这大概就是人生，生老病死谁也挡不住啊！

读林先生的传记，就知道林先生是最具资格的彻头彻尾的燕大人和北大人。他十八岁进燕京大学学习，二十三岁燕大毕业，又在燕大念研究院，二十四岁就在燕大任教，至三十一岁燕大和北大合并为北京大学，林先生一直在北大任教，从助教、讲师、副教授、教授到博士生导师，没有离开过北大一步，任教足足六十年。可以说，林先生作为北大人，一生都奉献给了北大，奉献给了中国的语言学建设，奉献给了国家的教育事业。林先生和北大已逝去的前辈语言学家们一起，融到燕园的泥土里，化为北大精神，为一代代的学子们奠定了他们更上一层楼的宽厚基础。

我进北大当学生是1958年,林先生和朱德熙先生都是三十几岁的盛年,可谓风华正茂。他们二位合教我们现代汉语课,那是我们最爱上的课,每次上课,大家还正听得饶有兴味就下课了。学语言学原来是这样轻松愉快的事。现代汉语课上,林先生教语音,朱先生教语法。林先生祖籍本是福州人,却一口流利的北京话,我印象里从来不觉得他是福州人,因为福州话是很难听得懂的一种方言,只有想起林先生和林则徐同乡,才会记起他是福州人。林先生教语音,研究语音,他对于北京音细致入微的分析,至今印象深刻。"现代汉语"的框架,现在大家都熟视无睹,追起根源,其实最早是朱先生和林先生搭建起来的。这门课1955年在大学开始设立,1958年到1960年朱先生和林先生主编的北大《现代汉语》教材(上中下三册)由高等教育出版社出版。这是首次出版的现代汉语教材,它涵盖了现代汉语的语音、词汇、语法三大部分。任何一种语言都是要从这三个要素去学习和掌握的,所以这个构思是十分完整和有理据的。从五十年代到现在,半个世纪了,各高等院校的现代汉语课成为文科大学生的基础课,中文系学生的必修课,现代汉语教材林林总总出了多种,仍然遵循了朱先生和林先生的原始框架,只有个别部分的增加,可以说是大同小异。我和学长程祥徽教授在香港合著的现代汉语教材,也是按照朱先生和林先生的路子编写的。朱先生和林先生在创建高校的现代汉语课程上,功不可没。

林先生在《现代汉语》教材中,执笔语音部分。在语音研究上,林先生是博古通今的,且又精于汉语标准音与方音的对比,这是他在语音研究上有重大贡献的根基。在燕大时期,他主攻音韵学;在北大时期转而研究语音学。林先生的研究方法和朱德熙先生主张在现代汉语语法研究上要与古汉语语法、方言语法结合起来研究的方法是不谋而合的。现代汉语的一些问题要深入一步研究，得出答案，常常要借助古代汉语和众多方言。这也为我们今天进行现代汉语研究指出一个正确的方向，语言学工作者不仅要努力通晓一两门外语，还不要忘了通晓自己老祖宗的语言——古代汉语，以及懂得几种方言。通晓的语言和方言越多，文言的底子越厚，思考问题的视角才不会局限，也才能做到触类旁通。

林先生的语音研究，包括他后来筹建和主持北京大学语音实验室、开始实验语音学的研究，都在确立现代汉语标准音上作出了贡献。林先生在五十年代开创现代汉语课、编写现代汉语教材、主讲现代汉语语音时，正值现代汉语规范工作会议召开，普通话定义得到确定，《汉语拼音方案》由政府公布，推广民族共同标准语普通话形成高潮。对于一个要自立于世界民族之林的国家，确立标准语的规范和推广标准语，是不可或缺的重要工作。林先生自五十年代以后的研究，主要服务于这一有深远意义的工作。普通话定义的第一句话就是“以北京音为标准音”，在北京音系的研究上林先生下了大功夫，他的很多看法至今很有指导意义。他在1955年发表于《中国语文》杂志第8期上的《关于汉语规范化问题》一文中指出：

现代汉语文学语言既以北京方言为基础，它的语音规范就不能离开北京音系，所谓以北京方音为基础似乎应该理解为基本上不打乱北京方音声、韵、调配合的关系。如果名义上是以北京方音为基础，可是制定出来的语音规范和拼音文字，会说北京话的人根本念不出，写不出，反而要整天拿着正音、正字的书籍来说话或写字，那么原有的北京方言就完全失去它的基础作用了。

这段话对于我们应如何去理解北京音系为标准音作了科学的说明。今天在整理北京音系，编写词典正音时，也不要忘了尊重北京音系。比如，对于异读词的整理，对于北京话的轻声、儿化词的整理，就不能让会说北京话的人要拿着正音书才会说。

在八十年代，林先生带领北大中文系汉语专业部分师生进行了大规模的北京话调查，调查中录制了大量北京话口语资料，为今天北京话的深入研究提供了第一手的宝贵语料。林先生先后发表了一系列有关北京话的文章，例如：《探讨北京话轻音性质的初步实验》、《北京话的连读音变》、《北京话去声连读变调新探》、《京剧韵白声调初析》、《北京东郊阴阳平调值的转化》、《北京儿化韵的语音分歧》、《北京官话区的划分》、《北京官话溯源》、《从官话、国语到普通话》、《北京话研究四十年概述》等。至今这些文章在北京音系的研究上均具有重要的参考价值。

林先生不仅在语言研究上作出了贡献，他从教六十年，教学严谨，敬业乐业，为人师表，也是我们学习的典范。林先生和北大老一辈的语言学家，对我们所有的学生都是关爱有加的。我 1985 年定居香港，王力先生替我写了推荐信，林焘先生到香港某大学讲学时，也将我推荐给该大学语言研习所的负责人。他们那么忙，心里还总惦记着学生在工作上的发展，这让我万分感激。2002 年在我要将自己的文章结集出版时，我请林先生写序，林先生在序言中全面精要地讲述了近百年特别是近半个世纪社会的迫切需要对中国语言学的发展所起的巨大的推动作用，并且肯定了社会需要和语言学普及工作的重要性。林先生也从这个角度勉励我，认为我的文章有重实践和求创新的特点，他特别表扬了我在香港关心与社会密切相关的语言问题，他认为社区词的提出，可能为词汇学研究开辟一个新园地，让我要保持面向实际、锲而不舍的精神。其实，我在研究和教学上所做的一点工作，都是在北大老师们的道德文章感召下才能做出的；现在也只有以勤恳的工作来报答老师的恩惠。

我和林先生相识近半个世纪，八十年代以来，我在北京、上海、香港，或在美国旧金山、德国汉诺威，在参加世界汉语教学方面的学术会议时，多次与林先生见面，有机会不断向他请教。林先生也常来香港，指导香港的推普工作。我曾陪同林先生站在旧金山的金门桥上观景，也曾陪他站在香港青马大桥观景台上看南来北往的船只，这两次在桥上观景都恰逢在雨中。在青马大桥观景台上，林先生幽默地说，小琳，咱们一上桥看景老天爷就下雨。回忆起那温馨的情景，让我不禁沉浸在师生深厚的情谊中。

林先生，我在去岭南大学上班的途中，坐巴士总要经过青马大桥的观景台，这些日子望向那观景台，好像还看到您的身影，听到您的笑声……

怀念林焘先生

晁继周

得到林焘先生逝世的消息，我十分悲痛，几十年来的许多往事不由地浮现在脑际。

1959年我考入北京大学中文系。现代汉语课的语音部分由林先生教。那时他年近不惑，一副清秀的面容，一口纯正的普通话，是他留给我的第一印象。林先生教学认真负责，循循善诱。针对湘、赣、粤、客家等方言里把 hu- 读成 f-，他编了绕口令“大花碗底下扣一个大花活蛤蟆”，让方言区的同学练习。有的同学刚开始读时，把“花”读成“发”，把“活”读成“佛”，一句话读完教室里笑声一片。林先生耐心帮他纠正，教给他发音要领，再读几遍，就完全正确了。他还把同学们分成小组，让北京同学当“小先生”，帮助方言区的同学学普通话。在林先生的带领下，同学们在轻松、和谐的氛围里，很快掌握了普通话的发音。大二以后，我分到汉语专业，和林先生接触更多了。对林先生讲授的音位学理论，以及普通话语音规范等问题，产生了浓厚兴趣。大学毕业的时候，我想考林先生的研究生，并为此到中关园林先生的住所拜访了他。后来由于组织上对我毕业后的工作已有安排（那时是很强调服从组织的），这个愿望没能实现。

1978年，我调到中国社会科学院语言所词典室，工作中遇到许多问题要向林先生请教，和先生的联系多起来。上世纪五十年代，林先生在词汇学方面有过深入的研究。五十年代初，斯大林发表《马克思主义和语言学问题》，引起我国语言学界对基本词汇问题的讨论。林先生在1954年第7期《中国语文》上发表了题为《汉语基本词汇的几个问题》的文章，指出：基本词汇和常用词汇两个概念不容混淆；不能认为汉语基本词汇里大部分是单音节的，汉语一直是用多音节词来丰富自己的词汇的，无论是古代汉语和现代汉语都不是单音节语言；基本词汇，尤其是根词，有比较强的构词能力，但是有构词能力的并不限于基本词汇，只要社会有需要，任何一个词都可能构成新词。我在《二十世纪的现代汉语词汇学》（载《二十世纪的中国语言学》，北京大学出版社1999）一文中评价说，林焘先生"结合汉语实际阐述了自己对基本词汇的认识，而不是简单地对斯大林的观点作解说，这在当时是难能可贵的"。1955年现代汉语规范问题学术会议召开后，北大中文系开设了现代汉语规范化的课程，林先生负责讲授词汇部分。他的讲稿后来以《现代汉语词汇规范问题》为题发表在《语言学论丛》第三辑（上海教育出版社1959年6月）上。这是一篇最早、最全面地阐述现代汉语词汇规范问题的重要著作。林先生关于新词的规范、方言词的规范、古语词的规范、外来词的规范以及词义的规范的论述，对汉语词汇规范问题研究产生了深远的影响。词汇规范问题是我从事词典编纂和研究中最关注的问题，林先生的著作对我有深刻的启发。这篇文章的题记说"讲稿中词语简缩和生造词语问题一节，准备补充材料另写，不在此处发表"。我曾就这个问题打电话给林先生，询问先生后来是否有专文发表。林先生告诉我，由于时间和精力所限，这一节一直没有成文。谈及此，先生表现出深深的遗憾。

林先生对《现代汉语词典》的编纂和修订一直非常关心。他在《现代汉语词汇规范问题》一文中写道："词汇规范化工作的阶段性总结应该是一部规范性的词典，这部词典应该对每一个词都能标出它的读音，分析它的意义，说明它的用法。随着词汇不停的发展，对这词典还应该随时加以补充和修正……目前科学院语言研究所正在集中人力编纂《现代汉语词典》，等到这部词典出版以后，目前存在的许多词汇规范问题就必然会得到很好的解决。"1996年和2005年《现汉》的两个修订本出版后，词典室都送书给林先生，请他提意见。96本是我亲自到北大燕南园林先生家去送书的。96本出版后，林先生出席座谈会并发表了意见。2005年《现汉》第5版的学术研讨会，林先生因有事没能参加，他提交的书面发言，后来刊登在《语言文字应用》2006年第1期上。林先生主要谈的是注音问题。他说："《现汉》是我国当前最具权威性的词典，它的注音也应该是最具权威性的规范读音。"林先生认为，给词典注音有两个方面问题不好处理，一个是对异读词的处理是否完全以国家发布的《普通话异读词审音表》为标准，另一个是对北京话语音特点的吸收尺度如何确定。他说的这两个方面的问题，正是为词典注音的难点所在。特别是在《审音表》规定的标准与人民群众的语言实际发生矛盾的时候怎样处理，词典工作者是很费周折的。林先生举了"一会儿"的例子。他说，"一会儿"里的"会儿"原来只有上声的读法，《审音表》把它定为去声，今天除播音员和汉语教师外，一般人的日常口语里没有这样读的。他认为这样确定的规范读音完全脱离了群众的口语基础。林先生建议，在《审音表》没有进一步修订之前，可以在规定的读音外加上一般读法作为"又读"，"用扩大又读范围的办法来解决"。

2006年4月，林先生到语言所参加吴宗济先生的祝寿活动，又和我谈起“一会儿”的读音问题。我们说到，类似的情况还有“正经”“主意”等词的读音。“正经”口语中读作 zhèngjǐng，“主意”口语中读作 zhúyi，林先生认为这些词的读音都应该用扩大“又读”的办法来解决。我告诉林先生，我负责的“普通话通用词语读音及轻声、儿化规范”的课题正在进行中，我们争取在这个课题里把这些问题处理好。林先生听后一边点头，一边说“好”。我万万没有想到，这竟是我和林先生的最后一次交谈，我对林先生说的话，也成了我对恩师最后的庄严承诺。

善教者使人继其志

——缅怀林焘老师

韩敬体

林焘先生是我国著名的语言学家。他古今兼通,基础理论研究和实用科学研究并重,是一位学养精深、成就和影响都很重要的学者。他在北大中文系是广为学生敬爱、推重的教授。林焘先生学术研究上的突出特点是不断创新,与时俱进,在教学上则是善于引导,对受教者具有很强的感召作用。

我们北京大学中文系1959级的学生,有幸在入学一开始就必修林焘先生的"现代汉语"基础课。他给人的突出印象是温厚儒雅、谨言慎行、风度翩翩。他讲授"现代汉语"(语音部分)的方式是全年级在一起上大课,使用的课本是由北大中文系汉语教研室编写、高等教育出版社刚出版不久的《现代汉语》,这部教材是由他和朱德熙先生主持编写的,其中的绪论、语音和文字部分是林焘先生负责撰写的。林先生不仅在音韵和北京话语音研究上学业精深,而且还说得一口纯正的普通话,口齿清晰,字正腔圆。讲授现代汉语语音,教普通话,林先生实在是一位理想的人选。讲授现代汉语语音课,一个重要任务就是贯彻国务院《关于推广普通话的指示》精神,开展推广普通话和促进汉语规范化的工作,让学生掌握普通话语音的知识,学会说普通话,并且还要让学生能够熟练地运用汉语拼音字母给汉字注音。林先生教课认真负责,他以极大的热情帮助来自方言地区的同学学习普通话，除课堂上按部就班地讲授语音知识以外,还以小班为单位对学生进行辅导,纠正一些同学的不正确的读音。为便于方言地区的学生练习普通话语音,先生还特地编了一些饶有趣味的绕口令或歌谣,有针对性地帮助学习。比如,为帮助某些地区的人辨别鼻韵尾 -n 和 -ng 发音的区别,编出:

真冷,真正冷。猛来一阵风,更冷。

再如,为纠正一些地区的人在发 hu- 音和 f- 音的混读现象,编出:

大红花碗底下扣着一个大红花活蛤蟆。

先生还留下课外作业让大家进行练习，并组织全年级同学召开学习普通话的经验交流会，让几位方言区来的学习较好的同学在会上介绍学习心得,用普通话朗诵诗文,以提高大家学习普通话的积极性。我自己就在这种浓厚的学习气氛的促进下,把家乡方言与普通话不同而又不易掌握的字音整理出来,重点进行练习。由于先生善于教学,学生学习普通话的兴致很高,效果也十分显著。先生在讲授汉语拼音方案及拼音字母时同样狠下了一番功夫，对拼音字母的优越性及使用规则讲得十分到位，并能想尽办法引起同学们的学习和使用的兴趣。由于先生教学得法,学生学习时就十分投入。就我所知,我们班里就有不少同学对汉语拼音很感兴趣,不仅学得起劲,而且还用它来记日记。有位同学在汉语拼音字母的启发下还自己另创制了一套拼音字母,用来写日记、记笔记、创作小说。可乐的是,没过几个月,这位同学就认不全用自造字母写下来的东西了,还得让我们同宿舍的同学帮助解读。现代汉语语音部分的学习给我们的印象特别深刻，也让不少同学坚定了深入研究现代汉语的志向。

林焘先生原先是学习、研究音韵学的，上世纪五十年代初，由于教学的需要，被分配从事现代汉语语音的教学工作，于是研究方向从古代汉语转向了现代汉语。他讲授和研究现代汉语语音的一个突出特点，就是能够与时俱进，富有创新精神。我们学习的“现代汉语”语音部分已经站在了当时的学科前沿，它吸收了前人和当代人的研究成果，并突出了推广普通话和汉语规范化的内容。1958年我国第一届全国人民代表大会刚批准了《汉语拼音方案》，1959年编写的《现代汉语》课本和课堂教学就大力推行《汉语拼音方案》。这套课本具有创造性，当时的一些高等学校就采用这个课本，有的学校则以它为基础编写教材教授现代汉语。1962年，林先生又给我们汉语专业开设一门专业课“现代汉语语音研究”，那时我国语言学界在借鉴结构主义方法研究现代汉语语法方面掀起了热潮。1961年12月，朱德熙先生在《中国语文》杂志上发表《说“的”》一文，后来黄景欣先生和吕叔湘先生又先后发表文章对有关问题进行讨论。林先生新开的课程就是用结构主义方法深入研究现代汉语北京话的语音问题，他讲北京话语音的音素、音位及语音结构，讲音素的互补、对立、分布、区别性特征等等，研究北京话语音系统的构造，介绍以描写手段研究语音的方法，开阔了人们的视野，讲授的内容和观点都使人耳目一新。特别是他构建的北京话语音系统结构图更能给学生以兴趣和启示。他给学生留的课外作业，就是启发大家发挥创造性，讨论汉语语音系统的结构问题。我和不少同学都绞尽脑汁，千方百计在林先生结构图的基础上变换出新的图式，受到先生的勉励。在我们同学去林先生府第造访时，他还较为详细地介绍我国语言学界借鉴结构主义方法研究语言的状况，使大家深受教育。上世纪七十年代末期，又是由于教学需要，林焘先生随着社会的前进而接受新的事物，主持恢复建立北大中文系语音实验室。他的研究方向又转向实验语音学，他撰写的轻声的声学性质和声调感知方面的论文被认为是该领域的重要文献。他与人合著的《语音学教程》成为相关学科的重要教材。他在这个新的领域取得了一系列研究成果，成为我国有重要影响的现代语音学大家。在他的领导下，语音实验室成了我国现代语音学研究的一个重要基地，建立起一支以研究韵律特征见长的学术梯队，培养了一批适应新时代要求的实验语音学的研究者，为我国实验语音学的发展发挥了难以估量的作用。上世纪八十年代初期，林焘先生对北京口语进行过调查，并对北京官话区进行研究，他发表的一系列关于北京话历史来源和北京话社会变体的论文在学术界产生了重大影响。林先生还在新时期对外汉语教学方面起到开拓和奠基的作用。林焘先生在教学和科学研究的道路上，总是在不断努力地开拓、创新，不断取得新的突破，为我国教育界和学术界作出一个又一个贡献。

林焘先生为人谦虚、谨慎，话语不多，言必有中。其为学犹如其为人，严谨、细致、一丝不苟。他学识渊博，专业上的古今中外，无不通晓。他主攻语音，而在语法、词汇、文字等学科研究上都有很深的造诣。但他给我们留下的论著不算太多，总共不过几十万字，其中还有一些是跟别人合写的。但他的这些成果却极具分量，每一种专著或每一篇论文差不多都是经得起推敲的，都是在充分占有材料的基础上经过深入研究而得出稳妥结论的，在学术研究不断前进的道路上有着不可替代的位置。正像一篇他的传略中说的，他的研究工作有不少是开创性的，“大部分都成为后来的研究者必不可少的参考文献”（《中国现代语言学家传略》第二卷）。由林先生向学生传授写作论文的经验，实在是很合适的。我们1959级汉语专业的学生实在很幸运，在写作毕业论文的过程中，受到了林先生的亲自指导。记得1963年9月中旬的一天，系里布置下来写作毕业论文的任务。当天晚上林焘先生就专门为我们语言专业的同学进行了毕业论文的写作辅导。他从论文的酝酿阶段到论文的选题、取材、大纲、条理、修辞，以及文章的推敲、修改，都讲得很具体、很实用。这次经验之谈的论文写作讲座，对我们这些刚刚学写论文的学生说来无疑极具导向作用。我们班的一些同学在写作毕业论文的过程中，还不止一次地向林先生请教。有的同学还不时地到他家里去，他总是给予热情的接待，并且认真、恳切地回答问题，给人以很大的帮助。我们1959级共有三个专业一百四十多位同学，毕业后从事本专业的学术活动、写作学术论文的大概我们汉语专业的同学比较多一些，占的比例也比较大一些吧，这也许与得益于林焘先生关于写作论文的教诲较多一些有关吧。

林焘先生在语言学的各个学科都有很深的修养，这样的学者对于编写字典、词典来说是极为难得的。先生也确实在辞书编写方面作出了贡献。1974年9月至1978年，他与王力、岑麒祥、唐作藩等先生一同花费了很多心力编写了《古汉语常用字字典》。这部字典规模不算大，却凝聚了几位语文大家的智慧，是一本特点突出、实用性强的字典。这部字典出版了好多版，印数相当大，在我国文化教育方面起到了不可估量的作用。林先生在辞世前不久还同人深情地谈起他与王力先生编写这部字典的往事，足见他对编写这本字典印象是多么深刻了。对某件工作唯有倾注很多心力、作出较大贡献才会产生很深的感情。林焘先生正是对这本字典的编写工作尽心尽力、花费了很大功夫所以才能有如此难忘的情结的。使用这本工具书的广大读者对林先生参与编写这本优秀字典的功绩是不会忘记的，先生在这方面的成就也会跟这本传世字典一起永载史册的。传统的字典、词典，被人们誉为“无言的老师”，现代多媒体电子词典又成为有声的老师了。编写出优秀的辞书，服务于广大读者，也是教育者施教的一种手段，林先生和王力先生都在这方面都做出了榜样。我们年级汉语专业的学生也有好几位从事过辞书编写工作，这也是对老师在这方面工作的一种响应和继承吧。

《礼记·学记》说：“善歌者使人继其声，善教者使人继其志。”林焘先生教学有方，才会对学生产生很大的影响，才能使许多学生在语言科学领域沿着先生开辟的道路努力前进。他的学生们会以自己丰硕的教学和科研成果告慰老师的在天英灵的。

2007 年 1 月 23 日

林焘先生追忆

邵敬敏

林焘先生生病住院，这一消息是在香港专门从事普通话教学的孙文冬老师打电话告诉我的。其实，今年夏天我在北戴河参加完中国语言学会十四次年会，转道北京时，就给林先生打过电话，可惜没人接。我还在想，也许下半年还有机会到北京，那时再去看望林先生，哪里料到最后见到林先生的机会就这样错失了……

我是1961年踏进北京大学门槛的，而且误打误撞分配到以前闻所未闻的语言专业，这是高考时压根儿就没想到过的，所以满肚子的不乐意。特别是我从小在上海长大，说的是一口略带宁波口音的上海话，要说标准的普通话，可真是勉为其难了，这就免不了成为说一口京腔的北京同学嘲笑的对象。尽管我的古汉语考试次次是优秀，现代汉语可没有那么幸运了。记得现代汉语上学期，主要是语音部分，而且还要给汉字标上拼音，或把拼音转写为汉字，这可就要了我的命了。期末考试，我只得了4分。说心里话，我心里特别不痛快，虽然下学期语法考试不错，似乎补回来一点面子，到底不是滋味儿。

到了二年级，系里专门为语言专业开设了"现代汉语(二)"，语音部分的主讲教师就是大名鼎鼎的林焘先生。那时他已经是副教授了，这确实让我们这批初出茅庐的后生兴奋了一阵子，毕竟一年级给我们上课的基本上都是助教，最多是讲师。我的心里带着几分好奇，也夹杂几分敬畏，迎来了林先生的第一堂课。林先生那时正值中年，风华正茂，是那么儒雅，那么潇洒，整个儿人显得特别精神，更为让我佩服的是他地地道道的一口北京话，口齿清晰，每个音都那么准确而优美，听他讲课就是一种享受，就好像在品尝一道精美的西式美点。我记得他重点介绍音位学的理论，把归纳汉语普通话音位的对立互补原理分析得头头是道，让你不佩服都不行。我一下子似乎发现了语音学的美，发现原来枯燥的语音背后有着丰富而有趣的内涵。我如饥似渴，几乎把林先生在课堂上所讲的逐字逐句都记下来了，一学期下来，居然记满了一个硬皮抄本——这些珍贵的笔记本，直到现在我还珍藏着。当我双手抚摸这个本子的时候，脑海里不由自主地浮现了林先生那熟悉而亲切的身影，耳边又响起了他那清脆而悦耳的话音。林先生的讲课是一门艺术，他帮助我敲开了语音学的大门，他让我懂得了音位学的理论，对我最后决心献身语言学起到了重要的示范作用。

最最使我着迷的还不是音位学的理论，而是林先生运用语义的知识来解释语法中的种种现象。我那时特别热心于翻阅各种语言学专业杂志，偶然发现他的那篇语音与语法结合的经典之作：《现代汉语补足语轻音现象反映的语法和语义问题》(《北京大学学报》1957 年第 2 期)。由于我们以前的语法研究主要偏重于书面语的分析，往往忽略活生生的口语，尤其不关心口语里的轻重音、停顿、语调等对语法和语义的影响，所以，我们的研究实际上是不全面的。林先生的文章让我们耳目一新，有另辟蹊径之感。这一点对我们以后的语法研究有极大的启迪意义。比如说关于歧义结构的研究，我们就必须首先区分书面歧义和口头歧义，因为有一些所谓的歧义现象，只是用文字写出来才有歧义，一到口头上，就不存在什么歧义。比如“爬起来了”，如果补语“起来”读为轻声，就表示“开始爬”；如果不读轻声，则表示“爬着起来了”。汉语中，把语音跟语法结合起来进行研究的，林先生可以说是具有开创性的贡献。

林先生在我们的印象里是一位特别可敬而且可亲的老师，和颜悦色，彬彬有礼，在我们的记忆里，他似乎从来也没有生过气，发过怒。几乎每次见到他，都是一派绅士风度。大概正是如此，所以，我们最愿意去的老师家，就是林先生的家。记得那好像是 1962 年秋天，正赶上二十六届世界乒乓球赛在北京举行，我们清贫的大学生自然不可能去现场观看。那个年代，拥有电视机，哪怕是 12 吋的黑白电视机的老师在北京大学也是屈指可数的，林先生的家自然就成了我们的第一选择。林先生的家住在中关园的平房里，一到晚上，我们班几乎倾巢而出，蜂拥赶到林先生家。我们的选择全然没有错，林先生和他的夫人，可以说是最殷勤的主人，给我们泡茶，把沙发、椅子、凳子，凡是能够坐的都搬出来，让我们团团围住小小的电视机看个够。我至今也忘不了那温馨的夜晚，忘不了那幽香的花茶，当然，更忘不了殷勤的招呼，亲切的笑谈。虽说一晃过去了四十余年，那情景，那气味，那情调，我记忆犹新，历历在目，好像就在昨天……

最近这二十多年，由于工作的原因，我有机会多次跟林先生见面、倾谈，在世界汉语教学讨论会上，在北京大学中文系的院子里，在清华园举办的语法研究座谈会上，在林先生燕园的住处……给我印象最为深刻的，是他 1998 年到香港的访问和讲学。

那年我正在香港商务印书馆担任编审，主要的任务是为香港的中小学编写一套“学好普通话”的教材。林先生是语言学权威，是世界汉语教学学会的顾问，理所当然是学习普通话教材顾问的最佳人选。所以，当我提名林先生和陈原先生（原北京商务印书馆总编辑）等一起担任顾问时，马上获得总经理陈万雄博士的首肯。5月底林先生应邀到香港城市大学参加一个研讨会，商务印书馆就委托我专程到香港城市大学把林先生接到港岛的城市花园酒店住下，5月29日下午在位于英皇道的香港联合出版大厦为香港的普通话教师作讲演。那天来了不少普通话教师，林先生的名气，他们早有耳闻，有一些还到北京登门拜访过林先生。那天，林先生一身洁白的西装，白发红颜，神采奕奕，气清声朗，一下子就把全场的听众给镇住了。下面有香港朋友在窃窃私语："到底是北大名教授，果然不同凡响！""好精彩，困惑了多时的难题豁然开朗了。""林先生一席话，胜读十年书！"听到这些议论，我作为林先生的学生，心里不禁暗暗为自己的老师感到骄傲。在这一霎那，我按下了快门，记录下了林先生最为光彩夺目的瞬间，这一张珍贵的照片，是我永远的纪念。

林先生在香港的活动安排得很满，6月1日先去了香港中国语文学会拜访会长姚德怀先生，2日接着又应邀去香港中文大学演讲，3日应邀参观刚刚搬到新居的商务印书馆（筲箕湾耀兴道3号），我们负责普通话教材编写的编辑组同事尤其兴奋，负责人李家驹先生特地把大家召集起来，邀请林先生讲话。晚上陈万雄总经理在北角敦煌酒楼专门设宴款待林先生，林先生的另外一个学生，香港商务印书馆副总编王涛先生也到场了。

林先生在香港商务印书馆访问了五天，终于要回北京了。我是那么恋恋不舍。林先生的到来，给我们的编写工作极大的支持，他对我们功能、结构、意义三结合的编写理念给予极大的关注和肯定。我们的教材最后上市，中学的一套三本，几年里始终占据全香港销路第一的位置，这里就有林先生的一份功劳。

商务派车送林先生到机场，看着林先生进了关卡，看着林先生在转弯处身影消失，我默默地祝愿林先生身体健康，万事如意……

这以后，我到过燕园，看望了林先生。林先生的家在燕园的树丛深处，貌不惊人，平淡无奇，却让人感受到人格的魅力；林先生的家，简单朴素，几乎没有什么装饰，但是房间里弥漫着一种浓浓的书卷气。去年我出差到北京，打电话给林先生，说我想去看看他，他婉言谢绝：我在感冒，你最好不要来。先生首先想到的是别人，而不是自己。学生当然要听老师的话，结果我就没有去，没想到，这一次竟然就错过了跟林先生的最后一面。我一直觉得林先生的身体挺不错的，没想到，他这么快就走了。我深深地自责，那次不应该那么听话，实在是应该去的。

林先生的一生，也许不是那么轰轰烈烈，但是，他的价值得到了实现；林先生的事迹，也许不是那么可歌可泣，但是他的人格却永远伴随着我们前行。

林焘先生走了，走得安详，走得无憾。

林焘先生走了，带着我们全体学生的尊敬，带着我们全体学生的热爱。

林先生八十五高龄平静谢世，我想，我们不必太悲伤，因为林先生的一生是实现了他的价值的，他的一生是值得我们永远怀念的。我们需要的是把林先生的精神，把他的信念，把他的事业，继承、发扬、光大。

林焘先生，您走好！如果我再次来到燕园，我一定会翘首凝望，希望再次看到您的身影；我一定会默默致意，奉上我最美好的祝愿。

暨南大学明湖苑 2006 年 12 月

林焘先生为我打开语言学的一扇窗

孙文冬

10 月 26 日，得知林先生病危的信息，远在香港的我，为老人默默地祈祷，希望先生能战胜病魔，闯过这一关……

10 月 28 日晚噩耗传来，泪水夺眶而出，心里特别难受。我失去了一位恩师，也失去了一位亲人。先生，您怎么走得那么急？

十几天前我还和先生通了电话。“天冷了。您和师母要多注意身体！”“你什么时候回北京？”这是先生留给我的最后一句话。

一名“特殊”的学生

我不是北大的学生，可我是林先生的学生。这说来话长：我自幼患小儿麻痹，不良于行。1959 年北京女十二中高中毕业，未能入读正规大学，也因学习成绩优秀留校做了一名中学语文老师。我深知要胜任教学工作不学习不行，工作之余，苦读四年，取得北京电视大学中文系证书。尽管如此，和科班出来的人相比，我自知“先天不足”。“倘能生存，当然仍要学习”一直为我的座右铭。

1987 年，我移居香港。为了生计，在几所大学做兼职普通话老师。几年的教学实践，我觉得教语言和教语文不是一回事，会说普通话和会教或能教好普通话更不是一回事。我必须要进一步学习语言学理论，否则自己只能是停滞不前，混饭吃。我向中学同学鲁启华（北大中文系毕业生）提起此事，她说不妨拜林焘教授为师。

林焘先生是国内外著名的语言学家，倘能拜在他门下，那是我三生有幸。可林先生年事已高，身兼多职，国内外学术活动很多，能否愿意，还没有把握。我给林先生打了电话，经一番说明和请求，林先生欣然应允了。我兴奋莫名，能做林先生的学生了。那年林先生七十五岁，我五十五岁，早已做祖母了。

林先生为我制定了培养计划，开列了阅读书目，我成了林先生的“入室弟子”。每年我两次专程从香港到北大林先生家上课。燕南园52号先生家俭朴的客厅就是我的“课堂”，那张能折叠的铺着花塑料布的圆形饭桌就是我的“课桌”。先生坐在一边细声细语地给我讲课，我伏在“课桌”上认真地写着笔记。杜荣师母给我泡上一杯香茶，还不时往里续水。林先生讲课时，师母也坐在沙发上听，有时还会插上几句话。就在这个温馨的课堂里，吃着先生的“小灶儿”，让先生引领着我慢慢步入语言学的殿堂。

我像孩子牙牙学语般地跟林先生学习国际音标；聆听先生讲述《汉语拼音方案》（以下简称《方案》）产生的背景，《方案》的设计理念及内容解析。其中字母和语音的关系，元音字母的读音规则以及拼写形式与实际读音的关系，在以往的普通话教学中我是不懂的。只凭自己是北京人，能说标准普通话来教学生是远远不够的。是先生让我对《方案》国际音标有了较深入的了解，我在课堂上能自如地教学生发音、帮助学生正音；在语音教学上是先生扶我上了一级台阶。

林先生还教我读书的方法。1996年4月他给我上第一节课时对我说，他为我开列的书目中，同一课程都有两本书，如不同作者的《现代汉语》，以及《语音学教程》、《普通话语音学纲要》。他要求我读书一定要比较；他们有什么相同；有什么不同；为什么不同。相同的内容哪本详细，哪本简单。因为内容都是这些，从编排的不同中就可以看出学问的深度。还要注意写于不同年代的书有什么变化。经过比较以后才能把问题看深了。“你不能像年轻人那么读了……”先生说。我仿佛觉得在我面前横卧着语言学的“一座山”，我得艰难地往上爬了。

推广普通话　研究普通话

一次，先生讲关于普通话的问题，先生说：“普通话是什么东西？学术界的看法仍有分歧。这问题的出现是因为从国语运动到现在的推普缺少一个定义性的研究。包括普通话的名称、普通话的内容、普通话和北京话的关系。”

我以为，以北京语音为标准音，以北方话为基础方言，以典范的现代白话文著作为语法规范的现代汉民族共同语，不就是普通话的定义嘛。

先生说，“以北京语音为标准音，北京话内部分歧也是很大的。如 w、v 北京语音本身就没有绝对严格的标准。”

“以北方话为基础方言”，北方的范围太大了，内部词汇的差别也太大了。天津离北京那么近，有些词就不同啊！再说普通话也吸取了不少南方方言，像上海话的“尴尬”“垃圾”。粤语北渐，大批词语涌来。我们也可以从南方吸取词汇，北方话词汇我们也不一定都吸取进来。先生说，原来把“以北方话为基础方言”作为普通话的词汇标准是不科学的。

“以典范的现代白话文著作为语法规范”这句话是后加进去的。因为当时书面语言非常混乱，加上这条可以让它有个标准，在当时有它的积极意义。但以典范的现代白话文著作为语法规范这指的是书面语言，普通话不是个书面语言，普通话是口语的问题。严格地讲口语的话无所谓规范问题，语法都对，除非外国人说话。再说“典范”，什么是典范的现代白话文著作也不好界定。老舍、郭沫若、茅盾、巴金、赵树理的作品都有方言色彩，朱自清的作品比较“典范”，但他是“五四”时期的，我们也不能拿近一个世纪前的文章作为今天的典范。

这三条标准当时定下来有当时的历史条件，在当时可以说是正确的，但现在如果死守这三条标准去解释什么是普通话，恐怕就不够标准、精密。先生说：“我们不能说这三条标准就是普通话的定义，只能说普通话大致是这么个范围。”

我教了这么多年普通话，对这三个标准从未有过质疑，聆听了先生的讲课，使我茅塞顿开。先生还说：“这三个标准，我们当初也得负点责任。因为这是写在北大编出的全国第一部《现代汉语》上。当初是在大跃进时代。……我也有这个责任啊！应该‘肃清’一下。”先生这种严谨的治学作风及严格的学术精神，让我大为折服。他的谦虚也让我由衷地敬佩。

十年前，先生曾在报上发表文章指出：“在当前的新形式下，推广普通话的工作已经进入了更加深入的阶段，一项迫切的任务就是必须对普通话本身进行更加深入的研究。当前我们还不能说对普通话的了解已经达到了十分透彻的程度，例如，普通话内部是否可以分不同的层次？普通话和北京话的语音究竟有哪些差异？普通话今后的发展趋势如何？这一类问题还没有取得共同的认识，如果长期得不到解决将会影响推广普通话工作的进一步深入。”“《普通话水平测试等级标准》对推广普通话工作起了十分重要的导向作用，今后进一步提高，逐渐使这个《标准》走向完善，也必须在深入细致的科学研究基础上才能做到。”现在重读先生的文章，深感推广普通话、研究普通话的工作任重道远。

教普通话是一门大学问

在香港教了这么多年普通话，我一直想总结一点儿别人没总结过的，或别人已经总结还需要深一步探讨的东西。“如何让香港学生把话说得像普通话”一直是我在教学中尝试着去做的事。

我向先生谈了我的想法。林先生说：“你要做的话，也只有这一条路。关于语音教学，研究成果就那么一点儿。我在二十年前就强调语流教学。你想研究语流教学，这是一个很好的探索方向。但总结比较难。怎样量化，如何在量化中去寻找突破点。如何设计教材，都要有针对性和计划性。”

先生还说，整个香港以语音教学为主这也和内地指导方向有关系。这不是不对，字音教学好掌握。比如教学生 zh、ch、sh 怎么发，四声怎么念，我们有把握。可一到语流教学，老师也搞不清是怎么回事了。所以你这是一种试验，怎么入手自己就得花很大力气。学生要反复地去听，你也要反复地去听学生。要抓住每个人的个性问题，还有他们的共性问题。怎么抓？主要是轻重高低之分。学生听，他们没有那么敏锐的耳朵，我们做老师的就要帮他们抓这个问题。

先生细致入微到我如何去设计教材。

他说教学法设计非常重要。当初他在写《现代汉语》一书时，有时一天就想那几个词儿。你要安排一下，比如第一步要解决轻重问题，像“飞机”和“飞的”这两种轻重音格式，只孤立地让学生模仿不够。因为放到句中就不行了，一定得放在语流中练习。你可设计“天上飞的有飞机”，“飞机在天上飞的时候……”以此为例可以设计出很多内容。你给学生录音让他们模仿。经过一段操练以后，你再检查效果，作总结。

先生说，香港人和我们一样，都是汉族人，说的都是汉语，语感基本上是一样的。这不像外国人学汉语，所以语流教学非常重要。语感的培养就是要多接触，多听，多感觉，不停地操练，不断地纠正，习惯要慢慢养成。

先生特别指出：不要在元音辅音上过分地苛求学生。你发的 a 不到位，zh、ch、sh 不太对，但你整个语流对了，轻重缓急，声调变化都对了，那就很好啊！我们说话快了 zh、ch、sh 也有变化啊！这和初学时不一样了。初学你不教他一个框架，是什么也学不出来的。

至于教语调，如果把语调说得挺神秘，一会儿上升了，一会儿下降了，弯曲了，他可能会越学越糊涂。说老实话，语言学界对此意见分歧很大。能说汉语的人，不用那么细致地去教，最重要的是语感的培养。

先生还特别提示我，要了解学生如何看普通话。他们是把普通话看成一个全国共同语，是比方言高的语言；还是认为它不如广东话好。这种不同的心理状态会造成不同的学习效果。通过你的教学，要让学生从心理上觉得普通话好，有它的魅力，让他愿意学，而且坚持学好。

在先生悉心指导下，我在教学中能比较自觉地把语音教学和语流教学结合起来。在帮助学生解决发音习惯上的困难时，也逐步进入示范的表达，培养他们的普通话语感，提高他们的言语能力。但和林先生要求我做的，还差得很远很远。

语言是一条流动不停的河

在学习和教学实践中，会有不少问题产生，也有一些困惑存在。我是香港国家级测试员，对“一会儿”必读 yīhuìr，如读成 yīhuǐr 就是错音，还有因为 yīn · wèi 读成 yīnwéi 算成错音，可北京人大多数人都读成后者，不少电视台、电台的播音员和节目主持人也这么念，他们可是语言的示范者啊。为此我请教林教授。先生说，审音，这是在当时的专家和学术情况下，经过讨论定下来的，和这二十年发展起来的新的语言学，像统计语言学、社会语言学、音系学等学科相比较，当时标准本身做得比较老，有相当的随意性。把它当成二十一世纪一个绝对的标准，需进行大量的量化调查研究。

语言是活的东西，永远处在流变当中，变新、变化、创新是无可厚非的，是它规律的一部分。如果定得那么死，汉语的语音系统多少年以后还是一样，你不许它有变化，那语言又怎么发展，一百年前后都是这样，根本是不可能的。

谈到台湾的一个电视节目《非常男女》，先生说，词儿哪能那么用啊！我看不惯它，但我得承认它，我无法抗拒。社会在变，思维就变；思维变了，语言就变了；语言变了，语音也变。不让它变不符合发展规律。语言是一条流动不停的河，你得要赶上河流的速度。当今，两岸三地的语言在相融，从方言中吸取营养，词汇学比较麻烦，怎么规范这些词,一些词可以共同存在,当时搞规范是不是太死板了?

恩师——永远铭记于心

在林先生晚年,能成为他一生中最后一名学生,并且十年间不断地向他求教,我深知,我是多么幸运,多么幸福,又多么荣耀。先生把他一生中研究的高深理论,用非常通俗的语言讲解给我,把他做语言学研究的方法耐心地传授给我;把他毕生的教学经验细致入微地教给我。我的每个教学疑难问题,都能得到先生精辟的解答。先生的课,让人越听越有味道,越想说得越对,先生的点化之功,不是一般师辈能做到的。

这里,我还想举两个先生教学的例子。一次,我在教儿化韵鼻化韵时遇到困难。打电话向他请教,通过电波,远隔千山万水的林教授耐心地指导我如何教好鼻化韵,在电话中他还多次地为我作示范。现在想起来,我都感动得热泪直流。

2006 年 4 月 14 日,我回北京看望林教授,没想到,这竟是和先生最后一次见面。那天,北京是沙尘天气。见到林先生,他仍是那样微笑着热情地欢迎我的到来。我在"课堂"里,坐在我的"课桌"旁,保姆递上一杯香茶,我请先生听了一位要准备参加国家级测试的学生的朗读录音,听后,先生笑着说:"不错,不错,香港人能念成这样相当不错了,要多鼓励学生。就是要注意,不要把每个字都念到家,说话太到家了,反而不像普通话了,你让他练习快读,这样可能会好一些。"后来我们到外面吃饭,林先生、杜荣师母说去北大附近的俏江南饭馆。林先生点了几样菜,其中有水煮鱼,先生说做得不错。饭后送先生和师母回家。告别时，先生仍坚持要把我送出门口。我们微笑着挥手告别了，没想到这次，竟是永别。

林先生年事已高，近几年我回北京也不忍心占他太多的时间，主要是拜望老人家，跟他聊聊香港的新闻，话话家常，一起吃顿饭。一些教学问题，我就求教于王理嘉教授。我知道他是挺盼着我回北京去看望他的。在我心中，他是我尊敬的长者，又是我的亲人。我常跟朋友和学生们说，认识了林焘先生，走近了林焘先生，我才真正知道了，什么是真正的虚怀若谷，平易近人；什么是学问家，什么是学问。

恩师一生培育了无数莘莘学子，他们不少已是当今语言学界的翘楚；我只是一个普通的老师，经先生多年的辛勤培养，我在普通话教学中也取得了一些成绩，这些成绩都浸透恩师的辛劳。

先生突然乘鹤西去，我悲从中来。10月30日得林先生弟林宁先生通知，11月2日在八宝山家属举行林焘先生遗体告别仪式，我也是被邀请的一员。我请假推掉了所有的课，赶赴北京，11月1日上午去北大林焘先生纪念室举行哀悼，和王理嘉教授、曹文博士一起去看望杜荣师母，安慰她老人家。师母是非常坚强的，我的心也放下很多。在林家我第一次见到了他从加拿大回来的女儿、在北京工作的儿媳。我把这十几年与先生一起的照片拿给师母及家人看，一起追思林教授。11月2日上午到八宝山送恩师最后一程，在哀乐的告别大厅里，我架着双拐，慢慢步入灵堂，向敬爱的林焘教授深深地鞠了一躬，和他作最后的告别。然后驱车赶往首都机场，晚上7点给浸会大学的学生上新课。

是恩师的风范、人格魅力的感召，是做学生的要报答他对我十年的培养之恩，一日为师，终身为父，所以我做了这一次北京三十六小时之行。

我现已步入老龄，成为长者。我愿在我的余年，为帮助香港学生“把普通话说得像普通话”，为香港的推普工作作一些贡献。以此来告慰恩师。

林焘教授，您的学生不会辜负您的。

写于香港家中

怀念林焘先生

吕必松

林焘先生不但是著名的语音学专家，而且也是我国对外汉语教学的老前辈。他曾担任北京大学对外汉语教学中心主任，在世界汉语教学学会会长、《世界汉语教学》杂志主编朱德熙先生在美国讲学期间，他兼任《世界汉语教学》杂志代理主编达四年之久。他发表过多篇关于对外汉语教学的论文，这些论文对教学实践和学科理论建设都具有重要的指导意义。他的逝世，不但是我国语言学界的重大损失，而且也是我国对外汉语教学界的重大损失。

《世界汉语教学》杂志是世界汉语教学学会的会刊，根据学会的要求，稿件的录用要通过专家匿名评审。编辑部把经过匿名评审的稿件汇集起来，经过必要的处理后送主编审定。我当时作为特邀编辑，在确定杂志每期目录之前都和其他编辑一起到林先生家中听取主编的审定意见。林先生对每期送审的文章都一篇不漏地进行仔细审阅，对每一篇文章都提出是否发表、是否需要修改和怎样修改的意见。林先生审阅稿件和决定是否发表毫无门户之见和亲疏之分，唯一的标准就是稿件的质量。他没有以个人的名义推荐过一篇稿件。他特别重视有创意的稿件，尤其是年轻人的稿件。我清楚地记得，编辑部对是否发表张朋朋的《词本位教学法和字本位教学法的比较》那篇短文拿不定主意，林先生指出：既然文章有一定的新意，又是年轻人写的，就应当发表。他还提出了具体的修改意见。编辑部根据林先生的意见，对这篇稿件稍作修改后，发表在1992年第3期上。

我无缘成为林先生的学生，但一直把他视同自己的恩师。他在做人、治学上是我学习的楷模，他对我的工作格外关心。在学术上，我经常得到他的鼓励。我从北京语言大学退休后，他曾动员我到另一单位担任要职，我当时正在筹办北京新亚研修学院，如何选择，自己也拿不定主意。出于信任，我把决定权交给林先生，对他说：在这两者之间怎样选择，您替我决定吧，我听您的。他知道我为什么要自己办学，思考了几分钟之后，长长地叹了一口气，无可奈何地说：办学吧，只有自己办学，才能实现你的抱负。他后来一直关心我的办学情况，见到有关的朋友总是问：吕必松的学校办得怎么样？我的学校至今还没有办出个样子来，实在愧对林焘先生的信任、关心和期盼。

由于事务缠身，我差不多有两年的时间没有专程前去看望林焘先生了。我一直以为他身体很好，没想到他居然一病不起。在他住院期间，我本来已和林先生的胞弟、我的好友林宁先生约好一同去医院看他。就在要去医院看他的那天清晨，林宁先生来电话传达了噩耗：林焘先生已在夜间辞世了！

这对我简直是一声雷击！我悔恨自己。我悔恨自己没有在林焘先生生前多去拜望，悔恨自己没有及时去医院看他。连一句感谢他的话都没有对他说过。我现在只能这样告慰先生的在天之灵：您的宽厚、谦和、淡泊名利的品德，您的勤奋、严谨、与人为善的工作作风，您的求是、求实、无私奉献的治学态度，将永远留在我的心中，成为我做人的镜子。

2007 年 2 月 27 日

林焘先生与中文教学现代化

中文教学现代化学会

潘兆明　张普　施旭东　徐娟

林焘先生已经走了，众所周知的是先生在语音学和音韵学等学术方面的卓越成就，以及他待人接物方面和蔼可亲的音容笑貌，然而他与现代教育技术特别是中文教学现代化的不解之缘，知道的人却为数不多。

1995 年 4 月 28 日—30 日，由美国南海公司中国语言教学研究中心发起，并与斯坦福大学、伯克利加州大学、戴维斯加州大学、旧金山州立大学、圣荷西州立大学等共同组织的首届“中文电化教学国际研讨会”，在美国旧金山举行。从第一届中文电化教学国际研讨会算起，到 2006 年，以现代教育技术与汉语教学的结合为核心议题的会议已举办了五届：

第一届会议：1995 年，在美国旧金山；

第二届会议：2000 年，在中国桂林；

第三届会议：2002 年，在中国南京；

第四届会议：2004 年，在中国北京；

第五届会议：2006 年，在中国香港。

从第二届开始北京大学、北京语言大学、新亚研修学院等陆续加入为主办单位，林焘先生担任了这五届会议的顾问委员会主席。他不远万里亲自到加州参加了第一届会议，并主持了第一届会议中“有关电脑技术与中文教学”议题的讨论，2004 年在先生八十三岁高龄时，他又出席了第四届会议的开幕式，寄托了先生对于汉语海外推广和对于中文与现代化教育技术结合的殷切期望。

2006 年 5 月，以北京大学为首的几所发起单位在连续召开了四届中文电化教学国际研讨会后，在筹备第五届会议的过程中，拟在会议举办地香港成立“中文教学现代化学会”国际学术团体，并在香港注册。这件事也得到了林焘先生的大力支持，我们进而希望林先生能接续担任新成立的学会的顾问委员会主席。由于先生已经高龄，我们不敢奢望他能同意又十分期望他能同意。由于林宁先生一直参加筹备工作，我们拜托林宁先生转致筹备小组的意愿，没想到林焘先生竟欣然允诺并接受了作为学会顾问委员的聘任，不由得使我们由衷钦佩先生与时俱进、开拓创新的时代精神，以及他对中文教学现代化事业与后辈们的无限期望。7 月中文教学现代化学会在香港正式成立，正当我们筹划七名顾问委员推举出顾问委员会主席(非林先生莫属)之时，10 月却传来噩耗，斯人已逝，不由扼腕长叹！我们唯有不断发展壮大全球的中文教学现代化事业，以寄托对先生的绵绵哀思。

愿林先生一路走好。

永志不忘的恩情

熊　毅

亦师、亦友、更似亲人的林公匆匆走了。噩耗突然传来使我悲痛不已，心情一直不能平静下来——原因是他给予我的关怀和帮助太多太多。

往事一幕幕重现在眼前，留下的是林先生的深情厚意。

那还是上世纪五〇年末，是杜荣先生和我同时被"清华大学东欧留学生语文专修班"录用任教不久。一天，我到当时的燕京大学蔚秀园杜先生家作客。林先生出来接待了我，这是我们第一次见面。我作为一个"生客"自然有些拘谨，但很快在林先生热情、亲切的招待中不知不觉地没有了生疏感，投入到轻松的谈话中去。林先生向我介绍了蔚秀园的历史渊源，询问了我在大学学习和婚后的生活。更为有意思的是在聊到过去家庭生活往事时，发现我们在幼年时期，两家住在同一个胡同里。他长我哥哥两岁，他俩先后在同一个"蒙养园"（即幼儿园）、崇德中学、燕京大学一路走过来，虽然彼此不曾交谈过。这种背景就更进一步让我愉快地融于他们温馨的家庭之中。从此原本是一个来拜访的"生客"后来变成了他们家的"常客"，从上世纪五〇年到五十六年后的今天。

初访后不久再拜见林先生时，我向他请教了关于外国人学习汉语的问题。当时我初次担任汉语教学工作，对象又是外国人。对这样一个新事业没有思想准备，更没有受过任何理论培养，只是简单地认为本着自己说的是标准汉语，让外国学生跟着学就是了。至于用什么教材，用什么样的教学方法都茫然无知。这时，林先生简单明了的一番教导，使我突然开窍了。他从汉语语音、语法的特点以及对母语非汉语的外国人所用语言的特殊性两方面分析，作了非常清楚的阐述。他教导我首先要加强学习有关汉语的知识，在进行教学时从理论出发深入浅出地结合具体环境，一步步深入，光是让学生简单地模仿是不行的。他总结说，教外国人汉语是一门特殊的学科，应在这方面多作研究。听了林先生的教导，我懂了如何才能胜任我的任务。

我开始从头学起有关分析汉语的著作，并试着了解学生所用母语的基本特点。逐渐我的分析能力提高了很多，教学效果也明显提高了。在学生经过学习后表现出优秀成绩的时候，我的信心增强了，研究的兴趣也越来越浓厚，我决定选择对外汉语学科作为我今后的研究课题，我终身的事业。几年后我在学习中，特别是在汉语语音教学方面有了明显的长进。因此有幸参加了“语文专修班”于五八年首次出版的《汉语教科书》的编写工作。这个成绩的获得是深受了林先生引导的影响。他是我在事业上有所前进的引路人，我满怀信心、乐观地走着。

谁料一场激烈的政治动荡改变了我的命运，一切都得重新考虑。五七年夏天，尽管我本人没有什么错误，但无情的株连影响，忽然成了另类：被批判、被定性(阶级异己分子)、被“贬谪”(赶出涉外单位)、被迫陡降经济收入。不少朋友、同事远离了我，甚至落井下石。从此孤独无援、贫困交加，从工作到生活陷入了谷底。那是一个没有同情、没有关爱的时代。谁敢与另类分子联系呢？当然也有一些正直人士不顾个人得失对不幸者伸出援助之手。林先生就是这样一个无私超人,在默默中给了我很多支助。我终身难忘的是:林先生为了我家老小过上正常生活，联系了有关单位给了我一个业余“创收”的机会。这就是为中文系学生所用油印教材刻写蜡版,按完成数量付与报酬。要知道在当时“干私活”是犯禁的,而林先生不顾个人可能遭到的非议,承受着一定的压力作出这一善举,这是多么不容易的事！刻蜡版的收入解脱了我全家老小入不敷出的困难处境。人在困苦无奈时受到好心人的帮助,受益者感激之情难以用言语表达,会一辈子都不忘记。林先生就是我们全家感激的一个长者。

二十年苦熬过去了,但对我的“处分”并没有改变,返回我热爱的事业的希望似乎远不可及。最后不得已我只好遗憾地从外系退下来,因为退休年龄到了。

这时居然还会有奇迹出现:八十年代“对外汉语教学中心”成立了。林先生再一次给了我关键性的帮助:把我在外系名下的退休身份转到“汉语中心”,再续前缘的梦想最终得到实现。三十年后以返聘的身份重上讲台与多国留学生相聚,指导他们的学习,一起参观游览祖国的名胜古迹,沉浸于颇似年轻时的快乐之中。上课之外又参加了教材的编写工作,这就是 1987 年出版获一等奖的《汉语初级教程》。书上有了自己的名字固然高兴,但让我最珍惜的是在关键时刻为我开路的老师们。林先生是让我最崇敬的长者之一。

幸福生活重现了,但无法抗拒的病魔却缠上了身,几年后我不得不遗憾地离开热爱的工作岗位,彻底退休了。

在病中林先生和杜先生多次询问我的病情,关怀备至。特别是 2005 年秋,我因动脉血栓手术住院的一天,正在卧床输液,忽然看到病房门打开了,进来两个白发老者,原来是林先生和杜先生拄杖相扶地来看望我。一下子热泪从我的眼眶中流出，搂着杜先生哭了。怎么好意思让两老远途来探视我？这种亲情又怎样才能报答呢？还是林先生对我理智地说:“要乐观,别多想,好好修养。”他们走后同室病友问我:“他们是谁？那么大年纪了还自己跑来看你？”我记得我很清楚地回答道:他们是我的老师,也是我的“亲戚”。

之后在家养病时,在林先生的倡导下,两老同我外出参观过新的景点;在家与五十年代的老友们重聚回忆过创业时的故事;在不同风味的餐馆分享过美食;我们有那么多时间一起度过。更值得怀念的是今年国庆节期间，林先生率领全家带着鲜花和美酒到我刚刚住进的老人社区给我“温居”。那天大家是那么高兴:为我的晚年幸福祝贺,为能在远离市区的“提倡孝道”的社区里欢乐相聚而纪念。这是难忘的一天。

谁想到，三周后林先生突然病重，国庆团聚竟成了与他的诀别。突然的变故,使我无法安静下来,林先生的音容笑貌一直在眼前。我只有安慰自己,林老一生光明磊落,事业辉煌,对人们付出了极致的爱,在天堂也会平静和安详。

这里我只有一句话:“林老作为我的亲人活在我的心里，直到永远。”

2006年11月

缅怀林焘先生

李德津

林先生突然离我们而去了，他的音容笑貌仍不时出现在我的眼前。

回想起1949年10月初我刚踏入燕园时，林先生还是国文系一位非常年轻的老师，他虽然在学术上已经造诣颇深，但对我们这些学生从来都是平易近人，一点不摆架子。

1952年夏院系调整，燕京大学并入北京大学；当年年底，我服从工作需要，提前半年毕业，调到北京大学外国留学生中国语文专修班教外国留学生汉语。1961年中国语文专修班集体调离北京大学，准备独立建校；后来发展成现在的北京语言大学。

1964年，领导派我到北大中文系进修，导师就是林焘先生。林先生精心指导我进行学习和研究；他具体指导我怎么选题，怎么写论文。比如说怎么找出"二"和"两"在用法上的区别等。遗憾的是，我的论文还没写完，领导就调我回单位参加教学改革了。

我一毕业就从事对外汉语教学工作，直到退休。林先生对我们学校对外汉语教学工作经常亲临指导，汉语教师们都获益匪浅。

有一次林先生来我校指导青年教师科研讨论会的工作，会后教师们都纷纷上前问候；一位八十年代曾跟林先生一起出访的年轻教师对林先生说：我们是"老朋友"了。可见林先生为人谦和，对年轻人爱护有加，所以有很多青年朋友。像我们这些四十年代末认识林先生的学生，更是什么时候见到先生，都感到特别亲切。

校庆时，我们几个老同学去先生家里探望他，林先生和师母杜荣先生总是亲切地接待我们，我们跟先生谈话一点都不会感到拘束。有一次我们和林先生谈得很开心，临走时就忘了把放在过道的校庆资料带回来，我发现后就给林先生打电话，一是确认一下，一是表示很抱歉，我会取回来的；可是由于一些杂事，没能及时去取。林先生为了找人送还给我，费了不少事，最后还是托我校在北大读在职研究生的年轻教师给我送到家里的。林先生在一张纸条上还写了“烦交”和“林焘拜托”字样。实在让我感动。

林先生走了，我们失去了一位良师益友！

林先生，安息吧！我们永远怀念您！

2007 年 1 月

深切悼念林焘师

刘月华

去年冬天，在我快要回美国的时候，有一天刘兰英突然打电话给我，说林先生病重，约我一起去北医三院探望林先生。她立即从东方大学出发，到我家接上我，我们很快来到北医三院高干病房。稍后，王理嘉先生也来了。当时林先生正在做“血滤”，不久做完了，先生精神稍好，大夫允许我们在门边看一眼，但不许说话。我们看见病卧在床的先生，先生认出了我们，还对我们说：“谢谢。”我觉得先生脸色、精神尚好，以为情况并不像说的那么严重。哪想到，这竟是我见到林先生的最后一面，第二天先生就永远地离开了我们。

我考入北大中文系后，第一年就上林先生和朱德熙先生的“现代汉语”课。同时还上高名凯先生的“语言学引论”。后来王力先生给我们上“汉语史”，岑麒祥先生上“语言学史”，袁家骅先生上“方言学”，等等。在我们编写《汉语发展史》的时候，也去请教过魏建功先生和周祖谟先生。林焘先生是最后一位离我们而去的老师。

1996年以后，我每年回国差不多都会去拜见林先生和师母杜荣先生。每次杜先生都会为我泡茶，离开时，他们都会送出家门，目送我走远。那时，林先生步履还是轻捷的。

在北大学习期间，我跟林先生接触的机会不多。大概是九十年代以后，北大为了加强对外汉语教学工作，特别请林先生做汉语中心的主任。七四年我调到当时的北京语言学院，我见到林先生的机会就多了。最常见面的场合是学术会议。每次开学术会议，我们这些北大毕业的都会在会议间歇去看望老师们。外校毕业的人很羡慕我们，有人说，开全国性的语言学学术会议，一半以上的代表都是你们北大的。

好像是八七年，有一天我在北大校园里偶遇林先生，当时我并未跟他提关于我的教授职称的事，林先生却主动提起，说你该提了，还有某某某、某某某也该提了。说实在的，当时对职称问题我并不是很在意，因为那时比我早几届毕业的还有不少人没提。但是林先生如此关心一个平时很少见面的学生的职称问题，我确实很感动。

后来，林先生见到我几次提出希望我到北大汉语中心去工作。记得八八年或者是八九年春天，我在西郊宾馆参加讨论由王还先生主持编写的“对外汉语教学语法大纲”的会，看见了当时实际主持北大汉语中心工作的潘兆明教授，他也说：“刘月华，来吧，咱们一起干！”可能是林先生跟他讲过此事。不过那时候我以为林先生他们不过说说而已，我自己也就没有认真考虑。

后来我去了美国，回不了北京语言学院了。那时是九十年代初，林先生和北京大学人事处都同意我回国去北大汉语中心工作，但是鉴于当时的一些实际情况，我没有接受那个工作。但林先生对我的信任和关怀是我永远不能忘记的。

1996年，第一届国际电化教学学术研讨会在美国旧金山召开，会议主办方的潘兆明教授热情邀请我去参加。在那次会议上，我见到了久别的林先生和杜先生。在会议休息期间，田小琳还有一位北大法语系毕业、已在旧金山定居的女同学以及当时也在旧金山的詹开第,还有我,几乎跟林先生和杜先生形影不离。因为我们在美国的几个人都有见到了亲人的感觉。我们一起照了相。会后我回到波士顿,心情久久不能平静。

九八年或者九九年暑假,我和何乐士、詹开第一起去看望林先生和杜先生,并一起在离林先生家很近的饭馆吃饭,因为杜先生不能走远路。席间师生谈笑甚欢。

前年夏天我去看林先生,先生说:“刘月华,你跟刘兰英商量一下,什么时候找一些同学来聚聚。”我说:“好吧。”我跟刘兰英是念研究生时的同学,我们只能联络那时的同学。可是一直联系不上几个人,事情就拖下来了。现在也成为永久的遗憾。

去年 10 月 15 号,北大中文系五六级同学在中文系办公室举行同学会,请来了林焘先生和吴小如先生。林先生还讲了话。会议从 9 点一直开到 12 点多,先生一动不动地坐在那里。散会后,我搀扶着先生从系办公室走到五院门口,我感到了先生的步履迟缓沉重,我的心也沉重起来。没想到仅仅半个月后,先生就走了,走得如此匆忙。

安息吧,林先生,安息吧,我的老师们!

痛悼林焘恩师

刘兰英

10月27日突然接林宁先生电话，告之林焘先生病重住院，我立即丢开工作，约刘月华一起去医院看林先生。我们在北医三院门口买了一个花篮，想让先生病室添加生气，有利健康。但我们被医护人员拦在了门外，只好向先生的儿媳询问病情。一会儿，王理嘉先生也来了，经协商，我们三人在先生病房门口看望了一下先生。当时先生气色还好，也认出了我们，并表示谢谢，我们不敢多停留，恋恋不舍地离开了。我当时想，先生身体不适住院，已经有好几次了，我也都去医院看望过先生，后来，先生也都顺利地出院了，这回也应该没有大碍吧?我在心里不断地为先生祈祷，盼望着听到先生好起来的消息，但29日再接到林宁先生电话，竟传来噩耗!没有想到这次看望就是和先生的永诀!

燕南园52号，那个我多么熟悉的小院，每当我敲门而入，林先生和杜先生总是和蔼热情地接待着我，还添茶倒水，摆出茶点。先生给我写信时，每次都要有一句“盼时来一叙”，我也尽量多去先生家，有时是逢年节去看望先生，不少是求先生教导与帮助，先生每次都是既耐心又热心，有求必应。我退休后在民办北京东方大学工作，所以常与先生谈起民办教育的事，先生十分关心，问这问那，并对我加以鼓励。先生还经常问起吕必松先生办的新亚研修学院。

2000 年我们东方大学在校学生五千多，先生听了很高兴，但又感叹地说："为什么吕先生他们招不到这么多人！"〇三年，我们北京东方大学要成立对外汉语教学研究中心，先生欣然前来参加成立会，在会上先生的发言既鼓励又鞭策，希望我们不要追求利润而能为对外汉语教学事业做一些有益的研究工作。正是在先生的教导下，我们向国家汉办申报了编写留学生用词典的项目，得到了汉办的批准与资助。先生还答应为我们的词典题写《序言》。就在今年 9 月 8 日，我刚从美国回来，去看先生，他把为我们词典写好的《序言》给了我。那天林先生和杜先生精神都很好，我们谈了许多国内国外事情，这中间台湾的郑锦全先生来电话，说是要来看先生，先生问明他住在勺园，就说："你别跑了，等我约个时间去看你吧。"先生的谦逊与为人着想，实在令人感动。而且，先生也是想多留我一会儿，继续我们愉快的谈话。没有想到这样欢乐的聚会，永远不会再有了！

我是六一年到北大当研究生的，当时就拜在先生门下。那时考研究生是要经过组织同意的，所学专业并非自己选择的。我们大学期间政治运动与劳动接连不断，学习大受影响，基础差，又对所学专业缺乏兴趣，学习的压迫感是很重的。在先生的指导下，我制定了切实可行的学习计划，和另外几个研究生与进修教师一起学习，语法方面主要由朱德熙先生辅导，语音方面则是林先生辅导。当时朱先生与林先生正是年富力强，在学术研究方面不但造诣深，而且很有创见。他们给学生开设专题研究课，在教研室搞专题讲座和讨论，发表学术论文，使当时的北大中文系汉语教研室学术空气十分浓厚，这样的环境对青年教师与研究生的提高十分有益。林先生的"现代汉语语音研究"课与朱先生的语法课一样，让人感到耳目一新，受到许多的启发。林先生在课堂上对于现代汉语语音的分析不停留在音素分析阶段，而主要讲音位分析，而且很注意语音结构的层次性和语音与语义、语法的联系。他讲的音位的切分、音位的对立互补、音位的同一性、音质音位和超音质音位等不但大大开拓了学生的眼界，而且在当时语音研究界也是处于领先地位的。林先生还在教研室介绍西方关于音位学研究的许多著作与文章，并且分析这些流派，全力提高我们这些研究生、青年教师的水平。我还在先生指导下一本一本地读专著，不断写读书笔记交先生批阅，听先生辅导。后来，我把听先生的课与接受先生辅导的语音笔记整理成册，一直保存着，在工作中时常翻阅，得到许多的启示。其实，我在语音方面没有天分，来北京时一口湖南腔，先生指导我学习普通话，纠正发音，并让我对自己的方言进行调查，找出与普通话的对应关系。正是在先生指导下，我通过自己记音做出了《湖南益阳方言调查报告》，这篇报告就成了我的学年论文。

在当时，导师与研究生之间不像现在这样融洽，我们对于导师都很敬畏，甚至有的关系还比较紧张，但我在林先生面前似乎没有感觉到威压，倒觉得亲切，这是先生平易近人风格的感染。我常去先生家，和杜荣先生以及林明、林还也都熟悉了，在先生家里我再没有陌生感。当时研究生的津贴不过42元，还要给家里寄，经济上很紧张，但我们都省吃俭用留钱买书，我记得我经常到东安市场的旧书摊去淘宝，有时买到了什么好书，我会告诉先生，先生也指导我买什么书，我的《老乞大谚解》、《朴通事谚解》就是在先生指导下买的。我有次回老家给林先生带了一筐湖南益阳的特产——松花皮蛋，当我送到先生家时，先生还问："蛋上面的松花是怎么出来的？"这种师生的和谐关系，在当时是少有的，这是先生人格魅力所致。

毕业考试时，林先生和朱德熙先生、王力先生组成考试委员会，当时，连准备带面答，整整考了一上午。考完，三位先生肯定了我的进步，肯定我取得的成绩，认为我答题是正确的、全面的，但"语法形式与语法意义的关系"一题答得过多，重点不突出，决定给我4分。我开始心里想题目太大，我不能不多答，似乎有点委屈，有点抱憾，过后我想我当时还是囫囵吞枣较多，融会贯通不够。我体会到先生对我的鼓励与鞭策，我也把这种鞭策一直带到我一生的教学与研究中，我要求自己写文章、讲课一定要简洁、精要，重点突出，从客观的评价看，我还真做到了这一点。

毕业后我分配到北京第二外语学院，先生知道后，要求我说："你可以利用外语学院的条件多掌握几门外语，对于你的教学与研究都十分重要。"我遵循先生的教导，工作再忙，我也一直坚持听外语课，一边排队买饭一边还在记外语单词，但好景不长，动乱冲掉了一切，我再没有坚持的勇气，因此在外语学习上一无所成，愧对先生。当政治动乱结束后，恢复了职称评定，我从讲师、副教授，到1988年1月评上了教授。这中间，先生给了我许多的教导与支持，据拿回先生给我写的鉴定的二外老师告诉我，先生跟他说："早该评了！"可见先生是如何相信与爱护学生。1981年由我主编的全国外语院校汉语课教材《语法与修辞》出版了。这本教材初稿出来时，我寄请一些老先生指教，林先生给我寄回来四页纸的回信，提出许多中肯的意见，对我们修改起了重要的指导作用。正是这些老先生的指导，使我们这本教材不但进入外语院校的汉语课堂，而且进入其他院校，并拥有一大批自学读者，前后印刷五十多万册，1989年获北京市高教局优秀教育成果奖。台湾新学识文教出版中心出版了这本教材,并称为大陆的著名教材。先生还亲自到二外讲演,那是1993年6月全国旅游院校汉语教学座谈会在二外召开,我请先生出席指导,先生如期赴会,并就汉语教学问题做了讲话。我们在会上做了记录,会后,交先生审阅后,发表在二外学报1993年第5期上。先生讲话不长,但提出了一些精辟的意见。先生认为过去的文言文教学"虽然有它的缺点,但是给学生打的语文基础比较扎实,有一些地方是值得今天借鉴的"。先生指出五四年教学改革是照搬苏联,苏联分"古斯拉夫语"和"现代俄语",我们也就分"古代汉语"与"现代汉语","古代汉语"还讲一点古文,"现代汉语"只讲语音、文字、词汇、语法几个部分。"'现代汉语'分这么细,从提高学生的语言运用能力来看,不能说是成功的。""看来,该合的应该合一合,也要把传统教学中的一些优点吸收进来。"先生还强调,"汉语教学水平的提高并不在于知识'灌'进去多少,关键在于加强实践","我看今后汉语教学应该加强口语,在教学中提高口语的地位"。

先生对于他所有的学生都是既严格要求又非常爱护,我记得在我前面,先生还带了一个研究生,那就是分配到民族大学的但国干老师。先生对他也是非常的关心,曾多次跟我谈起但老师,惋惜他职称解决得不顺利,还感慨地告诉我:"但国干由夫人搀扶着,拄着棍儿来找我,看来,身体比我还差。"先生很为但老师的身体担心。后来,我与民族大学的一位老师一起去看林先生,先生就向那位老师打听但老师的情况,知道但老师已经去世,先生叹息良久,还详细地询问了但老师家庭的情况。跟我们一起在北大进修的教师中,有一个越南人,叫阮科,他后来大概是河内师范大学的副校长。隔绝了三十多年之后,阮科来到了北大,我记得他在陆俭明先生家里给我通电话，马真先生在电话里先告诉我，有一个老朋友要找我，我通过电话，很快辨出了阮科的声音，这让他很高兴，觉得没有忘记他，我表示要到北大去看他。没有想到第二天，我居然接到林先生的电话，说他要请阮科吃饭，请我作陪。我赶到北大，林先生在勺园宴请了阮科，我们三人谈了一些过去的事情，主客甚欢。不知是阮科同林先生说了和我通话的情况，还是先生想到过去我们一起听他辅导的情景，总之，先生给了我一个与阮科见面的良好机会，又是那样热情地招待了阮科，可见林先生是怎样为他的学生着想。

林先生虽然身体不壮，但却顽强地工作到高龄，是我国语言界当前少有的几位先生。我记得有一次到先生家，先生告诉我，那一张有林先生、朱先生的六十年代的北大汉语教研室全体教师、研究生、进修教师的照片已经收入了校史陈列室，林先生还感慨地说："那时候朱先生和我多年轻，刘兰英你就是一个娃娃。"但岁月不饶人，一辈辈的人老了，一代代的天才走了！当我在八宝山灵堂里见到先生遗体时，那苍苍白发和灰白的脸色映入我的眼帘，我的眼泪刷刷地流下来，先生啊！您怎么再也不醒来，我再也不能看到您慈祥含笑地接待我了，我再也不能听到您和谐悦耳的声音！

愿先生在天之灵安息，您的教学与研究成果会永远光耀人间！

半个世纪的师生情缘

赵燕皎

林焘先生走了，突然地走了，我不想相信这是真的。当我走过燕南园 52 号的时候，我觉得先生仍坐在书斋默默地工作，静静地读书。

燕南园处于北大的腹心地段，所以也是大家经常路过的地方。每当我从那里经过的时候，都会不由自主地望望 52 号那座古旧的二层小楼和那个静谧的、长着绿草古树的小院。因为那是先生的家，是我熟悉的地方。近年来，由于先生年事已高，我心中虽有牵挂，但又不便轻易打扰，只好年节假日或打电话问候，或邀朋友一起去看望先生，给先生请安。先生虽已八十多岁高龄，仍不辍研读，所以思维敏捷，依旧健谈。我们的话题天南海北、国内国外，从工作到生活，从语言学到保健医学，从流行音乐到戏曲艺术，似乎有谈不完的话题。直到怕先生太过疲劳，才不得不起身告退，不大情愿地走出他的客厅，也就是那间古朴优雅的书斋。身上一路都留着书香和茶香，也许那是留在心中的香味。

我认识先生是从大学一年级开始的，他给我们年级上的第一门课是现代汉语语音学。听高年级的学长说，语言学都比较枯燥，没想到先生的语音课竟成了同学们的最爱。我们年级学生有一百五十人，每当上语音课，我们都提前去抢占前排座位，其实后排也能听清楚看清楚，但不知为什么都想离讲台近一些，我想，这与授课老师不无关系。先生把讲台看得很神圣，每次上课都衣着整洁挺括，人显得那么儒雅，那么精神，使大家精神也为之振作；他那口纯正的普通话和富有音乐感的嗓音，带给大家的是另一种美学享受。

林先生授课，不是靠灌输，而是让人享受获得知识的快乐。我们前几周的学习内容是汉语声韵调的发音特点。先生把一般教师习惯用的理论阐述改为结合推广普通话学习，学以致用。那时，《汉语拼音方案》刚刚诞生，国家推广普通话的工作也才开始不久，各地会说普通话的人还很少。为了配合当时形势，也为了使大家学得更扎实，先生让同学们在学习语音学基础理论的同时突击学习普通话。为此，他精心设计制作了许多小节目小表演，请来自全国各地的同学上台表演。记得几个方言区的同学 -n、-ng 不分，f、h 不分。他们练习表演的段子是：真冷真正冷，忽的一阵风，更冷。这十二个字中含 -n 尾的三个，-ng 尾的六个，“忽”和“风”又是 h、f 不分的同学的一个语音难点。上课的时候，同学们台上演，台下笑，以至于铃声响起的时候大家都“哎呀”一声，不想下课。

我们还上过林先生的现代汉语语法课。他的考核办法是请大家每人写一篇论文，谈谈自己对汉语语法系统或一些语法现象的认识。我们班上一位同学为了写日记，自己独创了一套蝌蚪文字，被大家传为笑话，认为他不务正业。可先生竟给他独创的文字打了个满分。大家都知道，论文跟问答式试卷不同，得满分是很难的。我下工夫写了一篇论文，自我感觉还不错，没想到先生给我的分数却挺不理想，批语是“没有超出讲授内容”。先生的这个批语对我一生的治学都起到了警示作用。其实，那时多数教授都希望学生背诵他们的讲义，背得越好，分数越高。记得一门课程考试时，一位同学问，可以回答自己的看法吗？老师说，“必须先写上我讲的，你想说别的随便”。但如果都说，分明时间是不允许的，哪里还有“说别的”的时间。

我跟先生也算有缘，毕业留校做了外国留学生汉语教学工作，当时的教研组组长正是先生的夫人杜荣先生。和杜先生因工作关系，特别是因为合作编写教材，于是就不断出入先生的家。1984年，林先生又被任命为我们对外汉语教学中心的主任，我便有了更多受教于先生的机会。

林先生在他七十多岁的古稀之年组织我们编写了一套初—中—高系列汉语教程，我有幸参与了初级四册的编写。这套教程一套共八册，工程较大，要求较高，先生提出北大要出精品，出名牌。为此他呕心沥血，从编写人员的挑选、组织、协调到教材本身的许多具体问题，都作了周密的思考和筹划。在历时两年多的编写过程中，他跟初、中、高各级主编经常讨论研究，及时解决编写过程中遇到的各种问题和麻烦。按说，林先生署名整套教材的主编，是应当应分的，但他却没有署上自己的名字。

这套教材一问世就产生了不同一般的反响。它是一套由林先生亲自挂帅，编写队伍实力强大，经验丰富，又经过反复推敲、数次修改、字斟句酌的汉语系列教科书。这和当时尤其近年一些商业味十足，只在包装和宣传上下功夫，实则粗制滥造的，缺乏科学性、实用性和趣味性的汉语教材不在一个等量级上。这套教材在中国对外汉语教学发展史上，成了继新中国第一部汉语教科书——北大五十年代初编写的《汉语教科书》之后的又一部时代代表作。虽已出版二十年了，仍在不断再版。日本和韩国等国家，早在教材出版不久就买走了初级教程的版权,在他们国家翻译出版了。

之后,我又参与了林焘先生主编的教材《功夫》的编写,这是北大和香港中文大学合作编写的一套汉语教科书。在《功夫》的编写过程中,从内容到形式,从课文到练习,先生都跟我们编者反复讨论、切磋,细到一句句一字字斟酌。我具体负责语法部分,关于语法点的选择、安排和注释,都求教过先生。先生一向谦和,总是用讨论的态度对我进行启发诱导,认真地听我说话,有时还赞许地点头鼓励我说下去,最后才说出他自己的看法。我有时甚至忘了坐在我面前的是一位知名学者和年长者,说话无拘无束,因为他总是像一位朋友。

多年来,校内外不少业内同仁写书都喜欢请林先生作序,他说太多了,实在有些难以应付。九十年代末,我主编的一部教材出版前,看到先生年纪那么大了,案头的工作又那么多,想请先生写序言,挺不好意思开口。先生看出我的意思,主动说,你的书的序言我是一定要写的。果然他把我的书要了去,为它写了一篇序。先生对后学要求一向严格,对待学术的态度也十分严谨,一丝不苟,写序当然也不例外。不管什么关系,他写序都实事求是,不吹不捧,语言平实、准确,问题也不回避。他的序言令人信服,也使我颇受教益。

先生既是良师又是益友,我们学院不少人都是他家的常客。林先生和杜先生都特别热情好客,每次去了都沏上一壶香茶,外加几盘干鲜果品招待。早些年,跟同事去他们中关园的家,遇到饭口上,方便的时候,他们就留我们吃饭,一次在饭桌上还听了杜先生的京剧清唱。他们家的泡菜堪称一绝,院子里葡萄架结的葡萄也香甜味美。记得有一次杜先生洗了一大盘子给我们吃。在物资极度匮乏的六十年代,能吃上这样的美味是很难让人忘记的。

从我十几岁考进北大到林先生仙逝整整经历了半个世纪，在这五十年漫长的岁月中，我们的国家历经许多风云变幻，知识分子的道路是那样坎坷不平，但林先生在我心中的形象始终不变——他是我永远的导师。

站在先生灵堂的遗像前，我深深地鞠躬，默默地祈祷：林先生，永别了！请一路走好！

林先生，我们怀念您

李晓琪

时间过得飞快，转眼间林焘先生已经离开三个多月了。但是林先生的音容笑貌却不会随着岁月的流逝而淡漠，他那和蔼可亲的面容永久地留在我们的脑海中。

记得1984年，在当时北京大学副校长朱德熙教授的直接关心和支持下，北大成立了专门负责留学生汉语教学的汉语中心。我作为年轻的一员，随姚殿芳先生、潘兆明先生、杨贺松先生、石新春先生等从北大中文系来到汉语中心。林焘先生是汉语中心的首任主任，而且一干就是十一年。

在林焘先生和其他一些老先生的辛勤哺育下，北大的对外汉语教学事业由一棵幼苗不断地成长、发展，如今已长成一株枝繁叶茂的大树，在对外汉语教学学科建设和汉语国际推广的新形势下发挥着自己的作用。这其中倾注了林焘先生的心血和努力。林先生为北大对外汉语教育事业所做的桩桩事情，都深深地印记在我们的脑海中。

记得刚到汉语中心，林先生和潘老师分派我做教学秘书。当时中心的条件不大好，没有专门的会议室，每周的办公会议都在林先生的家——燕南院52号开，我也因此常常到林先生家。每次开会，林先生和师母杜先生都是热情接待大家，每次都要为各位送上一杯热茶，有时杜先生还会端出一盘点心，这在当时还是很稀少的，大家都很高兴。会议就在这样一种轻松、亲切、和谐的氛围里进行着。

林先生对刚成立的汉语中心应该如何发展，有非常明确的思路。他指出，新的汉语中心主要工作有三件：一是组织好教学，要在全国处于领先；二是要编写新教材，为其他高校提供食粮；三是要建设好师资队伍，这是学科建设的根本。林先生在任职期间，发挥了高超的领导艺术，团结和带领汉语中心的全体教职员工，一步一步地实现了这些设想。

当时中心一共有十七八位教师，来自原北大外事处的汉语教研室、中文系和外语系。为了组织好教学，老一辈学者邓懿先生、杜荣先生、熊毅先生专门为新教师讲课，面对面地向我们传授她们多年的教学经验。此外，中心还专门组织老教师的示范课让年轻教师观摩。我就是在这样一种环境下，和其他年轻教师一起，不断听课、不断体会、不断学习成长的。汉语中心在教学方面所做的一切，为后来对外汉语教育学院的课程设置和教学管理奠定了扎实的基础。

最让我难忘的是汉语中心 1985 年开始组织编写汉语教材。这个决定也是在林先生家召开的办公会上形成的。当时中心的老教师基本都参加了编写组，林先生还特邀邓懿先生、杜荣先生和姚殿芳先生分别任汉语初级教程、中级教程和高级教程的主编。我有幸参加了初级教程的编写组，虽然后来因为出国进修没有参加到底，但八五年至八六年，每周去邓懿先生家参加讨论，我所学到的教材编写思路，以及老先生们精益求精的工作态度，为我后来自己参加教材编写奠定了丰厚的基础。林先生组织编写的这套教材，以其科学、严谨、实用而受到欢迎,在海内外产生很大影响。1993 年,这套教材获得中国首届对外汉语教材一等奖。除此以外,林先生还亲自与美国教授合作,编写专门供海外使用的汉语教材《功夫》。我作为一员参加其中。这套教材从开始设计到正式出版历时十年。十年里,一次次讨论、一次次修改、一次次试用、一次次提高,林先生作为主编都亲自参加。讨论在林先生家里进行,编写原则出自林先生之笔,全书前边的汉语语法特点介绍也是由林先生亲自撰写的。跟在林先生身边,学到的不仅仅是怎样去编写受欢迎的教材,更重要的是林先生那一丝不苟的工作态度。在教材编写的那段时间里,我们深深感受到林先生对后辈的关爱与鼓励。

林焘先生培养与关爱后辈的事例举不胜举,他为汉语教学人才的成长倾注了大量心血。1997 年,我和汉语中心其他四位教师一起编写了一部为留学生使用的汉语学习词典。大家商量着请林先生写序,可又怕林先生太忙,抽不出时间。没想到,林先生欣然允诺,不但写了序,还在序中对我们的工作给予了充分的肯定。2004 年,我再一次去到林先生家,向他汇报我的一点教学小成果,完成了《现代汉语虚词讲义》一书,同时请林先生为此书写序。之所以请林先生写序,是因为二十年前,在林先生和其他一些先生的点拨和鼓励下,我开始为留学生开设虚词课程。没有林先生的高瞻远瞩,没有林先生的亲自指导,我当时不会有决心开设这门课程,也就不会有这本虚词讲义了。当林先生看到这本书稿时,非常高兴,他说:"我现在已经不怎么写序了,但你这本书我是一定要写的。"杜先生坐在一旁也说:"林先生已经八十多岁了,最近不怎么写东西了,对你,他不一样。"听到两位老人的话,我的心头顿时涌上一股暖流,从心底深深感受到林先生的厚爱与期望。

林先生对对外汉语教学学科建设的定位也有独特的见解，这在许多论述中都有记载。给我印象很深的一件事是《汉语教学学刊》的定名。2005年，北京大学对外汉语教育学院为适应汉语作为第二语言教学的形势需要，为在本学术领域增加一块学术园地，在多年积累的基础上，决定创办一个刊物。刊物的名称成为当时的热门话题。我们带了几个名称去请教林先生。林先生想了想，然后明确指出两点：一是视野要开阔，不要只盯在“对外汉语”上，要为学科的发展预留出空间；二是要突出刊物特点，特点就是“教学”研究，突出教学才突出了学科的特点，也才能办出特色。在林先生的直接指导下，刊物定名为《汉语教学学刊》。这是林先生留给我们的又一份丰厚礼物，它推动着汉语教学学科建设不断迈向深入。

春节即将来临，每年春节前，都要到林先生家，看望两位老人，而今年只有杜先生一人了……

林先生，我们深切地怀念您！

悼念林焘先生

王若江

当我走进燕南园52号小楼，将一束百合花献到林焘先生遗像前时，泪眼模糊，心中充满了无限悲伤，实在没有想到先生会走得这样快、这样急。后悔自己在出国前没去看看先生，这竟成了终身的遗憾。这天刚好周燕过来给杜荣先生送悼念林焘先生的光盘，就让我先拿了回来。

看着光盘中的林先生，是那样的亲切，我的思绪不禁回到了几十年前……

从我进入北大，至今已经三十多年，林先生一直是我仰慕的一位长者，他是那样亲近和善，与先生交谈，让我真正感受到了什么是如沐春风。

我的汉语语音学习是先生上的启蒙课，留校工作后，在确定专业方向时先生希望我搞语音。先生告诉我，在我上大学的时候，先生就曾让他的夫人杜荣先生去听我们的英语课，考察我的语音能力。但因为种种原因，我选择了古代汉语方向，辜负了先生的愿望。时至今日，我一直觉得对不起先生。

九〇年秋，在我决定是否从中文系调到当时的汉语中心工作时，心中非常矛盾。我便去找了林焘先生。林先生的热情与鼓励，给了我很大的力量。应该说在我转不转到汉语中心的利弊权衡中，林先生的话起了很大的作用。这次我听从了林先生的劝告，在心理上对先生的歉疚减少了许多。

我在汉语中心除了教古代汉语等课程以外，对汉语语音也怀有很大的兴趣，这让我和林先生有了更多的接触，有机会向先生请教，接受先生的教诲。

在给留学生上课的过程中，我感到学生的语音比较差，许多学生即使到了高级班，仍然是洋腔洋调。经过考察，发现我们这里的留学生，大部分不是从零起点进入北大学习的，而是在世界各地开始的汉语学习，语音基础没有打好，不良的语音习惯已经形成，到了后期已经无暇顾及语音，以致严重地影响了交际。我从1996年开始筹备开设"汉语正音课"。当时曾专程去请教过林焘先生。先生听后很高兴，鼓励我开设这门新课，强调开这个课很有必要。同时很严肃地告诉我：这个课很难开，难就难在教学的效果很难检验。对于已经形成的语音习惯，在课堂上经过纠正，是不是就能正确了？在平时交流中的发音改到什么程度就行了？先生提出的问题，是我以前没有充分考虑到的，先生的提醒使我意识到这个课的性质不是一个知识课，而是一种实践课，期望值不能太高。这对我后来确定课程目标起到了很大的作用。这个课首先就是要让每一个学习者知道自己的语音问题所在；学会分辨正确和错误、标准与不标准的语音；知道纠正自己的语音问题的方法。正音课是一个引路的课，改正语音错误、养成正确的语音习惯是长久的任务。

在这个课的教学中，我们的基本依据就是林焘先生的语音学思想，特别是在汉语声调方面。原来这个课是从声母、韵母正音开始的，后来根据每次课程所做的语音调查，发现声调问题是学生的最主要问题，在声调中二声和三声又是最重要的问题，于是我们把声调问题放在前面用大力气解决。第三声调值采用了林先生极力倡导的[211]调值标音,通过训练收到了很好的效果,因为将第三声确定为低调,通过四声连读训练,学生就能很好地体认了这个调值,从而能够较好地形成一种汉语发音习惯。

2005年我准备将这个课的教材《汉语正音教程》出版,本来是不好意思请已经八十三岁高龄的林先生写序,在王理嘉老师的鼓励下,才去找了先生。林先生欣然同意了,我心中有说不尽的感激。先生在序言中批评了对外汉语教学把语音教学“压到最低限度”、对洋腔洋调“听之任之”的情况,分析了语音学习与词汇、语法的不同,强调“首先要能听辨,然后发音器官要会模仿,最后,在不断模仿的过程中养成新的习惯”的语音训练方法,并且说明了养成语音习惯的长期性和艰巨性。先生对教材给予了充分的肯定,我知道那是对后学的鼓励,对这项事业的支持,也是给我指出的方向。

我们的对外汉语教学,作为一个学科,作为一个事业,林焘先生功不可没。他是北大对外汉语教育学院的前身汉语中心的老主任,他开创了这里的事业,而且为了学科的发展、教师职称的评定等工作付出了很多精力,他熟悉这里的人和事,能够给予公正的、积极的评价。我到汉语中心工作后,断断续续地做了一些行政工作。隔一段时间,我就会到先生那里坐一坐,聊聊单位里的事情,常常不是事先打电话预约,而是想去就去,但是先生从来没有厌烦过,总是热情接待。特别是遇到一些棘手的问题,我感到不理解、憋闷时,就去对先生讲,先生不是简单的宽慰,而是像讲故事似的告诉我前因后果,让我知道任何事情都不是凭空产生的。林先生和杜先生多年来一直亲切地关心着学院的一些老教师,在他们处于困难的时候,二位老人总是从精神上支持他们,在经济上帮助他们。

这些老师也一直像亲人一样地对待林先生和杜先生。先生更是随时关心着学院的年轻人,从他们的业务发展,一直到家庭生活都像对自己的孩子一样关心、呵护。先生的记忆力真是太好了,老老少少那么多人,那么多事,他都能记得清清楚楚。你和先生说单位的事情,完全不用铺垫,不用解释,先生就立马明白、理解了。先生非常善解人意,总是那样慈祥、那样专心地听你倾诉,并在关键处给予指导,画龙点睛。每去先生家,走时先生都会亲自送到门外,并叮嘱常来坐坐。

先生是一位非常宽厚豁达的人。在我们面前从不说师辈们的短长,也从来不因为师辈的矛盾影响到学生的关系。因此在先生面前总让人感到舒畅、自在,情不自禁的要说说聊聊。

先生的身体一直不好,曾多次住院、做手术。但是当你见到先生时,他总是以最完美的一面示人,你不会想到先生身体曾饱受病痛的折磨。我记得唯一的一次,是去年暑假时先生给我讲王还先生的身体状况后,说:“人过了八十,真没意思了。”我当时只是无的放矢地宽慰几句。现在想起来,那应该是包含着先生与各种疾病作斗争的切身体会,也可能先生当时就已经预感到了身体的不适。

如今,先生真的走了,离开我们远到天国去了。春节前,我和李晓琪去看望杜先生,院子的篱笆门是关上的,院子里一片萧条,房间里虽然还有一盆水仙花,但是缺少了生气。我们在先生的卧室里,看着墙上林先生和杜先生的结婚照,感到这对相濡以沫的伉俪是那样的完美、那样的令人敬仰。

林焘先生,安息吧!学生永远怀念您!

我认识的林焘先生

金 兰

林先生在我到美国后不久去世了，听到这个消息，我心里非常难过。

他是我调到北大汉语中心后的第一个“熟人”。说“熟”，是因为他儿媳妇王晓路在四通，有一段时间常一起坐车，常听她讲起公公婆婆的事，脑子里就有了这样一个印象：这是一对相敬如宾，酷爱昆曲的老人。

到了北大，第一次参加学生的迎新会，走进会场谁也不认识，跟旁边的人互相介绍着，问起那边坐着的是谁，人们告诉我，那是林焘先生，是我们的主任。想起我听过的故事，就走过去打了个招呼，没想到他是那么亲切，跟我聊着家常，让我不再拘束紧张。后来得知，他是著名的语言学家，同时兼着我们汉语中心的名誉主任一职。

以后见面的机会渐渐多了起来，还有两次是在怀柔和德国汉诺威开国际会，跟林先生真的成了熟人。有时去他燕南园的家，他夫人杜荣先生会坐在旁边，微笑着听着，有时也插一两句话。我们聊着各种的人和事，感觉他们是那么和蔼可亲，神情中有一种超乎尘世之外的平静。经历了几十年的风风雨雨，想必也有过痛苦和磨难，但这似乎并没有改变他们那种高贵的气质。他们不抱怨，不计较，不媚上，不欺下，对谁都是那么热情，没有任何功利之心。林先生让我这样一个最普通、最平凡、最帮不上忙的人感到，我们是平等的。而这并没有让他的形象有一丝一毫的减损，反而让我更尊敬他。

林先生曾为我评职称看材料，写评语。现在想想真不好意思，他当时那么忙，却要为我的事情浪费宝贵的时间。后来事情进行得不顺利，他又安慰我，鼓励我，让我不要灰心。

记得上次出国前，林先生和杜先生给我分析出国的利弊，他们缓缓地说着，我静静地听着，虽然并不影响我的决定，但我却能感受到他们的关怀，就像临行前聆听父母的叮嘱。

我的儿子出生后，他们曾让我带孩子去他们家，给他们看看。我答应了，却总因为这样那样的事情，耽误到现在，成为永远的遗憾。这次回去，我把孩子接回来第一件事，就是去看看杜先生。

最后一次见到林先生是在燕南美食门口，那是一个早晨，林先生出来买早餐。站在那里跟先生聊了几句，目送着他的背影走向燕南园，谁知竟这样送走了他，就这样成为永别！

汉魏六朝文人江淹在《别赋》中写道："黯然销魂者，唯别而已矣……"，想着，写着，眼泪止不住地流下来。一个人的离去是一件自然的事，何况是一个老人。但一个好人的离去却是那么让人惋惜，这种感觉撕扯着你的心，让你不敢触摸。直到今天才写，也许就是因为这种痛吧？

我相信林先生会活在大家的心里，这让我感到欣慰。希望杜先生也能这样想，这会让您的痛苦减轻很多。毕竟活着的人还要健康快乐地生活，这也是林先生的心愿。

2007 年 4 月于美国

深切的怀念,永远的记忆

刘颂浩

最后一次见到林焘先生是2006年7月底。去年暑期,我把自己搞得非常紧张。6月底刚从美国回到北京,7月30日就要来香港读书。但无论如何,走前一定要去见一下林先生。那天,我和秀丽一早就到了万泉河花卉市场,准备给林先生买点东西。选来选去,看中了一盆兰花。不论形状、大小,都很合适。摊主看到我们真的想买,很是高兴,就极力向我们推荐另一盆她认为更"高贵"的兰花。说实话,她推荐的这盆确实不错。不过,当她把这盆兰花的名字告诉我们之后,我们都不约而同地摇了摇头。原来,她推荐的这盆兰花叫"台北小姐"。我们都不明白:兰花素称"君子之花",以高雅闻名,为什么要起"台北小姐"这样的名字?好在不是所有的兰花都是这类名称。我们还是买了原来看中的那盆,小心翼翼地抱着它,坐车来到燕南园52号。林先生和杜荣先生都非常喜欢这盆兰花。当我把这段买兰花的故事讲给林先生和杜先生听的时候,他们全都发出了爽朗的笑声。我向林先生汇报了在美国做"富布莱特研究学者"(Fulbright Research Scholar)的情况,以及准备来香港读书的计划。林先生听了非常高兴,说这两个机会都非常难得,要我好好珍惜,努力学习。告辞时,林先生和杜先生像往常一样送出门外,跟我们挥手告别。我当时心想,年底从香港回北京时,一定要再来看望林先生，向他汇报在香港的学习情况。没想到这一别就成了永诀！

我不是林先生的弟子（硕士或者博士），也没有听过林先生的课(我到北大中文系时，林先生已经退休，不再给本科生上课)。我能够有机会和林先生接触并向他请教，是因为我到对外汉语教学中心（后改为“海外教育学院”，现为“对外汉语教育学院”）工作的时候，林先生是中心的主任。记得最早一次和林先生一起外出开会，是1991年去天津参加“对外汉语文化教学研讨会”。当时，林先生和杜先生是会议的特邀专家。这是我第一次参加学术会议，学术上当然很幼稚。我参加会议的论文，虽然经过了潘兆明教授(当时汉语中心主持工作的副主任）的指点，但限于自身水平，还是很不成样子。小组会上，轮到我发言时，我非常紧张，连话都说不流利。没有想到的是，我还要向大会报告小组的研讨情况。这是复旦大学陈光磊教授(小组会议主持者)交给我的任务。我非常感谢陈老师给我这个机会，就认真地写了发言提纲。不过，对其中几位代表的意见，我并不完全赞同。要不要在发言时把自己的看法说出来？我很疑惑。我不知道自己的看法有没有道理，更不知道该不该在大会总结时讲自己的观点。怎么办？我想到了林先生。于是就在吃饭时问林先生，我要在大会上发言，但有些疑惑，能不能跟他谈谈？林先生爽快地答应了。我当时想讲什么内容，现在已经完全忘了，但肯定不是什么真知灼见。林先生不会不明白这一点，但他却非常认真地听我讲完，并亲切地鼓励我。跟林先生谈过以后，我放心多了，在大会上发言时也流畅多了。现在刚毕业的学生，一般都有硕士、博士学位，在校时已经受过很好的训练。对他们而言，恐怕很难理解我当时的紧张心情。这种紧张，源自知识不足和经验缺乏，以及由此带来的不自信。因此,林先生的鼓励就更显得珍贵。这次经验还让我体会到,林先生没有任何大教授的架子,不是想象的那么难以接近。后来跟林先生的关系比较密切,可能和最初的这种感觉有关。

我刚到汉语中心的那几年,留学生的课程尚不是很丰富。当时,汉语水平考试(初中等,HSK)也刚刚正式施行。我当时觉得学生的阅读能力比较薄弱,所以向中心申请,为留学生开设了一门阅读课,使用自己编写的材料。经过一段时间,就有了想法,想邀请几位同事一起,在已有材料的基础上,编成一本HSK应试书籍。但是,大学老师编写考试复习资料,是不是自贬身价?会不会被人瞧不起?很难想象我那时会有这种幼稚的想法。但当时,我真的不知道该不该去做这件事。于是又想到了林先生。林先生听我讲完自己的想法以后,认真地说,复习资料也需要严谨的态度和科学的精神才能编好,并不是轻而易举的事;汉语水平考试刚刚开始,怎样出题,怎样帮助学生复习等,都需要研究。不但如此,林先生还帮我们联系出版社,并为这本书(《汉语水平考试模拟试题集》)撰写了序言。这本试题集是最早的几本之一,得到了一些好评,其中的材料经常被人引用。华东师范大学"汉语网"的评价是"国内比较早的针对汉语水平考试的复习资料,试题材料经过认真研究,准确可靠"。我自己也牢记林先生的教诲,对阅读和阅读课教学问题进行了一些研究。我最初写的对外汉语教学文章,大多和阅读有关。《预设和阅读理解》一文,还是林先生推荐发表的。甚至后来给研究生上课时,一开始讲的也是阅读(以及听力)研究。这些,都得益于编写练习题和考试题的实践。没有林先生当初的鼓励和肯定,我后来的这些工作是很难想象的。

1999 年 8 月，第六届国际汉语教学讨论会在德国汉诺威举行。这是该会首次在国外举行，国家汉办对此非常重视，国内与会者的论文征集工作提前一年就开始了。大概是 1998 年 10 月，我到林先生家去看望他。闲谈中，林先生跟我讲到了这次会议，鼓励我认真准备，争取写出高水平的文章去参加会议。我记得林先生还特意提到，上一次（第五届）国际汉语教学讨论会在北京举行，但是北大海外教育学院教师参加会议的文章没有一篇入选会议论文选，林先生觉得很遗憾（林先生的文章不算，他代表中文系）。此后很长一段时间，林先生的叮嘱一直在耳边回响。去德国开会，当然也是我的希望。但是，我当时刚从斐济回国不久，在斐济的两年期间没有做什么研究，不知道如何下手。值得庆幸的是，我在斐济还算是读了一些书。于是，我就结合对外汉语教学的实际情况和自己对国外词汇教学的了解，写了一篇“阅读课上的词汇学习”，寄给了国家汉办。1999 年春季开学不久，我收到汉办的通知，说我的论文通过了专家评审，获准参加汉诺威会议。我当时非常高兴，首先想到的就是，在回家的路上要把这个好消息告诉林先生。

参加汉诺威会议的特邀专家（林先生是其中之一），往返机票都是德方提供的，必须乘坐德国汉莎公司的飞机。我不是专家，但也很幸运地得到了德方的资助。这样，去程和返程我就都和林先生同机。我也因此有机会能够在林先生跟前稍尽一点后辈的义务，替林先生拿拿行李什么的。我记得特别清楚的是，返程时需要在法兰克福停留几个小时。其他人都出去逛街买东西，我没有什么想买的，就陪林先生在街头漫步。当时正赶上午饭时间，我问林先生想吃什么，他说自己对德国不了解，随我的便。我其实同样不了解德国，更不懂德语，很希望林先生能够做主。但林先生既然已经说了，我只好遵命。我们边走边看,后来见到一家餐厅,有些桌子摆在外边,风景很漂亮,我就建议林先生到这家餐厅。怎么点的菜,吃的到底是什么,我已经忘了。只记得林先生吃得很高兴,把自己的一份吃得精光,说味道很好。我们每人还要了一大杯啤酒,边喝边聊,坐了好一会儿。在这个地方,我给林先生照了好几张相。林先生坐在大大的阳伞下,手举啤酒,笑得很开心。后来每次看到这些照片,我都觉得很欣慰。自己误打误撞,竟然能够点到林先生喜欢吃的菜,留下一段开心的记忆,真的是幸何如哉!

在业务上,林先生的专长是语音研究。可是,了解我的老师都知道,我在语音方面没有任何天赋,对语音问题总是有些害怕。林先生酷爱的昆曲等,我更是一窍不通。每次见林先生,都是向他汇报一下自己的工作(对外汉语教学)情况,听他讲一些自己的经历和看法。见面时间也不是很长,大概二十分钟左右。能够得到林先生这样的一代名师的指点和帮助,我是一个幸运的人。林先生的声音是再也听不到了,可是我的感觉还跟从前一样。当自己的学习有了心得之后,当自己的研究取得一些进步之后,最希望告诉的,还是林先生。因此,我还要像去年7月底从燕南园52号走出来时所想的那样,把来香港以后的学习情况向林先生汇报一下。

对我来说,能够到香港浸会大学英语系读书,是一个十分难得的机会。浸会大学博士研究生的名额十分紧张,一般要等现在的学生毕业之后才能录取新生。多亏浸会大学语文中心主任洪同年教授,以及我的两位导师杨素英博士和黄月圆博士的大力争取,我才能从浸大研究生院得到一个特批的名额,在富布莱特项目结束之后,马上来到香港。香港地方虽小,但图书资料丰富,学术交流频繁,经常有世界级的学者光临。浸会大学也给研究学生(research student，有奖学金的 Mphil 和 PhD 学生）提供了很好的条件，我在这里有自己的办公室和办公电话。尤其重要的是，我的两位导师对现代语言学理论和语言习得理论非常熟悉，在对外汉语习得研究、现代汉语语法、香港儿童普通话习得等领域成就斐然，这些方面恰好是我欠缺的（我原来比较熟悉的领域是教学）。我到来之后，两位导师、2004 级博士生张妍岩以及我，很快就组成了一个研讨小组（洪同年教授等其他老师偶尔也会加入），每周讨论一两篇最新的英文论文。我们两位学生对这一制度非常满意，每周兴高采烈地选择文章，期待着研讨日的到来。每读到一篇好文章，四个人都会齐声赞叹。偶尔，所选文章质量不是很高，两位导师就会指出原因。妍岩和我在感到懊恼之余，也会更精心地选择下一次讨论的文章。她们三位都是英语系出身，而我的背景一直是中文系。因此我的压力很大，但相应地，收获也很大。我知道，林先生最希望看到的，是后辈学人的进步。虽然我现在还没有取得足以告慰林先生在天之灵的成绩，但我在扎扎实实地进步，自己的知识结构在一点一点地改善。我相信，林先生听到这些，一定会由衷地感到欣慰的，一定会！

王韫佳在《林焘先生生平及学术成就简介》一文中说："在汉语中心任职的十余年中，林焘先生用他全部的热情，扶植新人，奖掖后学。他在燕南园 52 号的家是汉语中心教师经常拜访的地方。他总是耐心听取年轻人的想法，为他们提出积极的建议；他还通过给众多老师的教材、词典、著作写序的方式来支持他们的教学和科研工作。"我把自己的情况写出来，算是替韫佳这段话作一个小小的注释。去见林先生的人，问题各异，但每个人都能从林先生的谈话中受益。可以想象，林先生的胸襟该是何等的开阔，他的态度该是何等的宽厚，他为此付出的时间和精力又是何等的巨大！

林先生去世的消息，最早是王佶10月29日告诉我的。当时的第一反应就是，王佶是不是搞错了？后来收到张英老师和王洪君老师的来信，才知道敬爱的林先生真的离开了我们。那几天一直想写点东西来纪念林先生。记得11月6日（星期一）早上，我啃了块面包，背起书包向学校走去。在路上，有关林先生的种种回忆纷至沓来。该怎么写才能写出林先生对我的深远影响？该怎么写才能写出我对林先生的深深感激？我又如何能写得出？我边走边想，迷迷糊糊地走到大围火车站，坐上了火车。等到要下车时，才发现自己坐反了。我应该往南坐到九龙塘，却向北坐到了沙田……由于种种原因，直到今天才把这篇在心中萦绕已久的文章写出来。纸短情长，在我心中，正如在其他师长心中一样，对林先生的回忆比这篇短文中所写的要更丰富、更亲切、更具体。在今后的人生道路上，在今后的学术道路上，这些回忆都将是我最珍贵的礼物，将会一直激励着我！

2007年3月4日于香港

林先生，我来迟了

林　欢

冬日的夜晚，校园里一片寂静。走进燕南园52号，客厅的布置一如往常，可是，靠门口的单人沙发却是空的，沙发后面的书柜里摆着林焘先生的两张生活照。杜荣先生迎上前来，我抱住先生的肩膀，不由哽咽起来，杜先生安慰我说："你看我这不是挺好的吗？"我说："我要给林先生行礼。"说着回转身，对着林先生的照片，深深地鞠了三个躬，眼泪止不住地落下。

林焘先生真的走了，真的永远离开我们了！听着王晓路姐姐的讲述，我才相信这个残酷的事实。

或许因为林先生过世时我不在国内，之前一直无法接受林先生已经离我们而去的事实。因为2006年8月下旬我见到先生时，先生还是精神健朗，谈笑风生。那一次，先生风趣地谈起跟王力先生一起去商务印书馆编纂《古汉语常用字字典》的往事。那时候从北京大学进城，二位先生都是挤公共汽车去，这部优秀工具书的初稿竟是在这么艰苦的条件下编成的。

那天去先生家是向林先生杜先生辞行，因为我要再次赴韩国执行教学任务。临走时，二位先生照例把我送出大门，鼓励我好好工作,还说:“谢谢你来看我们。家里有什么需要,尽管让你母亲给我们打电话。”我对二位先生说回国再来看他们。林先生说:“欢迎你来。”我推着自行车走了几步,回头看时,见二位先生还目送着我,我向他们招了招手。谁能想到,那是我最后一次见到我敬仰的林焘先生。

到首尔以后,诸事杂乱,只给林先生杜先生写过一封信。有一次,从王理嘉老师那里得知林先生身体不好,我马上给先生的胞弟林宁先生写信询问,得到的回信竟是:林先生病重。我当时心里一沉。第二天上午(10月28日),我来到法莲寺,在大雄宝殿默念了几遍,遥祝先生平安。那两天心神不定,不敢打开电脑。10月29日傍晚,我和同事来到也在韩国任教的商金林老师寓所。一进门,商老师就告诉我“林先生去世了”,这是我最怕听到的,心里说不出是什么滋味,整晚念叨的都是林先生怎么走得这么突然、杜先生能不能经受住打击,商老师和同事一直在旁边劝我,那天晚上,我喝醉了。

10月30日,看到了林宁先生的信和学院的讣告,我对林宁先生说,我要向着北京的方向给先生送行。

整整一个月,我的心情都难以平复,纪念网页也打不开,直到11月30日,我才贴上了自己写的一小段话:

林先生,我来迟了!

……

第一次跟林先生见面是1989年的夏天。那一年,我从北京大学中文系汉语专业毕业,分到对外汉语教学中心当教员。潘兆明教授带着我还有另外两位同时留校的男教师一起来到燕南园,由汉语中心当时的主任林焘先生跟我们谈话。对林先生慕名已久,可是没有上过先生的课,想不到林先生是那么和蔼可亲。

1993 年,我开始跟随杜荣先生攻读硕士学位,到燕南园 52 号的次数多了,和林先生见面的机会也多了起来。又因为我也姓林,感觉跟先生一家就像一家人。直到去年,在上海开会,还有学者问我是不是林先生的女儿。

我每次去燕南园,林先生都在伏案工作。见我来了,先生必放下手中的工作,关切地询问我的生活和工作。我每次告别,林先生和杜先生都送出大门,无论寒暑。

林先生杜先生待我真像自己的亲人,十多年里,在我人生的重要时刻,都得到了先生的鼓励和帮助。

1997 年,我从泰国回来,身体不好,以致不能正常工作,自己难免灰心丧气。先生亲切地询问我的病情,问我服用什么药物,鼓励我积极治疗,对我说:在一个人的一生中,总会遇到挫折。

1999 年,我的儿子出生,又是工作又是家务,疲于应付。林先生知道了,把他们家的保姆介绍给我们,还常对我说:有什么需要帮忙的,只管找她。有一次,孩子病了,我又要上课,一个电话打到先生家,先生当即把保姆派了过来,解了燃眉之急。

2001 年,我的家庭出现变故,情绪陷入低谷,林先生杜先生又向我伸出了援手,除了精神上的鼓励安慰以外,林先生还介绍我参加由林宁先生主持开发的汉语学习软件《游中国,学汉语》的鉴定会,让我在工作中忘掉伤痛……

所有这一切,都历历在目。

林焘先生离开我们三个月了,再去燕南园,看着空着的单人沙发和先生的生活照,心中也是空落落的,这种空白可能需要很长时间才能填补。

现在, 我只能借助我所不擅长的文字追忆这些珍贵的生活片段,寄托我无尽的哀思。

林先生,您永远活在我的心里!

仙班长生，遗韵永存

——怀念林焘先生

李海燕

虽然林先生永远地离开我们已经三个月了，可是我每次走过燕南园时，总还是觉得他还站在廊下挥手微笑，那慈祥、亲切的神态一点儿也不曾模糊，反而越发地清晰了。

九十年代初我还在北大中文系读本科的时候就听说，自朱德熙先生去世后，林先生就不再擪笛了。这样的对老友的情怀使我深为感动。后来因为成了杜荣老师的研究生，得以经常到先生家中去，那时林先生还是对外汉语教学中心的主任。每次到先生家里，林先生总是放下手里的工作，和杜老师一起陪着后生晚辈说话聊天儿，十几年来从来如此。除了关心我的学业和工作之外，先生聊得最多的就是京剧和昆曲了。林先生是一个戏迷，是一位小生票友，也是一位对戏曲有着深刻了解和认识的专家。听先生说他们过去看戏、唱戏的事情是一件非常愉快的事情。

听他讲在燕京大学读书时怎样想办法去看梅兰芳的戏，听他讲当年燕大的学生京剧社活动的盛况，听他说怎样因为爱戏而与杜老师结缘，听他说年轻时与杜老师一起演出《奇双会》的情景……这一切都令我神往。有时候先生谈起这些的时候很幽默，记得有一次聊天儿说起杜老师最喜欢的是程（砚秋）派，先生跟着说他也是程派，看我们没有反应过来很惊诧的样子，他才说他是程继仙（小生名家姜妙香、俞振飞和叶盛兰的师傅）的程派。

先生的思想一点儿也不保守，虽然他亲眼目睹过四十年代京剧鼎盛时期的众多名角儿艺术家，但并不会因此盲目地否定后人。他非常关注戏曲的现状和发展，即使是在电视中看到一个刚露面的新秀，只要有可取之处，他都会给予充分的肯定。有时候谈得高兴，先生总是留我们一起吃饭，给了一个外地的学生无限的温暖和亲情，使我永难忘怀。

在戏迷的圈子里常常有喜欢看蹭戏的，可先生去看戏从来不愿意麻烦别人给他找票。因为我爱人在北方昆曲剧院工作，自2006年的春天开始，北昆大概每隔两个星期就在百年纪念讲堂的小剧场演出一次，我曾经说如果林先生和杜老师哪天想看可以请他们去。可等我再去看先生的时候，先生说他们已经去看了两次演出，票价也不贵，离家也很近，去看很方便，虽然大部分是年轻演员，可是演出都很认真。称赞这样的演出既锻炼了年轻演员，又培养了年轻观众，希望北昆多搞这样的演出。先生就是这样真诚地爱着他心中的戏曲。

还记得我在办公楼礼堂演出《二进宫》时，先生和杜老师专门来看，带给了我很大的鼓励和信心。不仅是言语的教导，先生和杜老师一起白头携手的动人情景甚至改变了我对婚姻和人生的看法，使我切实地感到人生的美丽。这一切都将成为我心中最美好的记忆，我们每个人都将带着这样的美好的记忆认真地过每一天，我想这一定是慈祥、谦和的林先生在天上仙界最希望看到的。

先生对生死一直很豁达，最后一面见先生是在林庚先生去世的第二天，那是过中秋的时候，先生虽有些伤感，但对人生的归宿还是很达观，反倒安慰我不要难过。那天先生热心地邀我们出去吃饭，因为有其他的事情我们还是没有吃饭就告辞了，没想到这成了我莫大的遗憾和愧悔。那天临走之前，先生说现在年纪大了，晚上出门看戏越来越不方便了，我告诉他想看什么戏的话，就给我打个电话，我去买光盘来看，他很高兴地答应说好。那天还说到了有时间的话，再恢复在林先生家的唱曲活动，邀一些朋友来一起聚会。先生的心一直就这样年轻，没有想到这一切竟不能如愿了。

现在当我只能在录像屏幕上再一次听到林先生用他那温和的声音唱起《玉簪记·琴挑》中的曲子时，我心痛的泪水再也不能抑制，敬爱的林先生真的永远离我们而去了。我相信先生一定是到了天国仙班，那里一定也有他喜爱的笙笛，一定是这样的，一定。

怀念林焘先生

耿振生

林焘先生离开我们而去了。对于我们这一代人而言，林先生的逝世意味着一个时代——二十世纪的语言学大师亲自给我们授业传道的时代——也逐渐远去了。

这种感触也许与几年前的一次老同学聚会有关。那次有一个学长发表一通议论：“我们这一代人很幸运，上大学时曾受到老一代大师的熏陶！”他说的老一代大师，在中文系汉语专业其实是两代人。最年长的老先生是王力先生和岑麒祥先生，下一辈是朱德熙先生和林焘先生，他们之间的年龄差距在二十岁左右，在我们心目中，都是德高望重的大师。作为“文革”结束后头一届入学汉语专业的本科生，我们听过他们讲课和报告。当然，也还选过别的专业（文学、古典文献）的老先生所开的课程。二十世纪八十年代以后，这些大师陆续作古了，林先生是其中最后一位。他的去世，让我重新想起那次聚会上听到的话，意识到我们曾经“亲炙”过的二十世纪的大师全部远去了，念及于此，不免倍增感伤。

入学以后，我们所接受的林先生亲自授课科目是“语音学”。由林先生亲自讲授这门专业必修课似乎是最后一次，以后的学弟学妹们听到的是其他老师接手上这门课。林先生当时已经五十七岁，和其他多数任课老师相比，已经是年长的老先生了，我们听他的课，自然地多出几分敬意。讲台上的林先生，儒雅斯文，慈祥和蔼，让人感到十分亲切平易。第一堂课，林先生开宗明义讲到这门课程的性质，打了一个比方：语音学在语言学中的地位，就如同数学在自然科学中的地位，也就是说，语言学的各个方面的研究都要用到语音学的知识。这个比喻是别的教科书里说过的，而林先生在第一堂课上讲给我们，启发了我们对这门课的重视，印象极为深刻，至今记忆犹新。他讲课是平和从容的，深入浅出，清晰明白，绝无深奥艰涩的感觉，学生在轻轻松松的状态下就获得了丰富的知识。那时候上课并没有现成的教材（即使有，我们的教师上课也不会拿着一本教材照本宣科），林先生编制了一本参考材料，蓝色封皮的油印本，发给每个同学人手一本，同时也指定了几本参考书，主要的是罗常培、王均合著的《普通语音学纲要》。那时刚刚恢复高考，同学大都是"社会青年"，是从农村、工厂、军队、机关等环境进入大学，是从"知识饥荒"中走出来的，虽然很多人对于语言学缺乏深入了解或者不感兴趣，但是大家在学业上还是比较刻苦的，虽然条件比后来要差，学得也还不错，掌握知识比较扎实。

后来与林先生的一次合作，我有了又一次长时间直接向林先生学习的机会。1996 年初，台湾三民书局邀请林先生撰写一本音韵学教材，林先生本想让唐作藩师与他合写这本书，唐先生则推荐我协助林先生。林先生先是让我起草一个提纲，连同几本需要参考的书一起交给他，先生经过反复斟酌之后，改定了提纲，让我起草初稿。我每写完一章，就把稿子交给林先生，他再亲自加以润色修改。从修改的过程中，我看到了先生极为严谨仔细的作风，他几乎是字斟句酌，细致入微。我注意到，先生对语言风格十分讲究，在行文上细心推敲，力臻完美。我写的稿子有些课堂讲解所用的习惯，口语化色彩较重；林先生更在意书面语的严谨细密，修改后的稿子措辞简洁，表达确切，比草稿的水平高多了。如在介绍平水韵时，我说平水韵“是《切韵》系韵书的变种”，林先生则改为“是《切韵》系韵书的最后归宿”。在那一年的撰写过程中，我又学到了不少东西。

曾经不止一次地看到这样的说法：二十世纪二三十年代的中国处在一个动荡年代，然而却是产生大师的年代，二十世纪各个学科中的大师大多是那个时代成长起来的。其原因各有说法。我个人臆度，一个重要的原因是那时的学者在启蒙教育阶段都从传统的“国学”教育起步，在成长阶段深受中华优秀传统文化的熏陶，基础修养深厚，在这样的基础上吸取西方输入的思想学术，两者融会贯通，其中的“通人”能够作出卓越的贡献，成为新时代学术的奠基人。时世迁移，后代学者不能重复前人的治学道路，每个时代的学术会有不同的特色与风格，但是我始终认为，中国的传统学术思想和教育方式有其独特的价值，特别是注重扎实的基础功夫和重视品格修养的理念，是我们应该继承的一部分精神财富。我们曾经面对的老一代先生就是我们学习继承的现实楷模。林先生在我们所从学的老一代大师中辈分较晚，我们跟他学习的机会更多一些，他的深厚的学术修养和人格风范，永远深刻地留在我的记忆里，永远是我崇敬和学习的典范。

怀林焘先生

崔希亮

2006年10月29日，北京市语言学会按惯例在北京语言大学召开一年一度的重阳敬老会。北京市语言学界的许多前辈学者都赶来参加。每年这个时候都是先生们最高兴的时候，也是我们这些后学晚辈最开心的时候。但是今年敬老会的气氛特别凝重，因为王理嘉先生告诉我们：林焘先生昨天晚上走了！这个消息犹如晴天霹雳，大家都没有任何思想准备，悲伤的情绪立刻弥漫在会场。早晨刚从鲁健骥老师那里听说林先生住院了，还说什么时候去医院看看，没想到这么快先生就走了，留给我们的是无尽的悲痛和遗憾。

去年中秋节，我曾到燕南园52号林先生的住所去看望先生，跟先生聊了一个多小时。林先生总是以他特有的温和语调，从容不迫地给我们讲一些趣闻轶事。他感慨地提到，人活到这个年龄有点寂寞了，燕南园的老人儿越来越少了，只有侯仁之先生还偶尔碰面，但是也不能常出门了。还说到学校要在燕南园建立工学院，昔日人文荟萃的燕南园日渐萧条，说的时候不胜感慨。我当时答应先生以后一定常来看望先生，但是一年来杂务缠身，身不由己，竟无法兑现自己的诺言。今年中秋我不巧得了重感冒，不敢去打扰先生，没想到从此再也没有了当面聆听教诲的机会！一个月以后，我曾在北京大学中文系学术论坛开辟的纪念专区中贴了一个帖子，以寄托我的哀思：

风中怀念林先生

10月29日，北京市语言学会重阳敬老会在北语举行，惊悉林先生逝世，很多人都唏嘘不已！吴宗济先生还讲了很长一段话，可惜我都没有记住。去年中秋在燕南园52号与先生对坐闲谈时的情景历历如在眼前。如今斯人已去，小园寂寞。看到院子里落叶飘零，天上浓云如铁，心里堵得慌。

黄叶似蝶缤纷舞，
铅云如铁化不开。
小园无计亲白发，
弹泪踟蹰风满怀。

先生永远活在学生心中！

认识林先生大概是1980年，林先生去德国参加国际语音学家大会，回来后给我们介绍语音学研究的最新进展。先生说话声音不高，但是非常清楚，节奏也是不紧不慢。先生还给我们听了用物理方法模拟人类发音的录音，这对我们这些刚刚入门的大学生来说还是很新鲜的。后来听先生讲"语音研究"和"北京话研究"课，那个时候我的心思不在语言学上，所以上课的时候思想老是开小差，我真的不是一个好学生。但是我记得先生说北京官话来源于东北，并旁征博引地加以证明，结论令人信服。因为我来自东北，因此对北京话来源这个话题特别留意。虽然语音学的课学得不好，但先生和蔼可亲的音容笑貌和那儒雅从容的气度深深地印在了我的脑海里。

跟先生近距离接触大概是在1986年，时间我记不清了，先生生病住在北医三院，我们夜里去医院陪护，先生对夫人杜先生说："他们都是好学生啊！他们都是好学生啊！"连着说了两遍，说的时候满含深情。先生一生为人谦和，对晚生后辈非常关照，生病住院时不得已需要学生帮忙照料，看得出来先生心中怀着十二分的歉意。对我来说，许多先生虽然也很平易近人，但是我仍然觉得他们更像是圣人，只可敬重而不敢亲近。林焘先生却是个例外，他不仅可敬，而且可亲。王洪君说林先生的北京话非常好听，我有同感。听先生讲课，有一种被催眠的感觉。林先生的满头银发配上那娓娓道来的声音，经常让我有一种幻觉，仿佛置身在圣坛下，台上是一位布道的圣人。说实话，我上课时经常胡思乱想，耳朵听着，眼睛看着，但是心在远方。大学四年这样的白日梦我做了很多。毕业以后偶尔会到林先生家小坐，每次也差不多都是跟同学一起去。每次林先生都会热情地接待我们，并且跟我们漫无际涯地闲聊，聊到会心处，先生会轻声地笑出来。我跟杜先生不是很熟，所以每次去访问先生时杜先生都回到楼上去做自己的事。

1987年，我研究生毕业以后来到北京语言大学工作。毕业前夕，在北大汉语中心主持工作的潘兆明老师多次找我谈话，希望我留在北大工作，并说这也是林先生的意见(先生当时是汉语中心主任)。我很惭愧，没有接受潘老师的挽留，也没有听从林先生的意见。以后见到林先生总觉得有些内疚。不过先生总是会关心地问起我在北语工作得怎么样。先生对我们班的每一个同学都很了解，闲谈中总会不经意地说起谁谁谁现在如何如何，尤其是对海外的几位同学更是关心。这种熟悉和关心非同一般，尤其是在我当了老师以后才明白，师生之间能走得这么近是多么不容易！大学四年，不光林先生熟悉我们每一个人，我们每一位老师都熟悉我们班的二十九位同学，回想起来真的是十分难得。后来问过老师，是不是记得自己教过的所有的学生？老师们都说不可能记得所有的学生，但是不知为什么对我们这几届学生印象特别深。

林先生是知名的语言学家，然而他非常关心对外汉语教学事业。在北大，他多年主持汉语中心的工作，为我国对外汉语教学事业的发展作出了突出的贡献。先生还多次参加世界汉语教学学会主办的“世界汉语教学国际研讨会”。2002 年北京语言大学召开“纪念对外汉语教学五十二周年座谈会”，林先生应邀参加了座谈，会后我们还专门拍了一张合影。这是我唯一一张跟林先生单独在一起的照片，非常珍贵。先生在对外汉语教学的教材建设、教师队伍建设以及对外汉语教学的基础研究方面都有独到的见解，并发表过关于语音教学和字音教学、语音研究与对外汉语教学的关系方面的文章。如今先生走了，中国语言学界失去了一位杰出的学者，对外汉语教学领域失去了一位杰出的领导者，我们这些做学生的失去了一位温柔敦厚的导师。但是我相信，林先生会永远活在我们心中。

怀念林先生

王洪君

从八二年上林先生的课,到几天前与林先生见最后一面,一晃二十四年。一些记忆的碎片,那么地鲜活,又那么地难以理出头绪。只好,随它去飘。

一

常有同学说林先生长得像孙道临,可我不觉得像。我觉得林先生特别儒雅,儒雅中透着高贵。常想,林先生一定是名门之后吧?

八二年本科四年级时选林先生开的北京话调查的课,感触最深的是林先生的北京话。我对北京话一直印象不好,觉得它挺土。可林先生的北京话完全不一样,一点儿都不土,也不像播音员那样有官腔。

整半年的课,有四次实地调查:海淀附近、东城皇城根儿(满族)、天桥、牛街(回族)的北京话。调查内容有语音的,如合口呼零声母 w/v 的问题,儿化韵的分合问题等;有语法的,让发音人随意说二十分钟的话,录下来回来整理。林先生要求我们用汉字完全照原样地转写录下的二十分钟录音。没想到口语的转写这么难,无意义的重复、插入语、哼呀哈的如此之多,都转写下来后根本就看不懂说的是什么！有许多地方完全听不清楚说的是什么，尽管当场听时意思都明明白白的。我们每组三人，转写几分钟的录音就需要几天的时间。后来，只好每个发音人只转写八分钟的录音。这是我第一次参加社会语言学的调查，第一次整理即时话语的材料，对于社团言语分歧和什么是真正的口语有了切身的体会。现在，这些转写的材料已经在北大汉语语言学研究中心网站上公布，成为全国语言学学者研究即时口语的珍贵资料，林先生八十年代导夫前路，功莫大焉！

学问上的具体指导几乎没有印象了，印象最深的是林先生跟我们一起坐马路牙子。那是去牛街调查。上午在哪里、中午饭怎么解决的，都记不得了，只记得街道居委会要午休，下午的工作只能2点以后开始，没地方去，只好在马路牙子上坐着聊天休息。记得有林先生、沈炯等老师，学生是我们七九级的，总共近二十人吧，大大的一群人坐马路牙子。林先生当时六十多岁，在系里是老先生了，一头白发，卓尔不群。

二

中国语音学学术会议两年一届，今年是第七届。本是由湖南大学承办，但承办的老师工作调动，会议没有了着落。学会希望北大接办。我最烦办会，不太想接；孔江平有几个科研项目要结项，也很踟蹰。但林先生希望北大接。他说推动语音学发展北大义不容辞，第一届语音学会议是在他的提议下北大承办的，希望还能办一届，下届或下下届就不一定赶得上了。

听林先生这样说，我马上与中心、中文系联系会议经费，孔江平承担起会议所有的组织工作，遇到问题都向林先生请教，准备到一个段落都向林先生汇报。

10 月 20 日会议召开，林先生致开幕辞。之后，21 日无力会客，22 日心衰、肾衰住进北医三院，28 日辞世。一切都这么突然。

三

10 月 27 日下午周燕来电话，说林先生肾的指标越来越不好，并出现内脏渗血。再不做透析马上有生命危险，而做透析心脏又有危险。家属只能选择透析。林先生得知后，要求透析之前见见以前的学生，点了许多人，有我。

赶紧跟周燕一起往三院赶，大门那儿遇到王韫佳。在高高的十层楼上的一个走廊里，蒋绍愚老师、耿振生、曹文已经等在那里了。又等了一会儿，说是透析太危险，改成血滤。但透析一次可以至少管三天，血滤一次只能管几个小时。

血滤前我们依次去看林先生。我说，您开会累着了。先生笑了，安详地说，不是，身体本来有了问题，没问题不会累着。

出来后听说，林先生内脏有渗血，怀疑是胃里有癌。又听说两三个月前还曾有过一次黑便，但林先生一直没在意，没去看。我想，黑便是消化道出血的症状，林先生不会不知道，为什么不去看？怕检查出问题住了院不能参加语音学会？

林先生淡泊名利。学术于他，仿佛只是生活不可缺少的情趣。林先生身体一直不强壮，肺动过大手术，一个肾曾突然“爆炸”，学术似乎一直是先生身体恢复的良药。这次为语音学竭尽一生，或许正是先生的希望？

28日中午，张剑福老师和周燕先后来电话，说林先生第二次血滤后情况急转直下，已深度昏迷。我赶到三院与林先生最后告别。床边堆卷着的被子上有一大片淡淡的血痕，林先生在氧气罩下费力地呼吸着，依然是那么安详。也许是病房充满阳光，林先生仿佛一身洁白地笼罩在神圣的霭埃之中，令人微感震撼，继感宁静。不同的人有不同感受，这样的感受我还从来没有经历过。

晚10点多，接到林先生辞世的电话。

四

跟福堂结婚后，每个大年初一都随他和徐通锵老师去给他们的老师辈拜年。通常是，上午去袁师母（袁家骅夫人）家，下午去林先生家。去林先生家，一般都再邀上王理嘉老师。

与社会上给老师拜年不同，北大拜年的学生都是空手而去，老师们准备好糖果茶点。拜年就是问候、坐着聊天，来的人多就少坐会儿，来的人少就多坐会儿，然后告别。

最近几年，拜年在林先生家坐的时间越来越长。什么都聊，具体却都记不清楚了。只感觉林先生特别高兴我们去，让我们再多坐会儿、再多坐会儿。每次分别都送出来，都反复说，有空多来坐坐。我们也说，您这儿近，去系里顺便就过来了。

愧疚的是，除了过年和公务，我几乎没有“顺便”去聊过天，“忙”只是个好听的借口。好像只有周燕，也许还有王韫佳，没事时经常去坐坐。

语音会前，大约是18日下午，林先生来电话，说他想在19日晚请王士元先生吃饭，希望福堂、王理嘉、我一起参加。不巧，那天正好有个德国教授计划要来讲演，我要主持；而福堂他哥哥也正好刚从外地来我家，也走不开。林先生听后很失望，问徐通锵老师是否能来，我告诉他徐老师检查出癌，这几天正在联系住院。电话里林先生声音大变，问是什么癌，早期还是晚期。知道是晚期后，半天没说话，最后很伤心地说，代我问候，说我很惦记他。林先生一直认为徐老师“字本位”的基本思想符合汉语的实际，曾当面夸奖徐老师在《语言学论丛》上发表的那篇文章很好。

请的几个人几乎都不能去，林先生说改21或22日吧。听家属说他还一直惦记着，想在家里请。

林先生血透前要求见学生，首先点的就是王福堂，可是福堂去湖南开湘方言国际研讨会去了。他会议发言完就往回赶，29日一早8点到北大，晚了，留下终身遗憾。

五

林先生爱好昆曲是出了名的，听说年轻时还跟杜先生一起登台演出过。不过我听到的林先生的昆曲，都是清唱的。

大约是八四年左右吧，北京昆曲研习社在北大有个西郊小组，每周活动一次。我还没参加时听说在林先生家里，我参加后一开始没有固定地方，临湖轩什么的都去过，后来就固定在三教附近工会的一排平房里了。活动时，一边是林先生夫妇、朱德熙先生夫妇、楼宇烈老师、齐良骥夫妇等老曲家，拿着线装的曲谱，跟着北昆王大元先生的笛子唱各自拿手的段子。林先生唱巾生，杜先生唱闺门旦，朱先生也是闺门旦，朱师母何先生是贴旦（丫鬟一类的角色），楼先生擅长大冠生。另一边是我们新学的，跟着周铨庵先生一字一句地“拍曲”。我们一边学着,一边也用另一只耳朵欣赏着先生们的唱。林先生夫妇的《琴挑》,楼先生的《闻铃》给我们的印象最深。林先生天生书卷气,唱柳梦梅、潘必正真是再合适不过了。

林先生、朱先生的笛子都吹得很好,家中墙上挂着曲笛。忘了是北大百年校庆还是什么时候,中央台曾经放过林先生吹昆笛的录像,林先生说,那是假的。中央台的编导想要让林先生穿西服还是马褂,反正是正装,让师母杜先生穿旗袍,林先生吹杜先生唱。可是林先生、杜先生都坚决不愿意穿那样的服装。演出前几天的一个晚上,杜先生不小心摔坏了髋关节,编导的计划彻底泡汤。林先生穿着平时穿的夹克上了台。那时林先生七十多岁,加上杜先生受伤,根本没有气力吹昆笛,就做了做样子,实际是王大元先生在后面吹的。

据说八十年代经常可以在燕南园听到林先生、杜先生的一吹一唱,很遗憾我很少去燕南园,没听到过。至少在〇〇年之后,笛声变成了二胡声,我也没听到过。一次拜年时问起林先生,他说拉的、唱的是京剧,京剧要比昆曲简单一些。

〇三年楼宇烈老师组织了北大京昆古琴研究所,成立大会上林先生、楼老师都表演了昆曲唱段。那应该是林先生最后一次登台演出吧。

在那次大会上得知,楼老师每周三在北大治贝子园教唱昆曲,我又重新开始学昆曲。楼老师教的方法与周铨庵先生不同,是一遍一遍地领着我们反复唱。这样学好像整体感更强些,加上现在有MP3录放等现代化的手段,学得比以前快一些。林先生也去治贝子园唱过,但体弱路远,不能经常去。林先生经常问我又学了哪些折子,邀我去他家唱唱。可有时我有事,有时他有事,总对不上时间。只去唱过一次，就是刘一之回来一起去的那次。我嗓子不好，还掌握不好气口和小嗓的运用，唱得不太像昆曲，林先生总是鼓励我，希望我坚持下去。我想我会的。

六

《语言学论丛》从第一辑起，林先生就主持编辑部的具体工作。第六辑（七九年）起至今，林先生一直是《论丛》主编。

林先生一直强调《论丛》要扶持学术新人。我、我同班的李小凡、李平、刘一之，长我一级的喻遂生、曹广顺、李守业等许多人的第一篇学术著作，都是在《论丛》上发表的。

〇二年《论丛》由中文系同人文集改为汉语语言学研究中心的面向世界的学术刊物，林先生任主编，我负责编辑部的一些具体工作。林先生强调《论丛》要坚持学术性，要允许不同观点，要允许别人批评。林先生说，老先生们的学术成就，不是一些不公正的评论能够抹杀的，也不会因此受损。北大的旗帜不可能被外来的批评"砍倒"，坚持学术创新，才能真正光大先生们的学问。原话记不清了，意思是这样的。

〇二年《论丛》与《中国语文》、《民族语文》一起入选欧洲人文科学标准委员会语言学刊物名录，是对林先生主编工作的最大肯定。但林先生在〇四年《论丛》第三十辑卷首的纪念语中说："《语言学论丛》出版到第三十辑，到了'而立'之年，是不是已经真正'立'了起来，要由广大的读者来评判。"

林先生的话，我时时在心。

七

刘一之托我买最好、最贵的花祭奠林先生。

我选了一盆蝴蝶兰。

蝴蝶兰深紫，记忆的碎片在眼前飘，在旋转，渐渐与蝴蝶兰一起聚成：

“高贵如斯，淡泊如斯，林先生一路走好！”

自作主张把心中的话做了挽联，自作主张把署名定做“学生刘一之、王洪君、王硕”。

刘一之看了发去的照片，来电话说，挽联很好，高贵、淡泊，就是林先生。

我的毛笔字极差，匆忙之间格式安排得也不对，一之没有计较。

林焘先生印象

李小凡

2006年9月，我奉派到澳门大学担任客座教授。初到任，埋头于备课上课，无暇关注北大的信息。10月4日，忽闻继杨晦先生、王力先生之后保持多年中文系寿星纪录的林庚先生仙逝，深感震惊。唏嘘之余，屈指点算，林庚先生走后，寿星教授的称号该由林焘先生继承了，心里暗自期盼林焘先生能改写与他同姓、同事并同居燕南园半个多世纪的林庚老先生的纪录。

10月20至22日，林焘先生力主北大中文系主办的第七届中国语音学学术研讨会在燕园如期举行，林先生在会上致了开幕辞。我本来要参加这次会议，还盘算着正好可以趁回北大开会之便处理一些事务，但因初任澳门大学教职，不好随意改动教学日程，好在一周之后就是阅读周，那时可以利用休课的间隙回北大，便将行程推迟了一周。岂料天有不测风云，一周后，当我回到北大时，林焘先生竟跟随林庚老先生而去。上世纪九十年代以来，北大中文系朱德熙、吴组缃、周祖谟、季镇淮、阴法鲁、冯钟芸等老先生相继离世，我都参与了生前身后的诸事安排，这次几位先生接踵而去，我却未能见最后一面，心里很不是滋味。虽然我已离开中文系领导岗位，但林焘先生是老先生中我最熟悉的一位，而我原本是应该聆听先生一周前的开幕辞的。然而，就是这一周的阴差阳错，使我终究未能向林先生告别，因而留下了深深的遗憾。

回想起来，我最后一次去林先生家是4月17日。那天，在电话里约好之后，我去他家呈送先生赐序的新著。那是我和王理嘉老师为香港汉语测试服务机构编写的《港澳地区中小学普通话水平考试纲要与普通话学习指要》。两年前，香港一位从事普通话教育的人士希望与北大中文系合作举办针对港澳地区中小学的普通话水平考试，系里认为这有助于推进港澳地区的普通话教育，也与新成立的北京大学语文教育研究所的宗旨相吻合，遂经北京大学报请教育部批准后，由我和王老师组建课题组编写此书。书稿完成后，香港朋友执意要请京港两地有影响的资深学者作序，香港学者请了中文大学校长刘遵义先生，北京学者就是备受香港普通话教育界推崇的林焘先生。我和王老师去林先生家请他赐序时，心里颇犯嘀咕，因为我们知道先生年事已高，眼力难以承受长时间的阅读，但林先生二话没说便欣然允诺，并且很快就发来了序文。更令人难忘的是，由于此书在香港出版发行，序文措辞要针对港澳读者，还要兼顾合作双方，当先生知道我们的此番考虑时，很快又重写了序文，当他告诉我新的序文已写好并放入我信箱时，还连声说"不知合不合用"。作为蜚声中外的大学者，林焘先生对晚辈学生如此平易，如此宽厚，而学生辈竟敢对先生如此"不敬"，实非世俗所能想象。

我是"文革"结束后北大中文系汉语专业录取的第二届学生，那真是一个科学教育的春天，一个专业学习的黄金年代。那时候，老师们尽情无私地教，学生们如饥似渴地学，师生之间在政治、经济、观念上高度一致和融洽，可谓空前绝后。当年，学生对教师大体有两种称呼，一种是"老师"，一种是"先生"。大体上，我们称身处教学第一线的“中青年教师”为“老师”，又依从这些“老师”称他们的老师为“先生”。“先生”之称含有敬仰，比“老师”更显尊贵，这是一个约定俗成的校园称谓体系，够称“先生”者绝不会误称为“老师”。然而，“老师”却也比“先生”多一分亲近感，没有人会刻意将“老师”晋升为“先生”，那样反倒觉得别扭。那时，汉语专业的“先生”辈有王力、岑麒祥、姚殿芳（姚先生是女性，由此足见“先生”并不是按性别、年龄确定的）、朱德熙、林焘。林先生是“先生”中最年轻的。在我印象中，林焘先生既具“先生”的名望、资历、权威，又像“老师”一样平易和亲切，尤其是他的音容神韵，更给人以一种审美的享受。如果用一个词来刻画最有魅力的几位“先生”的魅力所在，我所想到的是：王力先生的“博大”，朱德熙先生的“精深”，林焘先生的“高雅”。这种魅力既是学问，也是人生。这三种品味或许正可以体现北大学者的境界。

林焘先生给我们开过两门高年级选修课，一门是语音研究，另一门是北京话调查。这两门课当时都是具有前沿性、开创性的课程，虽然与先前所学的不少基础课有着截然不同的理论背景，但学起来却并不感到深奥和沉重，反倒倍感新奇以至兴奋。林先生的课在当时以专业教育为目标的整个课程体系中确实起到了促使学生强化专业兴趣、拓宽学术视野、训练动手能力的良好效果。特别是北京话调查课，对于已经开始属意于以田野调查为基点的汉语方言学的我来说，对最终确定自己的专业方向起了一种旁敲侧击，然而却非常重要的推动作用。现在，当我执教汉语方言调查课多年之后，更能深切体会到林先生以花甲之年在特大城市带领众多学生开设大规模语言调查实习课是多么的难能可贵。

1988 年，林焘先生参加了我的硕士论文答辩。我的论文题目是“从苏州青年人语音看苏州音系六十年来的演变”，林先生肯定了我的论文把音位和区别特征理论用于分析方言音系的声母和韵母，同时也提出了一个问题：为什么对声调没有采用同样的分析方式？苏州方言语音研究的难点在于字调和连读变调的复杂关系，林先生的问题可谓一语中的，它深刻提示了汉语方言的声调研究不能停止于对单一音节的静态分析，而需要寻求新的理论方法。这个问题促使我日后对连读变调和轻声现象进行了多年的思考，并发表了好几篇相关的论文。

林焘先生退休后，我与他接触的次数反而多了些。每逢岁末，少不了和系主任一起到燕南园拜望两位林先生。每遇学校有什么新的举措或学科建设方面的大事，也常当面或电话向先生通报和讨教。尤其是林先生在新时期亲手重创的语音实验室幸逢北大实施“九五”和“十五”两次“211 工程”的难得机遇，先后得到数百万元的建设经费，系里分工我管“211 工程”，就更少不了征询林先生的意见了。退休后的林先生给我留下深刻印象的有两件事，一是他曾经提出过一项请求，二是他曾经拒绝过一项建议。

在我参与系务工作的十余年中，林焘先生从未向系里提过任何要求，也从未用自己的想法影响过系里的工作，但他绝非不关心系里的事情。“211 工程”使语音实验室的设备得以换代更新，并添置了一批贵重设施，在硬件建设上取得了前所未有的进展，林先生为此十分高兴。同时，他还进一步思考实验室软件建设的问题。考虑到实验室沈炯主任将届退休，他不无忧虑地提出要适时引进新人。这个想法正与学科点和系里的考虑不约而同，当系里征询林先生对具体引进人选的想法时，他慎重提出了建议，但并不要求以自己的推荐为权威意见。不过，包括林先生推荐的人选在内的几位合适人选都只是我们单方面的意愿，当时都未成真，只好虚位以待，无限期地推延。然而，实验室后继无人的问题仍时时萦绕着林先生。过了一年多，林先生在一个偶然的机会得知他原先推荐的人选已不再是我们的“一相情愿”了，便立刻给我打电话。结果，很快便完成了这次引进，及时解决了实验室的燃眉之急。如果这算是林先生对系里的一种请求，那绝对是一个无私的请求。至此，林先生最为牵挂的语音实验室建设问题得以解决，先生终于可以安心了。

和以上请求形成鲜明对照的是，林焘先生曾经拒绝过系里的一项建议。那是2001年底，临近林先生八十大寿的时候。按照中文系的惯例，系里要为德高望重的老先生庆贺八十寿辰。那一段时间，林先生因身体不适住了一阵医院，此时已趋康复。当我告知系里打算为他祝寿时，先生当即婉言谢绝。他坦率地告诉我，早就有人提过祝寿的事，但他自己不愿意。前一阵住院，病已痊愈，本已打算出院，正是为了避开祝寿的事，才在医院多住一阵。显然，先生对此事早有定见，态度认真而坚决。最后，系里遵从了林先生的意见。

以上是我对林焘先生的点滴印象，肯定不足以反映林先生的全貌，但求能展现先生的某些侧面。

怀念林焘先生

刘一之

初识林先生，是因为昆曲。我第一次听到昆曲，是在我的中学同学欧阳启名家，我一下子就被迷住了。那时，我刚上北大，欧阳中石伯伯就说，北大也有一个昆曲小组，在林焘先生家活动，介绍我去，我就去了。

初时去活动的都是北大、清华的老先生，学生只有我一个，后来，日本留学生矢野贺子也去。学生渐渐多了，就改在三教旁边的一个院子里，林先生夫妇、朱德熙先生夫妇几乎每次必去。记得一次朱先生跟林先生、杜先生说："有一回，梅兰芳的演出，我都没去，去看贵伉俪的《琴挑》。唱得太好了。"林先生那时已年过六旬，依然丰神俊朗，可以想象得出年轻时的潇洒飘逸。他和杜先生夫唱妇随，妇唱夫随，可谓是一对神仙眷属，怎不羡煞人也么哥。

二年级，林先生教我们"语音研究"，考试是写一份报告，题目竟是重新构拟汉语拼音方案。刚看到题目，我们不禁发愣。《汉语拼音方案》是经过多少专家研究出来的，我们怎么可能构拟得更好呢？林先生说，构拟不出来也没关系，那就说说现行方案的长处和不足，怎么改进。我们一下子开了窍，兴致也来了，反复地思考、比较、论证，不仅把学到的知识都用上了，而且还学会了不迷信权威。

四年级时，林先生给我们上"北京话调查"。他先介绍了一些国外田野调查的经验，然后把学生分成四组，让我们自己写出调查方案。我没想到课还有这样上法，又新奇又好玩儿。记得当时要调查的有一项是北京话中u处在开头位置，到底是发w还是v，林先生说，如果直接问"晚、蛙"怎么说，被调查人可能就会受到你发音的影响，随着你说，你说w就w，你说v就v，所以，最好绕着弯儿问，比如，"天黑以后怎么说？"但是，我们小组的方案，接受我的意见就写成直接询问。在讲台上介绍理由时，我忐忑不安，但还是说，因为一般北京人不能辨别w和v，所以不会受影响。我看见林先生一愣，随即惊喜地笑了。在讲评时，表扬了我们，并建议其他小组可以两套方案都试试。感动从我心底慢慢升起，我那时就想，我将来要是当老师，一定也要当林先生这样的老师。

出国后，每次回国我都去看望林先生。记得一次聊天儿，说起"一会儿"的发音，林先生很内疚地说，当时他也是定音人之一。那时正要大干快上，向什么献礼，赶出一部词典来，没时间仔细论证字的多读音问题，就制定了一个原则，尽可能一字一音，有问题以后再改。所以，"一会儿"的"会"就定成了去声。当时也没想到，词典上的音就变成了现在的标准音，要大家都照着念。只因为当时他们偷了一下儿懒，便造成了今天的谬误。林先生无奈地说，后来，他不止一次在会上说过，还写过文章，但是没人听。在他的有生之年没能纠正这个错误，林先生一直耿耿于怀。

去年我回国的时候，在燕南园向阳那儿住了几天，8月4号去拜访林先生。闲聊天儿，不知怎么就说到了死亡。我说我姥姥，本来什么病也没有，就在睡梦中从床上掉下来，摔裂了脑血管，一天就去世了。林先生说，这也好，不受罪，我也希望我将来这样，没想到，竟一语成谶。林先生又说，他要请我吃饭。我说我请您吧，林先生坚持，我就只好恭敬不如从命了，说好6号晚上。林先生又说，叫上王洪君，你下午早点儿来，咱们聊会儿天儿。

6号下午4点多，我到了林先生家，王洪君也去了，说起现在评博士点，投票人要在全国同专业的教授中随机抽选，想建博士点的大学就派出老师到全国去拉关系，请吃饭，林先生感叹说，有那么多钱，放在学校建设上不好么？放在研究学问上不好么？又庆幸说，我现在退休了，没人找我，用不着犯难了。

我们去勺园餐厅吃饭，饭间，林先生问服务员，从哪儿来，挣多少钱，怎么找的工作。又跟我们解释，他家保姆的女儿想上北京来，他们正帮着找工作呢。饭后，又到林先生家。王洪君背了一书包曲谱，说唱昆曲。林先生说，他现在嗓子不行了，唱不了了，指着杜先生说，她还行。王洪君便和杜先生唱《琴挑》，她唱生，杜先生唱旦，后来，林先生也加入进来，我觉得还是林先生嗓子好，唱得也特有味儿。

快9点，我看王洪君，说，咱该走了吧？林先生说，再坐会儿，今天真高兴，咱们见面儿不容易。又坐了一会儿，我心里惦记着女儿，又告辞。林先生说，你就住在燕南园，没事儿就过来。我说，我后天就回团结湖了。林先生说，那你就明天过来。我含糊说，有时间就过来。第二天，因为去别的老师家，第三天，又忙着和同学聚会，就没再去林先生家。总以为林先生身体康健，可以来年再见，没想到竟成了永诀。

8月17号，我要回日本的前一天，给林先生打电话辞行，林先生很欣喜地说，看了我的小说，写得不错，挺是北京味儿的。这是我跟林先生的最后一次通话。

听说林先生去世，我真是又悲又悔，大哭了一场。我恨我自己为什么那两天没去看望林先生，也恨我自己为什么回日本后没给林先生打电话，现在天人永隔，什么都晚了。

真希望有来世，那时再做林先生的学生。

2006年10月31日

求新无止境 儒雅亦吾师

孙景涛

第七届中国语音学学术会议10月下旬在北大举行，我们这儿的得森同学与会归来后甚为兴奋，说见到了吴宗济、林焘、王理嘉等先生，并出示与先生们的多张合影.可是里边没有林先生，我问怎么回事，他说先生病了，开幕式后就没再见到。听到这儿不禁心中黯然，转而猜想兴许是办会累的，过一段时间就会康复的；脑海里又浮现出先生儒雅的举止和温厚的微笑，还有不久前在一个研讨会上的侃侃而谈，让人怎么也不会另有他想。然而没过一个星期，网上竟传来林先生病逝的消息，一时间不觉视线模糊，而心绪涌动，哀思与怀念亘远悠长。

第一次听林先生的课是八一年秋天。课是“语音研究”，给研究生开的，不过前来听课的极多，文史楼那间不算小的教室里坐得满满的。时先生正值盛年，温文儒雅，面容和悦，适中的身材配以朴素的中山装，往讲台上那么一站，怎么看怎么都觉得北大的老师就该是这个样子。而课上的内容更是精彩，从音位的归并到语音的声学分析，从雅各布逊到乔姆斯基——远远不止介绍，更多的是结合语言实际的批评与新的理论假设。作为一个本科生，要完全理解是困难的，但先生求新创新的精神，讲实事重证据的方法，启迪后学极深。记得林先生当时对乔姆斯基和哈勒的区别特征学说相当赞赏，不过同时又指出此种做法简则简矣，处理具体问题时却不免捉襟见肘。比如一些语言的元音系统相当复杂，以［高］［低］［后］［圆］加以区别显然不敷应用。例如，属于羌语支的普米语有24个单元音，光是前不圆唇元音就有i、e、ᴇ、a四个。我们可以说i是［+高］，a是［+低］，这没有问题。但是无法区分e与ᴇ，因为二者的区别特征都是［-高］、［-低］。也许有人会尝试将a定为［+后］，进而将ᴇ说成是［+低］。这仍然行不通，因为该语言另有后 ᴀ与a对立，a只能是［-后］、［+低］，ᴇ不可能是［+低］，e与ᴇ终究无法分开。想想乔姆斯基和哈勒1968年的经典性著作 *The Sound Pattern of English*（林先生在课上译做"英语音型"）出版不过十多年，而祖国大陆走向开放也只是刚刚开始，林先生便能对西方的权威语言学理论有如此精到的见解，何等难能可贵！林先生关注前沿理论，重视语言实际，为莘莘学子昭示出正确的为学之路。

九十年代初，我到加拿大求学，有机会系统学习生成音系学。要理解新的理论，自然离不开汉语的实际，这样林先生的一系列论著就成了我的必读，从中获得了许多教益，一直影响到我后来的研究。大概是1996年吧，我注意到"於"的声调很特别，依照《广韵》央居切，应读阴平，晚至《西儒耳目资》、《五方元音》仍然如此，可今天却是阳平。联系在非洲语言中所见到的声调两极分化的现象（两字组前字可依后字发生高低相反的变调），我疑心其中有同样的事情发生，可是苦于找不到切入点。后来读到林先生八十年代关于北京话变调的文章，一下子恍然大悟。林先生从实地调查中发现，在北京地区尤其是郊县文化水平较低人群的日常口语中，若两去声连读，则前字有变为升调的倾向，比如电线、按份儿、扣肉，其中电、按、扣全都读成高升调。因后字下降而引起前字高升，这不正好是声调两极分化的绝好实例吗？就“於”字来说，它不能独立运用，因而易于屈从于一般的音变规则。此外，“於”字居前的常用词唯有“於是”，而“是”字有一个下降调，正可引起前面“於”字声调的高升，最终变成阳平。林先生的方言材料以及分析使我得以完成这项研究，而且深信结论可靠。这一经历促使我常去做田野调查，再据所得材料写文章。因为尝到了甜头，所以常跟同行朋友说：调查方言去吧，一定会激活想象力的。希望能够与人分享自己在学习林先生过程中的心得体会。

跟林先生学习远远不止学术一端。林先生仁心仁德，色温貌恭，待人亲切慈爱。有一次《语言学论丛》编辑部在先生家开会，聊天时问到我的年龄，先生马上说你跟我初入《论丛》时一般儿大，一下子拉近了距离。又听说我与内子分居两地，便马上出主意想办法，焦急的样子好像是自己的事。林先生热爱生活，喜欢侍弄花草，非常在行。还有衣着，无论多么一般，穿在先生身上就显得那么得体。林先生兴趣广泛，这就要说到对昆曲的爱好造诣，熟识的人没有不知道的。记得是八三年或八四年，我的同学刘一之告我说陶然亭有个昆曲研习社，周末聚会，身段唱腔轮着来。我因小时候常见家父抱一本《昆曲津梁》边看边唱，耳濡目染，也很喜欢，因此很想前往，但苦于路途遥远。后来北大也有了昆曲研习社，刚开始时就在林先生家里活动。应该是八五年的秋天吧，研习社活动渐趋频密，有一次先说在学生食堂，后嫌廓落噪杂，又换到工会俱乐部，林先生林师母，还有朱德熙先生和朱师母，跑来跑去搬凳子，兴奋认真，年轻人想代劳都不行。吟唱时就更加投入了，笛声一起，林先生就像换了一个人，喜怒哀乐，全然是柳梦梅的感受，亮丽激越，那是青春少年的歌喉。一时间馨音绕梁，兰息燕蔚，心中陡然感受到一种神奇的震撼。大家也一样，全都听得如醉如痴，连出演《游园惊梦》的名家洪雪飞都要啧啧称赞呢。吟唱，诵读，切磋，教学，整整一个下午很快就过去了。暮霭中话别，叮嘱再三的是下次相聚的时间地点。在那几年里，因为有林先生朱先生的热心，这种聚会一直坚持着，尽管居无定所。我因为学业家庭的原因，主要还是不懂得珍惜，后来竟去得不多，今天想来简直是遗憾死了。不过我的同学，像王洪君，早先上大学时好像就没听她唱过歌，可她一直坚持着，如今会唱的昆曲折子怕都以十数了呢！而且还大胆到登台清唱。我想，除了昆曲自身的顿挫悠扬、洁净高远之外，她的着迷和坚持，恐怕在更大程度上还是因为向往传授昆曲之人的那种绝尘脱俗的境界吧。这些年来，洪君学姊学术上成就斐然，谁能说这与她跟林先生朱先生一样酷爱昆曲没有一点关系呢？

走笔至此，想到白天看到的香港第三十五届艺术节海报，上面说江苏省昆剧院将于本月 24－25 号在文化中心大剧院演出《桃花扇》，昆剧艺术顾问是林先生爱听的张继青。我想，若能跟随林先生前去观赏这出大戏，再听林先生娓娓道来，那该是多么惬意啊。然而死生契阔，这是再也不能够的了。哲人已逝，音轻义必轻，方言中的抑扬格扬抑格，这些长时间留存心底的问题，以后是再也无缘就教了。令人感伤。蓦然间抬头，看到书架上先生的著作，又想到存入电脑的先生的多篇论文，还有抽屉里当年整齐的课堂笔记，心底不禁掠过一丝安慰。我仍然可以随时向先生请教，先生永远是我的老师。

2007 年 2 月 7 日

于香港清水湾

追忆林先生

张伯江

我是八〇年入学的,那时候,系里像林先生这个辈分乃至资格更老的大学者还有不少,但是大多都不在第一线教课了。可是林先生跟我们汉语专业八〇级同学在 83－84 那两个学期的经历,凡是选了那门课的同学,都会终生难忘;林先生本人到了晚年,见到我们,也还常常笑着提起那时的好多细节。

那是八三年的秋天,林先生给我们开"北京话调查"课程。此前林先生已经在七九级开过这门课,调查了北京城区各个地区各个社会层次的语言变异,得到了不少新鲜的发现;到了我们这一年,就主要是面向郊区了。第一次课,在系里的语音实验室,林先生给我们系统地讲了北京话社会调查的理论意义和调查内容以后,强调说,郊区调查意义更大,有助于摸清北京话的历史层次,再者,远郊区调查条件艰苦,调查对象文化不高,难度也大,对你们也是一种社会实践的历练。

那时我们都是刚过二十的孩子,倒是不怕吃苦,但是没想到的是,年过花甲的林先生却也穿着件羽绒服跟我们一起往远近郊区的乡下跑。那时候北京的农村还相当的艰苦,真到调查的时候,拐弯抹角找到老乡家里路就很难走，也有的时候随便找个地方就开始聊天，录音，甚至是在土路边、田埂上，或者大棚里。冬天寒风呼呼的吹，录下音来有时候风声比语言材料声还大，林先生跟我们一样背对风沙瑟缩着扎堆儿跟老乡谈话，他话不多，却总能最先引着老乡说出我们希望调查的东西来。

到了中午，也没正经地儿吃饭去，林先生和我们一起就近找个小饭馆简简单单的吃，饭间还跟同学们一起拿谁吃了十几个包子打趣，哈哈大笑。

调查做了两三个星期以后，同学们才体会出，北京话的调查其实比我们经历过的其他省份方言区的方言调查还要难得多，因为林先生想的深，需要我们挖掘的东西，不是像一般方言调查那样靠提问就能问出来的，需要一定的技巧和现场应变能力。林先生让我们赞叹的就是经常在这方面给我们切实的指导。记得有一次我跟樊晓冬、胡士云一起访问一个九十多岁的不识字的老人，老人有点耳背，我们准备好的问题都没问出结果来，可是老人很健谈，我们索性就开着录音机跟老人随便聊起来，老人越聊越高兴，时间长了，我们也从中得到了不多的几项调查项目。回来以后我们觉得没调查全，恐怕不好交差，没想到林先生在课堂上特意表扬了我们这个范例，他仔细听了录音以后，肯定了我们的做法，告诉我们，只有会跟调查对象打交道，才能得到真正想调查的东西。听了林先生的话，我不仅放下了悬着的心，还深深感动，领悟了许多。

那是我们大学生活的最后一年，基础课学得差不多了，班上许多不打算将来搞语言工作的同学就很少选修专业课，一时显得有点散。但是林先生这门他设想中规模不大的选修课，却吸引了班上越来越多的同学加入进来，林先生以他深厚的学养和个人的魅力感召了这么一批同学，不仅为母校留下了一批宝贵的调查材料，而且在我们四年的大学生活里书写了最精彩最感动的一段历史。

大学毕业以后我还常常跑回母校听系里的学术报告会，八五年底的一次就是林先生主讲北京话的来历，我才第一次明白了原来我们花了一年时间在京郊四处奔走搞来的这些杂乱无章的材料里蕴含着那么深厚的理论意义。那时我在《中国语文》编辑部工作，编辑部开会鼓励大家外出约请好的稿件，我就想起了林先生的工作。八六年冬天的一天，我就到燕南园52号那小楼上拜访了刚刚做过手术的林先生，林先生虽然身体还很虚弱，却高兴的答应了我的要求。两个月以后，我如约到先生家里取稿子的时候，杜荣先生还给我解释，说先生做完那么大的手术也没好好卧床休息，一口气把这篇文章写出来。这文章就是后来产生深远影响的《北京官话溯源》，刊登在了《中国语文》1987年第3期上的头一篇。文章登出来我高兴得不得了，却很快收到林先生给我的一封信，指出其中几处排印错误，并且婉转地批评我有两处常识性的错误，不应该。先生说："我并不一定要求刊登更正，只是觉得应该告诉你们，提请今后注意。本想直接写信给编辑部，又恐过于严重，只好写信给你，请你转达，多谢！暇望来舍下一叙。"我看了先生的信，既羞愧又痛心。2001年商务印书馆出版了《林焘语言学论文集》，收入了这篇文章，我特意看了一下，那两处都已改正，我想应该是林先生一直记着此事，在校对时候改的吧。

林先生处世淡泊，不事张扬，但是对他关心的学术问题却从来不吝热情。九十年代初，我跟既是学姐又是同事的方梅合作研究北京口语语法，专程去请教林先生，先生十分高兴，说太值得一做了，并且说系里那些北京话调查材料都是我们参与过的，如有需要都可以用。1995 年我们的研究作为国家社科基金项目结项的时候，林先生又热情地写了满满两页纸的鉴定意见，其中说道："参加本课题的研究人员都是在北京长大的较年轻的语言学家，有较深厚的语言学基础，有最准确的语感，所收集运用的语料都十分翔实可信，他们又都受过相当严格的研究方法的训练，因此能取得相当突出的成绩。"在这几句话里，我处处都能读出林先生在其中扮演的给我们打下语言学基础、给我们以严格训练的角色。

1998 年，林先生主编《20 世纪中国学术大典》的"语言学卷"，我和好几位同事、朋友都参加了"现代汉语语法研究"部分的分条目撰写，交稿过了一段时间以后，陆俭明先生打来电话说"现代汉语语法研究"这个总的条目至今还没有一份理想的稿子，他想推荐我试试。我不敢承担，连忙推辞。不料过了一会儿，就接到林先生给我打来的电话，说这几年一直关注着我的工作，他也认为由我写这条比较合适，这下我再恭敬也要从命了。勉强写出来交上去，据陆老师告诉我说，林先生还是比较满意的。林先生、陆老师敢于信任我，我知道，那是因为他们知道他们在我们这些当年的孩子身上倾注了多少心血。

林先生的魅力不仅在其学养，也在他的风度和气质。他也是一位既严谨又非常有情趣的学者。我原本不知道林先生昆曲和京剧的修养那么深，是中文系常跟我一起看戏的冯世澄老师告诉我的。于是八三年林先生跟我们一起到郊区调查的时候，我就抽空儿跟他聊戏。记得那年冬天在石景山金顶街，中午简单吃完饭，我们就在大队给安排的一间空房子里休息，我跟同为戏迷的同学朱洪军围着林先生聊起来，先生兴致勃勃的评说他看过的各位名家的特色，说到杨小楼，他只是连说"神品，神品"，让我们心向往之。我央他哼唱一段，他唱了几句《写状》："我和你少年夫妻如同儿戏……"韵味十足。接着林先生让我唱，我其实不会昆的，就唱了一段《逼上梁山》里的吹腔，林先生说不错，好多年以后我才知道，那原来是从《长生殿》里的《弹词》化过来的，难怪当时感觉林先生好像很熟那曲子。

林先生其实戏瘾很大。大四时候我跟我爱人刘爽在学校谈恋爱，常到燕南园散步，好几次走到林先生家小楼下，听到楼上传出悠扬的笛声，以及杜先生的歌声。我们每每在那里驻足良久，享受那一份清雅。到了2000年，中文系八〇级同学在母校搞相识二十年大规模聚会，同学们让我去请林先生，我到先生家里，看到沙发上的《梨园周刊》，又跟先生聊起戏来，他跟我提起听说网上戏迷很多，他也想上去看看，给我留了他和杜先生的信箱地址，让我把戏曲网站的网址发给他；又问我知不知道报上那言菊朋传是谁写的，我说是上海一位年轻的朋友，他很惊讶，对那文章大为赞赏，后来我告诉了那作者，他来北京时还曾到林先生家里拜望。这几年先生年纪大了，估计唱的不多了，但还是经常能在电视专题节目里看到先生讲戏曲知识，回忆梨园往事，十分亲切。没想到先生这么突然离我们而去，我再也没有机会跟先生一起谈戏品戏，没有机会向先生汇报自己的研究进展了。

2006年10月29日下午

怀念林焘先生

何宛屏

听到先生仙逝的消息，还在回京的火车上，从朱洪军发来的短信中。看着那几行字，不敢相信是真的，坐在那里，一下子泪流满面。

我们八〇级应该是林先生亲自授课的最后一个年级的本科生了。每每说起来，让我们十分感佩的是，那几届"文革"后他教过的学生，无论什么时候提起，先生总是清清楚楚地记得，谁谁谁是你们班的，谁谁谁是七九级的，从来不会混淆。那是因为先生对我们当年的孩子寄予了太多的希望，太渴望我们之中会出现几个能接续他们事业的人才吧！但即使我们班的大多数同学，未能如先生所愿做与专业有关的工作，说到谁在干些什么，先生总是一样露出欣慰的笑容，为我们今天的努力高兴和骄傲。

我跟先生更多的接触，可能是工作以后了。记不得有多少次了，这些年里，逢年过节的时候，总是以单位的名义，回学校去给先生们送月饼、送挂历什么的。所以，燕南园王师母和林先生家，还是常去的。后来，老是觉得放不下手头儿的工作，有时就由其他同事去送了。今年十一前送月饼的时候，我犹豫了一下，后来还是让同事去了,还特意请他们给先生带好儿。同事回来说,林先生依然思维敏捷、谈笑风生,桌上还有正在写的东西,还一直把他们送到门外。总以为先生会一直不老,一直这么健康,一直用快得让人跟不上的语速跟你聊天儿,却不会想到,让你后悔再也没有机会见到他的这一天,来得这么突然,突然得让人毫无防备。

最后一次见林先生,是去年的七月,是在系里纪念王先生王师母诞辰暨王师母纪念文集出版的小型活动上。我和这本文集的责编前往参加。当时到会最年长的老师是姚殿芳先生,记得是八十六岁,年长林先生两岁。所以,按照年龄顺序,林先生是第二个发言的。我在开会前,把朱洪军写的回忆大学生活的文章——因为里面提到北京话调查课和林先生唱昆曲的"故事"——放大复印了一份,带给先生,请他看着玩儿。回去后,又把当年我们班在北京话调查时的一张旧照用邮件发给他。后来林先生回复说:"相片收到,谢谢!很珍贵,我似乎没有看到过,难得你们能保存到今天。小朱文章已读过,很精彩,只是最后两段把我的昆曲水平说得太高了,实在不敢当。欢迎小朱和你来我家。"

至今还在自责、现在深感遗憾的是,〇四年那次毕业二十年的聚会,由于我的失职,没能及时联系到各位先生到会。当时在现场给林先生打电话时,他家里正好有客人,抽不出身来。否则,我们的聚会,就会留下和先生在一起的回忆了。

差不多每年,朱洪军都会去看望林先生和杜先生,偶尔我们也会一起去,每次都跟先生聊得兴致盎然。记得有一次,是在春暖花开的四月，临走时先生送我们到院子里，我们又站在那里说了会儿话，眼前是满院子盛开的二月兰。还有一次，是个下大雪的冬日，我们即兴回学校去拍雪景，路过燕南园时，看看时间正是下午休息，没敢去打扰先生。只是留恋地给52号院拍了张照片。

有一次朱洪军回来说，林先生说起，活到他这个岁数，就没什么意思了，因为跟他同时代的人，都已不在世了。说这话的时候，先生的神情并不是悲伤，而是坦然。我们俩为这话感慨了半天。其实，先生早已把生死之事看得很开了吧，不然不会在知道自己便血几个月了却不去医院看病，而有预感似的坚持在有生之年再由北大主办一届语音学会并在开幕式上致辞，在病倒之后趁清醒之时把学生们一一叫到病床前交待后事。先生其实是从从容容离去的，或者可以说，他对这一天的到来，早已经做好了准备。能够这样从容地、有尊严地走完自己的一生，是一种令人钦羡的境界。

2001年，我有幸做了《林焘语言学论文集》的责编。不知先生对书的编校质量是否满意，只记得当时我对封面的颜色不太满意，跟先生说起的时候，他完全没在意封面设计的事，似乎连这本书同系列的其他书都是什么也不太了解，我这才意识到应该送给先生几本书。记得有一次朱洪军去看先生的时候，见他用的词典还是很老旧的版本，问起来时他笑着说："没有人送我呀！"后来我记着让他再去先生家时，给先生带几本新出的词典。记得最后一次带给先生的，是先生作为原编者之一的《古汉语常用字字典》第4版。作为深深敬爱先生的学生，也只能尽这么一点绵薄之力。现在我只想再能为先生做点什么。虽然我知道先生淡泊一生，对生前身后事一定看得很轻，但我还是希望能为他出一本纪念文集，以寄托大家对先生的深切思念之情。

2006年11月8日

怀念林先生

朱洪军

好几天过去了，还总是不能相信，真的再不能见到林先生了。那天去先生的灵堂拜别出来，又去了先生在燕南园的52号院，心情让人不忍靠近，可我还是清楚地看见，先生用的那一排书，还放在靠窗的写字台上，好好儿地立着。回头看着先生门前的小院，仿佛又看到有一年春天，我和何宛屏去看望先生，他送我们出来，站在台阶上看着满院子的二月兰，兴致盎然地听我们说这花儿是可以怎么吃的……

就像王洪君学姐写到的，这些天想起来的，都是一些小事。但是我清楚地意识到，这些小事，在我们这些做学生的这些年的成长里，有着多么深远的影响。

记得刚到汉语中心工作的时候——那时先生还兼着汉语中心的主任，我被指派为联络员，负责勺园和燕南园之间的跑腿工作——有一次先生突发急病，送至北医三院急救，之后住院，单位便给年轻教师安排了轮流在医院值守。轮到我值班时，看到先生即使在病痛中，却依然紧抿双唇丝毫不失尊严的样子，心中万分感佩。先生有时精神稍好，怕我坐得无聊，就和我说说话。我便总是请他不用管我，好好养神。那时候我一点儿都不怀疑先生的康复……那是差不多二十年前了。

每次去看望先生，他总是先问我的工作、学习。先生曾跟我说起，我们八四年毕业前考研，我和伯江因为英语分儿不够没考上，当时是他和朱先生管招生，还很是为我们的成绩遗憾呢。先生曾经对我说，你和伯江，一个搞语法，一个搞语音，多好。现在伯江的语法做得蔚为大观，我则太过辜负先生的期望。当我再去看望先生，说出这层惭愧时，先生便安慰我说，人的境遇各有不同，你也很努力了。2000 年我们年级为纪念师生相识二十年大聚，几位同学做代表去 52 号院邀请先生，当时去的除了我都是一米八的大个儿，先生慈爱地挨个儿看着，感叹说，都这么高了啊！我们中好几个都是跟着先生在京郊各处，喝着西北风，做过北京话调查的成员。

先生指导的北京话调查课，是对我们的学业和成长都至关重要的一课。记得有一次调查的项目，是京郊平谷一带阴、阳平调值和北京话相反的情况。我们沿着顺义到平谷的公路两侧分成若干小组分段蹲点调查。有一天我所在的小组穿过一片田野时，老天突降冰雹，我们撒腿猛跑，冲进一处村落，顺便做了调查。结果这个村子正好处在上面说到的调值转换的关键地带。调查前先生曾经说到，这样的调值变化，应该是渐变的。我们的调查证实了先生的预测，这个地带的调值变化呈现出一种不稳定性。调查回来的汇报课上，我们小组的工作得到了先生的表扬。现在再读到先生《北京东郊阴阳平调值的转化》一文时，便有着一种由衷的体会。

一次跟先生聊起来，知道他是杨振宁先生的中学同学好友，于是发现，我竟然跟先生是三十一中——从前的崇德中学——的校友（当年一入学，校方便拿杨振宁先生作人生观教育）！于是先生兴味盎然地给我讲起校园里那礼堂，那一座座别墅小楼的掌故种种。

有一次跟先生聊起北大东门外成府街那一片被拆平的老房子，先生告诉我，前些年他对那片地区的老胡同、老宅子作过专门调查，那里有不少房子，是营造圆明园的总管一类人物的私宅，都是用上好的材料和最规矩的工艺造的。这几年有个年轻人也在研究那一带的历史，还在那些老房子拆毁前，抢救性地拍了不少照片。那个小伙子还来看过先生。看着我在那儿痛心疾首地感慨，先生忽然说，其实，拆了也就拆了，过去，有多少东西都拆了……我理解，先生说的是从古到今的那个"过去"。这句话先生说得很无奈。

我每次看望先生，杜荣先生也都参与接见。我刚到汉语中心时，杜先生是负责带我们新人的老先生之一，因此也有一份特别的熟悉与亲切。我本来喜欢京剧，受先生影响也喜欢上了昆曲。有一段时间昆曲研习社西郊分社的活动，是在先生家进行，我便有幸常能亲身体会两位先生浅唱低吟的那份典雅动人，那真是给人以不可言传的至高享受。

2006年11月8日

怀念林焘先生

胡士云

因为工作的关系,这些年我一直在日本。孩子去年上了大学,正好今年的春节又比较晚,所以旅日十五年来第一次回北京过春节。虽然鞭炮声有些震耳,也搅了不少好梦,但浓浓的年意还是给我带来了久违的感觉:回家真好!

在北京过年,给老师和长辈拜年自然是作为学生和晚辈不可或缺的事情。2月28日,我去蓝旗营拜望了陆俭明老师和马真老师,向两位致以新春的祝福,祝愿他们身体健康,万事如意。

拜年自然少不了拜年的话题。两位老师告诉我,他们从1955年上大学起,就每年都去给老师拜年,五十多年从未间断,王力先生,朱德熙先生,林焘先生,姚殿芳先生……。听着两位老师的话语,我有些惭愧,因为这些年我没有去给任何老师当面拜过年,只是通过越洋电话,向老师们致以祝福。而两位老师提到的许多前辈老师,我受教次数最多的当是林焘先生。

初次见到林焘先生是什么时候,我已经记不得了,反正在上大学三年级的时候,我选了林先生的"北京话调查"的课。那是一门选修课,主要是去北京的市区和郊区进行实地调查,调查回来以后记录整理资料。这门课是为三、四年级学生开的,我在学期间参加了两年,毕业工作以后又跟着做了一年。所以一起参加过北京话调查的既有高我一个年级的七九级的学兄学姐们，也有小我一个年级的八一级的学弟学妹们。跟着林先生，跟着林先生开设的课，我先后跑过北京的大部分城区和郊县，北京的东西南北城自不用说，东北的密云，东边的通县、怀柔、顺义、平谷，南边的大兴、房山，西边的门头沟，北边的清河、延庆，我都去过。二十多年过去，每说至此，我都引以为自豪。

在跟林先生调查北京话的三年里，经历过的很多事情都已经记不清楚了。许是少不更事，在现在看来是多么珍贵的场面，居然不能回忆出一个完整的场景来。许是林先生对我们太好了，我把经历过的事情归总起来打了一个包，留一个印象，就是每次带着我们这些那时都是二十刚出头的年轻人东奔西跑的花甲之人不仅是一位语言学大师，还是一位慈祥的长者，慈祥的父亲；而儿女往往对慈父之爱是习而不察的。许是……，理由总能找出一堆，但难以弥补这“断片”的遗憾。我记得在延庆，午饭后林先生和我们一起品尝新采摘的葡萄；我记得在北京牛街，中午休息时林先生和我们一起坐马路牙子；我记得在门头沟，清冷的早晨林先生和我们一起捡劈柴、生火，弄了一手煤灰；我记得在承德，一天过了午饭时间，好不容易找到一家卖茴香馅儿饺子的餐馆。不少同学不吃茴香，我也是。林先生说茴香馅儿好吃，而且你会越吃越想吃。是的，正如先生所说，我现在是一个坚定的茴香馅儿爱好者……

林焘先生的学问我无力评价，反正我们在上学时，老师和同学们都称呼他为“林先生”。林先生学问大，成名早，弟子遍布宇内。通过北京话调查的课，我知道北京人将“板凳儿 bǎndèngr”说成“bǎntèngr”，知道北京人将“在家 zàijiā”说成“zǎijiā”“āijiā”“gēnjiā”，知道北京人数数常常是“一个、俩、仨、四个、五哇”，知道老北京除了说“您”之外还说“您”(而谈话时说不说“您”也正是北京人评价南方人懂不懂礼貌的标准之一),知道北京的东南西北方言各不相同,而北京的东北经承德到满洲里有一条“老北京话”的路,我还知道了录音机的用法,知道了如何将重复和啰唆以及包括“嗯啊”在内的语音记录成文字……而这一切正构成了我日后工作的重要基础。

毕业以后,我很少有机会见到林先生,只1995年11月23日晚上先生访日时去先生下榻的饭店看望过一次,次日聆听过先生的一次讲演。不过,每当听到先生消息的时候,总有一种难以抑制的兴奋和自豪,因为我是他的学生,是他教会了我很多做人的道理和做事的方法。每当此刻,先生那满头的银丝,慈祥的笑容,让人无法拒绝的亲和力,一个充满活力、充满魅力、风度翩翩、气质高贵的“帅老头儿”,总会浮现在我的脑海里。

林焘先生是去年10月底走的,11月初我正好在北京。因为事先不知,加之回国时间短,又负约在身,终没能去送先生一程,颇为遗憾。林先生,请您原谅。

还在年中,林先生,我给您拜年了,并衷心地祝福您平安。

胡士云

2007年3月3日

怀念敬爱的林焘先生

项梦冰

2006年10月29日，我收到周燕发给系里每位老师的讣告，得知敬爱的林焘先生已经完成了他此世的所有工作，驾鹤西去了。

怀念死者的心情不应是悲伤的，那会使在天之灵不安，更何况先生是以八十五岁高龄辞世的，属于喜丧。

大三时的"北京话调查"课由沈炯老师和刘勋宁老师担任我们的老师，在城区和郊区进行过若干次调查，其中印象最深的是顺义那次。校车把我们拉到目的地后，我们就分组沿小路进了村子。我和邵永海一个组。调查进展得不太顺利，主要是不容易找到乐意配合调查的发音人，我们只好挨家挨户碰运气。另外没有料到的是，几个村子都没有小卖店，我们都没带吃的。时过中午，早已饥肠辘辘，折回有餐馆的村口路太远，又不好意思跟老乡要吃的，因此只能忍着饥饿继续调查。邻近傍晚大家在村子外的大马路上会合后沈炯老师宣布："林先生请大家吃饭！"同学们不禁欢呼雀跃起来。那只是一家马路边常见的那种普通小餐馆，但那顿饭我吃得特别香，尤其有一道家常豆腐，极为可口，至今难以忘却。我的老家在福建连城新泉，新泉的豆腐是非常好吃的，在各地上大学的中学同学寒暑假聚会时常常会谈到豆腐的话题，大家的一致意见是：新泉的豆腐天下第一。不知道是因为太饿了吃什么都香呢,还是那家餐馆的豆腐确实用料不同,但不管怎么说,从此我开始相信好吃的豆腐并非只有一家。

北大中文系只招过唯一的一个研究生班, 即 1985 年秋季入学的现代汉语研究生班,共十六位同学。现代汉语研究生班的主课之一是“汉语语音分析及实验”,由林先生给我们讲授。印象最深的一幕是在讲共鸣腔问题的时候, 先生告诉我们人类调整声腔的能力是非常强的, 然后他横咬着一根铅笔说了一句话——咬着铅笔意味着调整口腔形状的能力受到了很大的限制, 但却还可以说话。用这一演示说明人类调整声腔的能力简直再生动明白不过了。先生时年六十有五,上课后不久就得了一次大病,住在北医三院,研究生班的十六位同学分组轮流看护。记得我看护的时候,先生曾让我去买酸奶,我于是知道酸奶原来是先生的喜爱之物。

2006 年 2 月至 12 月我在新加坡国立大学中文系讲学。我在国家语言文字工作委员会工作时的一个同事彭睿恰巧 8 月应聘到国大中文系任教。有一天我到他的研究室闲聊,他指着《现代汉语》(北京大学中文系现代汉语教研室编,商务印书馆)和《语音学教程》(林焘、王理嘉著,北京大学出版社)告诉我,北大的教材卖得非常好,这是他的课所用的教材。一本教材能够受到欢迎,无疑是作者最大的心愿。先生已经做到了。

先生治学严谨,功底深厚,视野开阔。先生于语音学方面的贡献最大,但其他方面亦颇有所得,最值得提到的是对北京官话的溯源和分布区域的划定。这集中体现在他的两篇论文里,即《北京官话溯源》和《北京官话区的划分》。我在《汉语方言地理学——入门与实践》(中国文史出版社 2005,31-32 页)说《北京官话区的划分》"以同言线确定北京官话的区域以及北京城区话的区域，提供了四幅方言地图，是一篇具有示范意义的重要论文"。下面就用这篇论文的一段文字及所配的图四（重新绘制，图例有所调整）作为本文的结束。

根据北大师生对北京市各区县近四十个点的调查记录，有一些地点零声母和[ŋ-]（或[n-]）的读法同时并存，说明这些地点受北京城区话的影响正处在由[ŋ-]（或[n-]）向零声母过渡的阶段，可以把这些地点看成是北京城区话的分界线。其余大部分地点只有一种读法，如果读零声母的地点邻近读

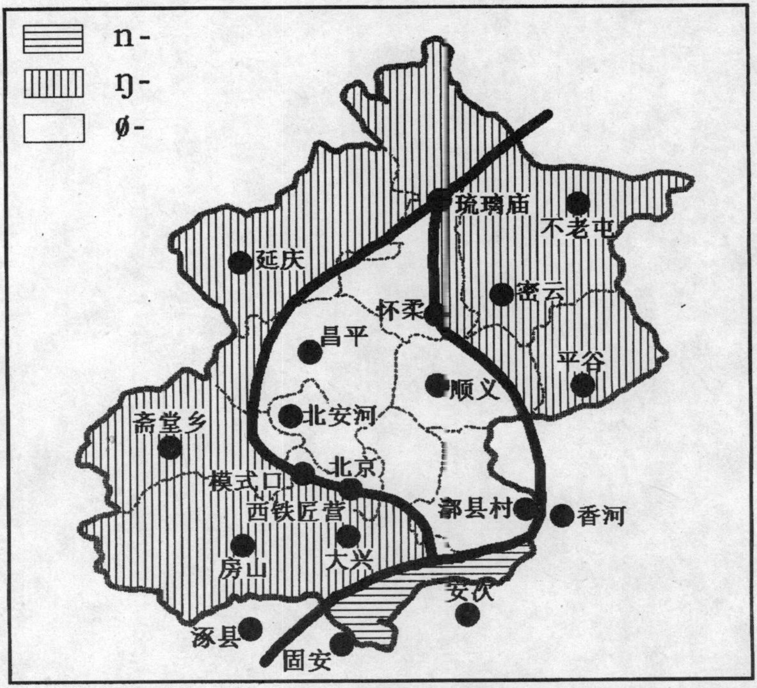

图四　北京市"爱安藕恶"四字的声母

[ŋ-]（或 [n-]）的地点，就暂以两地点之间的中线作为北京城区话的分界线。图四是根据这种办法为北京市零声母、[ŋ-]和 [n-] 三种读法划分的大致界限，从中可以看出北京城区话的大致范围（见图四）。

林焘先生教我为人治学

赵　杰

我是1983年考北大中文系的研究生时看见了现代汉语试卷上导师朱德熙、林焘的名字的，那年我没有考取。在初春半农村半市场的中关村商场前我遇见了林焘先生，记得当时是个傍晚，林先生穿着羽绒上衣，是一个人买东西来的。我介绍了我是中央民族学院中文系青年教师，想要报考北大中文系语言理论方向，林先生居然在商店前的大街旁边也能耐心而细致地听我讲着，然后又非常热心地鼓励我。记得那次谈得时间很长，坚定了我再考北大中文系汉语语言学专业的信心。

1984年我考入了北大中文系语言理论方向的研究生，入学考试的现代汉语试卷是现代汉语方向的研究生的专业试题，我的入学考试分数还比较高，因此我对现代汉语的语法和语音尤其是北京话的语音更感兴趣了，这与拜读林焘先生的论著大有关系，也与林先生人格魅力的吸引更有关系。在北大校园里，我经常遇见林先生，那时我血气方刚，年轻气盛，也不管林先生身体状况如何，就滔滔不绝地向他请教起语言学来。记得有一次在北大校医院门口，我见到林先生和夫人杜荣先生，还是那样地聊，是杜荣先生打断了我，说林先生刚出院不久身体还未完全康复，顿时我感到很内疚，但内心也更加钦佩先生对后学的海涵，亲切对待别人甚至不顾自已身体欠佳的人格修养。

1987 年林先生在《中国语文》上发表了《北京官话溯源》,不久又在《方言》上发表了《北京官话区的划分》,读了这两篇论文,我爱不释手,而且体会颇多,因为我的硕士论文相当多的内容涉及的就是北京话中满语和汉语的关系。林先生论文阐述得精辟,论据确凿,判断得可信,令我折服,我于是要到燕南园林先生家中去拜访,既向他请教,又想报考他的博士生。那时林先生刚要招博士生,我任教的东语系领导为表示重视,还派刘曙雄主任和我一道到林先生家中介绍我,并表示东语系希望林先生能同意我报考的愿望。记得那次林先生对刘主任也很热情,也欣然答应了。之后,我要结合林先生划定的北京官话区要到北京东北的河北省、内蒙古东部和东北三省去实地调查,林先生就在家里展开地图一一给我指导。记得 1988 年夏天,我沿着林先生指点的北京官话区,从北京经河北、内蒙、辽宁、吉林一直走到黑龙江省东部边境的虎林、虎头。因没有电话,还在外地的小旅馆给林先生写信汇报。回京后,我向林先生详细汇报,林先生指导我怎样把这些宝贵的材料与书面上已有的材料有机结合起来,其实在这时,林先生就已经成了我的博士生导师了。1990 年我入学后,又到清朝八旗兵将北京官话带去关内各地的旗城京腔方言岛去调查,走前也是先在林先生家中审核大纲和方言调查字表等,了解调查目的,初通调查地的历史、人文、民族背景,尤其是已知的语言基本特点,还有如何与当地领导、发言人和谐相处,以便收到调查工作的理想效果,林先生都一一细致地讲解和叮咛,有时甚至一上午,我都感觉累了,林先生还是兴致勃勃地讲着。记得我 1990 年和 1991 年调查北京近远郊,1992 年调查了山东青州,1993 年调查了湖南城步,贵州大方,湖北荆州,加上

1986 年在新疆的调查，1988 年在河北、内蒙、东北三省的调查，这就把清朝旗人带京腔进入全国各地的语言状况大致调查清楚了，之后这些成了我的专著《满族话与北京话》和博士论文《北京话的满语底层和“轻音”“儿化”探源》的重要素材。

博士毕业后，我到日本、韩国、朝鲜和香港等地讲学，这种临行前去林先生家中请教告别，回来到林先生家中汇报见闻的习惯乃然保持了下来，林先生也与我讲在国外教学、科研的注意事项等，先生总把他的经验毫无保留地告诉我，他也愿意听我讲述国外的见闻，使我感觉好像还是林先生的博士生一样。这种习惯一直坚持到我 2001 年后到西部新疆石河子大学、宁夏北方民族大学任职，每次任职前也是先到林先生的家燕南园 52 号请教一番，中间回北京出差时也到林先生家中把做管理的体会讲一讲，请求林先生对一些问题进行指教。林先生不仅在治学上是我的导师，在为人及协调人际关系上也很有经验，他让我“一定要尊重当地的领导，搞好团结和关系，多做工作”。更多的话题则是希望我早点回来，不要把业务丢掉，要在西部工作之余趁机多调查点儿第一手语言和民族的材料等。2006 年 5 月，国家民委在银川的北方民族大学成立了北方语言研究院，林先生关心中国较弱的北方语言研究，曾应邀准备前往银川参加揭牌仪式，只是杜荣先生因林先生身体实在不支，力劝不能去，林先生才未能成行，但他也发了论证充分、热情洋溢的贺信，在银川大会上宣读后在中国语言学界产生了很大的影响。2006 年国庆前夕，我还到林先生家中，与林先生、杜先生谈着宁夏贺兰山下的北方民族大学，由于他们因儿子在那儿工作时都去过贺兰山，对宁夏银川的兴味更浓，我把“天下黄河富宁夏”，“黄河百害，唯富河套”的格言告诉他们，他们也不断询问贺兰山下的农场怎么样了，银川市建设得怎么样了，等等。没想到，国庆后二十天，林先生就住进了北医三院……

时间过得真快，转眼间林先生已经去世快半年了，可我总觉得他没有走，我从银川回北大时仍然去燕南园看看杜荣先生，就好像林先生是出差了一样！我永远不会忘记燕南园52号，和林先生对我终生的熏陶。林先生平易近人，温和儒雅，已成为所有接触过他的人的共识，比如我与燕南园他的家来往近二十年，哪次临走时他都是面带笑容地送出家门，给我一种言之不尽的鼓舞。这是做人方面。治学方面林先生更使我受益无穷，我四年的博士寒窗以及之前的调查请示，之后的继续请教，前文已述，他那语重心长的教导也成了我时时难忘的治学座右铭，比如："当你写文章时要想到旁边还有一个对手在准备与你辩论。""写文章要反复想，写完再反复修改，细致深入，不能粗心大意就忙于发表。"这些不仅使我自己终生受益，而且我也把这些治学财富传给我的博士生们。

林先生，您安息吧！您的为人治学的优秀品质和科研真传我一定要继续学下去，并且力争学好用好，再传之后人。

2007年3月26日于北方民族大学

做林先生的学生

王 晶

11月初突然接到妈妈的电话，说是晓路来了电话，告知林先生去世的消息。几天后我才找到悼念林先生的网站，读了每一篇回忆林先生的文章。几次打开电脑想写点什么，不知道为什么就是写不下去。知道自己在2007年的1月会回北京，还是在探望了杜先生，和晓路、林明聊了之后再写吧。

2007年大年初一的下午，我又一次来到熟悉的燕南园52号。尽管是晓路开的门，我觉得还是林先生开的，像我每次来52号一样。看着那张摆在窗前的书桌，似乎还是可以看到林先生戴着眼镜，坐在桌前或是在看哪个学生的论文，或是校对哪个学生的稿子。然后他会坐在靠门的沙发上，对你的生活和工作问长问短。那天下午，王理嘉、王福堂和王洪君三位老师还是按老习惯，给杜先生拜年来了。加上晓路、林明，我们在二楼上和杜先生一起聊天。在林先生家的每一刻，我没有一丝林先生离我们而去的感觉。三位先生走后，我留下和杜先生、晓路、林明一起吃晚饭。过去回国多少次看望林先生，都留我吃饭，总是因为孩子和其他原因，从没能留下一次。这次能在大年初一在林先生家吃晚饭，算是跟林先生问好，也算是道别。看着想“偷吃”香蕉和红枣的杜先生（因为杜先生有糖尿病，大夫禁止她吃含糖多的水果)，看着对婆婆和丈夫关爱有加的晓路,以及总是如此平静的林明,觉得林先生一定可以放心了。

我是在 1984 年认识林先生的。那一年我从北京大学无线电系本科毕业,考上了北大自然辩证法专业的研究生。就在研究生录取的过程中,当时无线电系系主任王楚先生突然找到我,问我是否愿意去中文系上研究生。我问学什么,说是语音学,跟语音合成、人机对话有关。八十年代初,这些研究就是在国外也是刚刚起步,听起来极有吸引力。王楚先生觉得这比自然辩证法更接近我大学本科。好在自然辩证法专业的老师也非常宽容,让我选择。大概是对未知因素的好奇,我选择了中文系。

那年 4 月在中文系小院二楼的语音室，第一次见到了我的研究生导师。当时是去面试和笔试,自然紧张。但是当我看到一头银发,和蔼可亲的林先生,顿时放松了许多。在无线电系不但看不到这样年纪的老先生,更看不到如此放松,可敬可亲的老先生。聊了一会儿,林先生留给我笔试的题目,就先走了。题目很简单,给我的好朋友写封信,告诉她我要去中文系读研究生,我是如何想的。

见过林先生,又坐在中文系实验室的窗前,当时外面正是开满桃花的果树园,在如此好的心境下写这样一封信并不太难,尤其我需要的只是说些大实话。几星期后见到当时北大校务处主任陈守良先生，他提起林先生曾说我的信写得比一些中文系毕业生还好。也是通过陈守良先生,我得知我被中文系录取为研究生一事当时在北大研究生院引起不少争议。不同意的人认为中文系的老师没能力带理科毕业生。可林先生坚持实验语音学是一门文理交叉学科,教理科毕业生语言学比教文科毕业生学计算机、高等数学容易得多。正因为林先生的坚持,林先生的名望,也加上无线电系主任王楚老师的支持,也可能因为当时朱德熙先生正当着北大副校长及研究生院院长,这样,在1984年,我成了北大第一个理科本科毕业、到文科上研究生的学生。林先生也成了北大第一个带理科毕业生的文科导师。虽然现在大学生转系很自由,但是在八四年北大还是不可以的。林先生在当时很有远见,而且很想把北大中文系语音室建成国内一流的实验室。

到中文系的第一年都是在补中文系的本科课程,林先生认为打好语言学的根底很重要,尤其是语音学,方言调查,甚至音韵学。除了上课,我也去林先生家拿一些外文专业书看。我看得很慢,当时书刊文章也不多,不过正是通过这些文章,林先生的指点,加上沈炯老师的帮助,我才搞明白我研究生究竟上的是什么。记得当时林先生和沈老师一起,正带着中文系的本科生,搞北京话调查。实验室也挺热闹的。该补的课都补完了,也该做论文了。这时林先生突然得病住进三院,病得不轻。记得在等车去三院的时候,杜先生一再对我说,林先生以前已经吓过她一回了,这次她有准备了。结果林先生是平安度过这次大难。我实在不好意思为论文去打搅病重的林先生,但是林先生还是在病中校对论文,并安排了论文答辩,直到让我顺利留校。

之后的五年里,跑林先生家更是常事,常常是同沈炯老师一起。我性子急,凡是遇到和实验室有关的不顺心的事,就跑到林先生那里发发牢骚。林先生从来也不会说任何人的不好。任何不顺心的事在林先生看来，都是可以过去的。凡是接触过林先生的人，都能感受到林先生这一待人处世的态度。

经过林先生的努力，中文系语音实验室曾有过相当热闹或者说辉煌的时候。上有林先生、王理嘉老师，中有沈炯老师，下有我和刚留校的金茂兵，还有三个博士生，赵杰、王韫佳和高明明。记得那一年我们去香山给王理嘉老师过七十岁生日，好不热闹。林先生也曾和我们在实验室开会，讨论写些语音学的文章，包括做些外国学生学汉语发音和韵律问题的研究。

九三年我离开实验室去了澳洲。尽管如此，十二年半在北大，尤其是八年多跟随林先生从学生到老师的经历仍是我在中国生活最重要的一部分。后来，我在澳洲的博士论文还是关于北京话的节奏、变调和重音。每次回国林先生都问起我的研究，而且问起是否有打算回北大工作。来澳洲后，我和林先生的儿媳王晓路成为朋友，所以经常可以从晓路那里得知林先生的近况。有很长一段时间，我没有远离北大、远离实验室、远离林先生的感觉。也是通过晓路，我更多地了解了林先生，每当晓路说起林先生、杜先生两位先生对她的影响，我都能身临其境地感受到。这种感受随着年龄的增加，越来越强。

做林先生的学生让我学会，不论是做学问还是做人都要踏踏实实地做。最近一年有机会接触藏传佛教，改变了我许多对人生的看法。只希望我还能有机会为汉语语音学和对外汉语教学研究作点贡献，也不枉今生做过林先生的学生。我相信，林先生一定有很好的来世。而我，也会来世再当他的学生。

2007年2月28日 Perth, Australia

忆恩师林焘先生

金茂兵

惊闻林焘先生去世，无比悲痛。

今年7月初去燕南园看望林先生时，先生看起来身体还很不错，不知为什么一下子就走了。当时林先生还说要叫上系里的几位同事一起聚一聚，因为我行程匆忙，就相约下次回国时再聚。回美国后，我把跟先生和师母在客厅里的合影传过去，林先生还回信为未能久聚而“甚憾”。没想到那次见面竟是永别，下次到燕南园52号，再也见不到林先生了。

一

成为林焘先生的学生是一件很偶然的事。

我在清华计算机系的本科毕业论文是有关程序语言的语义研究的，当时花了很多时间了解语言学的有关研究。论文做完了(还是班里仅有的四篇优秀论文之一)，我对语言学的兴趣却更浓了。当时正值国家在清华搞研究生(类似GRE的)考试试点，我也就轻松地取得了研究生资格，按政策可以(免试)去任何学校读研究生(不然我是考不上中文系研究生的)。因为是首批试点，虽然有政策，但很多学校并不配合。当时我已经确定可以留在清华读研究生，但后来得知林焘先生可招理科的学生，就央求我的也很喜欢语言学的班主任带着我的档案来找林先生。林先生大病初愈，住在燕南园52号的二楼，楼道里还贴着“重病”“勿扰”的告示。看着我的档案，听着我老师的介绍，林先生很满意，立即就给当时的副系主任唐作藩先生打了电话，并让我们先把档案交到研究生院，他来处理剩下的事。让我深为感动的是我和班主任还没有离开研究生院，林先生就拖着虚弱的身体气喘吁吁地赶到了。这一幕至今还深深地印在我的脑海里。

实验语音学是一门文理交叉学科。在我之前，林先生已经培养出好几位硕士研究生，并把沈炯这样具有文科背景和王晶这样具有物理声学背景的学生留在了实验室。当时，林先生可以不用再带硕士生了，可还是招了我。我想林先生的胸中一定有一个宏图大志，要建成一个世界一流的实验室，培养出一支世界一流的队伍。所以，我也就有幸成了林先生的最后一个硕士生(并且还差一点成了林先生的第一个硕博连读的博士生)，毕业后又留在了语音实验室。后来林先生支持我赴美留学，但我却没能继续从事语言学工作，真是愧对恩师。

二

我读研究生的三年里，林先生只有我一个在校学生(好像还在民族所指导孔江平，最后一年才有一位在职博士生高明明)，所以很多课都是一对一的在林先生家的一楼客厅里上。从此，我成了这里的常客，有事没事都会来这里坐坐。这里成了我在北大最熟悉的地方，成了我移居海外后心里最惦记的地方。每次回到北京，我都会来这里。轻轻地敲一下门，“嗯，来啦”，听见林先生那熟悉的声音，心里就会感到无比温暖。可惜，今后再也听不到林先生那一声亲切的应门声了。

林先生对学生的要求很严。我在一年半的时间里补完了除几门古汉语专修课之外的几乎所有专业课。现代汉语语音、实验语音学、语言学概论和理论语言学我是在同一学期囫囵吞枣地学完的。上方言课时，赶上学生运动，上到一半课就停了，也就没能出去做实地方言调查。林先生认为方言调查是语言学的基本功之一，坚持为我和另外一位学生高明明请来他家（来自安徽无为的）保姆的儿子做发音人。记完整个《方言调查字表》后，林先生仔细看了我的记音，纠正了我的许多错误并为我分析安徽无为话的特点。留系任教后，我又跟八八级汉语班的学生一起去咸宁调查方言，林先生知道后很高兴，并鼓励我坚持每年都跟学生一起出去做方言调查。可惜，由于当时的一些原因，学生不足，以后的几年都没有方言调查实习。但是，林先生的严格要求和悉心指导为我后来作方言数据的计算机分析打下了基础。

三

毕业时，我留在了实验室。虽然林先生从没说过，但我知道林先生一定费了很大努力。我深知自己的专业知识至多不过本科毕业水平，所以在北大工作的几年里，我一直坚持参加每周一次包括郭锐、袁毓林等几位的语言学沙龙活动。林先生知道后也很赞成。

林先生对我工作上一直是鼓励的，鼓励我去多学新东西，大胆地探索新课题。刚毕业，林先生就鼓励我开计算语言学的课，并设法把我介绍给郑锦全老师（后来成了我在美国的导师），了解国外计算语言学的教学和研究。当时我对计算语言学知道得不多，林先生就鼓励我说，系里的很多老师也都是边学边开课，几个循环下来，也就是专家了。可惜，我始终也没能成为专家，而且还成了"门外汉"，愧对恩师的殷切期望。

尝试作汉语方音和词汇数据的计算分析也是在林先生的鼓励下进行的。林先生至始至终都非常支持。没有经费，林先生就从他的其他研究项目里支援。这期间，我曾准备参加一个全国社科电脑应用会议，我提交的有关方言处理的论文是经过林先生一字一句修改的。在这个项目进行到关键时刻，意外地接到美国的来信，要我补交留学申请推荐信，是林先生第一个替我写了推荐信，林先生对学生的支持总是那么无条件，我至今还铭记在心，深为感激。

方言分析的研究就此中断，当时满脑子的各式各样的方言处理数学模型也都还停留在纸上或想法而已，空留一堆数据，至今还后悔不已。

四

出国后跟林先生的联系虽然越来越少，心里却一直惦记着燕南园 52 号那间温暖的客厅兼书房。我想林先生也在时时关心着我。

国外的语言学并没有我想象的那么精彩，感觉跟我在北大所学的并不合拍。如果为了了解国外的语言学，来国外语言学系上一年的课也许就足够了。九六年夏，我决定去追逐当时一波高过一波的信息技术浪潮，并没敢告诉林先生，但是林先生还是知道了并来信劝阻。

今年7月初，去看望林先生时，当他得知公司里也有与语言学相关的部门时，就一再鼓励我转到那里，继续从事与语言学相关的工作。交谈中提到我刚获得的一项美国发明专利，核心部分是关于一种新的检索语言的设计，林先生听了很开心，也很欣慰。

原本希望下次回国时还能再轻轻叩响燕南园52号那扇熟悉的门，再听一次那亲切的应门声，不想那次竟是永别！

撰写此文时，恍惚还能听见林先生那熟悉的声音，跟随林先生学习语言学时的一幕幕在脑海中不时闪过。林先生虽然走了，但林先生的谆谆教诲将永远铭记在我的心里。

悼念林先生

高明明

看到林先生辞世的讣告，竟不能相信自己的眼睛。今年8月回北京，我去看林先生，他的身体和精神都不错。林先生还提到10月将在北大举办的第七届语音学大会。谁想到那竟是最后一次看见先生。

林先生突然就走了。

林先生是我的导师，恩师。在我写博士论文的几年中，我从林先生那里学到了做什么学问和怎样做学问。林先生在学术研究上十分注重扎实的基本功，来不得一点马虎。由于我没做过实地语音调查，林先生坚持要我补上这一课。林先生家老阿姨的儿子就成了我的语音实地调查的对象。后来在论文中分析语音的时候，我深感到补这一课的重要性。林先生做学问，既注重坚实的基本功，又提倡要有见地，要有学术深度。在文风上，林先生提倡用简洁的文字说明深奥的理论。这就像先生的为人，饱学多识，博大精深，却又质朴无华，淡泊名利。这是何等的境界！

后来我离开了北大，但只要有机会回北京，必定要去看望林先生。对于我来说，这不仅仅是尽学生看望老师之情，而是从内心里想念自己的恩师。

沉痛悼念林先生。

云山遥望　似聆足音

王韫佳

一　春风拂煦

我第一次见到林先生，是在1990年的初夏。当时我来北大参加博士生的入学考试，考试结束后，历史系一位与林先生相熟的老师带我到燕南园52号拜见林先生。先生面容慈祥，态度和蔼，但因为是第一次见面，我还是感到有些紧张。他问我问题，我只敢以三言两语简单作答，生怕说错了话。那天我基本上是坐在一旁静听林先生和那位历史系老师的交谈，先生那口从容舒缓的北京话给我留下了极深的印象。

几个月之后，我幸运地得以拜在林先生门下攻读博士学位，当时，林先生的博士生中，还有跟我同时入学的师兄赵杰和比我们高一年级的师姐高明明。那一年，师姐王晶和师兄金茂兵刚留校工作不久，语音实验室的主任则是我们最年长的师兄沈炯老师。我报到那天，林先生特地带我到中文系语音实验室，把诸位老师和师兄师姐一一介绍给我。

开学不久，林先生在家中设晚宴招待学生。他说这是工作餐，因为新老学生可以借此机会聚一聚，沈炯老师当时刚从荷兰莱顿大学访问归来，也算是为他接风。林先生同时还邀请了王理嘉老师和他的学生王海丹。在我的记忆中，林先生与自己学生们的所有学术活动，都是邀请王老师和他的学生一起参加的，王海丹后来赴美留学，林先生还为她写了推荐信。那次晚宴上有一道菜是冷盘羊肉，我从不吃羊肉，但林先生强调说这是杜先生亲自做的，我试着尝了一小口，清爽鲜嫩，丝毫没有羊肉的膻味——此后我再也没有吃过那么好吃的羊肉了。沈老师那天带了相机来，大家不仅在林先生的客厅里照了相，而且还特地到燕南园中照了合影。

九〇年冬天的一个下午，师姐王晶说："林先生的七十岁（虚岁）生日就要到了，正好明天是实验室的例行学术报告，咱们偷偷地给林先生买个生日蛋糕，在实验室给他过七十大寿吧！"在场的人自然都非常赞成。第二天是师兄金茂兵做报告，他当时准备把《汉语方音字汇》做成计算机的数据库形式，因此那次报告特地邀请了王福堂老师参加。工作结束之后，大家突然拿出了蛋糕和生日蜡烛，宣布生日会开始，这让林先生十分惊喜。那天人来得很齐，少长咸集，把小小的实验室挤得满满的，气氛很是热烈，赵杰师兄在激动之下还即兴赋诗一首，更是把欢乐推向了高峰。

第二年的暮春时节，语音学方向的师生们又聚在一起吃了一次生日蛋糕，这一回是林先生带着学生给王理嘉老师过六十大寿。不知是谁的主意，说是既然在学术活动日子里给王老师过生日，何不趁着春光尚好郊游一回呢？有人担心林先生的体力，林先生却对郊游的建议很是支持。经过商议，地点定在香山植物园。因为季节的关系，植物园里已是绿肥红瘦，景色未免有些单调，但大家玩儿得非常开心。我们参观植物园中的曹雪芹故居时，看到故居墙上留有题诗，故居中的指示牌上说这是曹氏亲笔，林先生就笔迹和诗的内容跟我们小声议论了几句。因为游客很少，在场的工作人员听到了林先生的话，他大概看出了先生的学者身份，因此格外紧张，他把一位师兄拉到一边，问这位老先生是何许人也。书生气十足的师兄说出了林先生的真实身份，那位工作人员马上站出来郑重声明这里曾有若干名家前来考证过，真伪问题早有定论。林先生微笑着点点头，并不与他争论。那天阳光特别灿烂，王海丹热得想吃冰棍儿，怂恿我去让沈老师请客，我跟沈老师说的时候，林先生听到了，他马上说，我去买，我去买！结果是林先生请大家吃的冷饮。

那真是一段令人难忘的黄金岁月。

林先生在退休之前指导的博士生，只有高明明师姐、赵杰师兄和我三人。师姐和师兄因为都是在职攻读博士学位，因此比我晚一年毕业。他们毕业的那一年，林先生在家中设午宴，庆祝我们三人都获得了博士学位。那一次，杜先生亲手做了卤鸡肝，别有风味。饭后，我们本应告辞，让二位老人午休。但那天二老的兴致都很高，杜先生特地拿出了厚厚的家庭相册，给我们看她和林先生青年时代的照片，林先生俊逸清奇，杜先生雍容美丽，其事实存乎我们意料之中，其程度出乎我们想象之外。杜先生告诉我们，他们在成都燕京大学结婚的时候，物质上几乎一无所有，婚纱照上杜先生的"头纱"是一位巧手的上海女同学用铁丝弯成一定形状，然后用纱布蒙在铁丝上制成的。杜先生还跟我们谈到了"文革"期间他们的子女遭受的种种不公待遇，这当中林先生基本上不说话，只是静静地听着杜先生的回忆。后来我们也问到林先生解放后的经历，他简单地说了说，并未提及那些最可怕的遭遇。但有一件事他是详细描述的，那就是"文革"中他和王力先生、朱德熙先生一起遭到批斗，三先生的眼镜掉了，朱先生因为帮王先生捡拾地上的眼镜而遭到红卫兵的殴打。我清楚地记得，那天赵杰师兄曾经问林先生，在那样的年月里是否曾经感到过绝望；林先生怎样回答的，我却想不起来了。最近读到林先生的回忆录，才知道，林先生那样一个温和、从容、淡泊的人，也曾经在内心发出过“时日曷丧，吾与汝偕亡”的激愤呐喊。

二　杏坛风清

在来到北大后的相当长时间里，我的思想负担很重。因为我没有按部就班地在中文系念完本科和硕士生的课程，硕士生阶段学的又是音韵学，所以，无论是汉语语言学的基础知识还是现代语音学的专业知识，都比别人差了很远。每次见到林先生，我都忍不住像祥林嫂似的反复诉说自己的苦恼。林先生总是耐心地听着，他一再以自己的经历——研究生念的是音韵学，解放后教授现代汉语，花甲之年开始实验语音学的研究——鼓励我，不要自卑，更不能畏难。

一年之后，北京大学中文系作为东道主承办第一届全国现代语音学学术会议，林先生要求他的每个学生，无论在工作的还是在学的，都必须在会上做学术报告。这个要求令我感到很困难——因为在过去的一年里，我忙着对付三天两头考试的外语课和没有任何基础的实验语音学课程、计算机课程，再加上又贪玩儿，根本没有对语音学的学术问题进行过独立的思考，怎么可能在这么短的时间里写出实验报告来呢？我试着去跟林先生讨价还价，没料到，这一回林先生一反他过去的耐心和蔼，只是简单地说了句：“你不能畏难，每个人都得写。”就这样把我打发了。后来，在师姐王晶的帮助下，我找了一个当时还没有人做的题目——相邻音节间元音的协同发音——来做，在会上报告后，社科院语言所的林茂灿老师热情地鼓励我，并且建议我把这个题目当做博士论文继续做下去，林先生听了林茂灿老师的话，满面笑容地跟我说：“你看，你当初还不肯做！看来不逼你就是不行啊！”

林先生很快发现，我性格中的怯懦已经严重影响了我的学习，他在一次谈话中跟我说，有些人写文章只求量不求质，因此文章不是毫无意义就是存在严重错误，这当然是不足取的；但你因为怕犯错误、怕受批评而不敢动手，同样不可取。大概是为了锻炼我，他让我给他的“北京话研究”课程当助教。八十年代初期，林先生率领中文系汉语专业的部分师生对北京城区和郊区的口语进行过系统的社会语言学调查，留下了大量的录音磁带，他要我从中选出一部分来，作为这门课程的分析材料。他建议我把学生分成若干小组，给每组分配一定数量的录音磁带，然后每个组选择一个题目，对磁带中的发音进行记音、统计和分析，最后写出书面报告。林先生要求我定期检查每个小组的工作并对之进行评判。这门课程是给硕士研究生开的，班上的同学年龄与我相仿，有些在课下跟我也很熟，因此，我觉得自己不宜对他们的工作加以褒贬。但林先生说，你必须把自己当成一个教师，你要为他们工作的好坏负责，如果你发现问题不及时加以纠正，那最后他们的成绩就会受到影响。在学期终了的时候，林先生要我在班上对各小组的工作进行总结，这是我平生第一次以“教师”的身份站在讲台上，由于遵照了林先生嘱咐，平时对各个小组的学习还算了解，因此总算没有惊慌失措。

在选择毕业论文的研究方向时，我比较偷懒，想采用林茂灿老师的建议，做音段的协同发音。林先生一向不干涉学生对学术方向的选择，但这一次他希望我能做超音段方向的研究，他告诉我，刘复先生早年在北大乐律语音实验室的主要研究方向是声调问题，语音实验室恢复建立之后继承了先辈研究超音段特征的传统，而我是语音学方向的博士生中第一个进入论文阶段的，他希望这第一篇博士论文能够很好地体现实验室的学术传承。我接受了林先生的意见。但在进入毕业论文的写作阶段之后，我的思想压力非常大，因为当时国内还没有纯语音学专业的博士生毕业，我完全不知道这个专业的博士学位论文应该达到什么样的水平，而我的起点是那么低，同时也担心这个题目会跟别人的研究撞车。林先生鼓励我说，只要你用心做，就一定能做出不同于别人的结果来。那段时间，我是写一点，给林先生看一点，几乎天天去燕南园报到。从先生那里拿回来的稿子，经常被改得"满面通红"，被彻底否定的时候也不少见。现在想起来感到万分羞愧的是，在开头的几个月里，我的毕业论文是没有题目的，只是围绕着平时有感性认识的东西不断地做实验。林先生知道我缺乏自信，因此容忍了我这种近乎荒唐的做法，他的看法是，只要认真做，认真想，最后总能把这些东西串起来。在我即将把论文送去打印之前，他又从头到尾一字一句地审阅了全文，发现我有一个重要的参考文献的年代出现了笔误，他说："人家只要看到你这个文献年代的错误，就会对你的论文产生不好的看法了。"他说这话时，神情和口吻依然是他一贯的那种温和，但我却窘得无地自容，觉得这温和比严厉还要让我惭愧百倍。在等待学术评议和同行评议的日子里，我如坐针毡，有一次，林先生笑眯眯地告诉我，一位学术评议老师给我的评语很不错，而这位老师是以要求严格出名的——林先生一向学风严谨，我知道，他这么做绝不是有意透露学术评议给我，而是想宽慰自卑和过于敏感的我。

毕业后,我分配到北京语言大学工作,当时并不能预见到了新的环境能做些什么,大家都以为在这所院校只能搞对外汉语教学,而这是我完全陌生的领域，再加上一些人因为对对外汉语教学不了解而存在偏见,因此我的心情非常不好。林先生安慰我说,对外汉语教学与语音学有着密切的关系,你如果努力去做,也一样会出成果,更何况这项工作在中国正处于蓬勃发展的阶段,有着很广阔的前景。到了北语之后,在林先生领导的一个课题的资助下,我开始尝试着进入第二语言语音习得研究领域,慢慢地,我终于发现这里同样有着丰富的学术矿藏。如果没有林先生一开始的鼓励和支持,以我懒散的性格,也许就会浑浑噩噩地在新的环境中终了一生了。

在北语的头一两年里，因为惯性，我对导师还有很强的依赖感,写了东西,总要请林先生帮我修改,先生从不推却。家里人羡慕地说,你简直是太幸运了,毕业了还能继续得到老师的指导!后来,我看到林先生年岁渐高，社会工作仍然繁忙，总有看不完的稿子、写不完的序言、接待不完的客人，便渐渐地减少了前往叨扰的次数。但先生并没有忘记我这个“老学生”,大概在1998年前后,林先生受语文出版社之约主编《中国语音学史》，他要我负责写最后一章——中国现代语音学的兴起和发展,他叮嘱我说,一定要把对外汉语教学中的语音教学和习得研究成果也写进去，因为这是汉语语音学最新发展出来的分支学科。这部合作的书稿因为种种原因迄今尚未出版,但当初为了写稿,我把改革开放之后中国大陆现代语音学的重要论文著述基本上浏览了一遍,获益匪浅,我深深地感谢林先生给了我这个复习同时也是学习的机会。后来，林先生主编《二十世纪中国学术大典·语言学》，又约我写相关词条。再后来，一家出版社组织编写《中国现代语言学家传略》，林先生要我来写他的传略，当时我身体状况不好，因此那个传略写得不大像样，但林先生并没有责怪我。我是在林先生去世之后才见到这篇稿子的，看到后只觉得汗颜。

林先生对学生的宽容是人所共知的，我在调到北大之前有过一次最深切的体会。林先生发表于1983年的《探讨北京话轻音性质的初步实验》是汉语语音学界研究轻声问题的经典性文献，在这项工作中，林先生通过心理—物理实验，证明了音强在北京话轻音感知中的作用远远弱于音长和音高。关于音长和音高在轻音感知中的相互关系，林先生认为，可能是音长的作用强于音高，由于当时实验条件的限制，在这个问题上林先生并没有给出肯定性的结论；但很多读者都认为，既然是通过语音实验得到的结果，那么，在北京话轻音的感知中起决定性作用的一定是音长了。将近二十年的时间过去了，利用声学技术合成人工语音刺激已经变得非常容易，因此，我萌生了完善实验设计，把轻音感知的实验重新做一遍的想法，我向林先生请教是否有这个必要，他非常支持。正如预料的那样，由于实验设计以及实验刺激数量上的差别，我的实验结果是，音高与音长对轻音感知的作用都是显著的，但音高的影响力远远超过音长，音长的作用还受到了音高条件的制约。这个结果与林先生的有一定差距，但与其他语言中轻重音的感知特点却有着很大的相似性。我怕林先生看到这个结果会不高兴，也怕自己的结果有错误，于是先用电子邮件发给当时在荷兰探亲的沈炯老师，请他帮我看看，他回复我："没有发现问题。"于是我把结果告诉了林先生。事实证明,我的担心完全是多余的,林先生对我说,后人推翻前人的结果本来就很正常,而由自己的学生来修正自己的结果,是最令人高兴的事情了。

忘了在什么时候，林先生问我是否有调到北大中文系工作的意愿。我当时不很情愿,因为在北语的相当长的时间内,我的主要工作都是语音习得研究方面的，我觉得这样的研究方向与北大语音学的传统格格不入。后来,他又有若干次跟我讨论这个问题。终于,2003 年,在林先生的主张下,我从北语调到北大中文系现代汉语教研室。对我的工作调动,林先生自始至终给予了很大的关注。他亲自打电话给我在北语的直接领导赵金铭老师，请他对我的调动予以支持。在中文系进行学术答辩之后,林先生向我询问了答辩的一切细节;后来,他又向陆俭明老师了解答辩会的情况。他知道我是个心重的人,因此,我回北语后,他还特地打电话告诉我有关老师在答辩会上所提问题的具体含义,要我不必紧张。

三 高风安仰

想起恩师,我感到最内疚的事有两件。一是我毕业之后很少专门去看望他。我总是想,来日方长,拜望他老人家的机会多的是;更何况林先生家里常有客人往来，先生和师母年岁已高，精力不济，我就不要再去添乱了。记得我还在北语工作的时候,沈炯老师就曾经问过我是否经常回来看望林先生,我说没有,因为林先生那里不缺乏探望的人。沈老师说,学生去探望的意义大不一样,林先生的学生绝大多数不在国内，年轻的学生中在北京的几乎就你一个人了(那时赵杰师兄似乎支边去了),你应该经常去。后来沈老师又有若干次这样提醒我，可恨我都当做了耳旁风。第二件事是，我曾经在林先生面前夸过一个海口，但在先生去世前我却没有兑现自己的诺言——我一直想把林先生在二十世纪八十年代初期的那批北京口语的调查资料做成一个有声数据库，这样既方便将来的研究，也可使得这些珍贵的资料得以永久保存。我跟他详细地谈过我的工作计划，他很是赞成。可是，在林先生去世前，这个计划并没有付诸实施，这里面有资金的问题，但也应归咎于我自己的愚笨和懒惰，如今悔之晚矣！

第七届全国语音学学术会议在北大召开，听王洪君老师说这是林先生的主张，因为原定的东道主由于工作调动无法承办这次会议。林先生帮大家解决了难题，可谁又能够预料到，他自己会病倒在这次会议上，并且永远地离开了我们！会议开幕那天，我的身体不大好，正在输液，碰巧又有课，上午的开幕式未去参加，因此没能看到林先生最后一次主持学术会议。下午，我去会议报到，在休会的间歇，我想跟林先生说几句话，但他的身边围着好些人，我只好简单地打了个招呼就离开了。晚上，在去往艺园餐厅的路上，我意外地与林先生和林茂灿老师走在一起，路上，大家谈到大学里的一些问题，例如学生的贫富差距过大等，林先生表示了深深的担忧。我们问他最近身体如何，他说不大好。这是我头一次听到他说自己的身体不好。一路上，他的确走得很吃力，我和林茂灿老师劝他别去参加晚宴，尽早回家休息。他坚持要去，说不去不好；但他也说，恐怕明天的会议他就没有精力参加了。

后来听杜先生说，林先生当天晚上一回家，就坐在沙发上起不来了。而林先生的病，我是第二天或者第三天的晚上才听一个学生说的。学生问我是否应该去探望一下，我说不必，因为林先生每次生病我都不去探望——怕打扰病人的休息。只有一次他突然得了轻度脑栓塞是例外，那次是因为要帮他办理各种手续。我以为这次的病也会像以往一样很快过去。忘了是他住进北医三院的第几天，周燕打电话要我去医院，说这次林先生病情很严重，我应该前往探望，恰好林先生自己也提出想见见朋友和学生。我们一大群人先后赶到三院时，大夫正在给林先生治疗，等了比较长的时间，大夫终于说可以探望病人了，但只能一个一个地进去。周燕要我第一个进去，我进去之后，几乎已经认不出自己的导师了——林先生的脸浮肿得厉害，目光有些游离，从张开的嘴中可以看到舌头也肿得厉害，上面还有斑斑血迹。我几乎无法接受这个事实，但还是控制住自己的情绪，强装笑脸说："林先生，我看您来了！"他也笑着说了一句话，但他的话我没听懂，我只好请求他再说一遍。他重复了一遍，我仍然没听清——我发现他因为舌头肿胀，说话已经相当困难了，于是只好假装听懂了，但一时又不知道自己该回答什么，只好没话找话地说："王理嘉老师、王洪君老师他们都来了，就在外面。"我握了握林先生的手，是温热柔软的，我感到了些许的欣慰。就在这个时候，系领导一行进入了病房，两位王老师和其他老师、学友也都进来了，于是，我退了出去。但我万万没有想到，这一分钟左右的时间，竟然就是我与林先生的最后一次会面！

接下来的几天，林先生的病情极不稳定，基本上处于抢救状态，我就是去医院，也只能在病房外面坐一会儿，根本见不到病人。那几天，家中的电话铃一响，我就高度紧张。大概是10月26日，临近午夜，又传来很不好的消息，我一个人无法去医院，只好打电话给远在西三旗的曹文，请他开车出来，陪我一起去，等我们赶到三院时，先生的女婿说情况暂时平稳了，但仍然不能探望，我们跟他交谈了几句，便离开了医院。10月28日，星期六，我一大早就接到周燕的电话，说是林先生今天的情况有些危险，因为先生的家人大都在医院，因此周燕希望我能去林先生家陪陪杜先生，这样万一出了什么事，杜先生那里也好有人照应。可是，我平日很少去先生家里，现在周末突然去，我想杜先生肯定会觉得蹊跷，这样对杜先生岂不是更不好？更何况我又不是一个善于掩饰的人。终于捱到周燕也从医院回来，邻近中午的时候，我们一起去了燕南园，杜先生的妹妹以及妹妹的孙子也在，我们四个人陪杜先生聊天，尽量把话题扯得远远的。杜先生精神尚好，但她那天没怎么吃东西，而且时不时地就会问一句："是不是他已经不在了？"果然，她嘴上虽然不说，心里却对我和周燕的到来充满了疑惑。

我们陪伴杜先生到下午4点左右，医院传来电话说，林先生处于平稳状态，于是我和周燕就告辞回家了。可能是那几天精神过于紧张，回家后我觉得很疲惫，晚上很早就睡了，而且睡得很沉。将近10点半的时候，我被手机的振动吵醒了，是一个朋友发来的短信，正准备回复的时候，似乎是冥冥之中上帝已经做好了安排——家里人进来告诉我，刚刚接到电话，林先生已经走了——我睡得那么沉，连电话铃都没有听到！

我赶到医院的时候，所有的抢救器械都已撤走，林先生换上了自己的衣服，静静地躺在病床上，面容安详。被单上还留有抢救时染上的淡淡血迹，不过先生的女儿说，他走的时候并没有遭受痛苦，这让在场的亲友和学生感到一丝欣慰。

在林先生去世后的一段时间里，我的潜意识似乎一直没能接受这个事实——每当在校园里看到貌似先生的背影，总是不自觉地想要加快脚步，绕到前面看看是不是林先生。等到猛然间惊醒——林先生已经永远地走了,就忍不住喉头哽咽,泪眼模糊。〇七年元旦前后,工会照例给每位教职工发一桶油,从前都是周燕帮林先生领了送到家里。今年,或许是我内心深处的歉疚在作怪,我在领油的时候竟然想,把林先生的那桶也领了吧——话刚要出口,才意识到,我再也没有这个尽义务的机会了!

怀念林焘先生

沈小喜

在 11 月的某一天，我做了一场梦，梦见了在北大留学的那段时光。林焘先生和师母、王理嘉先生、周燕以及另外几名韩国留学生一一出现在梦中。通常做了梦后，梦见的情景和梦本身过后都会忘得一干二净，但是那天在梦中见到了一张张久违的熟悉的面孔，而且和平时的梦不同，这个梦来得有些突然，因此就在家和丈夫谈起了自己的梦，谈着谈着不由地勾起了我对北京留学生活的回忆，一时沉浸在往事之中。

就这样在梦中见到林焘先生后，没过几日，通过来梨花女子大学工作的陈连山教授获悉先生过世的消息，犹如晴天霹雳，让我茫然若失，但同时心里又感到一丝暖意。先生没有忘记远在异国的关门弟子，让弟子见到先生最后一面后方才去了远方。谢谢先生!

师生之缘到底是什么呢? 尽管我现在自己也是一名教书的老师，但记得我先前的恩师们总是随时随地指出我身上的不足，教导我、鼓励我，用真诚的爱心呵护我，引导我走上正确的道路。真不知前世积了多少善德，让我遇到这些世上最好的恩师。我常常为自己有这样的福分感谢上天。

在北京我有幸与林焘先生结下了师生之缘，先生满头银发，面目慈祥，待人和蔼可亲，一向都是鼓励我、夸奖我。但说实话每当看到先生那犀利尖锐的目光,我心里总有一丝敬畏之感。先生在指导我写博士论文时,总是耐心地听完我那一口洋腔洋调的汉语,然后哈哈大笑,发出爽朗的笑声,但过后从未忘记就论文作出一针见血的批评。还有,那些即使连我本人看了都无法理解的句子,先生看后总是用红笔细心地一句一句加以修改。先生为我付出的辛劳深深地印记在我的脑海中,难以忘怀。

博士论文写完后,可能是想到弟子写论文太辛苦,为了犒劳弟子,进行营养补充,先生邀请我去他家作客,让我有幸尝到了北京正宗的涮羊肉。先生亲自从东来顺买来羊肉,怕韩国弟子不习惯吃羊肉,还买了些牛肉。至今仍记得那餐桌上用翡翠色的七宝做成的涮锅和人头普洱茶。先生说自己的父亲是从日本留学归国的有名的建筑工程师,颐和园的走廊和雍和宫都是由父亲主持修缮的。那个锅是喇嘛教的信徒出于感激之情赠送的,而且说末代皇帝溥仪在离开皇宫时将王室内的人头普洱茶卖给他人,捆得紧紧的来自云南地区的普洱茶形似人头,因此得到"人头普洱茶"之名。听了先生的一番话,心想怪不得先生有富贵之相,是因为出自名门之后。还有相框中先生年轻时的照片,哇!那潇洒英俊的相貌,就连当今最红的帅哥明星也会自愧不如。

后来,我偶尔会带韩国学生去中国,到北京我总会指着颐和园的走廊和雍和宫,自豪地介绍说这是我导师的父亲主持修缮的。

还记得那次先生教我,说正宗北京风味的涮羊肉调料是用八种酱调成的。回到宿舍后,我请了几个要好的韩国留学生,夸口说让他们尝尝正宗的北京风味的涮羊肉。我准备了从先生那儿学来的八种酱调好后请他们吃,朋友们吃到了"正宗"的涮羊肉,可谓大饱了一顿口福。但是两三个小时后，邀请来的几个朋友都匆匆地直奔洗手间。难道是八种酱的调合比例有问题？请来的客人个个都在洗手间里一泻而空回了家。

北京大学的燕南园是个有些特殊的地方。对于那些来中国留学难以接触中国人的外国留学生来说，这里可以目睹中国人真实的生活面貌，感受中国人那浓浓的人情。而且听说那儿居住的人大部分是北京大学有名的教授，是学问圣地，更让人肃然起敬。记得留学时，我经常骑着自行车出入林焘先生的家，林先生和师母夫妇俩每次都是热情接待，先生那慈祥的笑容、那温馨的客厅和师母泡的热茶，至今仍历历在目，永生难忘。

未名湖可谓北京大学的象征，那是一个因太美以至于无人敢给她起名的湖。每天一到乏力慵懒的下午三四点，白发苍苍的林焘教授夫妇手牵手散步在湖边的那一幕，不正是未名湖的景观之一吗？那画面是如此的美丽动人，然而现在却难再见到，属于未名湖的那一份美丽也似乎随之消失，不能不令人感到遗憾。

毕业后，我为自己是北大毕业生感到自豪，同时作为“林焘先生的关门弟子”也是我的骄傲。坦白地说，我现在的一切完全借的是先生之光。今后我将牢记先生生前的教诲，埋头钻研学问，决不玷污先生的名声。但这又如何是好呢？……我好像还得继续借先生之光活在这一世上。

谢谢先生！深爱着您。

先生去矣，无尽思念

曹　文

9月26日　星期二

下课后陪梁彦民处长代表北语去看望林先生，预祝国庆、中秋。交谈间，我提出邀请，希望林先生参加11、12月份将由我主持的面向对外汉语教学的语音前沿论坛，先生答复，如果身体允许，可以参加。是请先生开坛呢？还是请他总结？待定。

……

10月20日　星期五

第七届语音学年会开幕式拍完照后，帮林先生拿包，挽着他去农园，感觉很温馨。

……

10月22日　星期日

闭幕式，听孔兄说林先生住院了，惊诧。担心。

……

10月26日　星期四

得知先生想见学生，我第一个赶到了病房，看到他呼吸困难，我什么话都说不出来。见到了林还夫妇。

10月27日　星期五

下午去看先生，气色变好。见到先生的儿媳王晓路老师。

10月28日　星期六(补)

半夜0点30分，韫佳打电话说情况危急，连夜和她去医院。到后，走廊里非常安静，林还出来，说情况稳定了。在门外听到先生均匀的鼾声，心中踏实了下来。

晚上去吴宗济先生家，竟接到周燕老师的电话，并嘱当夜不要让吴先生知道噩耗。一夜辗转，难以入眠。对先生的思念绵绵不断，一副挽联进入脑海：

儒雅一世桃李不言弟子三千

宽厚终身音韵流芳名垂四海

10月29日　星期日

沈炯师在北大中文论坛中止语音科普，将"沉痛哀悼"置顶，我将挽联跟贴了上去。

……

在先生众多的弟子中，除了孔江平兄以外，我大概是第二个，也是最后一个不在北大入籍的、林焘先生的硕士研究生。

1994年初，卞觉非师托人带信给我，言为我保留的三年南京大学研究生入学资格即将到期，问我有何打算。尚犹豫间，北语通知，我爱人的户口不久即可从南京调来。为此，我打消了去南大的念头。然而，失去读研及进一步深造的机会颇令我伤怀。因为在八九年后以及在国家汉办工作的几年里，我发现自己并不适合做行政工作，教学与研究才是我兴趣所在。大约是在9月，忽然从人事处又传来消息，说北语准备选拔一些在职教师定向培养，其中的一个方向是实验语音学，导师为本校兼职教授北大林焘先生，我真是大喜过望！于是我报名、复习、统考，最终被录取。①

其实早在几年前，我就认识了林先生。1991年8月，完成了在北京语言学院五年的学习后，我毕业分配到了国家汉办。在那里工作的五年间，我发现几乎所有汉办组织的学术活动都必请林先生参加，而且几乎每次先生都是以首席专家的身份出场。汉办领导和工作人员对林先生表达出来的由衷的敬意深深地感染了我。先生的温文儒雅与平易近人更使我觉得他是一位令人钦佩的、真正的学者。

工作期间，我购买了先生所著的《语音探索集稿》、先生和王理嘉老师合著的《语音学教程》，仔细阅读，真有醍醐灌顶之感！语音学在先生的笔下摆脱了古板、枯燥的面孔，他既严谨又浅白的描述，使得语音学和语音教学在我眼中变成了大有可为的事业。

正式开始跟先生读书期间，有两件事我记得特别清楚：一是先生给我开第一批参考书并给予指导意见；二是与先生一道去香港开会。

1996年9月2日，研二开学的第一天，我正式去林先生家拜师（北语的规定，研二时才能定导师）。因为早已相识，而且北语方面也作了沟通，所以在我讲明来意后，先生给我列了四本参考书②：

A Course in Phonetics（Ladefoged 1982）

The Speech Chain（Denes & Pinson 1973）

---

① 后来听沈炯师说，先生在北大早已不带硕士生，就是博士生也只是其时正带的几位韩国学生，不招新生了。曹某何其幸也！

② 之所以先生将英文书排在前是因为先生早年的弟子、我的语音学启蒙老师冯隆在1995年回国探亲、拜访林先生时，曾向先生推荐过我，说我英文很好。

《语言问题》(赵元任 1980)

《语音学教程》(林焘、王理嘉 1992)

先生从众多的语音学论著中挑出这四部作为我的“食粮”，不但体现出他因材施教的理念，更使我今天还能感受到先生对语音学深邃的洞察力和游刃有余的把握力。这么多年过去了，我越来越觉得这几本书实在是语音研究入门的津梁，同时也是经典。到现在，我已不知看了多少遍、多少次，有时是精读，有时是翻看，然而每次都有新的发现或感悟。它们现已成为我给自己的研究生必开的精读参考书。

由于先生年事已高，并且还担任北大对外汉语研究中心主任之职，他已不再给学生上课了，但他要求我去听别的老师的课，而且有两门课一定要听：沈炯老师的“实验语音学”，王福堂老师的“方言调查”。

沈老师的课实际上我从 1995 年 10 月就开始听了，到 1998 年夏毕业，一共听了两轮半，算是超额完成了先生布置的任务。但是，王老师上课的时间与我的本职工作——给留学生教课的时间恰巧重合，连续两年都是如此，所以王老师的课当时没有听成。直到 2001 年到北大攻读博士学位时才得偿夙愿。

那天林先生还对我说，现在从事语音研究一定要“熟悉仪器，动手实验”。这一点，我以后一直遵照执行，凡涉语音，没有实验数据，决不写文章、下结论。

1997 年 10 月，韫佳告诉我：香港城市大学将举办“汉语方言及少数民族语言语音学研讨会”。我那时正好刚做完盐城方言单字调的分析实验，便想以实验报告投稿参加会议。把稿子送给先生看，先生说单字调、一个实验，内容显得单薄，他建议我将国庆期间刚做过的听辨实验的结果加进去。我遵照吩咐，依言行事。结果论文被会议接纳，我接到了邀请信。由于林先生是这次会议的特邀嘉宾，所以我有幸跟老师同行。

飞机抵达深圳后，北语的学长，时任新华社驻港记者的陶文革兄接我们过了罗湖并一直送我们到城大。后来为林先生的签证办延期，陶兄也帮了大忙。

到城大后，我发现参加此次会议的内地代表多是来自语音研究的“重镇”：中科院声学所、社科院语言所和民族所。来自高校的代表仅有四位：北大林先生、上师大潘悟云教授、北广王璐老师和北语的我。我把自己的发现告诉先生，先生说现在高校的语音研究队伍比较分散，难以形成合力，应当想办法解决这个问题。①

那次会议是我第一次以正式代表的身份参加国际会议，也是我第一次在学术会上讲我的论文，所以到报告的时候非常紧张。虽然当时的主持人孔江平兄已格外多给我时间了，我还是说得虎头蛇尾。结果可想而知，没有一个人对我的报告提问。尽管后来郑锦全教授在总结发言时提到了我的研究，但当时我是特别沮丧地回到听众席的。我坐到先生的后面，那时候听到先生对坐他旁边的王士元教授说：“他是我的学生，第一次参加这样的会，没有经验。”会场休息时，林先生先批评我不知详略、取舍，然后教导我，报告应当把重点放在实验结果的介绍上，而不在繁琐的过程。他最后安慰我说不要紧，以后多参加学术会议就会好的。从那以后，我每次参加

① 数年后他想出的办法是把他的学生调到北大。2003年初，先生对我说，“希望在我有生之年，把孔江平、王韫佳和你都调到北大来，这样可以形成一股合力。”如今，孔、王二位已如先生所愿调到北大，而我因为北语不放，加上学问水平都离北大要求还远，未能实现先生愿望。愧疚甚！

学术会都会想起先生的教导，做报告时提醒自己把重点放在实验结果和结论的阐述上，实验过程基本一带而过。效果果然很好。

在我拿到硕士学位后不久，当时还在北大出版社的郭力老师托人找到了我，说希望我能帮忙写一本汉语正音的小册子，并解释之所以找我是因为听谦功说我是林先生的弟子。为了不辱没先生的高名、不辜负推荐人的信任，我接下了这个任务。2000 年 9 月，《汉语发音与纠音》出版。由于我自己觉得那书没有什么学术含量，也就没有多事去请先生写序或先让他过目，所以到了给先生送书时心里忐忑不安。但先生拿过书就看，过了几分钟(我曾觉得是那样地漫长)，先生说："写得很好啊，对外汉语教学现在也需要这样的书。"我一颗悬着的心落了地。后来也正如先生所言，这本小册子在教学中很受欢迎，曾在两年内重印了三次。因为这本小书，我后来还和林先生的私淑弟子、在香港教普通话的孙文冬老师交上了朋友。

如果说正音的小册子多少有点无心插柳的话，《汉语语音教程》则是我用心来写的一部教材。那也可说是我接手的第一项科研任务。

新中国的对外汉语教学到了二十世纪九十年代已经不再是"外国留学生高等预备教育"一种模式了，全国许多院校包括北语在内都已有了本科教学。但是符合本科要求、能够体现"基本理论、基本知识、基本技能"的对外汉语教材几乎还是空白。基于这样的认识，北语首先提出要编出一批目标鲜明的对外汉语本科系列教材。《汉语语音教程》作为其中的一部，编写任务就交给了我。之所以选择我来承担这项工作，按当时汉语学院学术委员会主席李杨院长的话说，还是因为我"是跟林先生学的语音"。

从1998年秋开始，我把大多数业余时间都花在了《汉语语音教程》的编写上。教材从初稿到使用、修改、再使用、再修改、定稿，一共四易其稿。几年的编教过程实际是不断地发现问题、求证解疑和深入浅出的过程，我觉得自己对普通话语音有了比较全面、系统和深入的认识，同时也发现了许多值得研究的课题。第三稿完成后，我拿去向林先生求序。先生起先并没有答应，他说"我现在不想写序了，昨天刚刚拒绝了一位同志"。大概看到我尴尬的神情于心不忍，先生又改口："这样吧，放在这里，我看看再说。"仅仅过了两天，我接到林先生的电话："曹文哪，我给你的序写好了，有时间你过来拿吧。"我简直是如听仙乐，兴奋不已！先生没有马上答应我，说明先生对写序这件事非常慎重；现在先生写了序，说明我的书得到了先生认可！对于做弟子的来说，有什么比得到老师的嘉许更兴奋的呢？

由于机缘，2005年下半年，我参与了中国聋儿康复中心的一些活动。其间我了解到，林先生的公子林明老师是新中国的第一代聋康明星。我迫不及待去向先生求教：如何才能使聋康取得好的效果？先生首先对我有志于聋康事业表示赞许，然后又把杜先生叫来一起向我介绍当年是如何教林明老师学习说话的，最后他对我说，抓住汉语声韵母的特点，充分利用口形，适当进行夸张一定会对聋儿语音康复和语言训练起到明显的效果。交谈中，我从两位先生的眼中看到的满是善良仁爱的光芒。11月，聋康中心陈振声主任和黎明处长托我转告林先生，2005年12月，在北京小汤山将召开中国听力语言康复专业委员会第七届学术讨论会，希望他能参加。先生没有丝毫犹豫就答应了！我清楚地记得他当时说："虽然现在身体不好，也不愿参加会议，但这个会我一定参加，义不容辞。”这是怎样的人格！12月1日，林先生父子二人共同参加了会议，他们受到了与会者无比热情与尊敬的欢迎！也使作为学生的我感到无比的骄傲与自豪。

我始终认为能够成为林先生的弟子，成为这位有学问、有人格、儒雅宽厚的学者的弟子实在是我的幸运。我今后要加倍努力，多出成果，多作贡献，以告慰先生在天之灵。

最后，借用蔡元培先生给刘半农先生的悼词献给先生：

流风无尽

嗣音有人

林焘恩师安息！

德高望重、平易近人的长者

——怀念林焘先生

周　燕

2006年10月22日上午，我正在“第七届中国语音学学术研讨会”的会场，突然接到林先生儿媳王晓路的电话，说林先生病重，正在北医三院急诊室候诊。我立即把这一消息告诉了实验室主任孔江平老师，安排好会议事项后便火速赶往三院。

在三院，看见林先生满脸浮肿，戴着氧气罩躺在急诊室里，完全没有了两天前在研讨会开幕式上那神采奕奕的神情。林先生的女儿林还和女婿王庚在那里着急，却见不到大夫(他们在国外生活多年，不太了解中国的医疗程序)。我马上向林还要来了林先生的高干医疗证，去找大夫。大夫先说林先生心脏不好，接着又向林还询问林先生以往病史。听说林先生以前有肾病，大夫便要求家属提供以前的病历。正好这时王晓路来了，我告诉她近三年中文系组织的体检中，所有老师都做了肾功能的详细检查，让她在取病历的同时一定把林先生的体检报告找来。大夫经过观察和看了以前的病历及体检报告后说，林先生肾功能指标非常不正常，是肾脏衰竭，当晚他就转入了高干病房……

2006年10月28日22时12分，林焘先生去世。当我们抬着林先生的遗体走进太平间时，我再也忍不住了，泪如雨下……

一　对实验室建设的惦念

1992年8月，我以北京高中物理教师的身份调入北大中文系语音实验室任实验员。我虽然是物理系毕业的，学过一些物理声学，但对实验语音学却知之甚少。为了尽快提高业务水平，我选修了一些汉语专业的课程。记得有一次我正在实验室读林焘、王理嘉先生主编的《北京语音实验录》里林先生所写的《探讨北京话轻音性质的初步实验》一文时，林先生来到了实验室，于是我就向林先生请教看不懂的地方。林先生丝毫没有学术权威的架子，耐心细致地给我解说论文中的道理，以及我所陌生的语音学知识，还不时地赞扬我是物理系科班出身，鼓励我要有信心搞好实验室的管理工作，协助好教授指导学生做语音实验。

1996年，实验室争取到了北大"211工程"一期项目，学校一次性拨款六十万元，支持实验室建设。这在当时是很大的一笔款项。如何利用好这笔资金，成了当时我们实验室的头等大事。为此，实验室主任沈炯老师和我经常到林先生家请教。林先生是"文革"后北大重建语音实验专业和语音实验室的开创者和负责人，对实验室建设有丰富的经验，他当时虽然年事已高，仍然认认真真地从项目总纲的撰写到仪器设备的选取，事无巨细地和我们一起讨论，使我们实验室的"211工程"一期项目顺利、圆满地完成，受到学校的好评。学校在"211工程"二期项目中又为实验室拨款九十万元。

就在林先生去世的前几天，他还为亲自组织召开的"第七届中国语音学学术研讨会"全力奔忙。研讨会开幕时，他提前到会，并作了精彩的主题演讲。之后就病倒住进了北医三院。在急诊室里，林先生对我说："这次病来得太厉害了，你去看看杜荣（林先生的夫人），她在家一定很着急。"从急诊室转到病房后，他又向我和孔江平问起会议的情况，还担心会议经费是否会出现超支。直到我们向他汇报，会议经费充足、会议很成功、代表们很满意时他才放下心来。遗憾的是，这竟成了林先生对实验室的遗言。可以说，林先生是带着对亲人的关爱，带着对我们实验室的挂牵，带着对北大中文系、对北京大学、对中国语音学事业的浓浓情结离开人世的。

二　对普通下属的挂念

林先生作为一位资深的教授、博导，从来没有给人以高高在上的感觉。他对下属、对老师、对学生一向关心备至。对我这样一个普通实验员工作上的关心就是最好的例子。1992年我刚到中文系时，林先生就曾告诉沈炯主任、王晶老师怎样辅导我接手实验管理工作。我对工作熟悉后，在工程师职称评定时，林先生又向上级介绍了我的工作成绩，对在文科系工作却要评定工程实验系列职称、且工作成果又不易为外人了解的我给予了极大的帮助。我顺利地评上了工程师后，林先生鼓励我继续在业务上学习、在工作上努力。

2000年中文系聘我兼任系里的科研秘书。中文系是北大的科研大户，科研管理的工作量很大，需要花费大量的时间和精力。我怕影响实验室的工作，就把这事跟林先生和沈炯老师说了，想听听他们的意见。他们二位不但没有反对，反倒鼓励我抓住机遇把科研秘书工作做好。林先生说，你做好科研秘书工作，也是对语言学实验室的一种宣传，一种促进。几年的实践证明，我做中文系科研秘书，不但锻炼了自己，帮助中文系发挥科研优势，也在学校里更广泛地宣传了中文系和语言学实验室。

在林先生的不断关心和鼓励下，我在做好实验室管理和中文系科研秘书的同时又撰写了几篇专业论文，并多次获得了北京大学优秀科研秘书的奖励。2006年，我申报高级职称并获得了通过。当我把这一消息告诉林先生时，他非常高兴，并在之后好几次都情不自禁地提起此事，表示对我的祝贺。事后我才知道，我的专业鉴定是林先生写的(而林先生却从来没有对我提起此事)。我虽然不知道林先生为我写了些什么，但我可以肯定地说如果没有林先生不断地鼓励、指导，我是不可能评上高级职称的。林先生去世后我更感到心里不安，因为后来才得知，先生在为我写鉴定时身体已经非常不好。布置悼念室时，看着屏幕上反复出现的林先生的照片，想起先生平时的点点滴滴真是思绪万千。我曾跟王洪君老师说过我的不安，王老师安慰我说："你能解决高级职称，林先生是很高兴的，这也是他的一个心愿，他完成了他的心愿，他做了他想做的事，你不必为此感到不安……"

我不仅无法忘怀林先生对我个人的奖掖和提携，而且为林先生细腻关心普通下属的高尚情怀所感动。先生是学术权威，却又平易近人。先生对下属默默关心和帮助却从不张扬、不图回报。可以说，谁能做林先生的下属，谁就是幸运的，我就是其中的幸运儿之一。

三　对我家庭生活的牵念

由于我工作性质上的特殊身份，加之林先生年事已高，十几年来,我从开始帮助林先生取工资、拿邮件,到后来就成了林先生与中文系之间的使者。林先生也不把我当做外人,有事就打电话找我,因此我也经常去燕南园与林先生家人聊聊天儿。

林先生作为比我父亲还要大几岁的长辈,经常关心我的家庭生活。我女儿和林先生的孙子是同一个年级的,所以林先生、杜先生经常关心、惦念我女儿的情况,从小学一直过问到她上研究生。记得当我告诉林先生和杜先生,我女儿因成绩优异被保送到北大环境学院读研究生时,林先生高兴地连连说好。以后他又多次提起这事,每每说起此事都让人感到他是发自内心地高兴。因我爱人长期在外地工作,林先生也关心我的家庭问题。每次在林先生家里倾诉我内心的喜怒哀乐之后,都能给我以生活上的指点,使我从内心里感到一种来自家人般的温暖。

2001 年夏天,我的家刚从北大燕东园搬到北大清华蓝旗营小区之后不久,林先生和夫人杜先生来我家看望,祝贺我们乔迁之喜。林先生和杜先生一个房间、一个房间地欣赏,为我们能改善住房条件打心眼儿里高兴。我记得当时林先生非常喜欢我的凉台,我把它布置成了一个花房,先生看着一盆盆绿植赞不绝口(为此,在当年林先生八十岁生日时,我们特地买了一盆巴西木送给先生,林先生非常喜欢并一直把它摆在一楼的书桌旁,在后来的五年时间里这盆绿植一直陪伴着先生)。记得那天他们夫妇二人在我家待了很长时间。从我家出来后,我们又陪二老先到袁行霈老师家,然后又到历史系周一良先生家与周老畅谈(事后没过多久,周一良先生就去世了)。

在北医三院治疗的短暂日子里,林先生在偶尔清醒之际还与我交谈。住院期间,杜先生和林明夫妇、林还夫妇都把我当成与系里联系的使者。28 日晚，林先生停止了呼吸，林先生的儿媳王晓路立即把林先生逝世的消息告诉了我，并让我转告系里及其他亲友。

林先生作为在太平洋战争时期就开始为中国汉语教学科研作出贡献的德高望重的长者，能对我这样一个在实验室里工作的普通实验员如此的厚待，令我深受感动！

一切都已成为往事，一位德高望重、平易近人的长者走了。从1990 年深秋我在北大燕南园 52 号第一次见到林先生开始，到2006 年深秋我在八宝山最后一次告别林先生，在这整整十六年时间里，林先生对我业务上的指导、工作上的关怀、生活上的体贴真是说也说不完。林先生，您对工作一丝不苟的态度、对学问严谨求实的精神、对部下平易近人的品德、对家人关怀备至的仁爱深深地铭记在我的心里。林先生，我永远感谢您、怀念您！

2007 年 1 月 20 日

送别崇德林焘老同学

杨振宁

惊闻林焘去世。一九三三年到三七年我们在崇德中学是同班同学。

三七年七月我们曾和几位崇德同学同游“万牲园”，留下一张照片，可惜此照片我已找不到了。

近年来在清华北大会面数次。不料他于二〇〇六年十月忽然去世，我深表悼念。

纪念林焘先生

刘曾复

林焘先生余世交弟兄也。幼年常会于北京灵境林府，人到唱到。晚年同从王力先生研究京剧音韵学，当时余曾从林先生学习以汉语拼音注解京剧字音办法，我师也。

丙戌冬刘曾复谨记

年兄年弟

——寄情林焘

黄宗江

林焘去也，他方迈过八十四岁的坎，坎外有坎，奈何？我比他大一个月，看来异域相会当有期，然而还得相送一程，以文字代步。我们曾相互戏称年兄年弟，这用的是不算太古老的古汉语，科举时代同科师兄弟也。我俩可说是地道的同科，同学于幼儿园、小学、中学、大学。幼儿园又升初小是在“京师第一蒙养”，听这名字就够古老的了。地处当今北京电话局对面，原中共中央组织部旧址。中学是崇德中学，现改称北京三十一中，大学就是现北京大学旧址的燕京大学了。这三学由于时代变迁均已名不存实亦不在了。同辈多而又多地多在异域了。在小学时我大他一班，他姐姐已故林鑫是我的班长，所以我总认为林焘尚小，其实只比我小一个月。后来他妹妹林香也上学了，她个子小，我更看她小而又小了。我和林焘虽是三朝元老，不，元小，几十年来却往来不多，在时代的车轮中阴差阳错了。再则，俗云隔行如隔山，其实也都是“文革”被称“一丘之貉”的批斗对象，从事的也都还是文字工作，且业余迷超专业的京昆。他的夫人杜荣更是我“傍”过的同学女角儿。晚年走动反而多起来了。不时通个电话聊聊大师兄周一良、季羡林、侯仁之……诸大兄情况，或忆叶四（盛兰）、俞五（振飞）、姜五（妙香），且及梅程门中新秀。我小女儿留美博士阮丹青在北大上学时，更以他夫妇家为家。我们虽均属艺文同行，但对他的学术领域诸如汉语音韵学、现代语音学、汉语方言学、对外汉语教学等门类，老朽难以高攀，却极景慕。我深感到他是位博古通今、博世通京的一代学人，这样的人是越来越少了。在如今重金钱、轻学问，有些斯文扫地的境地，更令人感到斯人远去，深为寂寞。我时常幻觉，清风明月夜，在他学于斯、教于斯的未名湖畔、燕南园中、婆娑枝头，永生着几多诗魂学魂：谢冰心、冯友兰、林庚、林焘……

哭林左田兄

吴小如

五十余年莫逆交，品歌谈艺梦迢遥。
门前挥手成长诀，从此幽明共寂寥。

惊悉林焘先生于2006年10月28日猝然仙逝，恍如晴天霹雳。痛定思痛，勉强写了四句挽诗，愿他安息。诗题注明“小诗当哭”四字，其实我是在啜泣之后才落笔的。五十多年的老友、好友，就这样说走就走了，不仅出人意料，而且同时也引起自己的忧伤。我比左田小不到一岁，近年来体气也日就衰颓，“既恸逝者，行自念也”，看来人寿修短，并不能随个人意志为转移。我愿引用另一位老友的话：人老了，应该“时刻准备着”！

我是1951年暑假中，承陆志韦先生和高名凯先生不弃，调来燕大任教的。一到国文系，就认识了左田。从此一见如故，不同于一般同事关系，而是很快就成为无话不谈的知己。初到燕园，眷属滞留天津，开始住单身宿舍。后来承张伯驹先生把他园中藏书楼两小间空房借给我，在妻儿尚未迁京时，我一度还在左田兄家里搭伙吃饭。左田是个热心肠的人，对我的关心无微不至。我在感谢张伯驹先生的同时，对左田和杜荣伉俪也是心存感激的。只是我和左田夫妇似乎已是交谊很深的老朋友，就没有把感谢的话经常挂在口头上;而左田更是行其所无事,从没有施恩图报的念头。今天回想五十多年前的旧事,我才体会到他们的挚爱之情真是“君子之交”。

我与左田有共同语言,是建立在三个方面的基础上的。首先我们都是传统戏曲的爱好者。我只是个爱看戏的戏迷,而左田夫妇却是一对躬行实践者,不但见多识广,而且能粉墨登场。左田身体好时,能吹笛伴奏,由夫人杜荣大展歌喉。五十年代初院系调整后不久,友人孙正刚在教员工会工作,经常组织业余演出。我看左田伉俪最精彩的一次彩唱,是他们联袂同台演的全部《奇双会》,从《哭监》一直演到《团圆》。不是我阿其所好,左田扮演的赵宠虽不及程继先和姜妙香,却绝对不在俞振飞之下。左田为演这场戏,是有充分准备的。他请叶仰曦先生吹笛,请李体扬先生扮李奇,傅雪漪先生扮保童。这在业余队伍中,都是上乘人选,连业内的名角也心悦诚服的。事后我才知道,左田曾亲自向名小生金仲仁请益问业,同王少卿等这些一流名家也是熟人。可是左田对此从未炫耀过,只当成业余爱好。而左田的眼界远不局限于小生和旦行,他对杨小楼、余叔岩同样有很高的欣赏水平和精辟见解。我们曾反复细听余叔岩《打渔杀家》的唱片,谈彼此看过的杨小楼的戏。到了十一届三中全会后,我又故态复萌,由收藏旧唱片改为搜求罕见的录音带。每有所获,必与左田分享。记得左田听了姜妙香晚年录音《监酒令》唱段,认为调门虽低,却比 1929 年高亭唱片所录唱的高出几倍,这种欣赏水平真是“可为知者道,难与俗人言”。而时至今日,京剧式微,已成为“四不像”的东西,再求一位像左田这样的行家里手,恐怕比周诰殷盘都难了。

第二个方面是由于左田是我真正的诤友。我从十几岁就喜欢舞文弄墨写剧评,到二十岁前后更是一发而不可收,一直写到1948

年。建国初期，我停了笔；院系调整后，由于认识了马少波同志，看戏的机会多了，不禁技痒，于是死灰复燃，又写了一些谈戏的文字。在知识分子思想改造过程中，有些人批判我的个人主义名利思想，往往只向我头上扣大帽子，而左田对我曾说过一番语重心长的话。大意是：不要认为你懂一点戏，动不动就写文章拿去卖钱。这话使我终身铭记。尽管我仍不断写评论京剧和其他有关戏曲的文字，但思想上却给自己设了一道关卡，即写文章求言之有物，如只是为了图名谋利，为了无聊的吹捧和自炫，无论谁找我写我也不动笔。这一点只有我心里明白，连左田本人也未必记得了。孔子说“益者三友，友直友谅友多闻”，左田平生待人宽厚平和，却对我能直言不讳，足见他是把我当成真正的朋友看待的。左田晚年，对京剧的看法也敢于讲真话。为了做 2006 年春节晚会的节目，上海东方电视台邀左田和我去谈京剧的发展历程和对“四大名旦”的看法。左田公开发表独到见解，认为在“五四”以后，京戏已被当时的先驱人物看成封建糟粕，而广大观众却公认“四大名旦”是顶尖的艺术家，这很令人深思。他又说：“四大名旦”并不在同一水平上。梅兰芳是最高水平，程砚秋是另一个水平，其他两位又是一个水平。我也认为，梅是全能冠军，其他三位是单项冠军。这后一段意见尽管节目中都未能播出，我却认为左田和我说的都是实事求是的真话。这正是我们有共同语言的明证。

最重要的一个方面是，左田在声韵学和语音学方面是我的良师。我对声韵学是外行，尤其对古音十分隔膜。在中古音中的不少上声字，到了近古时代却读去声，这个规律应如何掌握，我曾专诚请教左田，他教给我“阳上变去”的辨认方法。原来古三十六字母(即声纽)是分清浊音的，而四声中不独平声字分阴阳，上、去、入声字同样也分阴阳。具体举例,即“端、透、定、泥”或“知、彻、澄、娘”各声组中的第三组如“定”母和“澄”母中的上声字,多属阳上声,它们的读音到近古音中变为读去声了。如“交代”的“代”是去声,而“等待”的“待”本读上声,后来才变为去声。明乎此,我们在汉语中写“交代”一词,就不会写成“交待”了。左田同时也说及去声字变为上声的问题,可惜当时没有细问如何掌握变音的规律,今天已成为永远的遗憾,只能靠自己摸索了。记得张伯驹先生几次对我谈过昆曲和京戏里的韵白及其读法的问题,如“脸”为什么读“俭”,“盟”为什么读“明”等,伯驹先生认为这种读法就是依据南宋时代临安(今杭州,当时是南宋首都)的官话。我从《集韵》中找到不少例证,同时也向左田请教。我们逐一分析了潮州汉戏、滇戏、桂戏以及徽戏、汉戏的韵白,并结合高腔、昆曲和京戏近几十年的舞台上演员们的念字,认为张伯驹先生的结论是正确的。由于我没有参加由王力先生牵头的研究京戏字韵的小组,不知左田是否提出了京剧韵白基于南宋时杭州官话这个观点;但我和左田在这一点上是有共识的。到本世纪初,我还向左田请教,“士”字在先秦时代能否作为“齿”字的通假字,左田当时不假思索地冲口而出:“当然可以!”可惜我们未就此事深谈下去,如果确能通假,则《小雅·祈父》中的“爪士”乃与上文“爪牙”相对,应释为“爪齿”了。记得周一良先生仙逝后,我和熟人们经常感叹,今后如有日文方面的问题,再也找不到一位名师请教了。如今左田兄又先我而去,关于古声韵方面的难题,我将向何处咨询请教呢!这不仅使我感到痛失良师益友,而且也为我们面临日就荒芜的学术领域忧心忡忡,断层裂变的危机已逼近于我们的眼前了。

近二十年,由于杜荣先生多病,老妻也病了很久,彼此自顾不暇,我和左田见面的机会少了,这就使彼此更增加了不少牵挂。但我每逢佳节,总要到燕南园去看望林静希师,同时也到左田处小坐,互叙离情。2006年国庆前夕,我茕茕一人走进燕南园,不想竟迷了路。好不容易才找到左田的寓所,并说明来意,想去看看林庚先生。左田陪我同往,见到了静希师,左田还勉慰静希师,说超过百岁不成问题。怕老人劳累,我们小坐便辞出。左田见我面色不好,坚邀我再到他府上小憩,于是我们又快谈良久。天色渐晚,我也稍苏喘息,左田仍不放心,便嘱他弟林宁兄帮我找了一辆出租车,一直把我送到车边,目送我离去。不想10月4日,静希师竟安详辞世,我和左田不久前的拜访,竟成为最后一面。10月12日,在八宝山为静希师送别,我因在11日已到静希师府上对遗像行过礼,翌日便未到八宝山,而左田却亲自参加了送别仪式。中午时分,左田打电话给我,说他十分疲倦。因为送葬者大都是我们教过的同学,一一向左田打招呼,八十五岁的老人当然吃不消。不想10月15日,1956级同学纪念入学五十周年,而当初教过他们的老师只有左田和我两个人了,于是我们又被邀去坐了两个多小时。我在散会时已感体力不支,而左田谈笑风生,心情还比较愉快。当时有同学用车送左田和我回家,车到左田门口木栅边,左田下车时向我频频挥手,我说过几天再来看望,然后匆匆离去。没想到这就是我们的永诀。后来听说,10月20日左田主持了一个规模较大的会议,还致开幕辞,坚持了一整天。当晚左田即感不适,拖到22日才送入北医三院,至28日即溘然长逝。左田一生多病,先后切除过一叶肺和一个肾,晚年虽心脏血压都有些问题,但由于他心情开朗,敢与病魔周旋,不明底细的人只看表面,总把他当成一个健康的老人。而左田又一向热心,有事找他,每因盛情难却,往往事必躬亲。就在他临终前的一个月里，他实在太忙太累了，终于拖垮了重病的身体。我们后死者似乎从这次变故中应吸取经验教训，对老人要更多地关怀照顾。因为像林焘先生这样卓有成就的前辈学者，短时期内已不易培养得出来了。

2007年2月，写于林焘先生逝世百日后

告别小林先生

宗 璞

和林焘先生做邻居已有几十年了，起初只是知道彼此是谁，点头而已。一次，在勺园用餐，遇到林焘、杜荣两先生，他们说："看见你的文章了。有一篇提到陈澂莱，是我们最熟的朋友。"澂莱也是我的挚友。她曾说过，她和林家的七姐八妹最好。因为她的年龄居中，她们称她为七个半。这七姐八妹就是林焘先生的堂姐。林焘先生还见过澂莱的过早逝世的王先生，澂莱终身没有再嫁。

因为有了共同的朋友，大家倍感亲近。后来又知道，林先生的一位堂姊丈又是兄长钟辽的老友。每于路上相遇，总要说几句话。春夏的清晨，我们都喜欢散步。在临湖轩附近的小山间，在六个院落中的草坪上，仲德和我常看见林、杜两先生相伴而行。我们常互相报告散步的远近和花事的变化，还有些园中琐事，也是有趣的谈话内容。

林、杜两先生是昆曲大家。八十年代中，我在写《野葫芦引》"序曲"时，很想聆听昆曲演唱，便申请旁听林家曲社。两位先生都唱得很好，音乐和词句的美交织在一起，是乘法不是加法。当时还有另外的人，记得其中有一位昆曲演员和一位笛师。这次曲会余音袅袅，伴随着我写出了《野葫芦引》"序曲"，听过演唱来写，文句才润泽而有音调。

在小径上的谈话,先从四人减少为三人,那是因杜荣先生摔伤了腿,不能出来走路。林先生还是坚持清早出来。常常是我们走下燕南园小坡时,他已经从大坡那边回来了。

时间到了2001年秋,空前的灾难降临我家,仲德患病。我们生活的主要内容是奔走医院,在病情缓和时,还不时往园中散步。林先生对我们说,他曾患过严重的支气管扩张,吐血不止,后来切除了右肺的一半。他说这段病史是为了鼓励我们。“病会好的。”他热忱地说。这是希望,也是安慰。

仲德终于走完了他的人生路程,只剩下我一人踽踽独行。晨间散步时,还是常常遇见林先生,见他在南北阁间伫赏北京丁香,并曾告诉我图书馆阶下的榆叶梅盛开了,可以去看。彼此问候健康而已,人少了,话也少了。

表弟王克明,三十多年前在陕西插队,迷上了陕西方言。前年,着手写一部关于当地方言古语的书,想得到专家指点。我问林先生能否拔冗赐教,林先生慷慨地答应了。后来书作者想待书稿成后,再去求教。现在书已成,书名《听见古代》。可是林先生已经去了,融进了古代音韵中,那也是他终身研究并有巨大成就的领域。而作者永远失去了他的指点,这不只是作者一人深深的遗憾。

林先生去得很突然。得知消息后我们都大吃一惊,家里人说:“前几天还看见小林先生呢。”我打电话吊唁。杜先生说,林先生在准备、参加第七届中国语音学学术研讨会的过程中,十分劳累,散会后即感不支,是别人搀扶回家的。他是燃尽了自己最后的力量。

燕南园有两位林先生,为了区别,我这个小天地里,称林焘为小林先生,这称呼有几分顽皮,却很亲切,可是从未当面用过。

林焘先生一定有被称为小林的时候,在崇德,在燕京,在成都,在北平。现在他回到过去，融入历史，无妨用这个称呼向他告别。因为他在语言学方向的成就永远具有生命力，他在历史中永远是年轻的。

2007年2月13日

其淡若水，其深如渊

欧阳中石

林焘与杜荣，二位先生在成都一出《三拉》，早已传为旷世佳话，令人钦羡。杜荣先生的胞妹杜平先生，与我是辅仁大学的校友、戏友。

据吴小如先生告诉我，林焘先生看过我《打渔杀家》的明场，很是首肯。

在五十年代末，或六十年代初，杜荣先生的胞弟杜中先生自天津来，机会难得，遂形成了一次小型的"雅集"。在场的有刘曾复先生、朱德熙先生、吴小如先生，杜中先生是主宾，我陪在末座，假座林焘先生府上，自然林先生为东道。大家畅谈良久。杜中先生是名琴师，大家都一展歌喉。记得使我印象深刻的是朱德熙先生的醇正有味、林先生的温文尔雅。至今回忆起那次的聚会，还觉得如沐春风。

七十年代末，八十年代初，老师王力夫子，深感京剧的字韵有必要作一个明朗的廓清。为了使这门艺术更加科学化，真正成为一个严谨、系统的艺术理论学科，这是个必须完成的"工程"，于是王先生提出一个"五家村"的纯学术的组合：王力先生为村长，村民是吴宗济先生、刘曾复先生、林焘先生，最后一个是我，应当说我是连学生也不够格的一个赘余。

“五家村”活动过多次，每次都是在王先生府上，由王师母布置美餐。众弟子一齐向先生与师母认认真真地敬一杯酒，表示一下谢意就是了。

“五家村”本来想写成一本关于京剧字韵的书，框架已由王先生拟出，每人有了明确的分工。据我所知，只有王先生的那部分已经完成(已在中国戏曲学院的刊物上发表)。完成这个任务，对我来说，既有写作的任务，在这之前，还首先有一个学习的任务，所以困难稍大一点。尤其在大家中，我最小，可以在各位先生面前要一要赖皮。有不明白的地方可以直接向王先生提出。即使提的问题很幼稚，老师对学生也无可奈何。

打交道最多的是林先生。因您和王先生都住北大，有些问题可以先向林先生请教，不得已再去问王先生。

在向林先生请教一些语言学上问题的过程中，深深体会到研究问题“溯源寻根”的重要性，也深深理解到“步步为营”的稳妥必要。这两点得到落实之后，结论已经尽在把握之中。

有一些实际问题，比如日常语言与舞台语言的发音问题，林先生便让我去直接请教王先生。当我谈到有些顾虑，深恐先生不高兴时，林先生一再说明：王先生极平易，每遇与您意见不一致时，您总是极其高兴地与你一起研究，直到彼此都感到满意为止。我果然这样做了，也真像林先生所说，于此，我实实在在地懂得了大学者在对研究的问题上，是何等的坦荡率真，绝不把既定的理解固定在一隅之上，在思维上是何等的认真与缜密。真是老师永远是老师。

必须特别说明的是在这种情况下的林焘先生。最初看来，好像他是把矛盾推了出去，其实，他一点也没放松，每次我从王先生那里归来后，他都详细地询问我研究的情况。从他在应答中的表情上可以看得出他的关注,一点也不比我轻松。问题的解决,心情的舒展,他和我们是始终联系在一起的。

这是我在林先生面前,虽不在课堂上,而在课下学得的教益。从林焘先生游,我的感受是:其淡若水,其深如渊。

一生与昆曲相伴

——追忆林焘先生的昆曲渊源

欧阳启名

"文革"以后的1979年,北京昆曲研习社恢复了中断十五年的活动,我有幸参加了七九年的复社演出,成为昆曲研习社最年轻的社员。1982年,社委会选举以后,我又成为最年轻的社务委员,兼昆曲研习社出纳,负责收取社费、支付劳务费。

在北京昆曲研习社,我见到了许多我父亲的师长、朋友,从他们身上,我学到了各方面的知识,他们那文人的气质包裹着我,让我逐渐成长起来。

林焘先生的名字我是知道的,我父亲在北大念书的时候,林先生就是北大的教师,因为喜欢京剧,父亲还曾随同学杜平姑姑到林先生家去玩儿。"文革"后王力先生组织了"五家村",我才发现那四家都与昆曲有关:王力先生在"文革"前就曾来曲社观看演出;吴宗济先生、刘曾复先生也经常来看曲社的演出;而林焘先生则是北京昆曲研习社的社员,兼西郊小组的负责人。我对于林先生是早闻大名,因为我负责收社费,才有了与林先生见面的机会。八十年代北京的交通还不方便,林先生不常来参加活动,但每年至少要进城一次交社费, 我记得北大的六位先生每次都是一起交费: 朱德熙夫妇、林焘夫妇、齐良骥夫妇。

北京昆曲研习社的西郊小组主要靠汪健君先生和林焘先生，每周轮流在二位先生家中举行，我记得我曾到汪健君先生家中参加过活动，也曾去过林焘先生组织的欢迎李方桂先生的曲会，是在北大的临湖轩，我跟周铨庵老师、王传蕖老师一起去的，那时林焘先生还很年轻。

去年，昆曲研习社成立五十周年，我们早就计划为老一辈的社员录制音像资料，为昆曲留下一些珍贵的回忆。但听说林先生身体一直不是太好，还要照顾病人，就一直拖了下来，直到 2005 年 5 月 20 日我们才来到林先生家中。

当我们敲开林先生家门时，林先生早已准备好了，就在那间客厅里，在林先生书桌旁，我们架起了摄像机，林先生坐在我们对面，滔滔不绝地讲了两个多小时，他讲到自己对于昆曲的接触，如何学唱、如何司笛，如何从北大唱到城里，如何从北京唱到四川，讲到他与杜荣老师因昆曲而结缘，也讲到与杜荣老师的合作，从《闹学》到《写状》，夫妇同唱共随，默契非常。林先生讲到北方昆曲的历史，讲到昆曲的兴衰，也讲到对于北方昆曲的担忧和期望，他甚至还想再把西郊小组恢复起来，还愿意年轻人再到他家里唱唱昆曲。林先生说自己身体不好，吹不动笛子，只能为杜荣先生操琴唱唱京剧了。

回来之后，我找到了陈为蓬，希望他把西郊小组恢复起来，但谈何容易，事情真到做的时候，才真正体会到并非易事，也才真正意识到汪健君先生和林焘先生当年的努力。

2006 年 7 月 1 日，北京昆曲研习社在前门饭店的梨园剧场举办了庆祝五十周年的纪念演出，我承担了主持人的角色，节目进行到四分之三时，我抽空来到台下，一眼就看到了坐在过道边的林焘先生，我请林先生前排入座，林先生说在等杜荣先生，人老了，要勤上厕所，过道处坐着方便一些。我请两位先生演出后吃过饭再回去,林先生说北大太远,还要赶在天黑以前回去。这是我最后一次见到林焘先生,也是林先生最后一次参加曲社的活动。

林先生离我们而去了,留给我们的是无尽的怀念。我将林先生的录像用文字整理出来，本来是想请林先生过目之后再刊于北京昆曲研习社五十周年纪念文集的，现在只能以此来告慰林焘先生了：

我对于昆曲的接触比较早,在我十三四岁的时候,家里人就带我去看昆曲，是北方昆弋班的戏，那时韩世昌还没来呢，是看白云生的戏,我印象很深的是白云生的《刺虎》、陶显庭的《草诏》,戏演得真好,郝振基的《安天会》都非常好,不记得什么剧院了,只记得是一个方形的剧场。从那时起就对昆曲有了兴趣,那时我也看了许多京戏。真正学习昆曲是在考入大学之后,我在燕京大学国文系,正好有个曲社,每到开学的时候就招生,吸收新同学参加,我想中文系,应该懂点儿昆曲吧,杜荣在京剧社,我就参加了昆曲社。我想了解昆曲,因为小时看过不少，于是我就报名参加了。第一次去，郑骞(后来到台湾去了)在那儿,人不多,有五六个人,其中有黄宗江,他也在燕京大学。高步云先生给拍曲,以后的许多年,我都跟着高步云先生拍曲。第一次拍的是《牡丹亭·劝农》的群曲“红杏深花菖蒲浅芽……”,喜欢极了。词也好,曲也好,其实就是群曲,在台上绕着唱的。就是写农村的景色,但是太美了,从那时起我就迷上了昆曲。

那时曲社人不多，郑骞教授，凌敬言先生（现在在苏州大学)，也在那儿拍曲，他们的专业是戏曲史。还有王齐声教授(他女儿现在也在学昆曲)。他们三个是讲师，剩下的是学生，其中有一个许弢，也是我们曲社的社员。黄宗江参加不久就离开北京了。昆曲是越拍越喜欢，就迷上了，后来她(杜荣)也参加了。因为我们要公演，需要旦角，因为我们都是男的，没有旦角，就把杜荣约来了，我也就跟她认识了，一块儿拍曲子。第一次公演是《闹学》，在大礼堂，是1941年的12月5日，为什么记得那么清楚呢？因为12月8日太平洋战争爆发，前三天我们公演，杜荣演《闹学》，我给配小姐，后边是凌敬言先生和许弢的《小宴》，不带《惊变》，后边还有两出皮黄戏，演得非常成功。积极性就更大了，可是三天以后就是太平洋战争了。我们的领土让日本人占了。当时还有一种说法，说是这个戏唱得不好，一出《闹学》、一出《惊变》，京戏唱的《失街亭》，你看又是《失街亭》，又是《惊变》，又是《闹学》，学校也让日本人封了，我们没事干，就回家了。燕大曲社的同学与辅仁的几个同学，其中有刘庵一，他家住的宽，也是我们曲会的。他早就故去了。北昆成立的时候，他参加了北昆的筹建，他跟韩世昌、张琦翔、傅雪漪都很熟，后来被打成右派，再后来便故去了。当时他是辅仁物理系的学生。还有郯小玉、王泽华等燕京的同学，成立了一个曲社，但什么名字我忘记了，北昆刚成立的时候，刘庵一写的小册子里还提到那个曲社，可惜我把名字忘记了。这个曲社一直维持着，高步云给拍曲子，每周一次，一直到我到内地去。那时我很苦闷，因为学校关门，也没学上了，也不知道将来自己干什么去，后来学校复校，我就到成都去了。在去成都之前，就在家拍曲子，也公演，除了高步云，还有谢玉清，许弢没参加，他去天津了，还有辅仁的几个人，作为一种消除内心苦闷的办法，因为没有事情做，更把昆曲放在了比较重要的位置。我的笛子也是那时学会的，那时我已经念三年级了。杜荣比我高一班，四年级。公演我们俩在吉祥演的《奇双会》，在长安演的《闹学》不是杜荣演的。还请施燕香排了《惊丑》、《后亲》、《小宴》等几个戏，《惊丑》、《后亲》已经排得很熟了，不知为什么没有演出。那时还参加城里的曲会，城里的曲会相当多，也相当好，那时我还算是刚学，去了就是听。我印象最深的是在板厂胡同，在那里认识了汪健君，还见到了周铨庵，那时她在天津，到北京来，很年轻。杜荣的父亲也在天津，爱京剧和昆曲，不会唱，很爱听，现在还保留着与俞平伯一起拍的照片。但他故去得很早，杜荣喜欢京剧和昆曲，跟她的父亲有关。庞敦敏(赵元任的表弟)唱的《扫松》，真好，周铨庵唱的《盘夫》，应该是四二年，天津辛巳曲社到北京来，印象太深了。汪健君演了好几个角色：《扫松》的丑儿，还唱《书馆》，后来不久我们就到内地去了，在火车上我们还带着笛子唱昆曲。到了成都以为就不会再唱昆曲了，结果成都的昆曲特别兴旺，在高校里面也成立曲会，也没有名字，各高校的教授、教授夫人，还有我们这些学生，大概有二十多人吧，没想到成都还有这么多人喜欢昆曲。尤其老先生，唱得真好。有一位四川人路金波，唱冠生，唱得真好，还有一位朱偶平，唱丑儿的，那时都六十多岁了。路金波的两个女儿也很能唱，是川大的学生。当时有燕大、川大、华大的。李方桂先生是燕大的教授，我的导师，我跟他念书，他的夫人徐樱痴迷昆曲，他的女儿李林德，我们看她从小长大的。我那时跟着李先生念书，念完书就唱昆曲，杜荣也一起在家里唱。也有曲会,但不大公演。还有川大的施古、李梦雄,是清华的学生,跟着红豆馆主学的昆曲,我们那年去看他,已经八十八岁了,现在不知还在不在。那时同期很多,到各大学去唱,那时就如同疯了一般,更着迷了。但那时没有什么笛子,没有笛师,就是我吹,所以,我的笛子就是那个时候练的。只有川大的李梦雄吹,我吹,李方桂先生吹,但李先生吹得比较晚。开玩笑说李方桂是我老师,但他的笛子吹得比我晚。后来到美国以后,他吹得很好。就这么几把笛子,所以李林德说,她小的时候,老看见我在那儿吹,没见我唱,因为没几个人吹,一吹笛子就没法唱了,嗓子就不行了。因为人少,所以没怎么公演,但那几个老太太(其实也就四十多岁)一高兴,就表演表演,不穿行头,比划比划,那时昆曲在成都很兴盛,在昆明也有一批。在成都花旗坝,住在重庆的张充和也到我们曲会来,记得她唱的《刺虎》,后来我去美国时又见了她,提起在成都唱曲的事,等第二次见面时,她就把在成都曲会时的签名带来了,有我们两个人的名字,当时我们还是学生,张充和还让我们在上面题词。在美国我们也唱了,在余英时家,是张充和吹的笛子,她用的是铜笛子,唱的什么已经忘记了。再后来张充和来北京,在工商联举行曲会欢迎她,我和她唱了《惊梦》,我还保留着录音。我本来没想唱,那天吴宗济也去了,朱复要我配《惊梦》,我都没准备,也没唱好。在成都时,朱自清夫人经常去,朱自清当时在昆明,也来过成都,来过曲会。黄人道也去过,吴宓也来过,但他不唱,在我们这边活动时,他来,到花旗坝川大那边时,他没去过。李安然夫妇也来过。成都有几位唱得很不错,像穆军鹏老先生,原来也在北京,抗战时回到四川,他的几个女孩子唱得相当好。朱偶平的儿子唱得也相当好。李师母也唱得好。当时非常热闹,就是不公演。昆明那边比我们好,他们有一个拍曲的老师姓陶,后来到台湾去了,朱德熙就是跟他们拍的曲子。成都没有人拍曲,后来抗战胜利以后,俞振飞他们也去了。抗战胜利以后,杜荣回到清华,我回到燕京,又跟汪健君见面了。但那时没有曲会,就是他到我家来,他吹我们俩唱,我吹他们俩唱,我到他那儿去时,他就把杨文辉给请来。刚解放,张伯驹还住在这里,住承泽园,原来是他的,后来归北大了。他那时常到我家来,也唱了不少京剧。那时我们唱了不少次《奇双会》,大概唱了四五次,保童都比我们名气大多了,朱家溍唱过一次,张伯驹给我们唱过一次。他是唱老生的,不知想起什么来了,说我给你们配。还有傅雪漪、田松(唱评剧的),还有一次是不带《三拉》的。所以保童都是比我们有名气的。朱家溍前边唱《落马湖》,说后边给你们配个保童吧,张伯驹也是,前边唱的是《空城计》还是《打棍出箱》,后边配保童。刚解放"三反""五反"还没开始,张伯驹还穿着大褂儿呢,后来张伯驹建议,说成立一个曲社吧。我们说好啊,包括燕京和清华的,那时我们演戏汪健君都来帮忙。于是我们就筹备成立一个曲社,就在张伯驹家里,请了汪老,还有浦江清先生,还有朱德熙,燕京好像就我们俩,不记得还有谁了。还商量半天怎么样起名字,叫燕清曲社,还是叫清燕曲社,后来说燕清不好,浪子燕青嘛,就定了清燕曲社。预备开始了,结果"三反"了,很可惜,那么好的机会,还找了笛师,"三反"以后,张伯驹也搬到城里了,这个曲社就没成立起来。但我和汪健君一直有联系,"三反"以后不久,咱们北京昆曲研习社就筹划了,成立了西郊小组。我们西郊小组还有一个章子,那时都是汪健君在跑,跟城里的曲社也没有太多的联系,那时交通不便,我们很少去城里的曲会,经常参加西郊小组活动的是北大的人,有我们夫妇,朱德熙夫妇,齐良骥夫妇,田德望夫妇,田德望是德语教授,他不唱,他夫人迷得不得了。后来有几个学生,五十年代的几个学生:孟琮去美国了,温小钰死掉了,有三四个学生吧。第一次是在我家里,笛师是徐惠如,正唱着,没想到俞平伯先生夫妇也来了,俞太太唱的《瑶台》。西郊小组的活动一次在我家,一次在汪健君家,在汪老家时,杨文辉也来,陈祖东也来,他后来自杀了。他唱过一次《思凡》,他也是溥桐教过的。他只有在清华活动时才来,后来在曲社也唱过《思凡》。刚成立时杜荣又唱过一次《闹学》,是杨忞的父亲配的陈最良。小姐是心理系唱京剧的,那次很不容易,是高步云吹的笛子,那时他已经到了艺术研究院戏曲研究所。在清华时朱自清的夫人陈中礼也参加了,和杜荣一起排《游园》,杜荣演春香,朱夫人年轻时演过春香,但年纪大了,就改演小姐了,排了两次,赶上院系调整,也就作罢了。后来朱太太就不太来了,因为她的眼睛不好,有一次来了也没唱。但在四川时,她是骨干。抗战胜利前后俞振飞、姚传芳、倪传钺都去过四川,但那时我们已经走了。在四川时我们认识了王颂椒,因为李方桂先生在成都的住房租用的是王颂椒家的房子,所以李师母认识了王颂椒,教王颂椒唱昆曲,后来把她带出来,结婚时又为她介绍了殷维戊,也是我的好朋友。后来曲社刚成立的时候,她唱《惊梦》,是我给配的柳梦梅,其实那时我已经不唱戏了。老朋友嘛,非拉我,那是我最后一次登台。后来中关园有一个文化俱乐部,西郊小组就搬到了那里。笛师又换了关德泉,"文革"后是关德泉和王大元。那时我们与城里曲社联系不多，主要是交通不便，10点以后就没车了，有时在人民剧场看戏，不等看完就得去平安里赶车，不然就回不来了。所以很少看戏，也很少参加曲会的活动，但白天的大活动我们一定去。我印象很深的是跟王颂椒在城里排《游园惊梦》,周铨庵老师也去了。还记得五六年曲社在中山公园的一个不大的小剧场演戏，王颂椒和伊克贤的《断桥》,还有袁敏宣的《定情》,童曼秋演的《夜奔》,记不清楚了。还有一次印象比较深，是五六年俞振飞他们来，在文联礼堂，俞振飞唱的《辞朝》,言慧珠唱的《断桥》,郑传鉴唱的《寄子》,不知是谁唱的子，只记得梳两条小辫子，唱得好极了。我记得那时华文漪她们都是小孩儿。还有一次是在北海庆霄楼，也是欢迎上海昆剧团，华传浩唱的《活捉》,沈传芷唱的《望乡》,印象很深。就在那次会上，俞平伯先生希望我排《牡丹亭》的柳梦梅，但是不可能，我当时很忙，北大离城里又远。想想很不好意思，俞先生亲自跟我谈，结果被我拒绝了。但我们后来在长安看了全本的《牡丹亭》。

后来因不断地有运动，就间断了，直到"文革"以后才恢复。汪健君先生特别热心，这时来的人就多了，也比较正规了，北昆的王大元也来帮忙，陈颖也常来，特别是周铨庵，真是大帮忙，那时条件不好，在俱乐部的一个小房间，有时在我家，周铨庵教他们几个学生，有王洪君、王建他们。周铨庵对昆曲的贡献真是太大了，实在是了不起，再没有那样的人了，没有报酬，什么也没有，就坐着公共汽车，一路走来，动了手术以后，还是这样，教王洪君他们，教《小宴》、《游园》、《琴挑》,真是令人感动,她已经七十多岁了。那时北昆也很支持,一次他们的副院长陆放带着洪雪飞她们来跟我们联欢。汪世瑜、郑传鉴、王传蕖、张寄蝶也来过,张寄蝶还给我们表演了走矮子,都是周铨庵带来的。每次他们来都唱两段儿,那一阵儿挺红火,还搞了不少大的活动。有一次在临湖轩欢迎李方桂先生,那是最旺盛的时候,正是李先生八十岁,他到北京来,我现在还有那天唱曲的人名单,王大元的笛师,非常热闹,人很多,都坐满了,快散会时,李淑君也来了。还有一次也在临湖轩,也很热闹,是纪念吴梅诞辰,王西徵也来了,是他女儿陪着来的。后来因为汪老身体不好,腿坏了还坚持骑车来,把拐绑在自行车上,很危险。再后来就来不了了。九十年代西郊小组还在我家,有一些年轻人,如清华的陈为蓬,一直到八九年以后,西郊小组就不行了,其实主要是我们三对儿,朱德熙那一对儿去了美国,齐良骥也病了,又突然故去,汪老也来不了,我们也老了,孤掌难鸣,就停止了活动。在八十年代刚恢复西郊小组活动时,楼宇烈也来过,我看着挺眼熟,因为是北大的人嘛,但不认识,还有刘一之和日本的矢野贺子,我家常常是坐满一屋子的人。

日本人在的时候,电台有昆曲学会,高步云、齐伯薇、侯瑞芬(韩世昌的笛师)等好几个笛师,在电台里教昆曲,傅雪漪、张琦翔、刘庵一都在那儿学,我没参加,因为在城外。那时每星期一次,电台放送,那是我欣赏昆曲的一条道路,《亭会》、《拾画叫画》、《游园惊梦》都放。后来抗战胜利,国民党接收电台以后,还保持这个节目,还有每周一次高步云组织人到电台去唱,曲友去,等于帮他忙,因为他有收入。有全套的人马,有许多大家都去唱，我不知道周铨庵去没去过，我记得童曼秋唱《痴梦》，唱得真好。《痴梦》那时会的人不多，我还去配唱了衙役。那时还录音，因为老先生唱的比较珍贵，童先生大概八十多岁了，都是站着唱，用大铅盘录。后来又把我们找去唱，我和张琦翔唱的《折柳阳关》，我唱旦，他唱生。我开始学曲时唱旦，后来改唱生了。杜荣也去唱过《思凡》，因刚生完孩子，累坏了，几乎唱不下来。但解放后这个节目没有了。现在电视里有《跟我学》栏目，应该先介绍这出戏的历史背景，介绍唱词，介绍这段曲子的特点和精彩之处，但现在这样的教法，没法学。

我们一生就是爱好昆曲，喜欢昆曲，但没有痴迷到深入的阶段，虽然没学好，但听着笛子响就高兴。现在不行了，也没嗓子了。作为一种爱好，昆曲对于人生也是一种帮助。二十年前教育报约我写过一篇文章，我谈到昆曲可以解除内心的忧愁，特别是“文化革命”时期，我们下放到农村放牛，不许随便说话，放牛时就我一个人，我就唱昆曲，大声唱也没人听见，我就什么都唱，我记得我唱“八阳”：“眼见得普天受枉，眼见得忠良尽丧，弥天怨气冲千丈，张毒焰古来无两。”我大声唱，非常痛快，昆曲还能起这个作用。昆曲这种东西，你不了解它，就什么也不知道，进不去，但进去以后就出不来了。我们现在就是遗憾没有笛师，要是有笛师，杜荣还能唱，嗓子还可以。但我们都老了，我最后一次吹笛子，杜荣唱的“十二红”，唱到一半就吹不动了。

我现在还保留着一些录音，我们唱《折柳》，是周铨庵、汪健君帮我们配的，还保留有临湖轩欢迎李先生曲会的全部录音，还有和周铨庵唱《藏舟》的录音。周铨庵早年的录音嗓子非常好,晚年嗓子不好,但技巧更成熟了,她会一百多出戏呢。

我学曲子就是太平洋战争以后,到去内地之前这一段时间学的最多,那时没事干,只有靠昆曲来排遣。我们那个时代,整个社会对昆曲没有现在这样重视,我第一次看昆曲,应该是1934年,那时并没有什么人看,剧院就在粮食店,是很老的剧院,还是那种座儿,不是现在这样,有一个方台,可是我的印象特别深。看了许多好戏,我没到过南方,在北京长大,看的都是北昆的戏,尤其侯益隆的《草诏》,给我的印象特别深,田瑞亭的《滑油山》,弋阳腔的喊得好听,侯益隆的大鬼,太动人了,现在看来,北昆的特点完全没有继承下来,现在的北昆可以说是不成体系,当然是我个人的看法。我看南昆的戏,王芳的《长生殿》,感觉他们还是继承了南昆的特点,北昆如果能保持粗犷的作风就很好了,非常令人振奋。

欧阳启名整理于2006年12月

融融泄泄师生情

——林焘先生二三事

周绍昌

1949年秋，我进入燕京大学中文系读书。初次拜识林焘先生是在张伯驹先生承泽园的府上，不觉已逾半个多世纪。而今，遥念当年座上的众师长无非古人，能不怃然！

作为学子，母校寓含着不渝的深挚亲情，而师长就是这特定亲情最具活力的体现者。尤其近二三十年以来，当一次次徜徉在贝公楼前、未名湖畔，那岁月悠悠的眷恋之情就油然而至。而到燕南园的两处林宅去问候林庚、林焘两位老师，更是我每次返校的唯一目的。每每师生相对，促膝漫话，一种绕树可栖的热流总使我有青春复苏和游子归来的无限感喟。

缅怀林焘先生，我想追述的是先生在语言学学术之外的二三往事。

一

1993年10月我为《1945—1951级校友纪念刊》（按：燕京大学）写过一篇《昔日风流》，记述五十年代的八位先生，其中："林焘先生是语言学家，没给我们开过课，但我却是他亲传的学生。缘由就是前文所说的义务演出。其时为抗美援朝捐献之风大炽，中文系师生组台义演一场京剧，以所得捐款。剧目是《宇宙锋》、《大、探、二》。指定我参加写海报、贴海报，并组织龙套的排演。林焘先生和夫人杜荣是小生、青衣名票，兼擅京昆，所以《宇宙锋》由杜先生主演赵艳容，林先生扮秦二世，赵高由俞敏先生饰演。但临近演出没有几天，俞先生称'病'不能排练，又不知是谁的高见，竟指定我代替俞先生。长者命，不尊不恭，可是我从来未留心过《宇宙锋》中赵高的戏，遑论扮演了。然而林焘先生自有锦囊妙计。他在蔚秀园家中专为我开了半天课。先是抄台词，好在赵高全部是念的，身段要求不严，只是在'女儿'装疯时不能走错了位置。林先生细致讲解了'父女'之间来言去语并领我在假想的台上走了两遍。见我似懂非懂，就莞尔一笑，回手取出一把素白折扇，在上面画了一幅舞台走向路线图，以箭头指示，旁注台词。主要是从赵艳容听父亲要在第二天送她进宫'陪王伴驾'开唱起，剧情渐渐转入装疯的层层波澜，'上天'、'入地'及'儿女私情'等等，'父女'处于同一时空又截然矛盾的心态之中，表情迥异，舞台位置与身段洗练优美，若在名家必是美不胜收，而我这个'攒活儿'的赵高，只要不砸就行，真幸亏了林先生这把扇子，才没把杜先生撂在台上。"

二

打倒"四人帮"以来，"极左"路线和思潮逐渐淡出历史舞台，中华文化也在复苏中有了血色。作为燕京人，1994年我应校友会之邀参加了燕京大学校史的编写。关于国文系系史及教师小传的撰述则由杨敏如、林焘、张茵陈先生集体主持，杨先生为召集人，我负责整理初稿，为前辈打下手，而提供文稿资料的则还有钱家珏、吴华英、宋玉珂先生。其中，对于已经不复存在的燕京大学的校友而言，1949 年以后入学的我们，属于小字辈，对母校的历史所感所知极为有限，因而编撰校史的历程无疑又一次受到燕京精神的洗礼。

从整理档案到收集、参酌文史资料，我们考核百万字以上的文献，反复研讨，多次拟稿，历经岁月，最后由林焘先生定稿，经杨先生审定后才送总编委会三审。林先生循循切切多次叮嘱我对史稿要慎之再三再四，断不可轻忽臆度。从杨、林、张三位先生于缅怀往昔不懈探求理念的认真、求实工作中，我终于从几十年受政治干扰的谜团中客观而清醒地了解、认知了燕京大学的光辉面目，也才领悟了冰心老人在九十四岁高龄为母校写的“雄哉！壮哉！燕京大学”之所以和真谛。

可以当之无愧于今人、后人的是，《燕京大学校史稿》的问世，无疑是中国现代教育史上的大事，难能可贵，亦且不仅是为燕京大学正名、辩诬的具有科学气概的大事。推敲之久，我用“科学气概”概括燕京人的这一大作为，是因为《史稿》体现、秉承、实践了“因真理、得自由、以服务”的校训精神。科学，自不待言是客观、唯物的求是精神与实践；而气概，则指无畏的浩然正气。当然，在追思林焘先生的文章中，对《史稿》本不庸烦言，但我的切身感受仍不避絮烦，希望今日高等教育执政诸君能拨冗读一读这部《史稿》，对照近来高教的煌煌成绩，或能发人深省。窗纸不捅不破，他山之石未必不是璞玉，燕京人或是今之卞和欤！

三

先是八十年代，林焘先生参与了《中国大百科全书·语言文字》的编著。九三年，我退休两年后，应大百科出版社原总编辑梅益老之命返聘参加了《中国百科大辞典》的编辑。这部《大辞典》是介于百科全书与传统汉语语文词典之间，以初中以上文化水平读者为对象的综合性大型辞书。对于曾从事百科全书编辑的我和同仁们是一次新的探索，难度很大。遂于九四年奉梅益老所嘱敦聘林先生出山为《大辞典》顾问，以点拨迷津，解疑释惑。每当我带着各种类型的试写稿登门求教，先生总是不辞辛劳详为解辟，而且对我们编辑工作中的点滴进步勖勉有加。1999年《大辞典》第一版十卷问世，翌年获全国国图奖，并开始第二版的修订，后组成总编委会，林先生慨允出任编委，并推举何芳川、厉以宁两先生为编委，极大充实了学术实力，至2005年，《大辞典》第二版十卷问世。

十余年来，作为弟子，我得到先生的多方教诲，每笑为"开心灶"。例如对魏建功、高名凯、张东荪、卢作孚、司徒雷登等人物以及对燕京大学等条目，或充实补正，或拨乱反正还历史以真相，无不得到先生的热情指引与支持。以上三事，在在体现前辈学者终身默默耕耘、孜孜以求的大家风范。

天地悠悠，吾师仙逝。恭志。

2007年1月5日

回忆林焘先生日常生活的片段

陈淑华

林焘先生是上个世纪三十年代末我们燕京大学的同学。2006年4月22日一年一度的燕大返校节在北大勺园聚完餐后，部分同学便聚在林焘夫妇家中闲话。我们早已迈入耄耋之年，但仍相约在2008年一定要争取健康的从国内外回到北京来观看我们祖国的奥运盛会。很不幸，林焘先生首先失约了。噩耗传来，我们的吃惊和伤心是难以用语言形容的，不但学术界失去一位语言大师，我们也从此失去一位知己的学友。

林焘先生和我是燕大国文系的同学，在燕京大学是按入学年代来排辈儿的，他是1939年入学，学号为39，我略长他一届，学号为38，因此他是我们38班的学弟，又因为他夫人杜荣是38学号，所以他又获我们38班“姑老爷”的尊称。我们38班同学都非常喜爱这位学弟。

当时的燕大实行的是选课制，林先生和我虽同在国文系，且学龄仅差一年，可能因为从来没有选修过同一门课，所以在1941年底燕大关闭以前，我们彼此几乎可以算不认识。林焘夫人杜荣和我同乡，并且是在天津南开女中从初一直到高中毕业（1931—1937）同一个班中最要好的同学，1938年我们又都考入燕京大学，还一直住同屋。杜荣和我从十一二岁到如今，这七十多年以来，我们虽经过战乱、沦陷等各种灾祸和坎坷，但我们始终没有断过联系，没有失去过“知交”的信心。

1945年抗战胜利燕大复校，我又回校补课，1946年夏毕业，正逢杜荣随夫婿林焘先生抱着他们当时不满周岁的儿子林明从四川成都回到北京燕大蔚秀园。与杜荣分别数年，再在燕园相见，欢喜是不言而喻的。与林焘先生虽不及夫人杜荣那样有七八十年的深厚友谊，但在人的短暂一生中能有熟识六十多年的机会也算不易了。

为什么我要写林先生日常生活的片段?是因为他和我虽然都是燕大国文系毕业，他毕业一直钻研汉语语音工作，硕果累累；而我却从事与中文毫无关系的各种杂务事项，对他研究的领域，我可谓一窍不通。因与他夫人杜荣熟识的关系，我是林宅经常的座上客，所接触到的林先生只是家居中从事日常生活，抛开业务可以闲话家常的老同学。

教育有方

林先生夫妇对儿女的教育是让人深受感动的。他们的儿子林明从婴儿时期就非常乖，总是笑，稍大至一两岁时，发现他听力较差，对外界声音反应迟钝，当时是半个多世纪以前，没有助听器的工具，林先生夫妇总是和小林明坐在小板凳上，附在他耳朵旁大声慢慢的、一字一字地喊着教他日常用语和对人的称呼，连年累月，天天如是，不烦不躁。林明虽能初步学会说话，但发音不准，总是卷舌音，他们又抱他到协和医院做了舌头的手术，他才会正常发音，才能随一般学龄儿童上小学、中学，而学习很好，但终因耳疾，大学拒收入学。当时是二十世纪六十年代初，林先生就主动地送林明到宁夏插队劳动，让他学习边远区域农民的吃苦耐劳性格，十年后才回北京，林明至今年逾花甲，却一直勤勤恳恳、踏踏实实地工作，就是林先生教育有方的明证。三四十年前，妇女杂志刊登了林先生夫妇辅导他们的儿子从失聪重听做到能听和说成为正常人的事迹，并规劝有重听耳疾儿童的父母要耐心辅导，不可放弃不管，使之成为聋哑残疾，该杂志并请林先生夫妇做一期教育讲座，我想通过这次讲座，至少挽救了部分不太严重的失聪儿童。

琴瑟和谐

林先生夫妇和美堪称我们同学中的楷模，这毋庸多说。我所谓的"琴瑟和谐"还另有一层意思，就是他夫妇业余都酷爱京剧，能操琴能唱，杜荣曾是我们38班的京剧名旦，曾演过《能人寺》、《春香闹学》等剧。他夫妇都曾对我说过燕大迁校成都途中，不时有人邀他夫妇演唱京剧剧目。改革开放以后，林先生告诉我每周六他夫妇在家邀请朱德熙先生和韩世昌先生的笛子伴奏师父来演唱昆曲，希望我也参加。昆曲是注重语调字音的，他们边唱，还很在意念字念音，与朱德熙先生时常商榷，我虽自幼听昆曲，却不懂曲牌不会唱，我只去了一次，独坐一隅，为了不扫他们的兴，不敢再参加了。朱先生走后，这个吟唱会也散了。以后他夫妇业余经常看中央电视台的戏曲频道，我去必和我讨论一些演员在唱、做、念、打方面今不如昔的问题，他们告诉我，他们夫妇都能操琴都能唱，时常是他操琴杜荣唱，杜荣操琴他唱，我想他们老来有此兴致，不禁为他们喝彩。

宾至如归

林先生家住北大燕南园，燕园是我们母校的旧址，抱着怀旧的心情，我们38班同学之间或38班全体同学聚会聚餐一定选在林先生家，每年4月的返校节更是毫无疑问的在他家聚会。国外的同学回国探亲访友，约老同学聚会，因他夫妇待人亲切及想重温燕园风光的愿望，也必去他家小住几日，于是他家便成了我们这群老人回忆年轻时在校学习年代的接待站。林先生夫妇待人和蔼，又不过分客气，确实让人感到“宾至如归”。他夫妇身体都不好，尤其杜荣股骨骨折后，林先生更不让她做较重的劳动，而我们38班每去聚餐一次，就要由林先生去准备多份(有时二三十份)一次性餐具，以及冷盘食品和稀饭，虽然我们也每人带一份食品，可有些还需蒸热，对一个七老八十的人来说，确有些力不从心了，何况他还要招待我们谈话、热饮。因为他夫妇和我特别熟，所以我总会问：“林焘，累得够呛吧？”他会笑着说还可以，我建议我们班再聚餐去勺园，聚餐完再来林先生家叙旧，林先生总不肯同意，认为是慢待了我们班同学。最近两年他同意了，我想他真的力所不及了，太累了。

我是林先生家中的常客，每去必与他们夫妇天南地北，上至天文下至地理地闲话，而几乎每次都有林先生的同事、学生找他有正事要谈，他对他们也是有求必应、有问必答，高高兴兴地接待，同时也绝不会有丝毫冷落我这种闲人的举动，一点不会让我自惭形秽地觉着影响了他们的正事，所以不论我们这些老同学，他的老同事、新学生，都会在他家觉得“宾至如归”，他们家的大门永远为客人开着。

体弱多病

林先生总是精精神神，可是却身体瘦弱多病。据我所知，他这些年来大病三次，小病就不好计算了。我们38班和40班有几位同学在北医和协和医院工作，同学间有病都会知道消息。上个世纪五十年代他因肺疾在通县治疗、休养两三个月，当时他正值壮年，那次的病据说不轻。八九十年代又因肾病住北医三院，一个肾破裂、腹腔已感染，病危，最后去掉破裂的肾，另一边的肾也不太好，只勉强维持，据北医三院同学说若非抢救及时，就有危险。当时我曾去三院看他，他仍很乐观，说不久即可出院，可三院同学说他捡了一条命。以后他恢复得很好，又曾出国参观，又到香港讲学，我们都以为他从此脱离病魔，可以颐养天年了，谁知2006年10月又一场大病缠身，而从此天人永别，我们仅存的有限几位同学又弱一个，而且是国家有用之材，怎能不让人难过。

对事业鞠躬尽瘁

林焘先生精于古文，中、英文都很好，又掌握电脑，喜好音韵，这些对他的工作助益匪浅。我认识的美国学生到北大来学习汉语，听到我和林焘先生夫妇熟识，便要求我带他去见林先生夫妇，他夫妇对这个孩子很和气，有问必答，并介绍他到语言大学去选购汉英辞典等汉语教学书籍，其实林先生并不教他们。

看到《光明日报》，北京大学对外汉语教育学院及北京大学中文系对林焘先生的介绍，知道林焘先生不仅如我们学友所知的忠于家庭、同学、亲友，尤其忠于他的事业，我们为有这样一位同学感到荣幸，更希望林焘先生的同事、学生能继承他的遗愿，继续发扬中外汉语方面的交流，使之成为国际间一门博大精深的科目。

2007年1月5日

怀念林焘

虞 权

我和林焘相识相处七十年了，虽然离多聚少，但始终联系没断。想起当年在燕园一起学习，课外一起活动的时光，心里总是热乎乎的。今年夏天，我搬了一次家，还没有将新住址通知友好，忽接校友马之骕的来信，说是林焘要寄一本昆曲书给我却打不通我的电话，让马找我。我赶紧打电话和林焘联系上，才知他写了一篇纪念老辈曲师高步云先生的文章，收在《苏州昆曲传习所纪念集》里；因为高曾经是我的拍曲教师。不几天后，书即寄到，勾起了过去美好的回忆。我想现在电讯便捷，正好多通通话，以慰余年落寞。谁料这次通话后不多久，他的话音还在耳边，突然接到他驾鹤升西的噩耗！知交一个个相继谢世，言念及此，无限伤怀。

林焘为人善良，厌恶机心权术，待人温厚，从无厉色疾言。同学无不乐与相交，往往亲密无间。我和林焘是崇德中学和燕京大学的同学，我比他高两班，小时候还不相熟悉，后来我弟弟虞度从天津南开转回崇德上高中，与林同班。班上有同学四人(林、吴、曾、虞)义气相投，经常在一起活动，都爱听京戏，四人还合拍过戏照，从此我也和他们相熟了。和他接触中，知道他爱听富连成科班，对四小名旦之一李世芳十分着迷，后来李出科组班，林成了长期订票的观众，对李的《百花点将》赞不绝口。我留在北平教书时，他们都去了成都。我走过长安戏院，见海报此剧正在上演，进去听了半出蹭戏，见识了李世芳和袁世海合作的表演，果然十分精彩。可惜，今天都看不到了。

和林焘相聚最好的时光是上世纪三九到四一这两年。我是37学号，毕业后留在北平教书，他们39班暂留北平等待去成都复学。回顾在燕园时，中学的几位同学住在5楼、6楼宿舍，两楼相邻，平常互相串门，几间寝室成了大家课余活动的空间，读书以外，聊天、唱戏、拍曲、打桥牌、抓"大头"。有时候集体出游西郊一带，颐和园、香山、圆明园、玉泉山、达园、卧佛寺等跑了个遍。

最难忘的在朗润园凌敬言教授家的曲会，每周一次，请高步云先生教曲，我与林焘、杜荣等都去参加。凌教授调嗓时常唱《牧羊记·望乡》，歌喉嘹亮，印象特深。曲组还排过《牡丹亭》《玉簪记》《风筝误》等传奇，在贝公楼大礼堂上演过《春香闹学》。吴雷川老校长生日时，曲组王西徵教授写过一套寿词让大家练唱，为吴老先生祝寿。曲组活动时，几位江南教授有时还闻声前来旁听。四二年以后，燕京被迫关闭，曲组在城内灵境的林家也常有聚会，并邀有同期。这以后我还请高步云先生教了一段时候，于四三年离京来沪。

除上述种种活动外，还有些不能忘记的事情：

有一次，我和林焘都有一些事情要进城，但错过了校车，于是二人同骑一辆自行车进的城。那时候马路的情况很差，当时并不觉得，现在想想够悬的。

在5、6楼住宿时，我与林焘都记有日记，写了就放在案头，彼此随便翻看，思想感情时有交流，可算相知甚深。他们去成都时，我还介绍小学同学王绪和他结伴同行互相照顾。

这以前，我们还一块儿报名参加过北平菩提学会办的梵文、藏文学习班，每周两次，在北海白塔下永安寺内上课。

在校时，我们也同堂选修过音韵学课程，对我国语言的流变，官话和方言的关系知道了一些皮毛。后来，在上海旧书店看到一套《十韵汇编》，想起过去老师介绍，却从未见到，念及此书对林的专业有用，当即买下。抗战胜利后，他们夫妇携儿回北平经过上海时，我们老同学曾天锡等一起叙旧。临别时将此书相赠。那天我还抱过他的小公子乘电车。从此，相会不多。

五六十年代林焘曾来沪过访，多年不见，相见甚欢，陪他到大华饭店吃了顿饭，我母亲也一同前去，菜肴中有一道大汤包他很欣赏。

七八十年代，老同学（39学号）龚理宸设家宴招待，邀我弟兄二人作陪，龚夫人制烤鸡，我下厨烘香蕉煎饼助兴，当时，我到弄口迎候，只见林、杜二人乘一辆三轮一路张望问询，款款而来。八〇年后，我和弟弟去北京住了几个月，与中学、大学的老师和同学多次见面，参加过好几个平反会，清华、燕京、西山等各处都跑到了，特别是燕南园的相聚，真是旧梦重温。这以后只有通过不多的来往信件、贺卡、电话以及《校友通讯》互通声气。偶尔也从电视节目与录像屏幕上收视到林焘谈曲评戏的形象，看不够再重看。在张允和《昆曲日记》、李晓的《中国昆曲》二书中，有林、杜参加活动的记录，也为之向往不已。回想起电话中与林焘谈曲谈戏，有许多共同语言再也无从倾诉了……

2007年1月

在林先生家唱昆曲

陈为蓬

燕园五院，林焘先生悼念室。林先生灵前鲜花簇拥，室内萦绕着林先生最钟爱的昆曲。

林焘先生除了作为语言学家，对昆曲也有很深的造诣。他少年时在北京就常随家人观看北方昆弋班的戏，开始对昆曲有了兴趣。1939年考入燕京大学国文系后，在学校参加了昆曲社，师从著名笛师高步云拍曲，从此他就迷上了昆曲。除了案上的清曲，他还能上台彩唱。1941年12月，昆曲社在燕京大学大礼堂演出，林先生扮演《牡丹亭·闹学》中的杜丽娘，同台扮演春香的就是日后成为他夫人的杜荣先生。太平洋战争爆发后，燕京大学迁至成都，林先生在那里当研究生的时候，他的导师李方桂先生、师母徐樱都是曲家，那时他跟着李方桂先生念书，念完书就唱昆曲。抗战胜利回到北京，解放后院系调整他从燕京大学调入北京大学，昆曲始终伴随着他。即使在“文革”中他也没有放弃，被赶到农村劳动时，他趁放牛四周无人，大声唱昆曲。他曾在那里唱《千忠戮·惨睹》中的[朱奴插芙蓉]：“眼见得普天受枉，眼见得忠良尽丧，弥天怨气冲千丈，张毒焰古来无两。”晚年他回忆说，当时大声地唱，非常痛快。

解放后北京昆曲研习社成立，为方便北京大学、清华大学的曲社社员参加活动，曲社特别设立了西郊小组，轮流在北大的林焘先生家、清华的汪健君先生家举行活动。"文革"以后,北京昆曲研习社和西郊小组恢复,北大的活动仍由林先生主持,除了日常习曲唱曲活动以外,常有周铨庵先生、朱复先生等曲家和北京的、外地的专业昆曲演员来辅导学生或联欢,还曾在临湖轩举行欢迎旅居美国的李方桂先生等大型曲会,极一时之盛。

我是1986年夏才从外地来到清华的,西郊小组的前面这些活动都未能躬逢其盛。当时西郊小组因汪健君等几位老先生年事已高,外出和联络不便,已中断活动多时。1987年春,在曲社负责人之一陈颖老师等积极努力下,西郊小组的活动再告恢复。当时汪先生已年逾八十,难以再到北大,而林先生夫妇仍有时去清华西院汪先生家参加活动。每次在北大的活动,时间总是在某个星期六的下午,地点照例在燕南园52号林先生家一楼的客厅,偶尔也在二楼。参加活动的,北大有中文系林焘先生夫妇、朱德熙先生夫妇,哲学系齐良骥先生夫妇、楼宇烈先生;清华有中文系韩家鳌先生,我是当时唯一的年轻人。笛师主要由北方昆曲剧院的王大元先生或韩洪林先生担当。两校以外,往往也有曲社的其他曲友来参加:陈颖、陈啸原夫妇住得不远,几乎每次到场;从曲社进入北昆的张卫东也是常客。1988年10月有一次在林先生家举行曲会欢迎李方桂先生的女儿李林德从美国回来,朱家溍、宋丹菊等曲友特地从城里赶来参加。朱德熙先生时任全国人大常委会委员,有时西郊小组活动恰逢人大那边有会,他居然能请了假专程回来唱曲。巧的是林先生、朱先生都唱小生且都能吹笛,林夫人、朱夫人都唱旦角且都能唱京剧。楼先生、韩先生以及陈啸原先生也唱小生,只有齐良骥先生和我唱老生。齐夫人不唱曲,是忠实的听众。我那时刚开始习曲,老先生们都不客气地当场指出我唱曲中的毛病。

林先生开始学昆曲唱的是旦角，后改小生。他是多面手，除了唱曲、吹笛，还能拉胡琴。那时他因为年龄关系已经很少吹笛，但还是同朱先生一起在南方专门定制了很好的曲笛。有时别人唱曲时，除了笛师吹笛，林先生在一旁同时用二胡小声伴奏，听起来别有韵味。

在林先生那里的活动，最正规的时候隔周一次，持续到1989年中。此后，由于朱先生出国，齐先生去世，以及其他原因，经常性的活动又中断了。偶尔为欢迎外地来京的曲友如上海的戴俊先生，也在林先生家举行过临时性的活动。

今年春天，林先生向北京昆曲研习社欧阳启名社长提出，希望恢复西郊小组在他家的活动。社长把具体安排的任务交给了我。7月1日林先生夫妇去前门饭店梨园剧场出席曲社的社庆演出，当时林先生看上去精神还很不错，那天我同他约定，待秋凉以后，就恢复在他家的活动。我不能饶恕自己的是，秋凉了，我却没有及时同林先生联系。客观上是那一段时间太忙，又连续出差，但也并没有忙到连这样一次活动都没有时间安排。10月30日上午，我从外地回到北京，一上网便惊悉：林先生已于10月28日与世长辞。匆匆赶去燕南园，林先生家内外依旧，只是再也看不见林先生的儒雅风采，听不见他唱曲，也听不到他的笛声琴声了。由于我的懈怠，竟没能实现林先生最后的这个愿望，成了无法弥补的遗憾，我永远愧对林先生。

不止一次有人借用杜甫的诗句“此曲只应天上有”来赞美昆曲。如此说来，天堂里是有昆曲的了。愿昆曲永远陪伴着林先生在天之灵。

2006年12月

挽联

平生清白无憾事
留给儿孙榜样身

杜　荣

思念，思念，永远不会淡化的思念！

——追忆家兄林焘二三事

林　宁

10月28日已经过去整整一个月了，这一个月我的眼前总是家兄林焘先生的身影；看了悼念、追思他的文章，更加思念不已！止不住地要用些文字追忆一些事，来寄托自己对他的哀思。

一

在我们这个大家族中，现有的近二十个兄弟姐妹中，只有我们是亲兄弟。他在家族中，威望和凝聚力是无人可比的。

近两个月，林焘先生像是预感到了什么，对于我们兄弟两家的子孙去扫墓和10月14日在京兄弟姐妹的聚会，他都一再讲“不能再拖了”。在聚会时，他仍是那样精神矍烁、谈笑风生，目光炯炯有神。大家谁也没有想到：这竟是和他最后一次的会面。

仅仅五天后，他在语音学会大会上讲话时，就明显地现出了衰老态。第二天晚上就身体不支了，昏睡一天后，才被校医院以肺部感染送到了三院急诊，不到一周就永远地离开了我们。据说，去参加语音学会的大会时，他感到上阶梯似登山样艰难。但他登上去了，因为，这次的大会，可以说是他盼望已久的他在语音专业上的顶峰啊！

二

在三院急诊重病室，因为是周日，没能及时转入病房。他多次叫女儿林还找我，待我从大兴赶回来看他时，他风趣地说：距上次在三院大手术“整整二十年”，他对我表示“不愿透析”，说“那只能活五年”。看来，他那时还盼着像前几次大病一样能够“闯过去”，希望能活得比五年要长久得多。

恰好我的一个学生当晚在三院总值班室值班，尽管是周日，也想办法将林先生从嘈杂、拥挤的急诊室转到了102的单间病房。转入病房时，林先生还能从活动病床上自己下地走进病房、上床。

周一，他的血色素只有8(正常是12)，肾功能的肌酐升到了500(他原来只剩一个肾，肌酐是300)；还能按大夫的医嘱进食。

周三，血色素降到了5，出现了黑色血便，大夫说不能再进食，只能输血、输液了。第二天，肌酐升到了910(大夫说：正常人700就不行了)。血色素由于输入了400毫升血，由5升到了6.6，可是不久又降到了5.8，说明胃肠还有出血处。由于高龄又有心衰，不能做透析，也不能做胃肠的检查，只能用应急的“血滤”，每次顶多可维持两三个小时，第三次“血滤”没有做完，心脏就出现了异常，不能继续了。

在他出现黑色血便以后，血液检测有两项癌指标超标，曾疑是患了癌症。其实，大夫说，这并不意味着有癌症，当身体衰竭时，血象是不一定准确的；而且，肾功能的衰竭会造成胃肠的出血。

周五，他对我说：“很累。这次闯不过去了，没什么遗憾……这样走很舒服。"我抚着他的肩说"不会的",鼓励他挺住,告诉他,王理嘉他们还在楼道里,他的眼睛一亮,说想见见他们,待王理嘉先生经护士长同意进入病房时,林先生已经昏迷了,而后进入了深度昏迷。

周六(28日)晚上9点,林先生的心脏骤停,用针剂抢救了过来,仅仅维持了一个小时,10点12分,自己闭上了眼睛,平静地离开了我们。

三

在这里我要以林焘先生亲属的名义,感谢中文系、对外汉语教育学院,以及在网页上赞扬、悼念与追思林先生的各位老师们!我同各位一样,同样深深地感受到林先生的"博大精深、德高望重"却"平淡如水","处处想到对方"而从不显露自己的品德和风范。

上世纪四十年代,我才十几岁,他听说他的母校崇德中学(现在的北京三十一中)复校,就进城骑车为我能进入崇德中学找他过去熟悉的老师。那辆28的大男车,后来转给我天天骑用,现在已经成了我们兄弟俩曾共同使用过的一个永久纪念物了。

那时,每个寒暑假我都在燕大蔚秀园他的家里度过。

也正是燕大和崇德中学,使我接触了革命青年和地下党、参加了革命活动、入了党。

六十年代,我在海淀教育局工作,又在他中关园的家里,认识了朱德熙、姚殿芳、杨贺松、冯钟芸等大师,并在海淀夜大听了姚殿芳老师的课。

七十年代,我做了语文教师,以及以后九十年代,我设计、制作大型光盘《语文备课系统》和对外汉语教学软件，我们亲兄弟成了同行。我没有受过他系统的指导，但在不经意的言谈话语中，就使我对一些业务上的疑难问题，感到眼前一亮，受益匪浅！

四

我儿子林从回国后，办了个专门制作对外汉语教学软件的公司。林焘先生给以了极大的关心和支持。

在《学汉语 游中国》的制作过程中，他作了很多关键性的指导。他仔细地审听了汉语拼音声母、韵母的读音；在语音和声调方面，他提出：不必按图索骥地按照口型、舌型图介绍，也不必向外国人讲什么“阴平”“阳平”，更不必追究什么214还是211，把汉语的四声区别为“高、升、低、降”，就既简单又易懂。

就是这些关键性的指导，使我们的产品在简明易学方面胜过别人一筹，受到了使用者和国外出版界的青睐。

他刚刚收到“十年磨一剑”的《功夫》，就马上借给我们参考。

他还为我们的产品亲自录音了他的题词：“学会汉语，才能真正了解中国。”

现在林先生走了，我们不能再继续体会他的风范、聆听他的指点了。但我和他的侄子林从仍要继承他的对外汉语教学的事业，我们希望能以中文系和对外汉语学院的老师们为师，向大家求教，继续为他所关心的对外汉语事业尽力。

五

家兄林焘先生真的是离我们而去了吗？不，我不能相信！

我不相信，他这么早地就离开了我们！

我更不相信，他这么快地就离开了我们！

不！他没有离开我们。

在我们无时无刻不在使用的汉语拼音、字典、词典和普通话中，在这些我们的语言——我们这个民族文化的体现中，不永远会留着他的身影吗！

思念呀，思念！

他的一切，都将是我永远抹不掉也淡化不了的思念！

2006年11月27日深夜

爸爸影响了我的一生

林　明

2006年10月27日晚上9点多钟，我和晓路从北医三院回到家里仅一个多小时，就接到林还从医院打来的电话，说爸爸的病情迅速恶化，要我们马上回北医三院，我们立刻返回三院病房，只见爸爸已陷入半昏迷状态，在林还的大声呼唤下，爸爸微微睁开眼睛，看到了我，因气力衰弱，加之戴着氧气面罩，说话含糊不清。但是他想要说的，我都懂了，我含着眼泪说："您放心吧，我们一定会照顾好妈妈的。"看着爸爸的苍老面容，我心如刀绞……

我父母在抗战时期到大后方四川成都燕大继续求学并成家立业，我是在成都出生的，抗战胜利结束以后，父母带着我回到北京，回京不久我就有了一个妹妹。但是，我妹妹一岁多就会说话了，而我已经三岁，还不会说话，父母感到我的听力很可能有问题，就带我到协和医院检查，确诊为重度神经性耳聋，听力损失达80分贝。面对医院的诊断，我的父母心情十分沉重。我自幼丧失听力是很不幸的，但幸运的是，我生长在一个知识分子家庭里，而且父母恰恰都从事语言教学，懂得语言在人生中的关键作用和学习语言的规律，他们十分及时地、并且花费了很多精力教我学会说话。在五十年代初期，助听器在国内尚不普及，父母完全是用原始的"笨"办法教我说话，在我的耳边大声说话，或者讲故事，或者唱儿歌，还买一些儿童读物给我看。父母还决定送我去燕大幼儿园和其他小朋友相处。在家里除了和妹妹玩儿,也鼓励我和邻居的孩子们一起玩儿,以增强语言和交往能力。到上小学以前,我就有了一定的语言表达能力,虽然发音不大准,但别人都听得懂。幼年时期正是人生学习语言的关键期,如果错过了这个时期,就很难学会说话了,可以想象,如果当时父母没有下决心及时教我学会说话,就不会有今天的我。现在我还能记得幼时住在蔚秀园时,爸爸是怎样大声和我讲各种身边知识的,十分耐心和蔼。我清楚地记得,在我五六岁的时候,我们一家到青岛旅游,爸爸在水族馆是怎样大声教我认识鲨鱼、海龟等海洋动物的。我还记得,有一年,西苑操场举行飞机跳伞表演,爸爸带我去蔚秀园南门观看,告诉我跳伞是怎么回事。在父母的关怀下,我的身心和其他孩子一样正常发展,并且有很强的认知能力和求知欲,丝毫没有因听力差而产生自卑感。至今我对蔚秀园仍有一种很深的情结,因为在这里,旧居、古柏、池塘、小桥都留下了爸爸当年的身影,从住在蔚秀园起,爸爸就开始影响着我的一生。

我该上小学了,起初妈妈很发愁,怕小学不收,怕我上课听不见,甚至想到了上聋人学校的可能性,最后爸爸和妈妈讲,一定要让我上小学,不要把孩子耽误了,和北大附小老师商谈以后,我终于上了小学,而没有被送到聋人学校,这是一个十分正确的决定,对我的一生产生了重要影响。虽然如此,我上学碰到的困难仍然是不言而喻的,即使坐在第一排,老师讲课的声音对我来说仍然是太微弱了。刚上一年级时,父母每天晚上都要不辞辛苦地把老师教的东西再讲一遍。我小时候比较聪明,学习也还算努力,听不见老师说的,看看书就会了,加上老师和同学对我也不错,所以我并没有感觉到学习上有难以克服的困难,小学四年级以后,父母也就基本不用每天过问我的学习了。我刚上小学时,就学会了注音字母和声调符号,通过注音字母,我知道了每一个字应该怎样发音,当国内开始推行《汉语拼音方案》时,爸爸又不失时机地教我认识了那些陌生的拉丁字母,在同学当中,我是最早熟练掌握拼音字母的,从此我就有了一个自我学习的新途径,基本不需要父母刻意教我发音了。我十一岁时,医生建议我尽早佩戴助听器,以进一步改善语言能力,否则就很难适应今后的学习和生活,但是限于当时封闭的社会环境,国内一般是买不到助听器的。为了我今后的正常发展,爸爸想方设法通过境外的亲属为我买到了一个助听器,我还记得,爸爸把一个金黄色的金属盒子放到我的手中,把耳塞插到我的耳朵里,教我怎样使用助听器开关。他小声问我"听见了吗",一种非常柔和洪亮的声音生平第一次传进了我的耳朵里,我说"听见了,声音挺大的",他高兴地笑了,说声音太大时,可以把音量调小一些。从此,我就能感受到更加丰富多彩的有声世界。过去我有些发音,比如 z、c、s、zh、ch、sh、q、t 等辅音因听不清,很难区别,还有些声调也不太准确,听起来不大像北京孩子说的话,自从有助听器以后,爸爸在听我说话时有时似乎不经意地纠正一下,使我的发音逐渐有了很大进步。尽管我的听觉语言辨别能力与正常人相比仍有差距,但语言表达能力已经与正常人没有什么区别了。虽然五十年来助听器技术已经发展到了数码化和微小化的水平,我也更换了一些助听器,但只有这个老式助听器我一直保存到现在,因为它包含了爸爸对我的深切关爱。

我上小学以后,全家从蔚秀园搬到了中关园的平房宿舍,中关园有一群年龄和我相仿的小朋友,我家后面还有一块很大的草地可以尽情玩耍，一些小朋友经常到我家来，和我一起写家庭作业、看课外书、下棋，或者跑到草地上踢足球或做游戏，这必然会影响爸爸在家里的工作和休息，但是爸爸一点也不厌烦这些孩子，他知道他们的名字，空闲时也和他们交谈几句，同学们都管他叫“林伯伯”。爸爸对孩子们的宽容，使我的小房间无形中成了孩子们的活动中心，尽管我听不清（玩耍时因不方便，不戴助听器），但同学们都喜欢和我玩儿，我的小房间总是充满了欢乐，这也许是爸爸的人格魅力对我和其他小朋友们的影响吧，因此，有的同学在长大以后还来看望爸爸，爸爸也记得这些当年的孩子。当然，在这种良好氛围中，我的语言和交往能力也得到了长足进步，在各方面的发展都和听力正常的孩子没有什么区别，只是听力差一些而已，也没有任何孤独感。虽然爸爸为我的前途付出了很多，但他从来没有为我牺牲自己的事业，仍然在自己的专业领域中作出了杰出贡献，这对我的影响是很大的，明白虽然自己耳聋，但并非一个需要大人随时关照的特殊人物。平时爸爸不是很过问我的学习，但并不是不关心，例如每次作文本发下来时，我都拿给爸爸看，他总是先看一遍，赞赏几句，说老师的评语写得不错，但又似乎不经意地指出作文中的一两点不足，说如果那样写就更好了，每次都使我获得一点小小成就感。小学四年级以后，我喜欢上了作文，为了写得更好一些，我看了很多课外书，还养成了写假期日记的习惯，因此我的作文经常得5分，多次作为范文在课堂上朗读或挂在教室墙上展示。然而，爸爸虽然写过像《现代汉语》这样的学术著作，但从来没有特意给我传授所谓“作文秘诀”之类的东西，爸爸只是通过鼓励培养了我的兴趣。爸爸逐渐老了，但仍然用这种宽容的鼓励态度对待孙辈。

我上高中以后，学校实行住宿制，但学校离我家不远，是可以走读的，我提出了住校要求，妈妈担心我耳朵不方便，过集体生活有困难。爸爸支持了我，说住校也是一种锻炼，可以促进同学之间的了解，培养独立生活的能力。从此我进一步融入了学校的集体生活，课后和同学们一起锻炼身体、打扫卫生或参加其他活动，晚上在教室里上晚自习、在宿舍里天南海北地聊天，和同学们相处十分融洽。高中的住校生活，培养了我的集体意识，对我以后走向社会、适应社会带来了很大帮助。

遗憾的是，在我高中毕业那年，由于当年的体检限制很严，我因为重度耳聋而不能报考大学(这里要提到的是，限制聋人参加高考的不平等政策现在基本上得到纠正)。于是我响应党的“知识青年上山下乡”的号召，报名参加宁夏生产建设兵团。尽管父母在一开始时担心我不能适应边疆的艰苦生活，但是爸爸最后还是明确支持了我的要求，亲自把我送上了上山下乡的火车。我在宁夏贺兰山下的军垦农场劳动锻炼了十二年多，把整个青春全部贡献给了大西北。这漫长岁月对普通人来说都是十分艰辛的，况且对一个有严重听力障碍的人，但我一直保持了普通人的正常心态，这段不平常经历成为我一生中宝贵的精神财富。但是，爸爸是很有情感的人，每次我回京探亲假满要回宁夏时，尽管我再三说火车开车时间太早，就不必去车站送了，但他好几次坚持要在早晨5点钟起来，坐一个多小时公共汽车把我送到北京站。1971年初，我一个人从宁夏到江西五七干校看望父母，我跟着爸爸一起到草地上放牛，到大堤上观看鄱阳湖景，在没有人的地方，爸爸就给我讲述当时在北大发生的各种不正常甚至十分荒唐可笑的事情，不时以讥讽的口吻说到所谓“左派”的胡作非为，在当时压抑的政治环境下，我感受到了爸爸对前途的乐观精神。对爸爸来说，我回到他的身边是他最愉快的时光。

在拨乱反正之初的1978年，我随着知青返城大潮回到了北京。当时北大图书馆系恢复了函授招生，我抓住了这个难得的机会，以优秀成绩提前完成了学业。二十多年来，我在北大图书馆一直从事西文文献编目工作，多年来我发表了数十篇论文，担任过由中国图书馆学会和国家图书馆组织编写的《西文文献编目条例》(修订版)的副主编，我作为全国高校图书馆联机合作编目中心的专家组成员之一，多次参加全国高校图书馆编目业务培训教材和业务规程的编写或审校工作，在国内同行中具有一定知名度和影响。2006年4月，我的一篇学术论文(两人合著)在第一届全国编目工作会议上荣获一等奖，而一等奖只有两个。更令人难以想象的是，我居然在中国图书馆学会、国家图书馆或全国高校图书馆举办的编目业务培训班上多次授课，给学员留下了深刻印象。不仅如此，目前的北大图书馆西文编目专业人员都是我带起来的，在国内也属于业务素质比较突出的群体。由于我在培养业务人才方面所做的工作，我获得了教育部全国高等学校文献资源保障系统(英文简称CALIS)颁发的“伯乐奖”。这些成绩在人才荟萃的北大也许不值一提，但是对于像我这样重度耳聋，没有上过正规大学的人来说，却是一个奇迹，爸爸在我身上创造了一个奇迹，使我不仅能像正常人一样地生活、学习和工作，而且还在专业领域中做出了比较突出的成绩。在八十年代初的一次偶然机会中，我遇到了当时负责筹建中国聋人康复研究中心的著名听力专家邓元诚先生，他对我重度耳聋，语言能力却如此之好感到十分惊讶。从他那里我得知，国内许多听力状况与我差不多、甚至比我还好一些的孩子，因为得不到及时的康复教育，永远失去了正常的语言能力，这时我才真正体会到,父母对我的影响,特别是爸爸对我一生的影响是多么大!后来,中国聋儿康复研究中心确认我是国内语言听力成功康复的第一人,由于爸爸对语言听力康复工作所作的先期性贡献,2005年底,中国残联康复协会听力语言康复专业委员会特邀爸爸和我参加第七届学术年会,爸爸不顾年事已高,欣然前往。爸爸在去世以前,在燕南园住了整整四十年,而我在这里只住了不到五年,在这期间爸爸对我没有留下什么刻骨铭心的说教,但是他的热爱事业、淡泊名利的思想却潜移默化地影响着我,比如他在日常言谈中,对当前教育界中的不正之风和腐败现象痛心疾首,表现了老一代知识分子的高尚品德。在学术日益功利化的今天,我仍然以一颗平常心对待地位和荣誉,这也可以说是燕园精神熏陶的结果吧。于无言中,爸爸从来没有要求我做到最好,但希望我能做到"最好的我"。在爸爸的影响下,我的一生做到了自立、自信和自强。

……经过与死神的几天顽强搏斗,10月28日晚10时12分,爸爸永远离开了我们。在爸爸生命弥留之际,我们一直守候在他的身旁。我总觉得他没有走,他还在燕南园52号的写字台前伏案写作,还在楼下客厅与来访的亲友或学生谈笑风生,还在燕南园的幽静小径陪妈妈散步,还在向着我们走来……

2007年1月8日

和父亲相处的最后日子

林 还

父亲，提起这支笔来写你不知有多么沉重、多么艰难！一百多天过去了，新的一年也开始了，我怎么还是不能面对你离去的现实，怎么还是见到你的照片就要流泪呢？

和你相处的最后日子是从去年10月6日开始的，那天我们到达机场后，照例在路上给家里打了电话，你一接电话照例是高兴地说："到啦，车开到哪儿了？"十几年来主要都靠电话和家里联系，你在电话里的声音我再熟悉不过，永远是响亮悦耳，永远是兴致勃勃，总是带给我你永远不会衰老的感觉。然而一跨进家门，你白发苍苍的形象顿时令我有些错愕，以前每次回国，总觉得你没多大变化，这次时隔一年，怎么你一下子老了这么多呢？我脱口便说："爸爸，你脸色不好，下眼皮怎么这么肿啊？"你不在意地笑着说："没办法，老了嘛。"在全家人团聚的谈笑中，我又不安地发现你的听力更差了，你的视力也衰退了许多，更糟的是你在谈话的过程中竟然会忽然睡去，头仰靠在椅背上，嘴巴微微张开，一瞬间仿佛变成了风烛残年的老人；然而，片刻之后你又清醒过来，微笑回到脸上，你刹那间又恢复成精神百倍、兴头十足的样子。大家谈到秋天了还这样热，你想起来小萧给我们准备的被子太厚，"对了，有合适的被子"，你高兴地说着，健步如飞地向楼上走去。我跟到楼上时，只见你已经打开了壁橱门,正使劲地把被子往外拽,我急忙赶上去说我自己拿,你却执意跟我一起拿,还笑着告诉我:“是北大发的被子,不知哪儿发了笔财,给大伙儿发被子,每人一条。”接着又说:“北大的人都盖一样的被子。”我被逗得哈哈大笑,说:“这被子还挺软和的。”你又笑着说:“太大了,是旅馆的尺寸,不知北大是从哪儿买来的。”就这么说笑着,咱们一块儿拿出了薄被收起了厚被。父亲,咱们曾在一起度过了多少这样愉快的时光,你一辈子照顾家里的每一个人,又给家庭带来多少欢乐,直到八十多岁高龄,依然如此,你快乐的心怎么就永远都不变老呢? 是的,父亲,岁月已在你身上刻下了明显的烙印,但是你的脑力没有减退,你的心还像过去一样年轻,白发苍苍的你,分明还是一个永远不会衰老的父亲。

一辈子我对你印象最深的就是你对母亲的感情和照顾,尤其在近年母亲记忆力衰退之后,你对她投入全部身心的无微不至的关照,实在是超出了一切语言所能描述的程度。在晚年你们两人的合影中,几乎你都是微微地倾向着母亲,这是你已经习惯了每时每刻都在照顾她、关爱她。多少个夜晚,母亲睡不着觉你陪她说话,一说就是几个小时,你就不困吗?你就不累吗?为了母亲,你真的是什么都不在乎。你说,母亲的快乐就是你的快乐。常言说无私的人是最快乐的人,但是父亲,你也老了,你也累了,你也有身心俱疲的时候,你照顾母亲的心怎么就天荒地老永远不变呢?记得那天我们买了母亲最爱吃的大闸蟹,母亲吃得像孩子一样高兴,笑个不停,你则无比欣喜地望着母亲,告诉我们:“妈妈高兴就是我最高兴的事。”当时我忽然感到内心有几分说不出的凄凉,父亲,你这一辈子都全心全意地疼爱母亲,就没有半点儿为自己想过,要知道,你也已经是八十多岁的老人了,怎么就没有你自己的快乐呢? 10月14

日，林家在福建大厦餐馆大聚会，走前母亲说她不舒服，不能出门了，你临走前百般不舍，一步三回头，反复叮嘱："我们走了，小萧照顾你，你好好儿休息。"当时我不禁心想："怎么像对小孩儿一样不放心呢?"林家聚会的时候，热闹中我不时感觉到你有几分形单影只，有几分若有所失；特别是餐后离开餐馆的时候，你忽然站住脚，微微侧身向后，手也做出要扶人的样子，随后你马上醒悟过来，笑着说："照顾妈妈习惯了，忘了她没来。"这时候，我明白了，照顾母亲已经是你生命的一部分，你的快乐就在这里。

父亲，最难忘的是你的笑容。经历了在医院床边陪伴你那磨难的一周后，脑子里曾挥之不去全是你临终前的病容，然而在我的梦中你却永远是笑呵呵的，跟我说着高兴的事儿。是啊，从小到大，你只要见到我，总是满脸都是笑，梦中的你，又怎能不是笑容满面呢?父亲，你天性是如此谦和，如此善良，如此乐观，世界在你眼里总是那么美好、新鲜，世界上的人在你眼里尽是好人，你怎么能不用快乐的心微笑着度过每一天呢?在你漫长的一生里，不是没有黑暗的日子，你经历过战乱，经历过"文革"，经历过数不清的摧残人性的政治风暴，但是黑暗从来不曾进入过你的心，你从来没有过怨恨和忧愁，你的脸上总是带着平和的微笑，永远是表里一致的善良和光明。记得10月21日，你住院的前一天，我进卧室看你，一进门就见到床上的你满头凌乱白发，闭着眼睛的脸苍老憔悴得令人心酸。你半睡半醒地问："有人来了?"母亲说："是还还。""噢，是还还呀。"顿时你的脸上绽开了笑容，你半睁着眼睛，但你的眉毛眼睛全都笑了起来。就是你这个躺在枕上的笑容，这个掩盖不住憔悴，却无比慈爱欢愉的笑容，永远地留在了我的记忆中。

父亲，你一生经历过多次病痛的折磨，你的病史可以串成一部长长的传奇故事，但是任何故事都有最后的一篇，你最后的篇章就在我们意想不到的时候来临了。10月20日是语音学大会开幕的日子，早上，你匆匆从楼上下来，对我说："糟糕，起晚了，来不及换西服了。"你快步穿过客厅，开门就要走，我说："不行，外面挺冷的，穿上夹大衣。"你说："不用不用，拿着麻烦。"说着就走出大门，脚步匆匆地离去了。我心里感到有些纳闷儿，你一辈子习惯早起，一年四季都一定按时在清晨起床，怎么最近常常起得晚，连今天开这么重要的会，居然都起晚了呢？父亲，我哪里知道，你当时已是重病在身了啊，疲劳不适的症状可能早已出现，你需要睡眠，需要休息，起床对你来说大概已经是很费力的事情。可是，父亲，你怎么就没有一丝一毫的表露呢？我知道，你是个克服病痛能力超强的人，我又知道，当时你心里只想着语音学大会、你一定要参加这个大会，正因为如此，八十五岁高龄的老人，带着重病之身，从早到晚参加一整天的会议，这件本来是不可思议的事情，在你身上就必然地发生了。晚上，你是被学生搀扶着回家的。次日你卧床的时候还说休息好了要参加第二天的闭幕式。第二天一早，你满脸憔悴地坐在我房间的藤椅上，说你感觉病了，得去医院了，从此你就没有什么力气说话了。救护车把你送到三院，你肾功能及多项指标都非常不好，大夫说，这么重的病，你们怎么才给送来呀，我无言以对。

父亲，接下来在医院的细节我实在不忍追忆了，指标每天都在恶化，希望每天都在暗淡，你很快就陷入半昏迷和昏迷的状态，所幸的是在你还清醒的时候，见到了看望你的学生们，那是你住院后唯一眼光亮起来的时候。

10月28日你已处于深度昏迷的弥留状态，晚上10点钟，心律血压直线下降，大夫做最后抢救的时候告诉我，人在濒临死亡的最后时刻，意识可能有瞬间的恢复，我用最大的声音在你耳边对你说了许多话，我相信你都听到了，当我说到“妈妈怕你走得不安心，让我告诉你：她行，她坚强着呢，你放心吧”，我忽然看到你使劲地，几乎是用挤的力量闭上了原来半睁的双眼，父亲，此刻你的心思我太明白了，你是生怕我们看到你离去后眼睛没有完全闭紧，你是要用上全部的力量，做你能做的最后一件事：清清楚楚地告诉我们、宽慰我们，你没有不放心的事情，你是完全安心地离开了这个世界。

父亲，你到哪里去了呢？虽然我得不到这个万古不解之谜的答案，但是死亡对我来说再也不那么可怕，因为我知道，爸爸，你在哪里，哪里就是温暖快乐的地方，你在哪里，哪里就是我永远的家。

功德圆满 一生无憾

——父亲病情忆事

林明 林还

2006年10月22日，父亲因感觉极度疲劳住进北医三院，医治无效，于10月28日22时12分去世，享年八十五岁。父亲辞世的消息使许多人感到难以置信，扼腕叹息，觉得他平时身体不错，怎么一下子就走了呢。

其实，父亲自幼身体十分单薄，祖父母曾担心他是否能活得长久。他的一生多次经历疾病磨难，前后遇到三次生死劫，但都挺过来了，人称“大难不死，必有后福”。他能活到八十五岁，虽然不及九十岁甚至百岁老寿星，但以他的身体底子，也够得上高寿了。

第一次生死劫，是在1945年初，当时父亲正在大后方四川成都的燕京大学求学，并且考上了著名语言学家李方桂先生的研究生，但不幸得了肺结核，只好休学养病。在抗战期间，大后方的生活条件和医疗条件都很差，只要得了肺结核，是没有什么特效药可以医治的，死亡率很高，唯一的办法就是静养，能否康复，听天由命。但是，也许是因为生命力旺盛的缘故，父亲经过几个月的休养，奇迹般地恢复了健康，也迎来了抗战胜利。父亲从成都回到北京以后，又成为燕京大学校长陆志韦先生的研究生和助教。1950年初，父亲的肺结核复发，住院后久治不愈，只好回家休养。由于当时家里生活状况比较窘迫，祖母也因肺结核刚去世，所以母亲对父亲的病情十分担忧，怕他熬不过去。父亲患病时，陆志韦校长十分关心父亲的病情，亲自探视并给予一些经济上的帮助。毕竟，解放初期的医疗条件要比抗战时期好多了，特别是北京的著名中医王易门先生开的药方，使父亲病情大有好转，肺结核活动点全部钙化。经过一年休养，父亲终于渡过了这一次生死关，重新回到工作岗位上。有幸的是，五十年代初期和中期，国内经济繁荣，生活安定，我们的家庭生活条件有很大改善，这一时期父母的生涯也没有遭遇什么波折，这显然十分有利于父亲的身心健康。

第二次生死劫，是在 1965 年底，当时父亲正在北京郊区大兴县农村参加"四清"运动。作为社教工作队的成员，父亲十分忙碌，几乎得不到很好的休息，终于在一天夜里大咯血，工作队连夜把他送到北医三院住院检查，发现以前肺结核的钙化点正好长在右肺部支气管附近，很容易磨破毛细血管，造成咯血（实际上在五十年代，父亲就有几次因劳累咯血，但不严重，休息几天就好了）。由于父亲住院时再次大咯血，无法止住，以致休克。著名中医王易门先生再次被请来给父亲诊治，他开的中药产生了"像止血钳一样"的奇效。在止血成功以后，医生又当机立断，决定切除右肺上叶，以除病根。当时三院没有胸外科，特请著名胸外科专家辛育龄大夫来主刀，这次手术非常成功。在医院休养半年，其间又因手术输血引起严重的甲型肝炎，十分凶险，但父亲终于渡过了第二次生死关。万幸的是，父亲在"文化大革命"爆发前夕就已经基本恢复健康，否则，"文革"中残酷的批斗劳改以及繁重的"五七干校"下放劳动，一定会使父亲在劫难逃。

第三次生死劫，是在 1986 年 4 月，当时父亲因腹痛被诊断为阑尾炎,在北医三院做了阑尾切除手术。这本来是一个普通手术,住院几天就可以回家了。不料,在做完手术的第二天下午,父亲忽然陷入了休克状态,几乎没有血压。医护人员急忙强行输血并送进手术室剖腹探查,发现右肾已触摸不到,原来是它的破裂引起腹腔大出血。医生决定立刻摘除已完全破损的右肾,终于成功地止住了血。手术期间,北大副校长朱德熙先生一直守候在手术室外,直到深夜12时手术结束才离去。事后查明,原来是父亲的输尿管堵塞导致右肾充血,因此引起腹痛,被误诊为阑尾炎,阑尾切除以后又因腹腔胀气造成肾破裂。这次手术极为成功,再一次挽救了父亲的生命。父亲住院一个月,终于渡过了第三次生死关。十分庆幸的是,在父亲体内暗藏的这颗“定时炸弹”是在住院期间引爆的,否则,在医院外任何地方,如果腰部不小心受到外力碰撞,其后果不堪设想。

父亲经历了三次生死劫,能活到八十五高龄,虽然有一些运气因素,但主要还是个人的精神因素在起决定性作用。这或许就是“精神变物质”的具体表现吧,不然的话,能否活到五十八岁都不好说。

谈到父亲的精神因素,首先要提到的是,父亲自青少年起就酷爱京剧、昆曲。交友广泛,经常在家举办曲会,上至一代名士张伯驹,下至无名晚辈后生,都曾是他的座上客。举办曲会已经成为我家的一个传统节目,除了大讲“阶级斗争”的年代外,从蔚秀园到中关园,从中关园到燕南园,我们家总是票友满座,欢声笑语,来客有北大的、清华的,还有老远从城里赶来的。后来父亲年事已高,举办曲会已经力不从心,但仍然和母亲自唱自娱,近几年来,几乎每天在日傍西山的时辰,燕南园52号就会飘出咿咿呀呀的清唱和二胡伴奏声，缭绕在参天大树之间，成为幽静燕园独有的天籁之声。父亲不仅会唱会拉，而且对京昆艺术颇有研究，他既在北大百年校庆文艺晚会表演过昆曲笛子伴奏（中央电视台录播），也曾在中央电视台的专题节目中讲授过京剧知识。父亲对京昆艺术的热爱，大大延伸了他的生命，因为京昆特有的舒缓节奏和呼吸方式，对健康是绝对有好处的。一些著名京昆艺术大师和票友都比较高寿，盖出于此。

其次，父亲比较注意适当锻炼身体和保护身体。1965年做了肺切除手术以后，他在疗养院学会了打太极拳，从此每天早起在院子里打上半个小时，天气不好时就在室内练，除了特殊情况和生病外，几十年没有中断。他还经常到未名湖畔散步，要走上一圈才回家。虽然每次锻炼的活动量并不大，但日久天长，也有助于延年益寿。最近几年，我们一有机会就开车陪父母去颐和园或其他景点玩儿，父亲总是兴致勃勃，能走很长时间的路。父亲在五十年代有吸烟的习惯，虽然烟瘾不算大，但每天都要抽几支，只要伏案写作就要拿上一根烟和一杯茶。自从肺切除手术以后，父亲与香烟彻底告别，有效保护了元气大伤的身体。父亲不常饮酒，平时饮酒以葡萄酒和啤酒为主，只有节假日才饮少许白酒，因此他后来得的几场大病都和烟酒无关。

更重要的是，父亲一生淡泊名利、乐观豁达、宽容待人，全力投入事业，很少有个人烦恼能困扰自己。他绝非那种病病歪歪的人，更不是无病呻吟、小病大养的人，每次大病过后，他就迫不及待地投入教学和研究工作。不时外出开会或讲学、出国访问、接待来访客人，无论在学术界，还是在亲友圈，他总是神采奕奕，谈笑风生，根本不像一个几次经历鬼门关的人，他给人们的印象总是思路敏捷，身体状态颇佳。父亲一直保持一颗年轻的心，乐于接受新事物，在十多年前就学会了使用电脑，经常用电脑写论文、发邮件、上网看消息。他对国内外的任何新鲜事物，都有浓厚的兴趣，以和晚辈交流聊天为极大乐趣。

但是，自然规律毕竟是无法抗拒的，父亲逐渐老了，最近几年虽然还保持着鹤发童颜的形象，但已偶现老态。父亲毕竟经历过多次大大小小的疾病，身体机能已受到了很大损耗。也许是因为他的乐观豁达和对学术事业的关注，使他没能充分意识到病魔正再一次悄悄逼近自己。在2006年春的一次体检中，发现他仅有的左肾功能是三个加号，而且血红素偏低，这对八十多岁的老人来说，是一个很危险的信号。7月份的一天，他出现便血，以为是食苋菜过多所致。此后，时有疲倦感，也以为是劳累引起的。10月20日，他出席了第七届全国语音学大会并致开幕辞，但谁也想不到，这次讲话竟是他在语言学术界的最后一次亮相。此后父亲少有地闭门谢客，休息两天，仍不能摆脱疲劳状态，22日急送住院以后，发现他的心脏、肾脏的指标都很不好，有消化道内出血现象，由于医疗上的禁忌，加之年事已高，无论采用输血还是肾透析抢救方案，都已无力回天了。两三天内父亲的病情急剧恶化，在陷入昏迷状态之前，他的头脑一直保持清醒，在会见一些亲友和学生以后，平静地与世长辞了。从住院到辞世只有短短的六天，医院的最后诊断是"多器官衰竭"。父亲在生前遇到的三次生死劫，每次都相隔二十年。不知是否为上帝的旨意，这一次，也就是第四次生死劫，与上一次间隔仍是二十年，正如父亲躺在病床上笑谈的"二十年一次"，但父亲在这一次生死劫中，虽然与死神作了顽强拼搏，再也没能挺过来。冥冥之中，他生前似乎就有一种预感。9月初他携全家到万安公墓给祖父和曾祖父扫墓；10月中旬，他召集了在京的林家亲戚在福建大厦聚餐，品尝了故乡风味；紧接着又参加了1956级中文系校友的聚会，共叙了师生之情；在去世前一个星期，他在筹备已久的全国语音学大会和来自国内外的同行见了面，并在开幕辞中提出了语音学要研究前沿问题的嘱托。可以说，父亲是在做完想要做的几件大事，与亲友、同事和学生作了最后告别以后，才无憾地驾鹤西去的。

随着时间的流逝，我们一方面感到父亲的突然离去给情感生活带来的巨大空缺，另一方面也感到父亲的离去确实做到了一生无憾、功德圆满。父亲好像还生活在燕南园52号，我们永远怀念父亲。

2006年1月22日

纪念公公林焘先生

王晓路

二十多天过去了，公公林焘先生的身影时时浮现在我的眼前。浏览北大中文论坛学生们的悼念、倾听对外汉语学院老师们的追思，虽然我对语音学、对外汉语教学一窍不通，但总想写点什么，作为对公公林焘先生的纪念。

记得二十多年前走进林家，感触颇深的是林家二老的大家风范。慈祥、谦和的外表，儒雅、诙谐的谈吐。在家里，从来没听到过两位先生说任何人的不是。当我们谈到自己工作、生活中的不顺，二老总是能讲出积极、乐观、鼓励的话语。在二老眼里，世上每一个人都有太多的优点，世上每一件事情都有好的一面。

二老的恩爱尽人皆知，翻看家庭相册，两位先生永远紧紧相依。不管走到哪里，没有特殊情况，总是形影不离。其中，多是林先生照顾杜先生。二老每天下午在燕南园中散步，已成了园中的一景。前几年，不经意间被某房地产商拍到二老在园中散步的情景，居然放进了楼盘的销售广告，在某大报上刊出。想必是把二老和谐、恩爱的身影视为幸福生活的楷模。

前年夏天，是二老的钻石婚纪念，林先生特意定了金鱼胡同的萃华楼饭庄，一定是怀旧吧。去年，《北京晚报》征寻北京市的钻石婚夫妇，我说你们怎么不去报名。林先生笑着说，我们的结婚证早就找不到了,怎么证明我们是钻石婚啊。

更多的记忆是林先生对杜先生无微不至的关怀。家里人都知道,杜先生喜欢安静不爱活动。近几年来,为了让杜先生能到校园外面走走看看,每次林先生都要做大量的“前期工作”。每一次活动、聚会归来,总是替杜先生感到高兴,在过后的几天中不断欣喜地谈论着刚刚经历过的事情。

林先生的“好奇心”常常让做晚辈的觉得惊讶。每看到一件新鲜事物,他总想亲自尝试一下。几次提到让我们带他体验一下城铁,学习并使用了 MSN,兴高采烈地与孙子用视频、音频进行对话。坚持购买面包机、豆浆机,自己在厨房里操作得颇为熟练。家里的聊天常涉及国内外大事,每每听到我们提起社会上流行的新词,总要问个明白。

林先生的心中牵挂着语音学、对外汉语教学、他的学生们、杜先生、家里所有的人,唯独很少考虑自己。无法让人忘却的是这次住院的最后几天,在难得的清醒时刻,他高兴地告诉我:这次会议开得很成功,经费预算不但够用,还略有节余,学校电视台还录了像。他问起杜先生是否还好,远在海外的孙子、外孙女是否因他住院会担心、挂念,家里的饭卡应该充值了,保姆的工资付了没有。他微笑着抬起手,对前来看望的学生们说:谢谢你们……。说到自己,却只有三个字:我很累。

是啊,林先生太累了,为了他喜欢做的事情和牵挂的家人。固然,任何人都没有回天之力,但我知道,公公林焘先生的精神、风范将珍藏在我的心中。

2006 年 11 月 20 日

回忆岳父林焘先生

王 庚

我是在1973年和林还结婚,成为林焘先生的女婿的。然而我们两家的缘分早在我的上一代、甚至上两代人那里就已经开始,所以我初次见到林先生,应该是他住在蔚秀园的时候,那是我上幼儿园之前,还不记事呢。

我姑姑王平先生和林先生两家,不但是老同学、老朋友,而且是从蔚秀园到中关园的老邻居。上世纪五六十年代,每次去中关园姑姑家,我都一定要和宗伦表弟到一墙之隔的林家去找林明玩儿,经常一块儿玩儿的还有一两个林明的同学,玩儿的内容可以说是五花八门,文武带打,有时甚至会把表弟欺负得大哭大闹起来。印象中,林先生和杜先生经常在家里工作。中关园的房子并不大,他们的书房又是开放式的,一帮男孩子呼啸而入,吵吵闹闹,对他们的干扰就可想而知了。我再不懂事,毕竟是在别人家里,对大人的脸色还是很注意的。可我从来就没见过两位先生因为我们的捣乱而露出任何不耐烦的表情,什么时候都是和颜悦色的,连皱一下眉头都没有过。

长大以后才知道,他们这样的宽容并不仅限于对待孩子,对所有的人都是一样的,包括有意无意、或多或少伤害过自己的人。现成的例子,就是那位在“文革”中“揭发”林先生的朋友,他被逼无奈

“交代”说林先生是国民党特务，在燕大读书时期奉命要炸毁未名湖水塔。这样荒唐的罪名，在那个荒唐的时代居然被当做真事儿对待。在泰山压顶般的攻势下，林先生最终不得不被迫“认罪”，表面上得到“敌我矛盾按人民内部矛盾处理”的“从宽”待遇，实际上等于是戴了多年“特务”帽子，拨乱反正以后才得到平反，这在当年给全家带来多大的影响是不难想象的。对于这位朋友，林先生却表现了充分的理解和原谅，“文革”后在燕南园52号像当年一样热情地接待了他，这是我亲眼得见的。了解林先生的人都知道，这不是他故作宽宏大量的高姿态，而是生来就是这样，“宁教天下人负我，不教我负天下人”。五十年代初的“三反运动”中，林先生曾违心地在批判恩师陆志韦先生的会上发过一次言。半个多世纪过去了，这次发言一直沉甸甸地坠在他的心上，每次提起，都说那是他一生最感愧疚的一件事。在解放后层出不穷、花样翻新的政治运动中，自愿不自愿地批判过好人的知识分子不在少数，而几十年念念不忘、终生引以为憾的人又有多少呢？

说起“文革”中的林先生，我就想起运动初期曾经盛行的“百丑图”，即把从中央到地方乃至本单位的“黑帮”画成漫画头像，到处张贴。北大当然也不例外，我在三角地一带就见过一张，而林先生的头像也在其中。与众不同的是，作者没有像对其他“黑帮”那样对他肆意丑化（可能是因为他的长相实在不易丑化吧），而是把他画成了很接近本来面目的一位英俊小生，只是眼更大，嘴更小，在眉间画了两条竖线，正是他平时微微皱着眉头的样子，真可算是惟妙惟肖了。后来谈起这张图，林先生说他自己也看见过，而且还很欣赏，可惜的是始终不知道作者是何方神圣，更可惜的是没能保留一张作为纪念。难得他有这份兴致，说这话的时候，“文化革命”还正如火如荼，远没有结束呢。

大概也是在“百丑图”时期，我在北大校园里偶然碰上了林先生。他穿着一身半新不旧、干净整齐的中山服，像往常一样习惯性地稍稍驼着背，快步走来，虽不再是英俊潇洒，但也还是风度翩翩。唯一不相称的，是他手里拿着的“揣子”，一种用于消除抽水马桶堵塞的工具。我赶紧站住，叫了一声“林伯伯”，他见是我，开颜一笑，也和往常一样，只是没有停下脚步，打了个招呼就匆匆而去。我意识到后面可能有人跟着，因为他正在聂元梓的“劳改大院”劳动改造。那时候都以为是最糟最乱的时候了，谁想得到，还有“炸水塔”的事情在后面等着呢。这次偶遇和那张“百丑图”一样，后来都成为我们的“文革”回忆中共同的一点“花絮”，而如果不是现在旧话重提，当年沉重的心情似乎都忘得差不多了。

林先生的宽厚儒雅，淡泊名利，与世无争，知足常乐，也许是来自书香门第的先天遗传，也许是出于先生本人的后天修养，或者是两者兼而有之。与此同时，温厚、随和的林先生又是一个有正义感的人，在大是大非面前是爱憎分明的。北平沦陷后，不到二十岁的林先生不但和几位好友一起天天身着黑色大褂以示“为国服丧”，而且加入了一个地下抗日组织。在暗无天日的“文革”时期，人们只敢在家里偷偷议论，从国家前途的渺茫说到个人命运的无望，无不忧心忡忡，林先生却从来没有真正消极悲观过，即使被“打倒”后，对时局的关注也没有丝毫减少，谈论起当时在“革命”名义下的种种倒行逆施，他都觉得荒唐可笑，总说这样的局面“绝对长不了”。说老实话，林先生当年这样的信心是从哪里来的，我至今还不是百分之百地理解，只知道林先生对国家和民族的历史、现状及未来的关注，是几十年一以贯之的。七八十年代在北大校园内外发生过许多大大小小的事件，林先生也无一不关切备至，他认真而坦率地与老朋友、与晚辈人交流信息和观点，其热衷的程度甚至对年轻人都会产生很强的感染力。

九十年代以来，林先生更是“家事，国事，天下事，事事关心”，手边能得到的信息已经不能满足他的渴求，在与晚辈交往时，十分希望更多地了解国内外发生的大事。每次与我们通电话，也必然要问：“最近有什么消息没有？”尤其是当某些事情发生的时候（例如人物的升迁、逝世，政策的出台或改变等等），他总是十分关心事情的全部真相和各方面的反应。我们知道他近年来眼睛不好，黄斑病变日益严重，阅读已经很吃力，但是一上电脑看文章就忘记了休息，为了不让他过多地使用电脑，就没有充分满足他对我们多提供信息的要求。现在我才意识到，这是一个无法弥补的遗憾。因为对林先生来说，这个风云变幻、永无宁日的世界上，尤其这个曾经是多灾多难的国家里所发生的一切，无不与他息息相关；而让他与世隔绝、“万事不关心”，是和失去视力同样难以忍受的事情。像林先生这样的人，也许从来不是“以天下为己任”的政治人物，但是作为一位正直、正派的知识分子，他以独立的思考和不灭的良知，不仅始终观察着、并且努力跟上了时代变革的进程。

书，是林先生平生的一大爱好，以至到后来用他自己的话说，成了一大“累赘”，因为实在太多了，放没地方放，扔又舍不得扔。我从2004年开始在国内的网上书店以送货上门、货到付款的方式买书，林先生欣然同意做了“收货人”，于是燕南园52号就成了送货地点。送来的书，他和杜先生都会过目，喜欢的就要细读，实在喜欢的，就再给他们订购一本。林先生视力不好，久已不逛书店，有的书太大太沉，即使去了书店也拿不回来，他也让我在网上代购，像那套谭其骧主编的八册精装本《中国历史地图集》就是这样买来的。我回国时，林先生就会交给我一个信封，信封里面装着买书剩下的钱，信封外面，则是用与他的视力极不相称的、名副其实的蝇头小字，密密麻麻，一丝不苟，细细记载了每一次的书名、支出和余额，原来他还主动担当了会计的角色。我过意不去，请他不必再记了，可是下一次还是照旧。想必是因为林先生几十年如一日地坚持写日记，每天的收支也是日记的一部分，任何“糊涂账”对于他都是不能容忍的。我当然不会(也不必)去核对他的账目，只知道三年来通过林先生的手购买了几千元的书籍和音像制品，我每次回国时都没有少过一本书，也没有一个光盘放错了地方。

洪昭光和苏叔阳合著的《感悟健康》，是林先生自己在网上购买的最后一本书，至今还放在家里很显眼的地方。我想，林先生之所以给这本书以很高的评价，可能是他自己几十年来对健康的感悟与作者的说法产生了共鸣吧。熟悉林先生的人都知道，他一生中有好几次走到了死亡的边缘，可是又都奇迹般地化险为夷了。究其原因，医药的力量固然是功不可没，但是林先生自身的精神因素也绝对不容忽视。最后这一次，假如不是他的精神力量完全失去了物质基础的支持，林先生也会像以前一样坚持到底、战胜疾病的。过去几次出生入死，每一次都让杜先生受到不小的惊吓，像她自己说的：“我就差去盗仙草了！”(王平先生曾和林先生开玩笑说，就冲这些惊吓，他也应该善待杜先生。)但林先生自己却没被吓倒，而是以他顽强的生命力，一次又一次地死里逃生，闯过了鬼门关。和对待人生中的其他问题一样，可以说，林先生对健康问题的乐观几乎到了盲目的程度。而几十年如一日，风雨无阻、持之以恒的太极拳晨练，其实可以说也是林先生精神力量的一种体现。没有这种精神力量，凭他的身体底子，不要说享年八十五岁，连达到古稀甚至花甲之年都可能只是个梦想。

林先生和我岳母杜荣先生之间的伉俪情深，是尽人皆知的。他们由唱戏而相识，一直唱到林先生去世的2006年10月。我很小的时候在清华礼堂或者北（燕）大贝公楼看过他们合演的《奇双会》，那是他们公认的拿手好戏，可惜当时实在太小，只留下花花绿绿、咿咿呀呀的印象。记事以后再没见过他们粉墨登场，看到的都是清唱，有比较正式的，也有二老互相伴奏唱着玩儿的。林先生近年来唱小生已经有困难了，而杜先生的嗓子仍然不减当年，所以是林先生给她伴奏的时候居多。今天回想他们一拉一唱的情景，还像在眼前一样，令人不能不联想起“谐和类琴瑟，坚固同胶漆”之类的古诗来。两位老人的性格本来是不怎么相同的，比如说，杜先生好静不好动，而林先生最喜欢热闹。是六十多年的磨合，六十多年的彼此谦让、互相呵护，首先是林先生对杜先生的谦让和呵护，使他们达到了这样的境界。就在林先生去世前两天的深夜里，他的神志已经一阵阵地模糊了，大概自己已经有了一种不祥的预感，而杜先生无疑是他最放心不下的亲人。一位护士进来给他打针，林先生忽然问她：“妈妈怎么样了？”护士没听清：“您说什么？”他意识到这不是林还，又改口问：“我爱人怎么样了？”我赶紧告诉他杜先生一切都很好，请他放心，好好治病。当时只是为了安慰他，我想他是听清了的，但愿也相信了我的话。今天可以告慰林先生的是，杜先生在他走后至今一个多月的时间里，一直表现得非常坚强，身心两方面的健康都没有受到显著的影响，而这正是林先生最后的愿望。家里人本来都觉得林先生的病逝与这次开会太累了有关系，后悔没有劝说他待在家里，但是杜先生深明大义，总是反反复复地说：“这是国际会议，各国的人都来，他必须得参加。”“这也算是倒在工作岗位上了吧。”失去了林先生这个依靠，杜先生自己站得住，站得稳，林先生天上有知，确实是可以放心了。

林先生去世以后我才认识到，作为他的家人之一，我对林先生的了解并不全面。通过同事、同行及学生们的悼念和回忆，我们才真正认识了作为教授和学者的林先生，从而也更加理解了为什么年逾八十的林先生仍然会保持着一颗年轻的心。尤其触动我的是林先生的学生们，他们有的已经是鬓发斑白的老人，有的是年富力强的骨干，有的还是风华正茂的青年，不论学术上有无成就、成就如何，他们在林先生逝世前后所表现出来的对老师无比深厚的感情，让我不能不感叹：林先生几十年花在学生们身上的心血，真没有白费！再往大里想，林先生这一辈子，什么都经过，什么都见过，什么都吃过，而他永远是那么兴致勃勃，热爱生活，享受生活，从任何意义上说，这八十五年都活得好、活得值，没有白过。

由于移居国外，我们这十几年来对岳父岳母疏于关心和照顾，连年年回国探亲都没能做到，自己应负的责任都由林明和晓路夫妇承担了。用林先生在病床上的话说，今年像是“冥冥之中的安排”，让我们两次改变计划，恰恰在10月份回国，并且没有按原来打算的那样去南方旅游，因而赶上了为林先生送终，总算是没有留下更大的遗憾。

在这突然天人永隔之后的一个多月里，我时时希望、甚至时时感到这只不过是一场梦，一旦醒来，就会看到林先生满面笑容地出现在门口，像他每次出门后回家时那样，兴高采烈地说：“又活着回来了！”

想起了庄周梦蝶的典故，到底哪个是现实，哪个是梦境，又有谁能说得清呢！无论如何，对于我们来说，林先生是活着的，就活在亲人和朋友们中间，活在学生和同事们的心里。

2006年12月10日

怀念林伯伯

李宗伦

听到林伯伯故去的噩耗,是我在莫斯科家中深夜接到的电话,我感到非常突然。在悲伤之余,又了解到他是在筹划和参加了一次重要的国际学术会议后匆匆离开我们的,他完成了自己最后的心愿,为自己的人生画了一个圆满的句号,含着满意的微笑驾鹤西去,于是又感到了一丝的安慰。林伯伯是著名的学者、教授,在学术上有丰厚的成就,然而我所接触的林伯伯却完全是另外一个侧面。

我们家和林伯伯家在中关园时是邻居,我的父母与林伯伯、杜阿姨都是老燕大的,又是多年的好友。在蔚秀园时就同住一院,搬到中关园又是邻居,我们家是65号,他们家是66号,两家的孩子从小在一起玩耍、长大,每当暑假时,表哥表弟也加入我们的队伍。当时林明是我们几个孩子的头儿,我们一块玩儿“狮子大王过生日”、“开电车”、“官兵捉贼”等游戏,特别是暑假期间我们几乎是天天都在林伯伯家,有时我们从前门率领队伍呼啸而进,又从后门穿堂而出,有时在他家的葡萄架下向“狮子大王”进贡,有时在林明的屋里摆上一排椅子玩儿“开电车”的游戏,随便得就像在自己家一样,可是林伯伯、杜阿姨从来没有烦过我们,总是笑眯眯的。偶尔林伯伯也会观看我们的游戏并向我们发问,在认真地听到了我们的回答之后总是爆发出一阵爽朗而响亮的笑声，这笑声让我至今难忘。特别是那一年“二十六届世界乒乓球锦标赛”在北京举行，我就像长在林伯伯家一样，每天搬着个小板凳围坐在他家的黑白电视机旁观看比赛，像我这样的观众有一二十个，把林伯伯家的客厅塞得满满当当，而林伯伯自己却坐在又后又偏的地方。在我的儿童时代，经常听到一墙之隔的林伯伯家传来他和杜阿姨唱戏的声音，琴瑟相和、夫唱妇随，至今回忆起来还是那么亲切。那时，林伯伯家似乎是我可以随意出入的地方，一切都是那么熟悉——门前的葡萄架，客厅里的一个瓷制的老式饮水机，后门的小煤屋，还有矮墩墩的胖李妈，至今想起来还如同昨日。

后来我渐渐长大了，插队、参军、进入文艺界、出国，每一个阶段一旦回北京我都会去看望林伯伯、杜阿姨。虽然经过“文化大革命”的劫难，但他们依然是那样乐观、健谈，林伯伯的笑声依然是那么响亮而爽朗。有一次我要为我的学生讲表演课，其中涉及中国的方言，我想林伯伯是这方面的大师，所以特别请教于他，林伯伯不但给我讲了很多这方面的知识，而且帮我借了《中国方言志》等几本书，使我受益匪浅。出国后，我在莫斯科创建了“莫斯科中俄文化交流中心”，每次回国我都要和林伯伯谈我在国外的见闻和感受，林伯伯、杜阿姨特别喜欢听我“神侃”，不时地插话并在精彩处爆发出他那特有的笑声。他曾向我郑重地建议，在莫斯科成立汉语中心，将中国语言文化传播到俄罗斯，并说如果有需要他会尽力帮忙。我们中心下属的“老北京”大酒店有四间包房，分别是“燕东园”、“中关园”、“朗润园”、“蔚秀园”，这都是我出生和少年时代住过和经常玩耍的地方。为了给每间包房设计一副对联，我又一次请教林伯伯，他非常重视，在工作繁忙之余为我找到了北大的《百年百联》一书，并亲自编写了一二十副对联让我参考，使我非常感动。

在我的心目中，林伯伯是一位忠厚的长者，我觉得和林伯伯在一起谈话是一种享受，他总是那么认真地听你讲话，看着你的眼睛，说到兴奋之处会跟你共同分享生活中的喜悦，他那乐观、豁达的性格，严谨的治学精神，潇洒的人生态度，在我和他有限的接触中潜移默化地影响着我们。我们这一辈人经历了不少巨大的社会变革、人生的坎坷，有时也常常感到迷茫，找不到方向，但是我总能够从林伯伯及他所代表的老一代知识分子的身上，包括我的父母及我儿时接触到的老燕大、老北大的许多学者、教授身上悟到一些人生的哲理，年龄越大，越感到向他们学习的东西越多，这似乎是说不清、道不明的一种感觉。我非常庆幸我生长在北大这样一个环境中，我非常庆幸我们家的邻居是这样一位好伯伯，是他们使我们摒弃社会上的虚浮、浅薄和功利。林伯伯所代表的一代人所具有的率真坦诚、真才实学、淡泊名利的人生哲学是留给我们的最宝贵的遗产，林伯伯那响亮而爽朗的笑声永远回荡在我们的耳际。

两代人的友谊

——林伯伯家和我家

李　建

我每次回到北大，无论小时候从兵团回来，还是长大后从美国回来，到燕南园去看林伯伯杜阿姨从来都不用写在我的日程表上，因为对我来说就像回家看我爸爸妈妈那样自然亲切，那样天经地义。去年10月中，离京回美的前一天中午，忽然还想再去看看林伯伯，谁知林伯伯昏睡在沙发上，已经没有力气和我说话了。我的心"咯噔"一下，没有来得及多想，就和家人一起搀扶林伯伯上了救护车。虽然心里有一种不祥的预感，但仍祝愿林伯伯像以前一样从医院康复回家。可是，林伯伯在救护车窗口向我挥手的镜头竟成了永恒的定格。

林焘伯伯、杜荣阿姨与我爸爸李欧、妈妈王平是燕京大学读书时的同学。林伯伯、杜阿姨是中文、英文系的，我父母学的是数学、生物专业。那时燕京大学学生很少，文理科之间大家都认识。从1938年上学至今他们已有近七十年的友谊。两个家庭的来往更是从友情到亲情，他们一辈人除了读书教书外，经历了战争动乱，政治运动。我们子女一代经历了上山下乡，出国学习。林林总总、大大小小经历了多少事，走过了多少人生的风风雨雨，而两家人的友谊持续不断，随着历史增进增深。

1945年抗战胜利后燕京大学复校，林家和我家住在北大蔚秀园紧邻。同龄的林明和我姐姐李宗仪就在那里一同玩耍，一同上幼儿园。我妈妈回忆时常说起，林家女儿林还满月了，抱出来晒太阳，穿的是我姐姐的一件小花袄。后来我家搬到了燕东园，我哥哥李宗伦出生在那里。1952年大学院系调整，燕京大学取消了。林伯伯、杜阿姨和我妈妈留在了北大燕园，我爸爸调到清华大学。新整合的北京大学为年轻的教师们盖了中关园。据说当时的北大校长马寅初对大家说，委屈大家先在这个临时简易房屋住几年，待国家渡过建国初期的困难，会给大家好房子住的。林家和李家一商量，大家又搬到了一起，我家65号，林家66号，又做了邻居。历史的发展让马寅初无法兑现他的许诺，中关园的简易平房，共二百八十二家的房屋存在了近四十年。可也得感谢马寅初先生盖了中关园，我和我的小伙伴们，我们的兄弟姐妹们，中国一代知识分子的后代，在北大中关园出生，成长，度过了我们难忘的童年和少年时代。

美丽的中关园春天桃花争妍、柳絮纷飞，夏日柳枝飘逸、蝉声阵阵，给我们的童年带来了无限的欢乐。更特殊的是，那里名人荟萃，宽松自由，无论父辈们在没完没了的政治运动中承受多少压力、屈辱，他们都以知识分子的良心，以特有的方式，小心地保护、关心、教育着我们。1966年以前的中关园好像远离尘世，没有势利，没有等级，没有歧视，林伯伯、杜阿姨就是这样呵护着我们，使我们在心理上、生理上快乐健康的成长。日子在平静、动乱、悲欢离合中过着，待我们自己为人父母了，并也成了“知识分子”了，蓦然一回首，方知父辈们是如此的不容易，方知我们是多么的幸运。中关园特有的氛围，集中了中国一代知识分子的精华，父辈们不是用语言，而是以他们的素养及人格的魅力，潜移默化地给了我们知识，赋予了我们气质，让我们终生享用不尽。

中关园65号、66号两家紧邻，共用一道篱笆墙。两家小院之间没有隔断，我家葡萄架就在两家之间。林伯伯家的院里有两棵花朵硕大的、紫红色的月季花，和我家篱笆上的五姐妹蔷薇花春夏相映开放，汇入了中关园里争艳的百花。林伯伯、杜阿姨喜欢唱京剧和昆曲，林伯伯唱小生、杜阿姨唱青衣，我爸爸则拉得一手好京胡，从大学时代他们就在一起你拉我唱。五六十年代，中关园里林伯伯家经常有京剧票友们聚会，传出悠扬的唱戏声。林伯伯、杜阿姨和我爸爸配合默契，他们听戏、看戏、评戏，享受着教书以外的快乐人生。我姐姐听说林伯伯、杜阿姨直至年老每天下午五点钟还要唱一会儿戏，去年3月回国时专门在那时去了林伯伯家。二位老人非常高兴。林伯伯在杜阿姨唱完后，还拉着二胡让我姐姐试着唱了一段《贵妃醉酒》里的"海岛冰轮"。那正是我爸爸给杜阿姨拉的最后一段唱腔。尽管林伯伯说她唱的是"洋嗓子"，但还是鼓励说有点戏味儿，并留了作业，约好她下次回去一起唱。

中关园65号、66号后面是一片小操场，五十年代中关园初盖时，那里是电话亭和儿童游戏场，有滑梯、秋千、转椅。后来冬天盖了大白菜窖，修了水泥的乒乓球台；再后来就把中关园合作社从北边挪了过来，盖了中关园商店。人口膨胀了，生存总是要先于娱乐，后来者就没地方玩儿了。林明、林还，与我姐姐哥哥宗仪、宗伦、表哥王庚年龄相仿，生正逢时，课余饭后、寒假暑假，只要有空，就在游戏场、空菜窖里出来进去，玩儿得不亦乐乎。两家大人和大人玩儿，孩子和孩子玩儿，我家的长毛猫"小黄儿"则和林家的短毛黄白花猫整天在一起，可惜从没有生过小猫。林明后来告诉我，那是因为两只都是公猫。

两家孩子的趣事因为常常被大人挂在嘴边而流传了下来。林明小时候自封“狮子大王”,林还、宗仪、宗伦和我表哥王庚一伙顽童都要给他上供。我出生时,两家已各有一儿一女。由于与两家的哥哥姐姐年龄的差距,我从小就喜欢和大人玩儿,在两家跑来跑去。童年的我时常溜入林家,林伯伯正在专心地备课或批改学生作业,就把我抱在膝上。我安静地坐在林伯伯的腿上看着他工作。无论多少年后,只要林伯伯、杜阿姨见到我,他们总要提到这些往事。可惜的是我那时太小,看不懂林伯伯在做什么,不然的话,我大概要在文学和语音学上颇有些造诣了。

1965年,林伯伯的肺病复发大出血不止,任何止血药都无法中止一次比一次更厉害的咯血。而咯血不止住,就不能实施肺部开刀手术。我爸爸妈妈听说时已是深夜,已经没有了公共汽车,爸爸连夜骑车带着我妈妈一个多小时赶到城里去请我的外公,老中医王易门先生。杜阿姨后来告诉我,那时交通不便,出租车也不好找,我外公一大早坐清晨第一班公共汽车赶到北医三院。当时医院已实行中西医结合,医生在第一时间让林伯伯服用了中药。结果药吃下去不久咯血就真的止住了,医生说这服药的力量“真像止血钳一样”。林伯伯总说我外公是他的救命恩人,因为早在1950年初,我妈妈就曾请我外公为林伯伯诊脉、治疗过。那时林伯伯的肺结核久治不愈,当时体虚到只能扶拐杖行走,连林伯伯从小养的大狗都伏在门廊上彻夜悲号。医院说已经无能为力,回家疗养,听天由命了。林伯伯服用我外公开的中药后病情大有好转,再去医院照透视,医生惊奇地发现他肺结核的活动点已经全部钙化了。

我好像仍然依稀记得1965年那一次,我曾坐在自行车后面和爸爸妈妈去医院看望林伯伯,我很害怕地在三院的病房外,从门缝中看到林伯伯盖着白被单躺在那里。妈妈后来说，那白被单上有很多咯出的鲜血，吓人极了。系里的领导在病房外已经准备要出事了。福人命大的林伯伯的肺病却奇迹般地康复了，又恢复了他那特有的笑声。林伯伯是个与时俱进的人，早在60年代初家里就买了电视，是那种黑白的、大方盒子的苏式电视。我们那时每年五一、十一都聚在林伯伯家看电视里的游行转播，林伯伯爽朗感人的笑声，加上我爸爸诙谐的玩笑总是感染着周围的每一个人，让我们快乐无比。

在中关园的欢快、和谐日子之下，其实翻腾着我们少年所不知的、被大人们刻意掩盖着的波澜。随着一波又一波的运动，中关园的命运在1966年终于彻底地改变了。中关园65号、66号和其他住户的大人们大多成了革命的对象，有的被冠名以“反动学术权威”，有的被称谓以“牛鬼蛇神”。林伯伯家搬走了，我家也被隔成了两家。大人们之间互相不再敢往来，以免没事惹事，相互牵连。孩子们也都上山下乡，各奔了东西。那个动乱的年月把人们历史上的事都提溜出来，任意地给予各种各样的、各取所需的、甚至投“革命”所好的解释。在今日不知明日谁会被“打倒”的日子里，大家见面都躲着不打招呼，谁还能相信谁呢。可我记得搬到了校园内燕南园的林伯伯、杜阿姨有一天突然来到了校园外中关园我家，爸爸妈妈腾出了卧室，林伯伯、杜阿姨绝无仅有地在我家住了一晚。后来妈妈只是轻轻地说他们来避一避，怕出什么事。经历过那个动乱年月的人都知道，林、李两家这样做相互之间需要多大的信任和勇气。善良的林伯伯、杜阿姨和我的爸爸、妈妈，他们不懂这些政治斗争，他们也不可能理解究竟发生了什么事情。但他们之间无私的友情和信任，相互支撑着度过了那些艰难的日子，让我现在想起来都为之动容。

林伯伯、杜阿姨和我爸爸、妈妈后来都去江西鲤鱼洲北大清华的干校。林还和我哥哥去了山西同一个村插队。林明在宁夏建设兵团，我姐姐从北医毕业也分到了宁夏当医生。那时家家户户四分五裂，中国那么多的地方，我们两家人却集中在三个省份，相互都有个照应，不能说不是缘分吧。我去兵团前，专门去向林伯伯、杜阿姨告别。几年不见的林伯伯已添白发，乐观豁达的林伯伯还说老天让他的白发只长在后面，前额的头发“门脸儿”还都是黑的。林伯伯拿出一个精美的相册送给我，相册的封面是芭蕾舞剧白毛女“太阳出来了”的欢快场面。我已经不记得林伯伯、杜阿姨当时嘱咐了我什么，只记得他们问我爸爸妈妈是否都还好。也不记得几天后都有谁到北京火车站去送别我，只听说因为都去送我，使林还和王庚在长大以后有了见面的机会，最终结为姻缘，两家成了亲戚。

长大以后的日子过得飞快，我和我的同龄人一样忙忙碌碌。回北京，上工厂，考大学，结婚生子，出国留学。每一次生活里发生变更之后都会去看看林伯伯、杜阿姨。听听他们关心的询问，与他们聊聊家常成了常规。1991 年 11 月，我爸爸因急性心肌梗塞突然去世。我在美国听到消息一下蒙了，办签证、买飞机票，和姐姐一同赶回北京。到京后怕加重妈妈的悲伤，又要准备追悼会，忙碌，紧张，忍耐，哭都哭不出来。爸爸追悼会那天气温骤降，雪花飘飞，来了许多领导，亲朋好友，都要一一握手接待。当我一见到林伯伯、杜阿姨走了进来，不知道是为什么，压抑了数天的泪水顿时喷涌而出，靠在他们肩上痛哭得不能自制。可能是我从小就在林伯伯、杜阿姨那里无拘无束，林伯伯、杜阿姨看着我长大，像最亲的亲人一样关心着我。看到林伯伯，就像又见到了我爸爸。至今每每想起我爸爸，常会浮现出他和林伯伯一起谈笑风生的画面。如今林伯伯也去了。

最近几年，追随着父辈的脚步，我也当了教授，有了常回北大的机会。每次到了北大，总要到林伯伯家吃顿饭，聊聊天。我每次都是快吃饭的时候才到，就和他们一起有什么吃什么，边吃边聊，像回自己家里吃饭一样。几十年过去了，林伯伯家里还是用着那张抱着我备课的书桌，墙上还是挂着那几幅字和一个小小的树干横切面，上面画着一个古代小人儿。还是用着我小时候一直琢磨不透的一条木片挡住抽屉的柜子，楼上还有那张我小时候每次去林伯伯家必坐的藤芯木摇椅。我太熟悉这里的一切了。比起那些豪华装修的房子，这里就显得过于简朴。可是那些无处不在的书，和渗透着知识和智慧的语言，让人觉得是那么富有。林伯伯还是每日忙来忙去，与学生讨论文章，筹备世界汉语大会。还是那样亲切和蔼，那样谈笑风生，和林伯伯、杜阿姨聊天对我来说真是一种莫大的享受。最近一次回北京，林伯伯打电话来叫我去清华园附近的一个素菜馆一起吃晚饭。林伯伯、杜阿姨、林明、晓路、林还、王庚，全家人除了孙辈都到齐了再加上我。和林伯伯家有几十年交情了，我还是第一次和林家全家一起吃饭，感觉真成了两家的老三了。谁想到这第一次竟成了和林伯伯一起吃的最后一顿饭。

如今走进北大，走在未名湖畔，望着博雅塔、石舫、岛亭，德、才、均、备斋，都还在。可是这里没有了林伯伯，没有了许多我熟悉的、我敬重的伯伯、阿姨们。他们有些是我家的邻居，有些是我父母的同学、同事、朋友，有些是我的儿时伙伴们的爸爸妈妈。我恍惚觉得我走在未名湖畔的小路上仍然可能随时碰上他们，和他们打个招呼。他们是那样的一批才华横溢、温文儒雅的学者。他们的人生本来可以做更多的事，却因为无法掌握的命运，带着他们的才华和遗憾走入了历史。走在未名湖畔，我思念着林伯伯、杜阿姨和我的爸爸、妈妈。他们十八岁就来到这里，读书、教书，走过了近七十年。回忆着我们两家几十年的友谊，我想对林伯伯说，我会像以前一样回北京就去看杜阿姨，我会照顾好我妈妈。我会去万安公墓看望你和我爸爸。我会像你们那样"做人，做事，做学问"。我知道，父辈们"清清白白做人，认认真真教书"，不追功利，不求富贵，给我们这一代留下的是无尽的精神财富，影响着我们的一生。

我心目中的爷爷

林　聪

从我知道事儿开始，爷爷就已经年过花甲了，以至于我长期以来总是觉得，爷爷没年轻过，然而也不会变老。二十二年以来，我长大了；他和燕南园 52 号一样，永远总是老样子。我曾经认为一切就会和春夏秋冬一样这么循环下去不会有任何改变。哪怕在爷爷去世前的两三天，我也仍然坚信，所有意外充其量只是虚惊一场。爷爷之前生过几回大病，曾经几次和阎王爷谋面。不过这都是听家里人说的，都是发生在几十年前或者是我不懂事的时候。我从来无法真正把疾病同眼前这个精力充沛思维敏捷的爷爷联系起来。甚至这一回，因为不在国内，我也只是听家里人叙述事情的始末，没有任何亲身感受。我始终没有看到爷爷在病床上的样子，也许他在我心里注定永远不会变老。

现在一想起爷爷，满眼全是往事的片段。想起每回单独和爷爷奶奶吃晚饭的时候，我的嘴更多的是在说话而不是在嚼东西，因此每回都是在爷爷奶奶慈祥的目光和笑声中，最后吃完。吃完饭后的项目，就是看凤凰卫视的节目。他们坐在自己固定的沙发上，边看电视边时不时说两句话，直到九点半关电视上楼睡觉，临上楼前还嘱咐我别忘了关灯锁门……，这些当时稀松平常天天发生的事情现在想起来竟然尤其值得怀念。

除了这些平时的生活，我也很喜欢和爷爷祖孙俩单独相处的感觉。无论是开车陪爷爷去家乐福买东西，去中关村图书大厦找书，还是给他介绍新的软件新的科技。看到爷爷能在有生之年体会更多，我总觉得是一种无尽的欣慰。爷爷喜欢电脑，我觉得他可能经常叹息自己年迈，学了东西就忘，但是他永远有着一颗好奇的心。他每天用笔记本打文章，每天上网收发邮件。几乎每次去爷爷家，他都说到“我有电脑的问题问你”。我有时候觉得他对这台机器的好奇、求知欲以及认真程度，甚至超过了我这个学计算机的年轻人。每次他学了一种新的操作，总是反复练习，直到熟练为止。我还清清楚楚地记得最后一次我是教他刻录光盘，那是在去年夏天的时候，我当时还特意找了一张可擦写的CD供他反复练习。后来他不在了，我收拾他的书桌，看到了这张练习用的刻了半张的CD，想想一切都已经成为往事。

还记得小时候读《三国》《水浒》，经常在爷爷家神侃，不知疲倦。爷爷总是微笑面对，作出极为恰当的回应。我们说着说着经常跑题，有时候他还提到抗战时期去内地求学，曾经走过蜀道，经过马超墓和街亭的事。爷爷过去的故事总是那么吸引人，从说自己到说国家和政治，他总是半开玩笑的样子，让人觉得充满乐趣。细细想起来，一切他经历的历史，在我脑子里现在都是被一连串的“笑话”串联起来的，现在随便就能想起不少。爷爷这样形容鲤鱼洲：很怀念每天清晨起来放牛，觉得日出特别特别好看；对于“文革”时被人“供出”拿黄色炸药炸未名湖水塔的事，他总是笑着说这么可笑的事竟然当时也被当真；关于“牛棚”生活的故事，是听人滑稽的背错语录……，爷爷说中国这几百年来最乱的日子都让他们给赶上了,但是这个时代在他口中却变得异常精彩。我不知道是他不愿意再回忆那些辛酸的历史,还是不想让我们晚辈听了难过。我想更多的是因为,他知道什么精神应该被继承下去,丑陋的东西是无益的。爷爷没有说过任何人的坏话,甚至从不去戳穿揭发别人。他曾经跟我说过:这些事情,知道就知道了,说出来对别人不好,也没有意义。这么一个简单的道理,就足够许多人学一辈子了。

大家都说爷爷年轻时候身体很弱,爷爷自己说大学时体重不到一百斤,最尴尬的事是扔铅球,因为永远是最后一名。无论什么版本,都和我认识的爷爷相去甚远。爷爷好像拥有一切好的生活习惯。他清晨打拳,白天看书,傍晚唱戏。爷爷的打拳,那是不分四季,但是永远固定时间的。即便是在冬天的清晨,我摸着黑儿睡眼蒙眬的去上学的时候,他也早就在一楼阳台上练起拳来了。每天晚饭前,他都和奶奶一起,一人拉胡一人唱戏。爷爷的嗓子虽然不如奶奶那么高亢嘹亮,但是其中的味道是我永生难忘的。在傍晚昏暗的屋子里,爷爷面对着不太明亮的窗外,两手轻扶着书桌低声吟唱,声音里略微带点嘶哑。那一种姿态和表情,让我好像真实地看见经历了一辈子风风雨雨的爷爷的样子。真后悔当时没能细细体味。

这些本来更像是多少人梦寐以求的晚年恬淡的生活。然而那个工作中的爷爷,我不太熟悉的那个爷爷,却受着更多人的敬重。直到他去世之后,我才慢慢明白,他对自己的事业真正有多大贡献,他给过多少人帮助。有时候我想不明白,一个人怎么能有这么大的能量,怎么能在生活和工作上都这么圆满?何况是一个八十多岁的人?

突然想起来，爷爷前些年曾经说过，打算在八十岁后基本告别工作，干一些自己的事。我当时想，这还用计划么？八十多岁的身体，不告别也得告别啊。然而后来证明，他的担心是对的，他确实没告别成他的工作，而是最后让工作告别了他。但是他所谓想做的自己的事又是什么呢？难道他对自己的爱好做得还不够多么？

爷爷确实带走太多太多的问题。他自己的故事，他心里深藏着的别人的故事，当然还有学识，在他走之后很多都无从考证。虽然每个人都会有自己独享的一些事情，但是他的好像是一般人的好几倍。我们都曾经觉得他是一本永远丢不了的大辞典，里面的东西随时都可以查，所以也不用记。这回辞典真没了，才知道失去的有多么多。

很多话没来得及跟爷爷说，很多东西没来得及跟爷爷学，现在知道没有机会了，才意识到过去错过了多少。他是我们太多太多的榜样了，无论是生活、人格还是学问上的，我甚至还没能来得及总结这个榜样究竟有多大。一下子，所有熟悉的感觉就全变成了回忆，哪怕仅仅是他在阳台上招手的那一个动作，像往常一样和大家说再见。

2007年1月24日

于英国　巴斯

唁电、挽联、挽诗选

北京大学中文系：

惊悉我国著名语言学家、北京大学中文系教授林焘先生不幸逝世的消息，十分悲痛！林焘先生的不幸逝世是语言学界的一大损失。谨表达我们的哀悼之情及向林焘先生家属转达我们的慰问之意，并望节哀。

特致

慰问

教育部语信司

2006 年 10 月 30 日

北京大学中文系：

才风闻林焘先生作古，又惊悉徐通锵教授辞世，两名知名教授、著名语言学家接连逝世，是北大中文系同仁重大损失，更是语言学界的巨大损失。作为两位先生的老同事、老校友，倍感痛心。人生苦短，上天如此安排，奈何！寄语两先生家属和同仁，保重身体，健康长寿。

青岛大学　黄伯荣

2006 年 12 月 8 日

敬挽林焘先生

冰清玉洁哲人已逝,

高山仰止风范永存。

南开大学文学院

南开大学汉语言文化学院

石　锋

北京大学中文系:

惊悉我国著名语言学家林焘先生仙逝,万分悲痛!我们对林焘先生的不幸逝世表示沉痛哀悼!

林焘先生一直关心我校应用语言学学科的建设与发展,给予了大力支持和热情指导,对此我们铭记在心。林焘先生的学者风范将永留人间。

谨向林焘先生的亲属表示慰问,望他们节哀保重!

林焘先生千古!

中国传媒大学播音主持艺术学院

2006年11月3日

北京大学中文系:

惊悉林焘先生辞世,我们全院师生不胜悲痛。林焘先生是我国著名语言学家。先生学问渊博,为人忠厚,处世仙风道骨,学界敬仰。

我们将永远学习先生的著作,先生将永远活在我们心中!

特向林先生家属,向北京大学中文系表示慰问。

林先生千古！

山东大学文学与新闻传播学院

山东大学文学与新闻传播学院汉语言文字学研究所

2006年10月31日

北京大学林焘先生治丧委员会：

惊悉林焘先生溘然长逝，不胜哀痛。

先生一生淡泊名利、专注学术、治学谨严、诲人不倦，学术研究硕果累累，职业生涯桃李芬芳。先生受命筹建主持北大中文系语音实验室，更是开辟了融人文科学、自然科学于汉语实验语音学研究一体之先河。先生驾鹤西去，从此中国语言学界痛失一位令人敬仰的导师，学界同仁莫不悲痛万分。

谨以学会全体同仁及学会顾问吕士楠先生个人名义，向先生致哀！望先生亲属节哀保重为盼！

中国声学学会语言听觉音乐声学分会

2006年10月30日

北京大学中文系：

惊悉林焘先生辞世，深为沉痛。

望各位同志和林先生的亲属节哀保重。

中国音乐学院嗓音研究室

黄平　黄强

北京大学中文系：

惊悉林焘先生不幸病逝，不胜悲痛。林焘先生的去逝，是我国语言学界的重大损失。谨向贵系表达我们的哀悼和怀念之情，并请转致对林先生家属的慰问。

西南大学汉语言文献研究所

2006 年 11 月 10 日

林师母：

惊悉林焘先生溘逝，不胜哀悼，谨向您和师兄师姐致以亲切的慰问，请节哀顺变，多加保重。

半个月前（10 月 15 日）我们荣幸地请到林先生莅临我级（1956 级）入学五十周年的聚会，林先生接受我们的鲜花，并发表了热情洋溢的讲话，他还说只要身体条件允许，五年后当我们举行毕业五十周年纪念时，他会再来参加，我们报以热烈的掌声。

万万没有想到，仅仅半个月之后，林先生竟驾鹤仙去，永远离开了我们，这更增加了我们的悲痛。林先生当年为我们讲授现代汉语，他的渊博学识和精湛教学艺术，使我们受益匪浅，留下深刻难忘的印象。

五十年来，林先生一直和我年级保持联系，关心我年级同学的工作和治学，他的亲切慈祥的形象永远留存在我们心中。匆匆撰就挽联一副，请置放于先生灵前：

曾经授业培育，高谊一天云，化雨春风惠及众学子；

方临联谊聚会，相期五载后，耳提面命再叙师生情。

北大中文系 1956 级全体学生　敬挽

学界内外垂范师表

戏台上下潇洒人生

王平率子女李宗仪、李宗伦、李建　敬挽

惊闻林焘先生仙逝，我们不胜悲痛。林先生多年来对兆明的教诲、鼓励和支持，我们将永远铭感在心。林先生澹泊宁静、正直达观、严于律己、宽以待人等高尚品格，更是爱国知识分子的好榜样，我们永远怀念他。

恳请转告杜先生和林明、林还全家，望节哀顺变，多多珍重。

施旭东　潘兆明

北京大学中文系林焘先生治丧办公室：

惊悉林焘师不幸病逝，不胜哀痛。念及先生教诲，师恩永世难忘。谨致悼念并向先生亲属致以亲切慰问。

学生　喻遂生

2006年11月10日

林焘师千古

桃李满天下

文章传四海

您永远活在我们心中

学生　何乐士　刘月华　敬唁

北京大学中文系林焘先生治丧办公室：

林焘先生是我敬仰的前辈语言学家。对他老人家的逝世，深感悲痛。

宁继福　11月3日

惊悉林焘先生辞世，不胜悲痛。身体欠佳，不能恭往悼念，谨望家属节哀。

老学生　陈振寰

北京大学中文系：

惊悉林焘先生仙逝，万分悲痛！

林焘先生是我在北京大学读本科和进修时最敬爱的老师，是我十分敬爱的研究生导师。林先生的学术教导和忠厚为人，使我永远受益，终生不忘。

林焘先生千古！

北京大学中文系毕业生，瑞典隆德人民大学教师　冯隆

2006年10月29日

惊闻林焘先生仙逝，不胜哀痛。谨此拜挽

论音四部留香久

清曲一支遗韵长

林焘先生千古！

勋宁泣上

2006年11月10日

北京大学中文系温老师及其他先生、朋友：

在天津中国语文现代化学会年会上，惊闻林先生走了的消息，十分悲痛！

学生回忆起与林先生的交往，先生的音容笑貌历历在目，先生的教诲，如在眼前，心情更加沉重！没想到〇六年初对先生的采访竟成了与先生的永别！

语言学界将永远铭记林老先生的贡献，语文教育界将永记林老先生的贡献！

林老师千古！

学生　中国语文现代化学会会刊《现代语文》常务副主编　桑哲

沉痛悼念林焘先生：

您语音与语法研究相结合的思想，永放光芒！

北京语言大学　陈卫恒

北大中文系：

林焘先生在全国语音学术会议上的言谈，他对中国语音学界的祝福和期许依然在耳，却惊闻林老病逝，不胜哀悼之至。

林老在上个世纪七十年代末，率先在北大开设实验语音学，实为中国语音学教育的创举。林老的逝世是中国语言学界的一大损失。

仅向林老亲人致以诚挚的问候！

中国刑事警察学院　刑事科学技术系　崔景旭

沉痛悼念林焘先生。我们一定继承先生的遗志，将我国的语音学事业不断推向前进。林焘先生千古！

广东省公安厅刑事技术中心　王英利　敬挽

杜荣好友：

今收到讣告，惊悉林焘学长不幸逝世的消息，不胜悲痛！在此谨表达我们的哀悼之情，望你节哀保重。

方圻　张福萱

2006 年 11 月 3 日

杜荣先生、林明同志及各位家属：

惊悉林焘先生辞世，深为沉痛。望各位同志节哀保重，是所至盼。

韩荣宇

沉痛悼念我们尊敬的老师林焘先生！林焘先生千古！

请中文系代我们献上一个花圈。

赵燕皎　张起望（北大对外汉语教育学院）

浮生散忆

林焘

去年冬雪之日，鲁国尧兄来舍下，邀我写一些回忆录性质的文字。我一生平凡，虽厕身学林，实乏善可述。但我是在波涛汹涌的二十世纪从童年步入老年的，在极不平凡的年代一个平凡人的一生也自会有其不平凡处，而且可能是其他时代不可能具有的，如实记录下来，对了解从旧社会走过来的一代知识分子的特殊遭遇和思想历程，或许会有一些帮助，于是搜索记忆，信笔写出，得两万余字，聊以应国尧兄之约。

2005年8月溽暑中记

一 幸福童年

1921年我出生在一个所谓书香门第的家庭，曾祖父和祖父都是前清的翰林，曾祖父林天龄曾经是同治皇帝的老师，后来据说是因为和李鸿章政见不和，被外放到江苏任学政，死在苏州任上。祖父林开暮曾任江西、河南等地学政，辛亥革命前辞官暂居上海。父亲林是镇早年留日学建筑，回国后和我伯父都在北京找到工作，祖父就把家搬到北京，从此这个从福建出来的家庭就在北京定居了下来。父亲一直从事北京市的道路建设和古建筑修缮工作，直到五十年代中才退休。祖父在世的时候，一家三四十口人组成一个大家庭，友爱和睦，从来没有争吵或怄气。抗日战争前夕祖父病故，抗战后大家各奔东西，这个大家庭就被拆散了，那时我已十六岁，在这个和睦的大家庭里无忧无虑地生活了十六年，给我留下许多童年美好的回忆。

我可能是不到四岁就开始识字的。1925 年我曾随母亲到上海外祖父家住了半年，至今还依稀记得在外祖父家每天早晨母亲都要我认几个“字块儿”，然后才能出去玩儿。那时管识字叫“认字块儿”，一张方方的纸片上写上一个汉字就是一个字块儿，认的字块儿多就是识字多。认字块儿是十分枯燥的事，尤其是学会分辨“人入”“未末”“己已”“天夫”这些字形极为相似的字，更是十分困难，但是对启发儿童智力，提高儿童分辨事物的能力是有一些帮助的。到我的弟妹们认字时，字块儿背面都印上了有关的图画，“山”字背面画座山，“人”字背面画个人，像“之”“而”这些虚字没法画，就仍空白着。有的字块儿还印上注音字母告诉孩子这字该怎么读，这样识字的速度可能会快一些，但有了依赖，启发智力的作用可能也就减弱了。我已完全不记得何时开始拿起毛笔学写字的了，只记得在会写一些字以后，每年正月初一早晨必须做的一件事就是在一张红纸条上用新毛笔端端正正写上“元旦开笔，大吉大利”八个字，贴在墙上去年写的那张的旁边，由大人评比有多少进步，然后才能参加其他新年活动。一直到我十五六岁，元旦写红纸条仍是过年必须做的一件事。

1926年春天我四岁半时就入家塾读书了。至今我保存着入家塾时用的铜墨盒，上面镌刻着《正气歌》，字很小，相当秀丽，两旁是“丙寅春日”“左田发蒙纪念”两行字（“左田”是我入私塾时祖父给我起的号）。塾师是一位张老夫子，对他的印象已经有些模糊，大约有四十多岁，身材比较魁梧，表情相当严肃，说话有些南方口音。桌上总放着一把戒尺，我知道是打学生用的，看见它就有些发怵，可是好像我从来没有受过它的照顾。我每天只上半天学，写写红模子，背背书，半天就过去了。开始是学《三字经》和《千字文》，大约学了不到一年，还没有学完，就开始背《大学》和《中庸》了，每天背两三句，一点儿也不懂，老师可能开讲过，可是也许讲得太深奥了，我完全没听懂，因此没能留下一点儿印象，于是就只能死背。学了一年以后，开始学对对子，第一次老师出了个“红花”让我对，可是根本就没讲对对子是怎么回事，这一下可苦了我，哥哥们小声对我说：“到院子里去找”，我去找了半天，仍然是糊里糊涂的，最后还是老师告诉我应该对“绿叶”，并且给我讲了这样对的道理，这才略有所悟。老师教我分辨平上去入四声，我也学会了顺口溜似地说出“东董动独”“妈马骂末”，并且知道最后一个是入声，要读得短一些，至于哪些字应该读入声，实际上是糊里糊涂的。以后老师出对子，我也能勉强对得出来。有一天，父亲对母亲说老师夸我聪明，像个神童，这话被我听见了，自然非常得意，可是又有点儿纳闷儿，连“红花”都不知道对“绿叶”，怎么还会像个神童呢？1928年，《大学》《中庸》还没有学到一半，家里就辞去了塾师，让我插班进了小学二年级，从此才开始了我正规的学生生涯。

在上家塾的时候看见别人家的孩子背着书包上学，可羡慕了，现在终于自己也有了这机会。先在家里学会了阿拉伯数码的写法和简单的加减法,通过插班考试才入小学二年级。我家住在西城灵境胡同,学校就在灵境胡同西口外,校名是“京师第一蒙养园附属小学”,蒙养园就是后来的幼儿园,小学而附属于幼儿园,在京师大约是独此一家。在我毕业后不久,就改名为“洁民小学”了。这个小学是当时西城相当有名的学校,还有个不大的小礼堂,除了每星期一早上例行的“总理纪念周”在那里举行外,也在那里上体育课和音乐课。最吸引我的是学校那个小小的图书室,摆满了当时流行的儿童读物,印刷和彩色图画都相当精致,是我在家里从来没见过的,其中有一本叫《阿大寻快乐》,看人名就可以知道是上海出版的,说的是阿大这孩子为寻快乐到处碰壁,最后才明白必须努力学习才能寻到真正的快乐,这本装潢相当不错的儿童读物给我留下极深刻的印象。小学的“国语”课要学注音字母,那时以北京音为标准的所谓“新国音”已经推行了好几年,四声已经是“阴阳上去”了,但老师还在后面另加上个入声,告诉我们读短了的就是入声字。我因为在家塾里已经学过“平上去入”,改成“阴阳上去”非常不习惯,直到上中学后还常常读错,把阳平声给漏掉。至于入声,只知道要读短,哪些字是入声,还是不甚了了,但还记得老师告诉我们“黑”要读 he,“白”要读 bo,觉得非常可笑。在我上学时学校北面紧邻着一所“孔教大学”,是当时的孔教学会办的,大约并不是正规大学,学生也不多。每天我走过这个大学的门口,总觉得里面挺神秘,以为真有像孔夫子那样的大人物在那儿传教。这所学校似乎并没有存在几年,那片校址和我上的小学在五十年代初就已经拆掉,盖起了党中央组织部大楼。到了二十一世纪,组织部迁走,大楼也被拆掉,原址成为西单繁华的商业区的一部分了。

1931年夏我初小毕业，考入宣武门内绒线胡同崇德中学附属高小。崇德中学解放后改名为三十一中，原是英国圣公会办的教会学校，只招男生（当时的教会学校都是男女生分校）。学校的宗教气氛比较浓，迎着校门是一座不大但相当精致的礼拜堂，每天清晨信教的老师和学生都要去做早礼拜。大约是为了给小孩子灌输基督教思想，学校规定附属高小的小学生也必须去做礼拜。我从小常随大人去佛教寺庙，看见菩萨都那么高大，四大金刚的面目都那么狰狞，总有一种恐惧害怕的感觉。教堂的气氛就完全不同，看到耶稣被钉在十字架上受苦，站着唱圣诗，跪着读那半中半西的主祷文，好像是神和人的关系很近，给人一种肃穆而又有几分亲切的感觉。但在当时还很幼稚的心灵中总不免产生几分天真的疑问，例如，每次读到祷文中的："我们日用的粮，求父（指天父）赐给我们，又求饶恕我们的罪，如同我们饶恕得罪我们的人"，就不免想，我们每天吃的饭难道还要等"天父"赏赐？有了罪一祷告真的就能被饶恕，岂不便宜了那些坏人？学校的主楼是一座当时看来面积相当大的三层楼，教室、办公室、学生宿舍、食堂都在楼里。学校西南角还有一个小小的游泳池，不但在当时，就是现在的中学里，也是很少有的。

我家本是典型的封建书香门第，怎么会把我送到洋人办的教会学校读书呢？那是因为我堂兄已经在崇德读高中，至于何以会送他去，我想可能和我叔父早年曾经去过英国有关。当时北平的教会学校大都是美国教会办的，崇德属于英国圣公会，校风比较保守，对学生要求很严格，还保存打手板的惩罚手段，不知是继承了中国传统还是从英国学来的。那时的机关学校每星期一早晨都必须举行总理纪念周，集体背诵“总理遗嘱”和唱党歌“三民主义，吾党所宗”，然后是训话，校长每次都是腋下夹着一块比鞭子略宽的二尺多长木板走上讲台，这块木板的作用相当于教鞭，不守校规的同学是要挨屁股板的，大约这也是从英国学来的吧。学校有三四个英国教师，实际都是传教士，除了教各年级英语课和高中外国史地外，也给信奉基督教的学生开专门学习《圣经》的课，称为“查经班”。一般说来，教会学校都是英语和文科较强，数理化不如当时的师大附中和四中等公立学校，但是崇德也培养出了杨振宁、邓稼先这样的世界级科学家和好几个科学院院士，这在教会学校中是比较少的。

二　沦陷区的学习生活

我刚入崇德高小就赶上九一八事变，以后的几年一直是在国难声中读书，时局的动荡不安影响了学校，学生分成当时称为“左倾”和“右倾”的两派，经常发生矛盾。开始时我年纪还小，只知道恨日本，对其他还都是懵懵懂懂的。随着我从少年成长为青年，日本的侵略魔爪也一步步逼近北平。我当时把蒋介石看成是了不起的国家领袖，但同时也十分赞同左派学生提出的停止内战共同抗日的主张。1935 年冬北平爆发了震动全国的一二·九学生大游行，游行队伍路过绒线胡同崇德校门时，学校把校门紧闭，不让学生出去。到一二一六又一次大游行，大约是高年级学生和学校进行了交涉，学校同意高中学生参加游行，我们一些初中三的学生按捺不住，也随着高中同学冲了出去。国民党当局一直不准在华北张贴或喊出反日的标语口号，我随着大队手挽手走到大街上能够高呼“打倒日本帝国主义”、“团结抗日、收复失地”等口号，心里痛快极了。游行队伍从西单走到西四，绕到府右街走到新华门时，迎面跑来一批警察持枪冲向我们，硬把游行队伍给冲散了。这是我第一次感受到热血沸腾的滋味，没想到一年半后我又开始尝到当“亡国奴”的滋味。

1937年7月7日日本的侵略炮声在卢沟桥响起时，我和大多数北平的老百姓一样，以为不过是近年来常有的挑衅行为，很快就会平息下去，没想到越打越激烈，眼看战火马上要烧到北平城里。全家人都十分紧张，把街门紧闭，还在门后堆上许多沙土袋防乱兵冲进来。半个月后，北平终于沦陷了，在日本兵开进城的那天，我一个下午躺在床上暗暗落泪，没有想到自己从今天起竟然成了敌人铁蹄下的“亡国奴”！当时还天真地认为全民抗战，“小日本”肯定待不长，八一三淞沪战争开始后中国军队浴血抗敌的精神确实也大大鼓舞人心，那时全家每天晚上都守在收音机旁听南京中央广播电台的新闻，先是上海失守，接着南京陷落，希望一步步地破灭。这时学校早已开学，大约因为是英国教会办的学校，敌人的魔爪并没有直接伸进来，除了不再有总理纪念周以外，并没有明显的变化。但是，在南京陷落的那一天，敌伪当局竟然要求学生参加庆祝游行，学校为了应付，决定只派我们一个年级去参加，这真如晴天霹雳震撼我们全班，校长沉重地嘱咐大家要以大局为重，班长宣布注意事项时竟失声痛哭，同学也都伏在课桌上哭泣起来。我们就这样被胁迫着列队走出校门。敌人发了一些小黄旗，上面写着“庆祝南京陷落”等字样，幸而没有发到我的手中。（敌人每攻陷我方一个城市，都必然宣传某城市已经“陷落”，似乎不知道“陷落”这个词有贬义，也许是日语就是如此，结果反而像是站在我们的立场上了。）悲愤、耻辱、无奈的心情交织在一起，折磨着这些才十六岁的少年。队伍无精打采地从绒线胡同走向西单，这正是一年半以前参加抗日游行时所走的路线，眼前浮现出当年激昂、热烈的景象，热泪模糊了我的视线。在走到西单向东拐向长安街时队伍有些凌乱，我和旁边的同学趁乱脱离了队伍单独向北走下去，两人都沉默着，很少交谈，一直走到西四牌楼才分手。这是我在沦陷区五年所受到的唯一的、也是最令人难忘的一次凌辱。

南京陷落后半年的时间里，广州、武汉相继失守，抗日战争进入相持阶段，沦陷区人民日夜盼望的王师北定中原的日子越变越渺茫，逐渐出现了一些悲观论调，认为当前局势和当年英法百年战争相似，也就是说，北平有可能长时期被敌人占领。城里的老百姓在辛亥革命以后大约经历了过多的政权更替，很快就习惯了敌人统治下的生活，王府井、大栅栏依旧是熙熙攘攘的人群，饭馆子里依旧是吆五喝六，戏园子里依旧是锣鼓喧天。这时我正在读高三，面临毕业后的前途问题，我的几个同班好朋友已经决定毕业后到内地去求学，我很想和他们一起走，但知道家里是一定不会同意我离家远行的。留在北平的唯一出路是投考燕京大学，燕大是美国人办的教会学校，日本侵略势力不能侵入，是沦陷区北平能够呼吸到一些自由空气的一个小小“孤岛”，北大和清华南迁后，成为沦陷区青年最向往的高等学府，入学竞争是很激烈的。父母已经表示，如果考不上燕京，可以考虑同意我去内地读书。我一心想去内地，因此对入学考试的准备并不很积极，结果只考了个“备取”，也同样入了学。我是在午饭时得到被录取的消息的，母亲听到后，举着筷子拍掌大笑，母亲一向端庄有度，很少见到她如此表达她的欢欣，我心里明白，她之所以如此超乎常态的高兴，并不仅仅是因为我考上了大学，更重要的是我不会离开她只身远行了。对我来说，能考上燕京大学自然是非常高兴的事，但失去了和同学一起去内地的机会，也觉得有些遗憾。

祖父生前曾告诫我们，不要从事政治、律师和新闻这三种职业，这些职业不但有风险，而且有时还要违背良心做事。我觉得祖父的话非常深刻有道理，因此决定不报考自己比较有兴趣的新闻系和政治系。我中学的数理化成绩很一般，自知不是学理科的材料，最后报考了国文系，只不过是因为我中学国文课的成绩比较好一些，并不是对文学有特别的爱好，当时自然更完全不知道还有语言学这样一门学问。燕京大学远处西郊，当时很像是一个四面用高高校墙围起的基本封闭的独立小社会。到了燕京大学，就可以暂时摆脱敌人统治的阴影，湖光塔影的美丽景色和自由活泼的生活气氛给了我精神极大的安慰，尤其是师生关系的密切和融洽，在高校中是不多见的。每年圣诞节前夜，教授家都向全校学生开放，准备各式各样的茶点招待学生，学生无论是否原来认识，进门说一声“Merry Christmas”，就可以和这位老师或其他同学边吃边谈。教师请选课的同学到家里便饭更是常见的事，学生也常到教师家里请教问题或闲谈。教授们居住的燕南园和燕东园的小洋楼、朗润园和镜春园里在当时看来已是相当现代化的四合院都是那么宁静安逸，像是战争年代中的世外桃源，每当我徜徉其间，都似乎给了自己一次精神洗礼。在这全国战火纷飞的时代，在已经被敌人占领和蹂躏的沦陷区，居然能找到如此远离尘嚣的处所，我羡慕居住在里面的人，也希望自己将来能像他们一样长期生活在这美丽的燕园里。

燕大国文系分为文学和语言文字两个组，学生到二年级要选定自己的学习方向。我专门为此请教俞平伯先生，他那时每个周末都在老君堂家里为我讲授古文。俞先生认为，在当前这种政治气氛下学文学是很难有前途的，这大约是他滞留沦陷区苦闷心情的一种表现吧。他鼓励我选择与政治无关的语言文字方向，告诉我语言学是二三十年代国外新兴的学科，如果和中国传统的文字音韵训诂结合起来，一定会大有发展。俞先生的话不多，但对我这样一个当时还是懵懵懂懂的无知青年来说，确有顿开茅塞之感。对我影响更大的是在镜春园高名凯先生家里的一次谈话，那时高先生刚刚从法国归来，风华正茂，在他的书房里和我畅谈欧洲语言学兴起和欧洲汉学家用现代语言学方法研究汉语取得巨大成就的情况，特别提到他的老师法国的马伯乐，还有瑞典的高本汉，他们都对汉语研究作出了突出的贡献。高先生深有感慨地说，这本来应该是由我们自己来做的事，而且可以比他们做得更好，因为汉语是我们的母语，比他们熟悉得多，我们所缺乏的只是现代的方法，我们应该有志气超过他们。高先生这次热情洋溢的谈话深深打动了我，大大加强了我学习语言学的决心，也使我大开眼界，知道还有如此广阔的学术园地等待我们去开垦。在沦陷区北平，在还能呼吸到一点点自由空气的燕京大学这块小小的“孤岛”上，我开始明确了自己生活奋斗的目标。想不到的是，一年以后就爆发了太平洋战争，燕大被敌人封闭，我为自己设计的奋斗目标和理想也随着彻底破灭。

1941年12月8日凌晨，日本兵开进燕京大学，学校被强制关门，一些老师和学生被捕，其他人都被勒令在次日上午离校，在悲愤与恐惧交织的心情下我和其他同学一起仓皇离开美丽的燕园，回家以后，感到前途一片茫茫，谈恋爱和学昆曲填补了这一段生活中的空虚。第二年秋天燕大在四川成都复校，消息很快传到北平，同学们争相转告，不久就陆续有同学通过不同渠道逃离沦陷区奔赴成都复学。我曾几次向父母提出也去成都复学的要求，但都遭到拒绝，我当然知道父母是绝对舍不得让我离开他们远行的。那年冬天我和杜荣订婚以后，又提出两人一起去成都的要求，父母的口气略略和缓了一些，但仍是说要等明年结婚后再考虑。没想到才过了不到两个月，一天早晨母亲突然对我说："昨天晚上和爹爹商量了好久，就让你和杜荣一起走吧。"说完就流下泪来。我当时高兴得跳了起来，竟然完全没有想到应该去安慰一下正在揩泪的母亲。杜荣在离家前的一天晚上，也发现我岳母一边拉窗帘一边流泪，也竟然不解地问："娘为什么哭？"岳母回答："这你还不知道！"我们当时实在太年轻、太幼稚，完全没有能体会到在那战火纷飞、生离就可能是死别的时代，父母为了让我们完成学业、为了我们有较光明的前途，要经过多么严重的思想斗争，要付出多么大的情感代价。我永远也忘不了临行时父亲一直送我到家门口上车时那直愣愣的眼光，也永远忘不了接杜荣时岳父拎着箱子送到门口时那凄然的神色。一年以后，岳父客死南京，这次分手竟成了杜荣父女的永诀。

三　投奔自由

1943年5月是我一生的重要转折点，从这一月起，结束了我二十年在父母呵护下的温暖家庭生活，开始走上独立奋斗的道路。我们一行共六人,乘火车经徐州转到河南商丘,一下火车,迎面就是一幅恐怖景象,车站旁一个人双手捆绑被吊在半空中,赤裸的上身被抽打得血痕累累。旅客逐个被日本兵盘问后才能出站,我们胆战心惊地回答是来商丘教书才混出站去，谁知同行的一个人因为精神过度紧张被日本兵发现,追问了几句,他竟说出:“我是去重庆!”这句话眼看要把我们六个人全给断送掉，幸而那日本兵不懂中文,旁边的翻译喝了一句:“你胡说什么!”接着向那日本兵不知说了些什么,那日本兵虽然有些疑惑,还是放我们出站了,但扣了我们几件行李。当晚那翻译来到我们住的旅馆，我们自是千恩万谢,他索要了些财物,第二天领着我们把行李取回。闯过这一关后怕夜长梦多，次日清晨顾不得天阴欲雨，急急忙忙雇了六辆排子车,匆匆离开商丘经亳县奔向安徽界首。

我们刚刚离开商丘不久,果然下起了瓢泼大雨,赶到一个叫陆家集的小镇,连旅店都没有,只好躲进一个车马店避雨,六辆排子车挤在一间破旧的车房里,天黑后店主人端进一盏昏暗的油灯,表情阴沉,这可真像是住进了旧小说里的黑店,大家赶紧把钱和较贵重的东西集中起来藏到墙上一块松动的砖后头，还拿出水果刀放在身旁防身,吓得一夜躺在排子车上没敢睡。第二天天气放晴,急忙赶路,到亳县住一夜后就要通过两军交界的火线,又兴奋,又紧张,其实除了看见几条空荡荡的战壕外,没有见到一兵一卒,倒是不断有行人来往,丝毫没有战争的气氛。跨过战壕又走了几里地,远远的土坡上站着一个国民党哨兵，我们像见了亲人似的欢呼着跑了过去,没想到那哨兵立刻端起枪来大喝一声“站住!”吓得我们赶紧停下脚步，这是我们逃离敌占区投奔自由后的第一个遭遇。哨兵简单问了几句话就放我们过去了。又走了不远，到了国民党战区检查站，那里的军官倒是挺和气，还赞扬我们投奔自由，检查完行李后对我们说，现在后方全民抗战，生活十分艰苦，敌占区生产的东西和奢侈品一律不准带进去，于是我们就老老实实把带有明显沦陷区标志的药品和化妆品交了出去。谁知到界首后发现这些东西不但有得卖，而且比北平贵得多，才发现我们受骗了，这是投奔自由后国民党军队给我们留下的第一个印象。

到界首后，才知道那场大雨把去洛阳的公路冲断，许多人滞留在界首，还不知哪一天才能通车。住在旅店每天食宿都很费钱，六个人正在发愁，偶然看见战区招训分会招收流亡学生免费食宿的告示，为了节约旅费，就报名参加了。招收站设在离界首镇三四里的一座破旧大宅子里，收留了约有一百个学生，大部分是中学生，经过培训后分配工作，由两三个教官看管。我们声明是路过暂住，也被接收了，自然可以不必参加他们的培训活动。我们和大家一样睡地铺，吃白馍就熬萝卜白菜，大约是因为刚逃离沦陷区，比较兴奋，也并不觉得有多苦。滞留在界首半个多月，几经周折，才有机会搭军用汽车到洛阳，然后乘火车去西安转宝鸡，再坐长途车上秦岭到双石铺等去成都的“黄鱼车”，一等又是半个多月。双石铺在秦岭深处，群山环抱，溪水清澈，风景绝美，在那里的条件虽然艰苦，但优美的景色给了我们极大的享受。黄鱼车是指在运货的卡车上捎带几个乘客，当时在内地是很常见的，至于为什么管乘客叫黄鱼，则说不清楚。搭黄鱼是当时司机的一项重要额外收入，乘这种车有相当的危险性，第一是司机一不高兴就有可能随时把你甩下，第二是货物一般都装得满满的,坐在上面很危险。我们幸而没有被司机甩下,但坐的是运汽油的车,汽油桶堆得高高的,爬上爬下都很吃力,坐在汽油桶的上面,也没有个扶手,车一颠簸摆动,赶紧抓住汽油桶的边儿,怕被甩下去,那情景也够"惊心动魄"的。一般同学从北平到成都只需要二十来天,我们竟走了两个多月,到成都已是八月初了。

四 艰苦环境中学习

成都燕京大学在城南陕西街，是借用原教会学校华美女中的校址,一座不大的三层楼,除校系办公室用房外,只有七八间教室,二楼有一个只有三四十个座位的小小的图书馆，一楼有一个能容一百多人的小小的礼堂，这就是一个大学教学和行政的全部用房。教室显然不够用,更没有理科需要的实验室,有一些课程,尤其是理科的课程和实验,要到南郊华西坝的华西大学去上,那是抗战前美国在成都办的教会大学,校园和设备都相当不错。燕大校本部除了那座不大的三层楼外,还有女生宿舍,也是三层楼,虽说是两人一间,实际上只能放一个上下铺单人床和一个小桌,墙隔断只有一人多高,在上铺都能看见别的房间的活动。男生住在文庙前街祭祀孔子的文庙里,离校本部约二十分钟的路程,两层院落,两边偏殿隔成十二间男生宿舍,每间住二十来人。成都地处盆地,四季无风,各间宿舍都是有门窗而无玻璃和窗纸,这倒保证了宿舍里的空气流通。原来祭祀孔子的正殿改作食堂用,八人一桌,午晚两餐还可以,早餐苦一些,只有粥和一碟花生米,大家盛粥时都抢着捞稠的,经常到十点来钟就饥肠辘辘了,实在顶不住,就在休息时到街上买个锅盔补充一下。成都的茶馆是非常著名的,大街小巷茶馆无数,学校没有复习功课和聊天的地方,就经常去茶馆,泡茶馆成为当时内地大学生的时尚。一般茶馆人声嘈杂,只能在那里"摆龙门阵(聊天)",离学校不远是成都著名的少城公园,公园里的露天茶馆比较幽静,空气也好,就成为我们复习功课的好处所,有时一呆就是大半天。

我们到成都不久就开学上课了，在选课时发现国文系完全没有语言学方面的课程，这本是意料之中的事，但仍不免感到很失望。改学文学混到毕业是很容易的,但我不愿意,想来想去,转到社会学系还可以跟语言学有些联系，于是就去见系主任马鉴先生提出转系的要求，马先生听我说罢微微一笑说："我看你不必转了，"然后故意压低声音说："我告诉你一个秘密，李方桂和陈寅恪两位先生就要来燕大了，你可以打消想转系的念头了吧。"这可真是天大的喜讯！人生总会有一些意想不到的机遇,我到成都复学,做梦也没有想到居然能有机会聆听这两位大师的教诲，尤其是李方桂先生的到来,大大坚定了我学习语言学的决心,两年前已经破碎了的梦想又有望实现。从此我就在李先生的指导下学习，1945 年初毕业后考入燕京研究院继续读研究生，确定了我一生要走的道路。

1944 年夏天我和杜荣在成都结婚。燕尔新婚是人生最幸福、最甜蜜的时期,大约是太幸福、太甜蜜了,有时不免有些昏昏然,我在这时期竟然做出两件几乎影响我一生的昏头昏脑的事。从筹备结婚到建立起家庭用了差不多半年的时间，而这时期正是我临近毕业的紧要关头，毕业论文、学年考试、毕业会考，还要准备毕业后立即参加的研究生考试，简直忙昏了头。那一年陈寅恪先生开了“元白诗”和“唐史”两门课，我选修了“元白诗”，旁听“唐史”，到学年考试时匆匆忙忙竟把两门课的考试时间记颠倒了，走进考场，才发现考的是“唐史”，“元白诗”头一天已经考过了，我脑袋一蒙，临近毕业，已经无法到下学期再补考，缺一门课的成绩就毕不了业，情急之下，只好回家让杜荣立即到学校去，谎称我昨天因严重腹泻未能参加考试，希望学校和陈先生念在我即将毕业，能破例提前补考，那时陈先生已经因眼疾住院，居然答应了我的请求，而且在补考后给了我 8 分的好成绩，使我一生感念不尽。毕业后参加研究生考试，我又做了一件荒唐事，考场设在华西大学，临进考场发现匆忙间竟然忘带了准考证，回家取已来不及，监考人员又都是华西大学的，一个也不认识，正在着急，忽然看见燕大教务长陈尚义先生正来考场视察，简直像是抓到了救命稻草，赶紧走过去对他说准考证忘带了怎么办，陈先生早就认识我，故意两眼盯看着我，用开玩笑的口气问：“你是叫林焘吗？”我笑着回答：“是！”陈先生一挥手说：“那就进去吧！”就这样我又闯过了几乎影响我一生的另一次糊涂关。我平时并不是容易丢三落四的人，没想到新婚期间竟然连续做出这两件极为昏头的事，若不是当时两位陈先生破例照顾，我一生的历史恐怕是要重新改写了。

研究生的一项主要任务是要多读专业书，但是说来也惭愧，在我跟随李先生读研究生的时候，竟然没能读几本书。不是不想读，而是当时在成都能见到的有关语言学的专业书，尤其是能反映现代语言学成就的书，实在太少。太平洋战争后日本侵略军陆续占领了香港、缅甸等地，内地对外通路被封锁，只能依靠飞越喜马拉雅山的驼峰空运，与战争无关的物资和书籍很少能运进来的。李先生有时能收到国外随信寄来的论文抽印本，认为有价值的就拿给我学习。最让人感动的是李先生收到一篇国外寄来的讨论《切韵》重纽的文章，认为写得不错，可惜是德文写的，我看不懂，李先生就一句一句口译讲给我听，而且随译随评，我都认真地笔录下来，可惜这份材料在“文革”时和其他一些资料一起销毁掉了。那时赵元任先生在美国见到语言学杂志上发表的好文章也剪下来随信寄给李先生，有一次李先生收到赵先生寄来的 Hartman 在美国 Language 杂志上刚刚发表的讨论北京话音位的文章，特别嘱咐我要好好读，并且要写出读书笔记。董同龢和周法高两位先生从李庄史语所来成都调查成都方言，李先生就让我随着他们实习，一起整理调查材料。李先生是山西人，但幼年生长在广州，能说一口纯熟的广州话，为了提高我调查语言的能力，就用广州话给我讲狼外婆的故事，让我逐句记下音来，嘱咐我不要用史语所编印的“方言调查字表”作参考，也不许查看高本汉《中国音韵学研究》上的广州话标音，只凭自己听的音记下来，归纳出广州话的音系。我一句广州话也听不懂，听到“系边个”“细蚕仔”简直不知所云，只能硬着头皮去记。这样的记音每周一次，记完就整理出来请李先生批改讲评。在记音材料积累了不少，正准备整理出音系的时候，突然发现我得了肺结核病，只好休学养病。半年后复学时，李先生得到哈佛大学基金的资助，正计划展开新的少数民族语言调查工作，并且已经把张琨先生调到燕大做他的助手。他考虑到我肺结核初愈，就没有让我参加这方面的工作，并且开玩笑似的说：“如果让你出去调查，恐怕要爬着回来了。”李先生被誉为中国少数民族语言研究之父，在他的学生中，像我这样完全没有接受过少数民族语言研究训练的人恐怕不多。我估计，李先生让我直接记广州话的音，可能正是为下一步调查少数民族语言作准备，可惜因为我病没能实现。这是我一生感到十分遗憾的一件事。

1945年夏抗日战争胜利，万众欢腾，大家纷纷准备复员回家，成都燕大决定四六年夏迁回北平。这本是十分令人高兴的事，但我们却犯了难。燕大复员的路线是北上出川经山西回北平，要走很长的旱路，相当艰苦，那时我们已经有了小孩，带着未满周岁的婴孩这样走，实在太冒险。万般无奈，辗转托人，才为杜荣母子办到一张从重庆搭乘空军飞机回北平的机票，我立即赶到重庆办理有关手续，那时李方桂先生早已到重庆准备飞南京转美国讲学。我把回北平机票手续办妥后，杜荣抱着孩子和李先生的夫人、孩子等结伴乘公路车走两天艰苦路程到了重庆。万万没想到的是，到我去取机票时，门口赫然贴出因军运繁忙暂停其他空运业务的通知，我惊呆在那里，成都已无家可归，重庆又举目无亲，这一下可真尝到了“走投无路、求助无门”的滋味！常言道天无绝人之路，正在这时，李方桂先生偶然从一位在邮政部门工作的亲戚那里知道有两张运邮局家属复员到南京的船票要退，李师母听说后，赶紧垫钱把这两张票买了下来给我们。那是邮局运送一般家属复员的木筏船，并排两只，由一艘小汽轮拖着前进，木筏是用粗钢绳把一根根粗木头捆绑成的，上铺木板，旅客就像沙丁鱼一样分两排睡在木板上。那时过三峡本就很有风险，更何况是木筏，每过险滩，船身激烈摆动，船下的木头咯吱咯吱作响，再加上船夫此时的吆喝声，真有点儿胆战心惊，只要船下的钢绳一断，我们立刻葬身鱼腹。三峡景色绝美，只是那时长江水浑浊不堪，有些煞风景，江上还不断从上游漂浮来杂物，有死牲畜，还见到漂浮的死尸，据船夫说这是常有的事。出瞿塘峡后江面豁然开朗，湍急的江水立刻变平稳，紧张的心情也随着松弛下来。两天后到达南京改乘火车转到上海，最后总算平安地回到三年来魂梦萦绕的北平。

五　重返燕园

回到了北平，回到了阔别五年的美丽燕园，我已是有家室之累的人，第二个孩子再过半年就要出世，客观的生活环境已不允许我继续全时读研究生，于是申请改为半时读研究生半时任助教，这样可以拿到助教的一半工资，还可以分配到教职工家属宿舍，能够重新建立起自己的小家庭了。刚好学校正需要教“大一国文”的教师，于是我就执起教鞭，开始了半个世纪的教学生涯。大一国文是全校一年级学生的必修课，如果期终考试成绩达不到 5 分(燕大评分是 10 分制，3 分及格，5 分大致相当于 100 分制的 70 分)，二年级还必须继续读“大二国文”，无论文理工科都是如此。在当时，像燕大这样美国人办的教会学校，对大学生的语文要求也比现在高得多。大一国文每隔一周有一次作文习作，文白不拘，我虽是半时助教，也要教两个班的课，每隔一周就要批改六七十份作文。讲课所用文选由教学小组共同选定，都是文言文，从《左传》、《史记》直到王国维、梁启超，涵盖面相当宽。我初登讲台，备课和批改作文都相当费时间，还要照料一些家务，能够用在研究生学习的时间已经有限。虽然住进了燕大蔚秀园那样幽静的环境，每天可以“悠然见西山”，但已经完全没有悠然的心境了。

李方桂先生已去美国，我就改为在陆志韦先生指导下继续读研究生。对陆先生的为人我早就十分敬佩，他为中国教师的权益能够和司徒雷登拍案抗衡，燕大关门被捕入狱在敌人面前表现出崇高的民族气节令人崇敬，国民党军警包围燕大搜捕学生时对全校师生发表的慷慨激昂的演讲当时更是为人所传诵。但是，也早就听说他对学生和下属十分严厉，跟随他学习，又不免有些战战兢兢的。当时我能用在研究生学习的时间实际上不到一半，陆先生建议我以音韵为纲整理陆德明《经典释文》里的异文，从而较广泛地涉猎先秦古籍。把三十卷《经典释文》里8000条异文逐卷摘录下来，再按古韵部分类剪贴，这是一项十分繁琐枯燥而且极容易出差错的工作，陆先生反复对我说，做学问就是要学会下这样的“笨”功夫。到考证确定每一条异文的性质的阶段，为了节省我每天要跑图书馆查书的时间，陆先生还借钱给我买了一部《说文解字诂林》，至今仍保存在我的书架上。那几年时局动荡不安，学生运动此起彼伏，陆先生是燕大校长，校务工作十分繁忙，不可能每周有固定的时间辅导我，往往都是在他公忙之余临时通知我到他家的书房去谈工作，有时是周末，更多是利用晚上时间。为了给一条异文定性，两人讨论和查资料，能用上一两个小时，有时直到深夜才结束。

1947年以后物价飞涨，这时我已是四口之家，生活更加艰难，考虑再三，不得已向学校提出暂时停读研究生，希望能专任助教维持生计。陆先生考虑我整理的异文已经有些头绪，停下来太可惜，就让我半时在哈佛燕京学社做研究助教，继续在他的指导下进行《经典释文》异文的整理工作，这样我就可以拿到全时助教的工资，可以勉强维持生活了。但物价的飞涨始终没有能使我安下心来。到北平解放前夕，国民党政府的经济已全面陷于崩溃，每月领到工资后的第一件事，就是赶忙骑车到城里去换成银圆或美元，否则没有一两天，这一个月的工资就变得不够半个月花的了。那时王府井和西单一带繁华地区每天都有一些游商手敲着银圆叮当响，等人来兑换，黑市的兑换率有时一日数变，不明底细总不免吃亏上当，明知上当也得换，否则手里的工资就会变得更不值钱。燕大的经费来源本是美元，大约是 1948 年秋天，在全体教职工的要求下，学校同意改为直接用美元发工资，这就在兑换率上避免了国民党政府和小商贩的层层剥削，大大改善了教职工的生活。我当时虽然只是区区助教收入有限，但避免了物价飞涨的威胁，总算过了几个月比较安稳的日子。北平解放后，我们也就和其他革命干部一样，以小米计算工资，每个月根据报上公布的当地小米价格折合成人民币发工资给我们，由美元一下子给“革”成了小米，收入减少了，但当时正处在迎接解放、迎接新社会的兴奋心情中，丝毫也没有感到不满。

三年国共内战是知识分子思想大动荡、大分化时期，当时我的精力主要放在如何建立自己的小家庭和如何在学习和工作上站稳脚跟，虽然也十分关心时事，但思想并没有产生明显的变化，对国民党自然早已彻底失望，对共产党的宣传也只是半信半疑。实际上像我这样既无钱又无势的年轻知识分子，除了等待共产党来解放之外，也并没有别的道路可以选择。1948 年 12 月 14 日黄昏，听到颐和园方向炮声隆隆，知道解放军已经临近学校，校门和蔚秀园园门早已紧紧关闭，园内居民组织起来轮流值夜，防乱兵抢劫。大约夜里一点多，我和几个人正在值班巡逻，忽然听见墙外有轻微跑步声，隔着园门的门缝偷看，只见隔一两分钟就有一对解放军分别从马路两边端着步枪轻轻跑过去，我们就这样十分轻松地被解放了。可是，北京城还被解放军紧紧包围着，两个孩子正住在城内我父母家，城内外消息断绝，城外还纷传城内守军如果再不投降，就要万炮齐轰北京城，这更增加了我们的焦虑，每天只是听听广播，到校园看看学生们抄录张贴在图书馆外墙上的新闻，在这种无所事事和焦虑不安的心情下熬过了一个半月，到1月30日，终于传来了北平和平解放的好消息，我立即骑上自行车，杜荣坐在车梁上，两人急忙赶进城去。当时两军对垒的阵地还没有清除，生怕碰上还没有清除的地雷，一路上还不断有被砍倒的大树横躺在路中央，只能下车来回绕着走，就这样提心吊胆地进了刚刚被解放的北平城。回到父母家，杜荣抱着两个孩子流下泪来，一家人总算平平安安地迎来了解放后的新社会。

六　迎接解放

北平刚刚解放时，社会生活并没有产生很大变化，尤其是燕京大学，仍旧是美国人办的教会学校，除了工资从美元改为按小米计算外，其他基本如旧。但是，由于受到学生和左派教职工的革命热潮的冲击，校园的气氛也和过去大不相同了。面对共产党给我们带来的全新社会，我确实感到很兴奋，但主要是摆脱了国民党腐朽统治和好奇心理交织在一起的兴奋，对共产党的统治实际上是采取了一种旁观的态度。当时共产党干部的朴实廉洁作风给人极为深刻的印象，使我十分钦佩，对当时执行的政策我则是有的赞成，有的反对，像把苏联和斯大林几乎捧到应该顶礼膜拜的地步，我就很反感，认为有损民族尊严。家庭生活的明显变化是生活水平下降了,两个孩子逐渐长大,收入减少,开支日增,生活逐步现出捉襟见肘之势,有时甚至要靠预支工资或借债度日。这样支撑一年多,到1950年3月我肺结核病复发,病倒了。第二年春天病愈恢复工作,燕京大学早已收归国有成为国立大学，全国正在进行轰轰烈烈的土地改革运动,大部分教师响应共产党的号召,和学生一起到农村去参加土改运动,这是共产党对知识分子进行改造的开始,我因病没能参加,虽然少吃了一些苦,但也失去了一次深入了解中国农村的机会。

1951年春天我病愈恢复工作后不久，对知识分子思想全面影响的时代开始,先是思想改造运动,还只是和风细雨地谈思想，接着就是暴风骤雨式的“三反”运动。“三反”指的是“反贪污、反浪费、反官僚主义”，本来和知识分子没有什么关系，没想到后来竟发展成为触及知识分子灵魂的一次运动。运动一开始就用开大会、控诉、揭发、喊口号的手段造成浩大的声势，这声势是我过去从来没有经历过的。给我印象最深刻的是一次全校师生员工大会,在群众的怒吼声中把燕大管总务的三个负责人揪出来跪在台上接受控诉批判。这是我第一次体会到群众的威力，觉得共产党确实很了不起,能够发动群众把旧社会的污泥浊水统统清洗掉;这也是我第一次主动举起手来和情绪激昂的群众一起高呼:“中国共产党万岁!毛主席万岁！”这次大会对我的思想触动很大,共产党不只是让工农翻了身，更重要的是被外族欺压凌辱近百年的中华民族在共产党领导下有可能从此翻身，至于跪在台上的三个人是否真的有贪污行为,就根本没有怀疑。从那次大会以后,我大大加强了对共产党的信任感。

正在群众斗志昂扬地反贪污、反浪费的时候,万万没想到的是突然把运动矛头转向了知识分子。那时抗美援朝战争已经开始,先是让大家批判崇美、亲美、恐美思想,虽是人人过关,还算是和风细雨,很快就把矛头集中在燕大三位最有影响的教授身上,那就是陆志韦、张东荪和赵紫宸。陆志韦先生是当时燕大的校长,自然更是集中火力批判的对象,大会小会,批判揭发,说他是美帝国主义文化侵略的代言人、是文化买办。几年来我一直在陆先生的指导下进行研究工作,一直十分敬佩他的人格和学识,对他的批判开始时我完全想不通,对群众的揭发批判先是抵触,但声势浩大的揭发批判和慷慨激昂的口号声又觉得也许是我错了。在群众高呼"陆志韦必须坦白交代""打倒陆志韦"的口号时,我看见陆先生坐在那里也举起手来跟着群众呼这些口号,更使我感到迷茫困惑。就在这时,运动的领导派当时国文系唯一的一位党团员来和我多次谈话,帮我从阶级路线分析当前的形势,认为我跟随陆志韦梦想将来做一个国际学者,不过是美帝国主义通过陆志韦在争取我远离革命,到头来只能成为美帝国主义的殉葬品,被革命所抛弃。在我正感到迷茫困惑的时候,这些话对我的震动很大,终于在一次会上和许多人一样,站起来控诉美帝国主义文化侵略对我的毒害。到开全校师生员工揭发控诉大会时,我的那次发言竟然被选中,经过运动领导修改润色后在大会上宣读。那次大会上的发言是经过精心安排的,上台控诉的除我以外,还包括高名凯、吴兴华和陆瑶华,高先生是陆先生多年亲手培养提拔的教授,英语系的吴兴华是陆先生最为欣赏的才子型人才,陆瑶华则是陆先生的亲生女儿,安排这样几个人上台控诉，目的显然是让陆先生感到已经“众叛亲离”，无疑会对陆先生形成很大的精神压力。由于自己当年政治上太幼稚，竟然做了这样一件一生最感内疚的事。后来陆先生调到语言研究所工作，我们还常见面，相处很好。这时陆先生已经完全没有了当年才气横溢、傲视王侯的锐气，变成了一个谨言慎行的长者。看到陆先生的变化，我总有一种愧对老师的感觉。

七　火红年代

五十年代初可以说是二十世纪中国最亢奋、最红火的年代，百废初兴，全国一片欣欣向荣的气象。解放不过四五年，共产党领导的新中国就已经取得了十分辉煌的成就，令人折服。1956 年我随北大教师参观团到东北参观，在长春第一汽车厂坐上中国自己生产的第一批卡车绕厂一周，在车上随着大家唱“歌唱我们亲爱的祖国，从今走向繁荣富强”时，不禁热泪盈眶。几年来祖国飞跃的发展使我对中国共产党和毛泽东产生十分崇敬的心情，觉得中国人只有跟着共产党和毛主席走，国家才能富强，个人才能得到幸福，共产党的政策必然都是正确的，只要跟着走就是了，如果有不同的看法，肯定自己是错误的。但是，在那以阶级斗争为纲的年代，从五十年代到 1966 年“文化大革命”开始前，一直不是风平浪静的，惊涛骇浪不断，大大小小的运动一个接一个，对知识分子的思想改造正在逐步加紧。

“三反”运动结束不久就是忠诚老实运动，每个人要在小组会上把自己的历史和家庭情况、社会关系说清楚，群众提问后作出补充交代，然后记录归入档案。历史或社会关系复杂的人这一关不好过，有的人由于自己也说不清，被整得痛哭流涕，我则十分轻松地过了关。忠诚老实运动之后就是全国范围的院系大调整，燕京和辅仁这些原是外国教会办的大学自然不可能再允许存在下去，分别并入北京大学和北京师范大学，美丽的燕园从此易了主人。哺育我成长起来的燕京大学从此消失，我是极不心甘情愿的，但在当时风起云涌的革命浪潮中，以为院系调整将给中国的高等教育带来前所未有的大发展，有些牺牲也是应该的。五十年过去了，回顾当年这次院系大调整，可以说是中国高等教育改革的一次严重失误，从二十世纪初逐渐形成的高等学校教育体系被彻底砸烂，原来各高等院校在竞争中发展和分工的局面被彻底打碎，各学校长期积累形成的不同学风也从此消失，这些损失是无法弥补的。这次院系大调整也是全国高校知识分子的一次全面大调动，有不少教师被调到新建院校，燕大国文系的一些青年教师分别被调到一些新建院校，原北大中文系一些教师，包括杨振声、废名这样的老教授，都被调到长春去支援新建的东北人民大学了。在刚刚经历过“三反”运动和忠诚老实运动之后，知识分子不敢再翘尾巴了，不管是自愿还是不自愿，都俯首帖耳听从党的安排。我有幸留在北大中文系，从此再也没有离开燕园，如果从1939年入学算起，到今年我已经在未名湖畔生活了六十六年了。

1952年全国正处在全面向“苏联老大哥”学习的高潮中，俄语替代英语成为中学和大学的第一外语，教师也响应号召纷纷突击学习俄语，电台和学校都办起俄语突击班，报纸连篇累牍介绍突击学习俄语的成功经验。燕大英语系办公和教学用的楼房原名“适楼”,院系调整后改为俄语系专用,改名“俄文楼”。这些年俄语又被冷落了,俄文楼变成了留学生学汉语的专用楼,可是楼名未改,可真正是“名不副实”了。院系调整从院系设置到教学计划,甚至各门课的教学大纲和考试方法,都要照搬苏联经验,各系都按照苏联大学的模式设立教研室,这种体制一直沿用到今天。北大从校领导到各系都聘请了苏联顾问,连中文系也要请一个完全不懂汉语和中国文学的苏联文艺理论专家来做顾问,还专门为他配备了三个翻译。“中国文学史”“汉语史”“现代汉语”这类课程也都要参考苏联的“苏联文学史”“俄语史”“现代俄语”的教学大纲。今天看起来有些荒唐可笑,但当时我们,包括当时已是大师级的老教授,确实是在认真地学习讨论,并没有人表示过怀疑和反对,有些人可能是不敢,但在当时学习苏联的热潮中,在“苏联的今天就是我们的明天”的口号声中,更多的人恐怕是根本没有意识到这有什么不对,我就属于后面这一类。

院系调整后,我被分配到高名凯先生领导的语言学教研室为中文系学生讲授“语法修辞”,1954年王力先生领导的中山大学语言学系合并到北大,成立了汉语教研室,我被调到汉语教研室讲授“现代汉语”课,我的专业方向就这样随着教学任务从古代转为现代。虽然燕园依旧,但北大的教学氛围是新的,教学内容也是新的,学习苏联经验更是新的,用了很长时间才适应。那时政治学习的要求很严格,晚上经常开会学习,还为教员开办夜大学,要求每个教员都必须学习完四门政治课。第一门是“联共党史”,我学习了一年,还参加了考试。第二门好像是“辩证唯物主义”,还没有学几天就被运动冲掉了。从此以后,大大小小运动时断时续,教学和科研也时大时小受到影响，有时索性就“停课闹革命”。院系调整两年后，新的教学秩序刚刚建立不久，就开始反“胡风分子”，很快发展成为清查历史反革命，一些历史复杂的知识分子被揪出来批斗，隔离审查，几年不能工作。1956年共产党整风，号召群众给党提意见，在形成“大鸣大放”的局面后形势突然转变，变成了反击“右派分子”向党猖狂进攻的反右斗争，这次斗争延续一年多，震撼了每一个知识分子的心灵，今天还自认为是左派在批斗别人，明天就可能稀里糊涂地也变成反党的右派。在批斗会上沉默不发言就会被怀疑是同情右派，说不定因此也会给戴上帽子，于是有的是真心，有的是勉强，都争先恐后发言。反右以后，真正达到了“舆论一律”的要求，再也听不见一点点不同的声音，连独立思考的胆量都没有了。我因在给党提意见的会上曾提出“三反”运动的打击面太大，伤害了一些人，在反右斗争结束后还让我在全系师生大会上做了思想检查，万幸的是没给戴上任何帽子。

但是，知识分子的“资产阶级学术思想”还占领着学术阵地，于是，反右斗争后的第二年春天，又掀起了批判资产阶级学术思想运动，大字报又像反右时那样铺天盖地贴满校园，批判的主力是一些青年教师和高年级学生，矛头主要指向一些学术权威，语言学集中在王力和高名凯两位先生身上，除无数的大字报外，报刊杂志上正式发表的批判他们两位的文章有几十篇之多。像我这样不久前刚提升的副教授而且发表文章不多的人，自然不会成为重点，但也要主动写大字报检查自己和批判别人。在轰轰烈烈的大批判之后，接着就是下厂下乡结合工农改造思想，1958年秋季开学后，我和一些教师随中文系二年级同学到门头沟城子煤矿半工半读，这是我第一次体验工农生活。煤矿劳动是十分艰苦的，学生下矿劳动八小时后已经疲惫不堪，第二天很难再有精力读书，学习不过是应付应付而已。有一次我被分配到煤矿的最底层去攉煤，在直不起腰来的黑洞洞坑道里，孤零零一个人一连工作了八个小时，只有头顶上的矿灯给了我一点点光明，回到宿舍躺在床上一动也不能动，连饭都没力气吃了。这样支撑两个月，终于感冒发烧引发咯血的老毛病回家疗养了。不久以后，学校也因学生劳动过重且有危险把大家都调回学校，这次半工半读就这样半途而废了。紧接着就是大跃进，深翻土地，土法炼钢，现在看去很荒谬的事，当年干得可认真。1959年春天，我和王力、吴组缃等老教授一起被分配到平谷县深翻土地，把农民多年来耕耘的肥沃土地深翻到地底，换上从未耕耘过的地底生土，导致农业大减产。从1958年秋天到1959年春天，半年时间我连续下厂下乡，是我一生难得的经历，今天看起来是受折磨，当时我却无怨无悔，认为这是知识分子结合工农必走的道路。

大跃进的后果是三年全国性大灾荒，我们这些所谓高级知识分子受到照顾，每月可以分配到一些肉、蛋、糖、豆，比一般人强一些，但不能不留给正长身体的孩子们吃，他们住校每天主要是吃白薯，周末回家自然要给他们补充些营养。我们家里也试着种过白薯，但不会种，结出来的白薯只有大拇指大，白薯叶子也舍不得扔，用来做馅儿包成窝头团子，据说营养价值相当高，吃起来也津津有味。生活这么艰苦，许多人都得了浮肿病，自然无法再搞运动了，政治学习和各种会大大减少，精神上大大缓了一口气，也有了充分时间搞业务了。这三年是我解放十年来最安心读书的三年，那几年影印了一些西方语言学名著，主要是美国结构主义语言学的著作，我抓紧时间读，虽然有一些只是一知半解，但眼界大开。十年来中国语言学只知道学习苏联，把斯大林的《马克思主义与语言学问题》奉为经典，实际是处于半封闭的状态，西方语言学的理论和方法不管是否正确，首先应该去了解，我自己也在兴致勃勃地考虑今后读书和科研的方向。没想到的是这三年刚刚过去，“四清”运动就开始了，这是又一次影响全国的政治运动，北大中文系师生分两批下乡参加农村“四清”运动，一去就是半年十个月的。第一批在1964年到湖北江陵，我被分配在第二批，1965年8月到北京朝阳区小红门公社牌坊大队，离家虽不远，也不能经常回家，每天轮流到各贫下中农家吃“派饭”，白天熟悉情况，访贫问苦，晚上开会研究情况，工作量相当大，两个月之后一天深夜我的咯血病又重犯了，第二天清晨急忙把我送回家转到北医三院，治疗几天后突然大咯血导致休克，紧急切除右肺上叶才转危为安。谁料祸不单行，刚刚病愈出院，又发现得了黄疸性肝炎，是手术时输血感染上的输血型肝炎，相当危险，再度住进北医三院隔离治疗两个月，1966年4月平安回家，一个月以后就爆发了震惊全世界的“文化大革命”。

八 “文革”磨难

1966年5月25日北大大饭厅墙上贴出被毛泽东称为“第一张马列主义大字报”以后，给中国人民带来十年灾难的“文化大革命”就开始了。红卫兵破“四旧”、打砸抢，制造所谓红色恐怖，每个人都不知道明天会不会有灾难降临到自己头上。在诡谲多变的客观形势下，十几年来已被训练成型的思维方式已经不能解除我的困惑，紧张、忧虑、苦闷、彷徨经常萦绕在我的心头。唯一感到庆幸的是,在红色恐怖的高潮中我居然没有受到任何冲击,这也可能和我正在病假期间一直没有参加任何活动有关。到我病假期满,北大已分成新北大公社和井冈山两派,恢复工作后,每天必须参加"天天读(毛选)"等活动,应该跟随哪一派,很让我踌躇。新北大公社是当权的一派,井冈山派一直是被压的,人的思想总是容易同情被压者,何况新北大公社头头聂元梓的言行和形象也确实令人生厌。我最后决定参加井冈山派的"天天读",没想到这一下可惹了祸。5月初的一个下午,几个红卫兵手持红缨枪闯进我家,把我押到32楼学生宿舍,蒙上眼睛,倒绑双手,推推搡搡地把我推到三楼上一间屋子里。奇怪的是我这时心情反而很平静,丝毫没有紧张恐惧的感觉。不久,听到新北大公社的高音喇叭播放"揪出国民党特务、三青团骨干、井冈山黑高参林焘"的声明,并且说这是无产阶级革命派的又一伟大胜利,我这才知道竟被扣上了"国民党特务、三青团骨干"的帽子。过了约两个小时,来了几个红卫兵,给我松了绑,开始审问我,才知道他们把我四三年去内地时因旅费不够曾去暂住的界首招训分会硬说成是国民党和三青团训练特务的组织,我就这样成了红卫兵的"阶下囚"!

审问我的红卫兵并没有进一步追问什么,只宣布我已被无产阶级革命派隔离审查,让我老实交代过去参加特务组织和现在参加井冈山一派的情况,我一句也没有分辩,知道分辩无益,弄不好还可能会吃眼前亏。几个红卫兵把我押到二院中文系一间办公室。原来整齐有序的办公室变得空荡荡的,只剩下两张桌子和两把椅子零乱摆着,还有一个空书柜,里面放着不久前自杀身亡的中文系女学生的骨灰盒。我就睡在桌子上,每天和骨灰盒为伴,很少有人再来审问，只是让我写材料，我就把当年去内地的经过和现在参加井冈山一派的情况如实地写了下来。他们更有兴趣的是井冈山一派的活动情况，但我所知确实有限。隔离审查二十天以后，就把我押到会场"义正词严"地批斗了一番，然后放我回家，勒令每天到二院中文系打扫楼道和厕所。和我一起劳动的还有魏建功、吴组缃两位先生，我们三个人是没有资格在房间里和革命群众一起学习的，劳动完毕，就让我们并排坐在门外台阶上学习《毛主席语录》，不许交谈。那时哪里有心思学习，倒是常常趁没有人注意时低声交流几句各自听到的外面的情况，吴组缃先生消息多，又爱聊，他犯纪律说话最多，被屋内红卫兵看见，立即隔着窗子大声斥责："你们老实点儿！"也许就是因为我们还不够"老实"，到6月底，就勒令我们三个人去劳改大院接受劳动改造了。

劳改大院也叫"黑帮大院"，是北大红卫兵关"牛鬼蛇神"的地方，因此又称"牛棚"，在外文楼（原燕大穆楼）北面，原是几排用作临时教室的平房，周围用席子围起来，里面关着一百多位黑帮分子、反动学术权威和各式各样的反革命分子，每间屋子住二十来个人，挤得像沙丁鱼似的睡在一起。在"牛棚"内必须低着头走路，不许相互交谈，每天"早请示、晚汇报"的时间，都列队向挂在一棵树上的毛主席像前请罪，集体背诵"凡是反动的东西你不打，他就不倒""两条路，摆在国民党和一切反动派的面前"之类的毛主席语录，有时也让背诵"老三篇"（毛泽东写的《为人民服务》《纪念白求恩》《愚公移山》），然后指定一个人出列单独背，背不出来就要挨打，幸而我没有被叫出来过。看守我们的红卫兵由学生和学校工人组成，时常在"晚汇报"时训话，毛泽东曾经说"北大池浅王八多"，有的红卫兵在训话时就称呼我们“王八们”；在谈到我们这些人的“罪行”时，有的人竟慷慨激昂地高喊“是可忍孰？不可忍！”让人哭笑不得。每天清晨分配大家到校内各处监督劳动，傍晚归来，我因为是大病初愈，叨恩被留在大院里和几个有病的人一起搞院内的清洁卫生。

红卫兵激于“义愤”打骂处罚这些“牛鬼蛇神”是常见的事，我刚进“牛棚”时和王力先生睡在一个房间，一天晚上已经睡觉，王先生被传去审讯，很晚才回来，肩上和背上都是累累血痕。另一天晚上我上厕所，遇见季羡林先生被审讯回来，两颊肿起老高的，大约也是被打的。我也曾看见侯仁之先生中午被罚弯腰站在院中的凳子上，陈芳芝先生被罚睁眼面对着炽热的太阳。最不能容忍的是红卫兵用惩罚的办法取乐，王瑶兄记性好，语录和“老三篇”背得滚瓜烂熟，说得飞快，但带有浓重的山西口音，听起来声音挺怪，红卫兵就常在“晚汇报”时让他出列背“老三篇”，一边听一边笑。英语系有一个被划成右派的学生，不知为什么也关进“牛棚”，整天傻乎乎的，也弄不清是装傻还是真疯，成了红卫兵取乐的对象，给他穿件破衣服，上写“大右派××”五个大字，整天穿着不许脱下来；把运砖大车的牲口卸下来让他代替牲口拉车，看着他拉不动的笨拙样子取乐。有一次我在大院扫地，看见一个红卫兵坐在树下乘凉，让他低着头站在一旁，那红卫兵跷着二郎腿，左手拿着香烟，右手用铁棍轮番敲打他两脚的脚面，他两脚不断轮番一疼一缩，全身也跟着收缩一下，样子十分狼狈可怜，旁边两个红卫兵站在一旁看着发笑，当时我真恨不得用扫帚抽那几个红卫兵一顿。

在“牛棚”劳动了两个多月后，学校被“毛泽东思想工人宣传队”接管，“牛棚”不久也被解散，被关押的人分别回到各单位继续监改，仍是白天劳动，晚上学习，住在学生宿舍，条件比“牛棚”好多了。那时全校正在进行轰轰烈烈的清理阶级队伍运动，不断揪出现行反革命和历史反革命，开了几次全校对敌斗争宽严大会，每次都宣布几个认罪态度好的从宽处理，也必然要揪出一两个态度顽固的当场铐走。我们这些已被监改的人反而比较轻松，不久把我们分配到学生各班去和革命师生一起参加运动，也就放我们回家去住了。我正在庆幸重获自由，不想有一天工宣队突然找我单独谈话，说是有重大历史问题没交代，并且明确告诉我不是红卫兵闹派性时捏造的那些事。从那天起，组成专案组日夜轮番对我进行“攻心战”。我自知并无历史问题，因此不管如何“攻心”，认定一条，决不胡说。几天后，专案组终于向我交了底，说我在燕大读书时曾接受国民党特务指令在校园张贴反动标语并准备炸毁燕大的水塔。万没想到交的底竟然如此荒唐可笑，我据理驳斥其荒谬，和工宣队僵持了好几天。这时又召开了全校宽严大会，把章廷谦先生定为反革命分子当场铐走，此事对我震动极大。章是鲁迅弟子，不久前还对我谈被逼供的苦恼，并且说没有的事决不能承认，可是他现在被从严铐走，我如果再坚持，很可能会和他一样下场。一旦被从严，自己受几天罪是次要的，已经上山下乡的两个孩子就将成为从严的反革命分子的子女被人歧视，他们在农村的处境将很困难，前途也将更加黯淡。这时我已对现实彻底失望，为了保护孩子，面对荒唐的现实只好用荒唐办法来对付，就按照专案组向我交的底承认了自己的“罪行”，果然立即得到从宽处理，令人哭笑不得的是，竟然没有人追问一句炸水塔的目的何在、受谁指使、从哪里弄来炸药等等关键问题。“文革”后才知道这是我在燕大读书时的同屋好友在上海被逼招供罚站十二小时体力不支时胡说的，他以为只要看到燕大水塔那样高大坚固，就不会有人相信他的招供。谁知这份材料转到北大，就在那水塔旁边居然会上演了一场如此荒诞的闹剧。

两个多月以后，北京市以战备的名义大疏散，北大和清华教职工除七十岁以上和极少数有其他任务的以外，一律下放到江西鲤鱼洲，我自难幸免。鲤鱼洲本是农民在鄱阳湖边围堤造田形成的，是血吸虫病重疫区，居民很少，把北大清华的教师下放到那种地方劳动，真不知是何居心。我已经有过住“牛棚”的经验，很快就能适应这种半劳改式的农场生活了，中文系的人都分配在七连，劳动之余，也经常相互开个玩笑，编个小节目，学段样板戏，给单调的生活增添一点点生趣，也弥补了思想上的空虚。我刚去时打瓦、修堤、插秧、挠秧、双抢都干过，半年多以后，分配我去放牛，这可是个好差事，每天天蒙蒙亮就把七连的四头水牛领到草地吃草，看着广阔田野东方太阳冉冉升起，呼吸着清新的空气，低吟昆曲《惨睹》中“眼见得普天受枉，眼见得忠良尽丧，弥天怨气冲千丈，张毒焰古来无两”，久被压抑的心情得到暂时的舒缓。遇到雨天，穿戴着蓑衣蓑帽，在瓢泼大雨中看着牛快乐地吃被雨水洗净的绿草，就像是雨水已经洗净了世上的一切污泥浊水似的。1971 年 8 月，北大在鲤鱼洲招收了工农兵学员，大约因为我在农场表现不错，居然被调去做教师，一个多月以后，随着工农兵学员一起调回校本部，结束了一年半的下放劳动生活。

从鲤鱼洲回到北京后直到“文革”结束，我一直和工农兵学员在一起，他们基本上都是些纯朴的青年，有不少是北京上山下乡的知青，文化水平参差不齐，最低的只有初小水平，给教学带来很大困难。我刚刚从鲤鱼洲回来两个月，就又和工农兵学员一起到《石家庄日报》社采访实习，到过井陉，参观过大寨，一去就是五个多月。七三年春天又一起去平谷参加当地“批林整风”运动，从农村回来后大约因劳累过度，又重犯了咯血病，可能是肺切除的后遗症，住院疗养了一个月。七四年初到北京齿轮厂和新入学的工农兵学员一起参加“批林批孔运动”，接着是开门办学，“评法批儒”，给工人讲法家著作，经常往返于北大和北京齿轮厂之间。从北大到东南郊的北京齿轮厂要换好几次车，公共汽车挤得让人透不过气来，每次上下车简直就是一场战斗。齿轮厂伙食极差，我和王力先生晚饭有时就乘公共汽车到城里一些大饭庄去解解馋，也算是“苦中取乐”吧。七五年初，开始和工农兵学员一起编《古汉语常用字字典》，齿轮厂工人也参加，名为“三结合”。5月完成初稿后，部分师生和工人转到王府井商务印书馆修订，食宿条件比工厂好多了。年底修订稿完成时，我竟然又得了黄疸性肝炎，大约在城里饮食不慎传染上的，住校医院疗养了一个月才恢复。

在我刚得肝炎准备住院的一个清晨，广播电台播出了周恩来逝世的消息，我卧在病床上流着泪听完广播。全国人民寄予殷切希望的人走了，国家今后很可能会长期处于目前这样是非颠倒的黑暗中。住进医院养病后，心里一直很郁闷，每天回忆背诵一些多年不曾再进入脑海的唐诗名篇来排遣。一个月后病愈出院，清晨到未名湖畔漫步，想到国家、自己以及子女的前途，已看不到一点点光明和希望，心情沉重得像压上了一块石头，喘不过气来，真想在湖边大声喊叫发泄一下自己的郁闷之气，这时不禁低诵孟子所引《尚书》的两句话“时日曷丧，予及汝偕亡”！难道全中国人民真的要成为一次失败的政治试验的殉葬品！7月28日唐山大地震，校园一片混乱，怕再来地震房屋倒塌，不允许住进房间，大家都用塑料布搭起临时帐篷居住。地震造成的混乱刚刚平静下来，又发布了震惊世界的消息，毛泽东在9月9日逝世了。我知道这消息后的第一个反应竟然是中国可能有救了！果然，一个月后祸国殃民的“四人帮”被捕，中国开始进入新纪元。这时我已五十五岁，已经快要步入老人的行列了。

九　老马奋蹄

“文化大革命”结束时我已经开始步入老年，随着时代的急剧改变，我的思想和生活都产生极大的变化。从五十年代起逐渐形成的偶像破碎了，被革命浪潮冲垮的独立思考能力也逐渐在恢复，唯一的希望是政治不要再来干扰我。改革开放以后，人们常用“老骥伏枥，志在千里”形容饱经磨难的老知识分子重新振起时的心情。我并非良骥，也无千里之志，但到垂暮之年居然能在两种新的教学和研究领域发挥了一点点余热，则是我始料所不及的。1979年我负责为北大中文系筹建一个现代化的语音实验室，实验语音学是一门文理结合的新兴学科，我过去从来没有接触过，一切都要从头学起。1980年我到美国Berkeley加州大学访问时，微型电脑还没有普及，功能也有限，面对语音实验室内合成语音用的庞大电子计算机，真有些茫茫然不知所措，只能安下心来，慢慢摸索，经过几个月的磨炼，总算初步掌握了当时比较先进的语音合成技术，那时我已虚岁六十了。1984年,北大成立对外汉语教学中心,让我兼任一个挂名的主任,名为挂名,由于对外汉语教学是一门新兴的学科,国内外各方面联系较多,往往还需要我参加。老马钝驽,犹自奋蹄,虽时有力不从心之感,但心情是很愉快的。1992年我办理了退休手续,返聘继续指导博士研究生,到1999年最后一位博士生毕业,才真正退下来,在二十世纪最后一年结束了五十三年的教学生涯。从二十一世纪开始,在幽静的燕南园里过着悠闲恬静的生活,王维诗云:"晚年惟好静,万事不关心",我自然还远远没有能够如此超脱,但久已心向往之,现在已届耄耋之年,当以此作为自己今后努力追求的境界。

跋林焘先生《浮生散忆》

鲁国尧

一

林焘先生是我国著名语言学家，林师在音韵学、词汇学、语音学、对外汉语教学诸多领域都作出了杰出的贡献，论著丰硕，泽惠学界。

但是会让语言学人感到意外的是，林先生还写过散文，就是系统回忆录《浮生散忆》，长达25000字，此文对中国语言学的贡献不亚于林先生众多的语言学论著。非唯对语言学有贡献，而且颇有助于二十世纪教育史、文化史的研究，谓之“有裨国史”不为过誉。

这里我要插叙一段。记得1988年吕叔湘先生专程南下参加金陵大学百年纪念活动，我随侍时跟吕先生说：“陈白尘先生（著名剧作家，“文革”后曾任南大中文系主任数年）近来出版了好些回忆录，如《云梦断忆》、《少年行》，都送给我了，我都读了，真好，让我们了解了好几个时代。吕先生是不是也写写回忆录吧。”吕先生回答我：“他经历多丰富！我们是书生。”其时吕先生85岁，如果留一部回忆录，该多好啊。

林焘先生，他给我们留下了一篇回忆录。

这篇回忆录是应《南大语言学》特约而写的，但《南大语言学》第三编未在2006年出版，故此文在林师生前未及发表，可算是遗稿了。关于林师《浮生散忆》的创作缘起、定稿前后的经过，很有记叙的价值，应给人间留一信史，可堪痛惜者，林师生前未曾著文述及此事。环顾当今，比较了解林师此文写作过程的，除杜先生外，该是我了。因此我有责任作跋文，附于林师回忆录之后。

二

2004年底母校北大中文系召开古代汉语教学评估会，邀我当评委。我于12月22日下午飞抵北京，是时大雪初霁。评估会定于23日下午召开，于是我在上午去燕南园拜谒林焘先生。

到了燕南园52号，我向林先生、杜先生请安，在雪日，居然来了个远道的老学生，林师分外高兴，我们畅谈了约一个小时。必须记述的内容是，我代表《南大语言学》向林先生约稿，但不是约论文稿。随着国家经济持续高速发展，近年各校经费多起来了，各种各样的学术辑刊也就应运而生了。我们南大汉语言文字学科也办了个《南大语言学》。《南大语言学》创刊之始即有追求特色之志，表现在，立三大栏目：一论丛，二史林，三文荟。一与诸刊相仿佛，而二三则颇殊。《南大语言学》第二编“编后言”有言：“语言学者，尤其是大家、大师，他们的立身、行事，他们的言谈，他们的一举手、一投足，都是语言学史上的一幅幅更鲜活的画面，折射出他们的德和品，这德和品是主宰中国语言学史的精神支柱，它们的外化形式方是一篇篇的论文，一本本的著作。”纵观百年来的中国现代语言学史，可谓思潮迭起、变化万千。置身于其中的学者无一不是这一进程的亲历者、参与者，从他们口中道出的个人和群体的经历都是语言学史、学术史、教育史，也都是社会史、文化史。尤其是名家，我们更需要了解他们的经历、言行和社会文化背景。我们亟须对一些老专家做访谈工作，最好请他们亲自写作，他们的回忆和见解对我们了解消逝的历史和沸腾的当今必然会提供丰富的史料，我们继续前进需要借鉴前辈的成功经验。

当时我向林师叙述了《南大语言学》的办刊宗旨和特色追求，我叩请林师写回忆录，林师踌躇了片刻，答应了。当时我说不出的高兴，因为中国语言学史可望增加一个亮点了。

以上是我的追记。

三

以下是林先生和我的电子邮件往来。

1. 林焘先生赐鲁国尧函(2005 年 9 月 13 日 14: 45)

国尧:

去年你在我家约我写一些回忆性文字，并希望能在今年国庆前交稿。我当时颇犹豫，年迈体衰，思想迟钝，怕完成不了任务。去秋后稍有时间，略略试笔，谁知动笔以后，往事如潮涌上心头，不能自已，于是半年多来随回忆随写，竟提前完成了任务。现将初稿寄上，草草写就，定有不少表达不妥和叙事不清之处，请不客气指出来，以便补正。

焘上

尧按，这封电子信的附件为《浮生散忆》初稿。

2. 鲁国尧呈林焘先生函(2005 年 9 月 13 日 21:27)

林先生钧鉴:

我师回忆录已经从我的两个伊美尔信箱里收到,叩谢我师。

我一口气读毕,深为我师的人格魅力所感动。我师的高尚的道德、行云流水般的文笔为中国语言学史、教育史、文化史树立了一个榜样。

有个别不懂处,待我读第二遍后再提出来,请我师教诲。

专此恭颂

颐安

受业鲁国尧叩上 9-13

3. 鲁国尧呈林焘先生函(2005 年 9 月 14 日 20:27)

林师:

我师大作有个别地方可能有笔误,有些地方如"查经班"我不懂。在文章里,我罩上白色,乞我师再考虑。

我数月前读了启功先生的《口述历史》,他叙述了祖先传述的清代历史,我读后,很感兴趣。我师曾祖、祖父是翰林,必有传说。可以是同治皇帝如何读书的事,也可以是清末、民初的社会很普通的生活琐事,也可以是文化、教育的事。建议我师和杜先生平时回忆,或与老年亲戚、朋友聊天时触景生情,记下这些大事、琐事,为我国这一百五十年的历史留下一些记录。我师居京师,名门望族,这么优越的条件他人岂能具备?

建议我师写札记式、杂记式的短文,少者几十字一条,多者百字、千字,随手记下关键词,然后上电脑写成笔记。我以为《老学庵笔记》、《辍耕录》乃范式。至春节前总成一篇,取名如《某某斋见闻杂纂》之类。春节时发给我第一辑。

您以后陆续写。

如刘复先生的《四声实验录》，发音合作人是谁，跟您什么关系？从而可知地道的北京人怎么有入声的。

杜先生家也是名门望族，请杜先生也写，或口述，我师录入电脑。

此亦对国史的一大贡献。将来总成一书。此书我辈无论如何写不出的。

妄言如上，乞正。

恭颂

颐安

受业国尧叩首 05－9－14

尧按，附件为“提意见稿”。林师文中“国尧兄”，我建议改为“国尧同学”，等等。

4. 林焘先生赐鲁国尧函(2005 年 9 月 15 日 11:33)

国尧：

谢谢你提的宝贵意见，已对原稿作了几处修改，未知是否妥当。如发现新问题，请继续告诉我，现在有了电脑，沟通意见，真是太方便了。

札记式文章写起来也不容易，精力渐衰，是否能写得出来，能写出几条，毫无把握，只怕虎头蛇尾，反而不好。过些天再考虑如何？

焘上

5. 鲁国尧呈林焘先生函(2005年9月15日21:18)

林师:

花好月圆人寿。

我师精神体力很好,写笔记力有余裕。因记忆、因谈及,而记述一些见闻,百字亦可,数百字亦可。兴之所至,任笔而行,无需修饰。陆游之《老学庵笔记》乃范式也。先生之笔记,乃国史也。

受业国尧叩上 15日

6. 林焘先生赐鲁国尧函(2005年9月16日10:53)

《四声实验录》北京话发音人是陈绵,留法学戏剧,是三四十年代北京名噪一时的话剧导演,原籍福建,自幼生长在北京,讲一口地道北京话。陈和我家是同乡兼世交。

前信漏记,特补述如上。

焘

尧按,林师这封电子信的附件是《浮生散忆》的定稿。

7. 鲁国尧呈林焘先生函(2005年9月16日15:55)

林先生杜先生:

祝贺节日好。

先生定稿已经收到。十分感谢。

先生文中述及的四九年以前的事,我这个年龄的人,都不知道了。先生之文,教育后代,有补国史,伟哉伟哉。

《老学庵笔记》2005年版,学生等着拜读了。

受业国尧叩上

跋文毕功于2007年3月21日

林焘先生学术著述一览

林焘、陆志韦(1950) 经典释文异文之分析,《燕京学报》第38期。

林焘(1955) 关于汉语规范化问题,《中国语文》第8期。

高名凯、林焘(1956) 《福州人怎样学习普通话》,北京:文化教育出版社。

林焘(1957) 现代汉语补足语轻音现象反映的语法和语义问题,《北京大学学报》第3期。

北京大学汉语教研室(编)(1958) 《现代汉语》,北京:高等教育出版社。

林焘(1959) 现代汉语词汇规范问题,《语言学论丛》第三辑,上海:上海教育出版社。

林焘(1962) 现代汉语轻音和句法结构的关系,《中国语文》第7期。

林焘(1963) 北京话的连读音变,《北京大学学报》第6期。

林焘(1979) 语音教学和字音教学,《语言教学与研究》第4集。

林焘(1982a) 北京话儿化韵个人读音差异问题,《语文研究》第2期。

林焘(1982b) 普通话里的V,《汉语学习》第6期。

林焘(1983) 探讨北京话轻音性质的初步实验,《语言学论丛》第十辑,北京:商务印书馆。

林焘、王士元(1984) 声调感知问题,《中国语言学报》第2期,北京:商务印书馆。

林焘(1985) 北京话去声连读变调新探,《中国语文》第2期。

林焘、王理嘉(主编)(1985) 《北京语音实验录》,北京:北京大学出版社。

林焘(1987a) 北京官话溯源,《中国语文》第3期。

林焘(1987b) 北京官话区的划分,《方言》1987年第3期。

林焘(1989a) 汉语韵律特征和语音教学,世界华文教学研讨会(新加坡)会议论文。

林焘(1989b) 语音在语文教学中的地位,香港语文学会第五届国际研讨会会议论文。
林焘(1990a) 京剧韵白声调初析,《王力先生纪念论文集》,北京:商务印书馆。
林焘(990b) 《语音探索集稿》,北京:北京语言学院出版社。
林焘(1991) 北京东郊阴阳平调值的转化,《中国语文》第1期。
林焘(1992) “入派三声”补释,《语言学论丛》第十七辑,北京:商务印书馆。
林焘、王理嘉(1992) 《语音学教程》,北京:北京大学出版社;(1995)台北:五南图书出版公司。
林焘、沈炯(1995) 北京话儿化韵的语音分歧,《中国语文》第3期。
林焘(1995) 日母音值考,《燕京学报》新1期。
林焘(1996) 语音研究和对外汉语教学,《世界汉语教学》第3期。
林焘(1999) 普通话的语音标准和语音教学,第六届国际汉语教学讨论会会议论文(汉诺威)。
林焘、耿振生(1998) 《声韵学》,台北:三民书局。
林焘(2000) 《普通话和北京话》,北京:语文出版社。
林焘(2001a) 《林焘语言学论文集》,北京:商务印书馆。
林焘(2001b,主编) 《20世纪中国学术大典·语言学》,福州:福建教育出版社。
林焘(2001c) 20世纪的中国语言学,载于《20世纪中国学术大典·语言学》(林焘主编),福州:福建教育出版社。
林焘、耿振生(2001) 《音韵学概要》,北京:商务印书馆。
吴宗济、林焘(主编),《李方桂全集·第十二卷》,北京:清华大学出版社,待出版。

(王韫佳整理)

编后记

2006年10月20日第七届中国语音学国际学术会议在北京大学召开。林焘先生在开幕式上致辞并参加了一天会议之后，22日因感觉极度疲劳入住北医三院，六天后因医治无效于10月28日晚10点12分去世。

林焘先生长期从事现代汉语语音的教学和研究工作，为我国语言学和语言教学事业作出了重要贡献。同时，也是改革开放时期中国对外汉语教学事业的奠基人和开拓者之一。林焘先生去世后，学界同声哀悼，痛失一位令人敬仰的学者。为了缅怀林焘先生，商务印书馆主动向我们提议编一本纪念文集。我们感谢并接受了这一提议，随即于11月中旬组成了《林焘先生纪念文集》编辑委员会，组成成员有北京大学中文系的温儒敏、朱庆之、唐作藩、王福堂、王理嘉、陆俭明、蒋绍愚、沈炯、王洪君、孔江平和王韫佳，北京大学对外汉语教育学院的李晓琪和北京语言大学的崔希亮以及商务印书馆的何宛屏。同时商定日常编务由王理嘉负责，编委会秘书周燕协助。

自11月底发出约稿信以来，截至3月底，共收到海内外人士撰写的悼念诗文近百篇之多，还有一些同志寄来了他们珍藏多年的有关林焘先生的照片和资料。编委会将全书编辑为九个部分，各部分内部的纪念文章大体上是按年岁大小，年级高低来排序的。第一部分包括林焘先生的照片、生平以及他在中国语音学和对外汉语教学方面的学术贡献；第二部分主要为征集到的海外学者和中国语音学界的纪念文章；第三部分主要是七十年代以前林焘先生在北大的同事和学生撰写的纪念文章；第四部分是对外汉语教学方面的教师所写的纪念文章；第五部分是七十年代后新时期林焘先生在北大培养的学生、研究生以及部分教师所写的纪念文章；第六部分多为林焘先生在京剧和昆曲方面的稔友知交以及青年时期大学乃至中学的同学撰写的悼念文章；第七部分主要为林焘先生家属的专辑；第八部分为教育部、高等院校以及个人的唁电、挽诗和挽联（选登）；最后一部分主篇是林焘先生应南京大学的学术刊物《南大语言学》的约请而撰写的传记性散文《浮生散忆》。全文回忆了自己在童年、幼年和少年时期的幸福生活，以及青年时期逃离日本统治下的北平，投奔大后方的苦难历程；追忆了自己在抗战胜利后重返燕园直到迎接解放时的兴奋心情；详述了自己在北大半个多世纪中所经历的思想改造运动、学术批判运动、反右运动以及“文革”中所遭受的磨难；结尾以“老马奋蹄”自勉，表述了自己在“四人帮”垮台之后的花甲古稀之年能在两种新的教学和研究领域中发挥余热、作出贡献的振奋心情。

《文集》对来稿一般不作改动，只有个别来稿在文题上字句上略作修改。对文稿的编排是综合了多方面因素加以考虑的。几经斟酌，多次调整，才最后编定。这样的编排我们认为可以使每一部分的悼文在内容上有一定的联系，同时大体上使悼文作者处在彼此亲切熟悉的群体中。如有个别疏忽不妥之处，敬请有关作者垂谅包涵。

我们希望这本纪念文集能使大家更多地了解林焘先生在治学

为人、教书育人方面的风范和业绩。《文集》得以编成，均赖林焘先生的生前友好、学界同仁及弟子的热情支持和积极帮助。谨向他们以及商务印书馆的有关领导和其他同志表示衷心的感谢。

《林焘先生纪念文集》编委会

2007年"五一"国际劳动节前夕